〖清凉文丛〗主编·理海

清凉源流

葛长森 ◎ 编著

东南大学出版社
SOUTHEAST UNIVERSITY PRESS
·南京·

图书在版编目（CIP）数据

清凉源流 / 葛长森编著. -- 南京：东南大学出版社，2022.11

（清凉文丛）

ISBN 978-7-5766-0267-8

Ⅰ.①清… Ⅱ.①葛… Ⅲ.①山—文化史—南京 Ⅳ.① K928.3

中国版本图书馆 CIP 数据核字（2022）第 189990 号

责任编辑：许进　责任校对：子雪莲　封面设计：王玥　许进　责任印制：周荣虎

清凉源流（QingLiang YuanLiu）

编　　著	葛长森
出版发行	东南大学出版社
社　　址	南京四牌楼 2 号　邮编：210096　电话：025-83793330
网　　址	http://www.seupress.com
电子邮件	press@seupress.com
经　　销	全国各地新华书店
印　　刷	南京新世纪联盟印务有限公司
开　　本	700 mm×1 000 mm　1/16
印　　张	27.5
字　　数	456 千
版　　次	2022 年 11 月第 1 版
印　　次	2022 年 11 月第 1 次印刷
书　　号	ISBN 978-7-5766-0267-8
定　　价	298.00 元

本社图书若有印装质量问题，请直接与营销部联系。电话（传真）：025-83791830

序

法不孤起,仗境方生;道不虚行,遇缘则应。

2009年1月,在有缘善信的提议、推荐下,我得以牵头恢复、住持千年古刹法眼宗祖庭——南京清凉寺。

当时就希望能更多地了解清凉山和清凉寺的历史及文化,但发现这方面的资料十分欠缺。后来,既立足自身,又及有缘人协助,从清凉山和清凉寺的历史文献零篇断章中,陆续梳理出了几篇文稿,但由于时间和精力所限,缺乏深入思考和研究,未形成系统性的著述。可是系统梳理清凉寺历史的愿望,一直萦绕心头。

欲知法眼无尽禅,须识清凉有别意!

清凉山位于南京城西,自然风光秀美,人文历史底蕴深厚。拥有"金陵""石头城"两个最能代表南京的文化符号,清凉山文化也是南京文化的重要组成部分。

清凉寺位于清凉山中心,山因寺而得名。清凉寺作为南唐首刹,自然成为清凉山多元文化的融会地。

在诸多南京史志中,或多或少地都谈到清凉山,更有几部专志记载了清凉山的历史文化。就目前而言,所知关于清凉山的专志有六种,即明末清初江浦(南京)人丁雄飞著《清凉山志》、清代上元(南京)人周榘著《清凉小志》、清代末期南京人顾云著《盋山志》、民国初年南京人陈诒绂著《石城山志》，以及当代南京文化学者薛冰著《清凉山史话》、苏克勤著《南京清凉山——金陵城西人文风采》。

丁雄飞的《清凉山志》、周榘的《清凉小志》早已散佚，今已不得见。今日可见的顾云的《盋山志》分为八卷：形胜、祠庙、园墅、人物（上、中、下）、艺文（上、下），所记范围集中在清凉山四周。此书对清凉山的记述较为详备，颇受后世研究者重视。陈诒绂的《石城山志》可能是为了弥补《盋山志》而作，以一帧"石城诸山图"冠于卷首，其后分为山北路、山南路、山东路叙述，全书仅数千字，较为简略。薛冰的《清凉山史话》分为石头虎踞、溯江涉海、清凉问佛、人文渊薮、启蒙开智、重塑清凉六个部分，详细介绍了清凉山的人文历史，阐述了清凉山不仅是南京的自然地理标志，更是城市文化标志这一事实。苏克勤的《南京清凉山——金陵城西人文风采》分十章，对清凉山形胜、楼馆、园墅、墓冢、寺观、人文等均有所叙及。

以上著作均属清凉山志书一类，而作为专属的清凉寺志书则仍为空白，至为遗憾！

随着清凉寺的恢复，更多的人希望能深入了解这座法眼宗祖庭，因此尽快将清凉寺淹没的文化、尘封的历史以及法眼宗禅学思想，尽最大可能地挖掘、呈现出来，势在必行。

夙缘所系，结识了葛长森先生（道森居士），并相约由其负责梳理清凉寺的历史，编纂《清凉源流》，以填补历史上清凉寺志书的空白。

葛长森先生是茶文化学者，他在收集、整理清凉寺史料的同时，陆续写了七十多篇介绍清凉山茶历史以及在寺院品茗悟禅的文章。2019年初，这些文章汇集成《清凉茶语》，由东南大学出版社出版，被评为该季度全国最优秀的二十种文化类图书之一。他旁搜博采诸多有关清凉寺的珍贵史料，更增强了我们编撰《清凉源流》的信心。

经过葛长森先生的几经修订、补充，如今书稿终于完稿。当我拿到沉甸甸的三十多万字的书稿，随喜赞叹之余，迫切地逐章逐句地仔细品读，不禁惊叹千年古刹清凉寺竟有如此丰厚的文化积淀，感叹清凉寺历经沧桑，历代高僧大德在艰难险阻中弘法的坚定意志，更感觉到在当今要讲好清凉故事，弘扬优秀传统文化是我们责无旁贷的历史使命。

在我看来，这本书叙史详尽，鞭辟入里，既全面、客观地阐述了清凉山和清凉寺的历史风貌，又极大地充实、丰富了南京的文化内涵。

这本书有以下显著的特色：

一是以佛教禅宗发展史为主线，梳理了文益禅师在清凉寺住锡、弘法的史实，分析了文益禅师创立法眼宗的缘由及法脉承续，阐述了文益禅师的禅学思想，让人们更清晰地认识到清凉寺作为法眼宗祖庭的崇高地位。

二是以清凉山文化发展史为脉络，整理了翠微亭、扫叶楼（善庆寺）、崇正书院（地藏寺）、乌龙潭（放生池）的历史文化及深厚的法缘，为人们展现了多元的清凉文化，特别是自明代以来佛教文化在清凉山文化中的盛况。

三是以历代名人寻访清凉寺的行踪为纽带，汇集了他们创作的，或游历、或怀古、或礼佛、或问禅的诗文书画，使人们得以欣赏到历代名人抒怀清凉风光及个人心境的华彩篇章。

《清凉源流》是一本彰显南京区域文化特色的好书，也是帮助人们深入了解清凉寺历史及法眼宗的文献资料，更是传播清凉山文化的历史读本。

葛长森先生年近八旬，他以只争朝夕的精神在浩瀚的书海里寻珍觅宝，潜心搜集整理和研究史料，以深入浅出的文字叙述，配以稀有难得的历史图片，将本书呈现给读者，弥足珍贵。葛老这种精进不懈、严谨治学的精神，着实令人敬佩！

清凉山文化是一座蕴藏着巨大潜能的富矿，从中可以提炼出丰盛的文化大餐以飨读者。眼下，我们正在主编一套"清凉文丛"，包括已出版的《清凉茶语》和即将出版的《清凉源流》，后续还将编撰《文益禅师集辑注》《文益语录》《清凉文萃》《清凉诗记》《清凉素斋》等。希望通过我们的努力，以文化为媒介，留住一份僧家祖业，守好一片清静林泉，为文化注入灵魂，为社会带来祥和。

借《清凉源流》即将出版之际，我与葛老，以此微份心香，真诚供养大众，谨以为序。

理海　合十
二〇二二年十月

目录

序 ··· 001

第一章　清凉溯源 ·· 001
第一节　石头山的亿年历史 ·· 003
第二节　石头城的历史演变 ·· 011
第三节　清凉山因寺而得名 ·· 022

第二章　法眼祖庭 ·· 031
第一节　禅宗"一花开五叶" ·· 033
第二节　文益禅师驻锡清凉院 ·· 042
第三节　文益禅师创立法眼宗 ·· 056
第四节　国主敬重的休复禅师 ·· 064

第三章　清凉宗风 ·· 069
第一节　文益禅师的禅理概述 ·· 071
第二节　文益禅师的思辨之智 ·· 081
第三节　文益禅师的诗情禅意 ·· 093

第四章　法脉承嗣 ·· 103
第一节　尊为二祖的天台德韶 ·· 105
第二节　住持清凉道场的泰钦 ·· 111

第三节　尊为三祖的永明延寿……………………………121
　　第四节　法眼宗在江南的承续……………………………129

第五章　法嗣相续……………………………………………135
　　第一节　宋代以后法眼宗式微……………………………137
　　第二节　虚云遥嗣法眼续法脉……………………………144
　　第三节　法眼宗的现当代传承……………………………151

第六章　清凉胜境……………………………………………161
　　第一节　还阳泉……………………………………………163
　　第二节　翠微亭……………………………………………177
　　第三节　地藏寺……………………………………………185
　　第四节　扫叶楼……………………………………………194
　　第五节　乌龙潭……………………………………………201
　　第六节　风物志……………………………………………207

第七章　名人踪迹（上）………………………………………215
　　第一节　唐五代十国………………………………………217
　　第二节　宋代………………………………………………229
　　第三节　元代………………………………………………245

第八章　名人踪迹（下）………………………………………251
　　第一节　明代………………………………………………253
　　第二节　清代………………………………………………269
　　第三节　现当代……………………………………………336

第九章　祖庭重光……………………………………………383
　　第一节　走近祖庭的因缘…………………………………385

第二节　弘传法眼宗思想 …………………………………… 394
　　第三节　重建清凉大道场 …………………………………… 402

附录 …………………………………………………………………… 409
　　一、中国禅宗传承表 ………………………………………… 409
　　二、南京清凉寺大事记 ……………………………………… 412

主要参考书目 ………………………………………………………… 425

后记 …………………………………………………………………… 427

第一章　清凉溯源

第一节

石头山的亿年历史

南京有两个著名的别称,一是"石头城",一是"金陵"。

这两个别称都与石头山有关。石头山,又名石首山,后来因清凉寺而易名为清凉山。

距今7亿年前,金陵及周边地区是一片浩瀚的海洋。后因为地质变化,金陵逐渐成为一片大陆,但气候非常寒冷,是地质史上的冰川时期。约从7亿年前到4亿年前,气候逐渐变暖,冰雪融化,冰川消失。与此同时,地面下沉,海水侵入,金陵及周边地区再次成为一望无际的海洋。在这一阶段的中后期,海底逐渐从下沉转为上升,海水渐渐变浅,金陵一带又成了靠近海岸的滨海地带。大约4亿年前到3.5亿年前,海底上升,高出海面,形成一片荒凉静寂的古陆。大约3.5亿年前到2亿年前,地面从前一阶段的上升转变为缓慢地下沉,金陵一带再次变为一个动荡不定、气候温暖的广阔浅海。

大约距今2亿年到1.5亿年间,即三叠纪到侏罗纪时期,金陵一带的地壳变化剧烈,海水逐渐退去,原来水平的层状岩石受到挤压,渐渐发生褶皱,水平岩层被褶皱成山。随着时间的推移,褶皱越来越严重。在褶皱的同时,还有强烈的上升运动。从此,辽阔的海洋变为崎岖的陆地,一个接一个凸起的背斜和凹下的向斜,形成了连绵不断的褶皱山脉。这就是金陵一带7亿年以来的第一次褶皱造山运动。

大约过了2000万年,金陵一带又经过了一次平缓的褶皱运动和强烈的上升运动。以上两次造山活动,使绵延于南京到镇江一带的宁镇山脉的轮廓和山岭的分布已见雏形。从此,金陵一带一直处于海平面之上,成为迄今人们生活居住的富饶陆地。

宁镇山脉呈弧形构造,分布于南京与镇江之间。宁镇山脉两翼呈东北—西南走向,分成三支揳入南京市区。其中北支沿长江一带有栖霞山、乌龙山、幕府山,并向西延伸,与象山、狮子山、八字山、石头山等连成一脉。

石头山位于南京城西,山体大多是厚层的砂岩和砾岩,是由1.35亿年前到0.7亿年前白垩纪砂砾岩构成。

在距今大约1000余万年前的第三纪后期,火山爆发断断续续,地壳不断运动,山体出现一条呈北向西延伸的断层,在这条规模不算太小的断层带上,出现了一些陡坡。与此相反,山体的东南坡坡度缓降。

图1-1 石头山石壁

随着地理的变迁及气候的变化,特别是天气变得相当炎热,雨量偏少,经过漫长时间的风化,山上沉积的砂泥碎石得到充分的氧化,砂粒与泥质表面也都被渲染成赤色。红色的砾岩、砂岩普遍发育,并不易在雨水中溶解,最终裸露出来。(图1-1)

1935年出版的《宁镇山脉地质》一书,对这一地质现象作了明确的诠释:南京城西,从挹江门向南,沿城一带的低山,都属于下蜀系红黄色黏土区域。但挹江门一带的山体、地表,红黄色黏土渐薄,才可以见到有红色砂岩及砾岩出露,"清凉山以至汉西门附近的菠萝山,及五台山,各处山下,均有红色砾岩或粗砂岩出露,山之上部,均为红色黏土"。

到了距今约300万年前的上新世末,青藏高原开始强烈隆升。长江流域逐渐形成阶梯状东西分异的地貌格局,形成大江一泻东去的面貌。自全新世(1.17万年前至今)开始,长江流域古地理面貌已和现在基本一致。1000多年前的孙权等人看到的,已是石头山下大江东去不回头的景象。

如今,人们来到清凉山,在秦淮河边,仍可以看到突兀陡峭的紫红色山岩。明

第一章 清凉溯源

代建城墙时,有一段就是直接砌在山石之上。其中突出来的一块岩石,像是一张五官错位、狰狞可怕的脸,民间称为"鬼脸"。(图1-2)

清乾隆年间,金陵诗人王友亮写道:

> 胜国初年廓帝京,此矶嵌入女墙平。
> 老蟆半体才轩露,笑煞人更鬼脸名。

此诗不仅说明了鬼脸城形成的原因,也说明最迟在200多年前便有鬼脸城的说法了。

金陵亿年沧海桑田的历史,就隐藏在石头山各处红色的砾石层中。

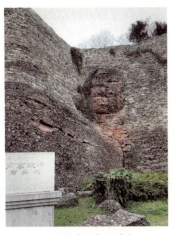

图1-2 石头城(鬼脸城)

历史跨入距今六七千年前的新石器时代。石头山一带丘陵起伏,森林覆盖,野兽出没其间。大小水塘密布,一条长河穿流而过。在一块高地上,散布着一个个原始村落,金陵的先民在此辛勤劳作,繁衍生息。

我国现代知名考古学家夏鼐在他1947年3月29日的日记中记载:

> 下午只身赴阴阳营金陵农校[按:阴阳营应改为鹰扬营,有康熙三十七年(1698)鹰扬营庙碑为证]。前年在甘肃时吴良才君曾见告,谓其地有史前文化堆积,果然堆积层很厚,出土红陶及灰陶,又绳纹及印纹陶多种,惟未见石器。

1955—1958年,考古部门四次发掘清凉山麓北阴阳营新石器时代遗址,全面向人们展现了金陵先民的生活场景。该遗址第二层和第三层是新石器时代向商周青铜时代过渡的湖熟文化遗存。第四层为新石器时代遗存,被学术界正式定名为北阴阳营文化。在北阴阳营遗址东部,发现一长方形居住面残迹,有椭圆形大灶坑(或火塘),久经烧用,坑壁坚硬。遗址的西部,为一片集中的墓地,被清理出的墓葬有200多座。大部分墓中有数量不等的随葬品,多数在10件之内,有一座墓内陶器和玉管等多至40件。

这处新石器时代遗存,让我们知道,当时金陵先民居住的房屋用竹子、树皮编成,涂抹上掺砂拌草的泥浆。屋顶覆盖树皮茅草,房屋四周挖有储存食物的窖穴,屋边砌有火塘。先民用简陋的石器、骨器、长杆等工具采摘浆果、猎取野兽、捕获鱼蚌。他们还学会了锄地、松土、灌水、种植庄稼,甚至吃上了稻米。他们生活的原始村落,开辟了金陵最早的起居家园。

二

2000多年前的春秋战国时期,有人从江北来,一路没有见到石山,过了长江,看到了这座山,只见山体布满紫红色砾岩,就称是见到了第一座"石头山"。

明代万历《上元县志》引《江乘地记》:

> 吴之石头,犹楚之九疑(山)也,自江北而来,山皆无石。至此山始有石,故名。

东周显王三十年(前339),一代枭雄楚威王即位。周显王三十六年(前333)楚威王率军打败了越国,占领了越国大片土地。楚威王来到长江边的石头山一带,他看到这里地理位置举足轻重,决定在这里设立行政机构,加强控制和管理,就在石头山修筑了一座城邑,命名为金陵邑。这是金陵历史上继"越城"之后的第二座城池。它从结构上看貌似城堡,但从性质上讲已和越城迥然不同,它是一座具有行政区治所性质的城池,标志着金陵设置行政区划的开始。

唐代许嵩《建康实录》载:

> 越霸中国,与齐、楚争强,为楚威王所灭,其地又属楚,乃因山立号,置金陵邑也。楚之金陵,今石头城是也。或云地接华阳金坛之陵,故号金陵。

南京最早的别称"金陵",也因此而得名。金陵邑其位置在何处?

有一说法,明末清初顾炎武撰《肇域志》引《乾道建康志》云:"金陵邑城在清凉寺西,去(东面)台城九里,南开二门,东开一门。"

也有另一说法,大概在今清凉寺以南,一个"U"形的小山谷。

楚国的金陵邑,严格来说只是一个前沿军事据点,目的在于加强对新占有土地的控制。因为这里水运方便，长江直激石头山下，建在这里的金陵邑能有效地控扼长江水道，还可开辟水运码头。

《建康实录》对"金陵"这一称谓的来历作了明确表述。

一是"因山立号"。那时的钟山被称为"金陵山"，石头山是金陵山余脉的一部分，所以这座建在石头山上的城邑就被命名为"金陵邑"。

另一种说法是，金陵邑因"地接华阳金坛（今常州下辖区）之陵"而得名。《建康实录》作者许嵩似乎更倾向于"因山立号"的说法，但由于治学严谨，便将因"金坛之陵"而得名的猜测也一并记录下来。

北宋《太平寰宇记》引《金陵图经》云："昔楚威王见此有王气，因埋金以镇之，故曰'金陵'。"

此后的南宋《六朝事迹类编》也有相似记载。南宋《景定建康志》甚至指出：不仅楚威王在此埋金镇王气，到秦朝时，秦始皇也在此"埋金宝"以压王气。古代，在山水形胜之地，有用青铜器祭祀山川的史实。楚威王或秦始皇可能曾在南京地区埋下青铜礼乐器物（也就是所谓的"金"），来祭祀山川。后来，这一祭山事件演变成"埋金镇王气"的传说。

石头山周围四公里，西北接马鞍山、四望山，东南与五台山、冶城相属。长江自西南滚滚而来，石头山似一只猛虎雄踞于大江之南，依山傍水，守护着一方安宁。（图1-3）

古代政治家、军事家对于城池的选择，大多要求交通便利、山川险峻、易守难攻等，并赋予其在军事上的卓越效能，使其成为兵家必争之地。

东汉建安十三年（208），曹操取得荆州，企图一举灭吴。曹操向孙权喊话："今治水军八十万众，方与将军会猎于吴。"孙权没有被曹操的气势汹汹吓到，他果断地与刘备结成同盟，在著名的赤壁大战中勇破曹军，奠定了三国鼎立的局面。这时，吴国在何地建都的问题摆到了孙权的面前。

图1-3　石头山的雄伟气势

有一位文学家、长史张纮(字子纲)劝说孙权。《三国志·吴书·张纮传》裴注引《江表传》中写道：

> 纮谓权曰："秣陵，楚威王所置，名为金陵。地势冈阜连石头，访问故老，云昔秦始皇东巡会稽经此县，望气者云金陵地形有王者都邑之气，故掘断连冈，改名秣陵。今处所具存，地有其气，天之所命，宜为都邑。"权善其议，未能从也。

孙权听了这番劝说，陷入深思，没有立即付诸行动。

刘备与孙权在京口(今镇江)也曾议论过吴国建都何地的问题。《三国志·吴书·张纮传》裴注中引用《献帝春秋》中一段文字：

> 刘备至京，谓孙权曰："吴去此数百里，即有警急，赴救为难，将军无意屯京乎？"权曰："秣陵有小江百余里，可以安大船，吾方理水军，当移据之。"备曰："芜湖近濡须，亦佳也。"权曰："吾欲图徐州，宜近下也。"

从这段文字记载看出，是孙权自己分析了地理位置，选中秣陵作为都城是有自己主见的。

刘备与孙权在京口(今镇江)讨论这件事，刘备当然希望孙权在赤壁之战大败曹操后，仍退守吴地，让蜀国有更大的发展空间，但孙权则毫不犹豫地表示了自己西进秣陵、北窥徐州的雄心，这是让刘备很失望的。不久以后，孙权果然移驻秣陵。应该说，孙权看中的就是石头山的险要，以及面临大江的极佳形势和石头山下"小江百余里"，也就是秦淮河及其支流，以及相连的湖泊。

孙权将吴国都城建于秣陵，还有一说是与诸葛亮有关。

《建康实录》引晋人张勃的《吴录》云："刘备曾使诸葛亮至京，因睹秣陵山阜，叹曰：'钟山龙盘，石头虎踞，此帝王之宅也。'"

《六朝事迹类编》"石城"条下云："《舆地志》云：(石城)环七里一百步，在县西五里，去台城九里，南抵秦淮口，今清凉寺之西是也。诸葛亮论金陵地形云：钟阜龙盘，石头虎踞，真帝王之宅。正谓此也。"

这以后历代里乘方志大都采用"诸葛亮出使东吴，在石头山驻马论形势"之说。历代众多诗人也对此歌咏、称颂。

宋代罗必元《驻马坡》：

> 一登伟观眇山河，下有将军驻马坡。
> 不是胸中兵十万，长江天险误人多。

宋代叶辉《驻马坡》：

> 将军气势溢江河，跃马曾来驻此坡。
> 坡下石头城最险，屯兵正自不消多。

清代陈文述《诸葛武侯驻马坡》：

> 石头城上翠屏颜，虎踞龙盘在此间。
> 形胜旧传三国志，风云长护六朝山。
> 登高感慨谁知己，揽辔澄清亦等闲。
> 天遣艰难定西蜀，峨眉万里隔秦关。

诸葛亮是否来过金陵，尚无定论，但"钟阜龙盘，石城虎踞"的名言流传于世，成为历代人们对金陵山川形势的共同评价。

相传的诸葛亮对石头山的赞叹，对后世产生了很大的影响，不仅在一定程度上成为后世帝王们在此建都的重要理由，而且在南京城至今还留有驻马坡、虎踞关、龙蟠里等老地名。"龙盘虎踞"这个词，也成了南京的代名词。

历史上，不少骚人墨客对金陵及石头山的形胜有浓墨重彩的描述。

唐代李白《金陵歌送别范宣》诗中写道：

> 石头巉岩如虎踞，凌波欲过沧江去。
> 钟山龙盘走势来，秀色横分历阳树。

李白诗句盛赞金陵的钟山龙盘、石头虎踞的山川形胜。用"钟山龙盘走势来"描述东西横贯金陵古城内山脉的气势。钟山东峰小茅山被视为"龙头"，居中的北高峰被看作"龙脊"，西峰天保山犹如"龙腰"，延伸入城的富贵山原本就名为"龙尾坡",它和西延的九华山、北极阁、鼓楼岗、五台山和石头山这一连串低山丘陵就如同摆动的"龙尾"。处在"龙尾"最西端的石头山,李白诗中描述为"石头巉岩如虎踞",雄视着滚滚大江。石头山气势傲然,像要飞过江去,钟山连绵,与对岸的历阳(今安徽和县)烟树横分秀色。

元末明初陶安《石头城》:

> 铁壁巉岩扼要冲,古来设险大江东。
> 半天虎踞山如旧,万壑鲸吞地更雄。
> 上国控临吴楚郡,西藩环护帝王宫。
> 当年驻马坡前望,相见金陵气郁葱。

此诗作于朱元璋准备定都南京,但还没有取得全国性胜利之时。作者写险峻山峰若铜墙铁壁,扼守在这要冲之处。亘古以来,这里是兵家必争之地。石头山如同虎踞,与龙盘般的钟山平分秋色。作者写出了石头如虎踞、万壑似鲸吞的雄势。诗人还借用诸葛亮的话预言了朱元璋将一统大业的结局。

明代高启《登金陵雨花台望大江》诗中写道:

> 大江来从万山中,山势尽与江流东。
> 钟山如龙独西上,欲破巨浪乘长风。
> 江山相雄不相让,形胜争夸天下壮。
> 秦皇空此瘗黄金,佳气葱葱至今王。

诗句写出了明初金陵被定为国都以后,山川形胜依旧的雄伟气象。这首诗还写道"石头城下涛声怒,武骑千群谁敢渡",称赞这里在军事上易守难攻的地形。

明末清初吴应箕《留都见闻录》载:

> 清凉山在石城之东。冈岭相接而山独秀起。山颠甚平衍,四望廓然……余尝登山北望,见长江一线,帆影如鸦,而六合诸峰,直可提挈。至城中,嵯峨凤阙,烟树万家,指点分明,如视纹指上。此山前后左右,为亭园祠院者不一,纵步所之,景物俱给;要从(清凉)寺后登山,斯为大观耳。

第二节

石头城的历史演变

东汉末年,以名将孙策为首的孙氏集团从历阳(今安徽和县)经采石矶渡江南下,连续攻下了金陵一带郡县城池和属地,奠定了孙氏江东根据地的基础。

孙权(182—252),字仲谋。15岁时随兄孙策征战。东汉建安五年(200),孙策不幸被害,临终前他不得不向弟弟托付后事,对刚刚19岁的孙权说:"举江东之众,决机于两阵之间,与天下争衡,卿不如我。举贤任能,各尽其心,以保江东,我不如卿。"在多年的征战中,哥哥亲眼见到弟弟具备了统筹全局、统率全军与中原诸强抗衡的本领,更具有举贤任能、合理使用人才的不凡之处。孙策被刺身亡后,孙权便接替兄长为江东统帅。

建安十六年(211),孙权将治所从京口(今镇江)迁到秣陵(今南京)。第二年,在楚威王所建金陵邑的基础上建城,周长"七里一百步",将其作为军事要塞,这就是著名的"石头城"。左思《三都赋·吴都赋》中"戎车盈于石城"之语是当时的真实写照。石头城较之金陵邑范围有所扩大。石头城城墙为夯土而成,东有二门,南有一门,西为临江峭壁,无门。

1998年以来,文物考古部门先后四次对石头城遗址展开了考古调查、勘探、发掘,特别是2016—2017年经国家文物局批准进行的第四次考古发掘,发现了孙吴时期沿城垣砖铺路面、东晋至南朝早期夯土城墙和角楼遗址、南朝时期的城门

图1-4 考古出土东晋石头城遗址中模印"石头"城砖

遗址、模印"官"字的东晋城墙,还出土了一块模印"石头"二字的东晋晚期城砖。(图1-4)

在对石头城遗址的考古发掘中发现,沿今驻马坡向山上走去为一处土坡,土坡坡面呈规则的梯形,顶部是一条平坦的小路,这就是1500年前石头城的东垣。考古探测发现这片土坡下存有大量人工遗存,随后开挖了一条长17米宽1米的深沟,地下1—3米的地层中出土了大量东汉到三国时期的绳纹砖瓦、云纹和人面瓦当、铜铁质的箭镞。其中最大的一个铜箭镞重达一斤,非大型弩机不可发射。再向下挖掘,是经过夯筑的纯净黄土,一直到地下6米还没有结束。在这些黄土层中,还保留着清晰的小夯窝,是当年工匠们手握木棍一下下夯出来的。这条东垣长820米。随后的考古中又发现了北垣、西垣和南垣,总长度达到了3公里,这和史书中记载的石头城环城"七里一百步"几乎完全吻合。尽管当时修筑的是土城墙,但因为是建在石头山上,所以被称为"石头城"。

南京历史上有了"金陵"别称后,又有了"石头城"的别称,即由石头城演变而来。

根据考古人员对石头城遗址的考古挖掘,大体确定了其范围。石头城北墙部分在今清凉山和国防园,东墙在清凉山东门跨广州路到龙蟠里,西墙在现在的鬼脸城附近。南墙因城市建设影响,线索被毁,暂没找到。(图1-5)

东吴时期,长江就在石头山下流过。因此当年雄踞悬崖上的石头城是"一夫当关,万夫莫开"的咽喉要地。考古挖掘东垣出土的一斤重的箭镞,很可能就是对付江上敌船

图1-5 石头城大体范围示意图

的致命武器。那时,还在石头城内设置仓库,被称为"石头仓",用以储藏兵器和粮物,供生活、战备之需。

用于储藏粮食的石头仓,是有记载以来最早建立的国家粮仓。石头仓一直到唐代还在使用。到709年,因大修城池,石头仓才迁往冶城(今朝天宫附近)。石头城的高处还建有报警的烽火台,可以发出预报敌军侵犯的信号。据说一旦发现敌情,在烽火台一举烽火,自石头城至西陵(湖北宜昌)日内即可传到。(图1-6)

图1-6 烽火台

石头城基本建成以后,孙权"居石头以扼江险",宣布了改秣陵为建业,明确昭示"建帝王之大业"的雄心。

不久,长江上游战事吃紧,孙权亲赴柴桑(今江西九江)及夏口(今湖北武昌)指挥镇守。直到黄龙元年(229)四月,孙权在武昌称帝。同年九月,将治所从武昌迁至建业为都城。这是南京建都之始,此举也改写了我国历代国都均建立在黄河流域的历史。(图1-7)

图1-7 吴大帝像

孙权立都于建业以后,从赤乌三年(240)开始,展开了建业城的建设。"治城郭,起楼,穿堑,发渠,以备非常。"孙权营造的建业城,是由石头城向东开拓的一个新区域。后世的南京城,就是从石头城这个根基上长出来的。据朱偰《金陵古迹图考》,建业都城北界从解放门附近,经北极阁至鼓楼岗以西;西界自云南路、上海路至五台山以南;南界在大行宫以东地区。孙权还组织指挥在建业城内开凿潮沟。在今廊后街、糖坊桥一带挖潮沟与乌龙潭相通,成为都城内皇宫与石头城之间的交通要道。

孙权十分重视水军建设。水军上溯秦淮源头或水军往来长江东西,都要在石头城下停泊,这里设有石头津。

《隋书·食货志》载:

> 又都西有石头津,……置津主一人,贼曹一人,直水五人,以检察禁物及亡叛者。其获炭鱼薪之类过津者,并十分税一以入官。

东吴时,以石头城为依托的石头津,是位于石头山麓的沿长江岸线分布的最为重要的港湾。

那时,长江江水直激石头山,现在的外秦淮河还是长江水道的一部分。据史志记载,长江在这一带,曾淤积形成蔡洲(又名蔡家沙)、长命洲等江心洲渚,江水至此中分为二。石头山下的长江为夹江,夹江的江面宽阔。据考证,现今的乌龙潭、龙蟠里一带,都曾是石头津遗址。石头津北面紧临清凉山的菠萝山下,东南面有蛇山、龟山屏障,东北面是小仓山南岭。三面环山,西南通长江的簸箕形水面,水域面积达200多亩,再加沿江两边迤逦,水面面积更大。这里水流稍缓而风浪较小,又有稳定的抛锚空间,所以那时能停泊成千上万的船舶。石头津成为漕运、军运、商运的重要码头。东吴大军的总部即设于此,大将周瑜曾在石头城下江面上操练水军,使这里旌旗蔽日。

东吴时,石头津还是对外交往的窗口,这里是当时华夏海外开拓与交往的始发点与中心地。230年,大将卫温、诸葛直率船队从石头津出发,到达夷州(今台湾),这是大陆与台湾交往的最早记录。此外,东吴还曾派使节从石头津出发,到高句丽(今朝鲜半岛)、扶南(今柬埔寨)、林邑(今越南中部)及南洋群岛各国。

东吴与日本的往来,至今没有发现文字记载,但是日本出土文物中,有一种三角缘神兽铜镜,制作风格与东吴铜镜相近,这可能是东吴工匠东渡日本后制作的。

石头津码头还曾接待海外诸国使节和渡海而来的僧侣。赤乌六年(243),扶南国王派遣使臣到建业,贡献乐师和地方特产,从石头津上岸,孙权专门在皇宫附近建造一座扶南乐署,让这些乐师居住,便于他们教授宫中乐师。

在三国鼎立的政权中,曹魏灭亡于265年,刘蜀灭亡于263年,唯有孙吴统治的时期最长。论在位时间最长的皇帝,当属孙权。他从200年承继父兄的江东基业起,直到252年病逝,雄踞江东长达半个多世纪。

孙权将金陵建为四方通畅之衢、物业发达之城，是奠定金陵帝王霸业的鼻祖、将金陵定为帝王之都的第一人。自古时势造英雄，英雄造时势。孙权一世荣耀，确是一代英雄豪杰。孙权去世后，葬于金陵东郊梅花山。但后人纪念孙权的"吴大帝庙"，则是建在他在金陵创基业的地方——石头城，清凉山麓、清凉寺西侧。唐代时曾重修，南宋时毁于兵火，后又重修，直至清代中期仍保存完好。

南宋辛弃疾作《南乡子·登京口北固亭有怀》词赞誉孙权：

何处望神州？满眼风光北固楼。千古兴亡多少事？悠悠。不尽长江滚滚流。

年少万兜鍪，坐断东南战未休。天下英雄谁敌手？曹刘。生子当如孙仲谋。

一句"生子当如孙仲谋"，言简意赅地概括了孙权精彩的一生。而这一句原本出自曹操之口。建安十八年（213），曹操率领大军进攻濡须口，与孙权相持一月有余。孙权用水军包围曹军，曹军损失严重，坚守不出。于是孙权亲自驾船入曹营，曹操说："此必孙权欲身见吾军部伍也。"命令严整军队，弓弩不得妄发。孙权走了五六里，回去的路上还"作鼓吹"。曹操见孙权"舟船器仗军伍整肃"，不禁脱口而出赞叹道："生子当如孙仲谋，刘景升（刘备）儿子若豚犬耳。"曹操也是一个时代的英雄，他对孙权如此赞叹，说明了孙权确是一代纵横天下、有雄才伟略的英雄。

二

石头城因山为城，因江为池，地形险要。孙吴以后，东晋及南朝的宋、齐、梁、陈各代都把石头城作为重要军事要塞。石头城与建康都城之间形成了唇亡齿寒的关系。

继孙吴修筑石头城后，东晋及南朝时期又有多次大规模重修。

第一次是东晋成帝时期，王导辅政，派遣大将温峤修筑石头城。

第二次是东晋安帝义熙六年（410），大将刘裕发动军民用砖修筑石头城池。

第三次是在南朝陈宣帝太建二年(570),"其城复加修筑,以贮军食"。

除此以外,东晋穆帝时(永和五年、六年)也曾"作大壁",对城墙加以修建。

孙吴以后,石头城依然是兵家必争之地。

西晋太康元年(280),晋军大将王濬攻下石头城后,东吴末帝孙皓无处逃命,把自己捆绑起来,让人抬着棺材到王濬的辕前请降。

东晋初年,北方首领王敦起兵造反,就曾抢先占领石头城,致使晋元帝忧愤而死。淝水之战前,东晋名相谢安曾在石头城下水域训练水军备战。

南朝宋时,北魏大军南侵到六合瓜埠,宋文帝亲临石头城部署江防计划。

齐高帝萧道成即位时,曾到石头城的山上燃起柴燎,举行"告天"典礼。

梁武帝时,叛军侯景占领石头城,进而攻陷都城,梁武帝饿死台城。

南朝最后的陈朝祯明三年(589),隋兵渡江伐陈,先占领都城东西两地的钟山和石头城,然后才攻宫城,陈后主被活捉,陈亡。

隋灭陈以后,虽然对南朝建康宫阙实施了"平荡耕垦",但是对石头城并没有进行破坏,反而先后将这里作为蒋州和丹阳郡的治所。

到了唐朝初年,在石头城设置了扬州大都督府,以后才将之移到广陵(今扬州)。安史之乱后,唐建中四年(783),检校礼部尚书兼御史大夫、润州刺史、镇海军节度使韩滉对石头城进行改筑,向北扩建,使五座城池相连,开凿水井、整治馆舍、修筑壁垒城堡,史称"石头五城"。韩滉修筑的"石头五城",直到南宋时仍能看到其遗迹,还受到人们的称赞。

南宋文人杨奋诗赞:

> 五城楼雉各相望,山水英灵宅帝王。
> 此地定由天造险,古来长恃作金汤。

韩滉,曾对传承中华优秀文化作出杰出贡献,他是画家,绘制的《五牛图》中五头牛各具特色、形象生动、神采焕发。该画是现存最古的纸本中国画,为中国十大传世名画之一。

随着石头城周边自然环境的变化,大江向西移去,石头城失去了扼江控淮的战略地位,开始被废弃。当唐代诗人刘禹锡写下"潮打空城寂寞回"的诗句时,这里已是一片孤寂荒芜了。

宋代苏洞《金陵杂兴二百首·其一》诗也感慨道：

> 城西二里楚金陵，吴帝名为石首城。
> 如今土坞无青草，笑煞当时所必争。

尽管石头城废掉了，但是石头山以其优美的自然景致、丰厚的人文底蕴，引得唐代以后众多文人墨客纷纷在此筑舍建馆，或卜居、或礼佛、或授业，使这一带逐步成为古都金陵人文气息浓郁的文化山林。

唐朝中叶，著名诗人元稹、刘禹锡、韦应物在白居易家中聚会。他们谈到石头城的兴废及南朝的兴盛衰亡，大为感慨。他们相约每人都作金陵怀古诗，相互交流。刘禹锡低头思索后，一挥而就。大家看了以后，十分赞赏。白居易说："四人探龙，你先得其珠，我等还要什么龙鳞龙爪呢？"这是说，好诗已经让你作完了，我们用不着再写了。

刘禹锡《西塞山怀古》写道：

> 王濬楼船下益州，金陵王气黯然收。
> 千寻铁锁沉江底，一片降幡出石头。
> 人世几回伤往事，山形依旧枕寒流。
> 从今四海为家日，故垒萧萧芦荻秋。

刘禹锡在诗中感慨"人世几回伤往事，山形依旧枕寒流"，人世间天翻地覆，但石头城巍然依旧。诗题中的西塞山，即是今清凉山的北高峰。

刘禹锡还写有组诗《金陵五题》，其第一首就是《石头城》。他把石头城放到沉寂的群山中写，放在汹涌的潮声中写，放到朦胧的月夜中写，写出了故国的没落荒凉。

石 头 城

> 山围故国周遭在，潮打空城寂寞回。
> 淮水东边旧时月，夜深还过女墙来。

这首诗写山、潮、水、月,伴守着寂寞的石头城,而六朝繁华已经是旧时陈迹,唯有山、潮、水、月可作人事变迁的历史见证。第一句里的"故"字,表明了眼前的石头城已经荒废,成为历史古迹。第二句里的"空"字,更加写出了石头城旧日繁华,如今空无所有,落寞荒凉的景象。这首诗不仅有诗人深沉的慨叹,还隐约表达了总结历史经验的要求,深寓着无穷的况味。

南宋杨万里也写有一首《陪留守余处恭、总领钱进思、提刑傅景仁游清凉寺,即古石头城三首·其二》:

万里长江天上来,石头却欲打江回。
青山外面周如削,紫府中间划洞开。
苏峻战场今草树,仲谋庙貌古尘埃。
多情白鹭洲前水,月落潮生声自哀。

诗人描绘了石头城阻江之姿,还写了这里已是野草丛生,荒凉一片。孙权庙也积满尘土,但威武的孙权塑像还依稀可见。诗人在写此地草莽尘埃、一片荒芜之时,没有忘记追忆孙权这样的英雄们曾经在石头城演出过壮丽的历史话剧。

三

229年,孙权自立为帝,国号为吴,建都在建业。这标志着中国南方开始"汉化",把一个"南蛮"分散居住的边地建设成一个南方中华的强大的政治、文化中心。随着北方人口的南下,以及固有的尚巫传统、较为落后的生产面貌和中外文化在此交融碰撞,佛教得以传播,并为其后东晋、南朝佛教的繁荣奠定了基础。

孙吴时,从洛阳南下弘扬佛教的代表人物是僧人支谦。支谦本是大月氏人,他的祖父法度,在汉灵帝时率数百人归化汉室。支谦生长于洛阳,10岁开始学习中国书典,13岁开始研习胡书,能通六国语言,是一位博学多才之人。汉献帝末年,天下大乱,支谦与同乡数十人避险于吴地,来到了建业。

据史料记载,支谦的形体细长黑瘦,眼多白而睛黄。孙权听说支谦这个人博学有才慧,即召见之。因问佛教中的深隐之义,支谦应机释难、无疑不析,孙权大悦,拜支谦为博士,并辅导太子。在此期间,支谦因当时的佛经多为梵语,所以他开始译经,先后翻译出大、小乘经典近40部,并制《赞菩萨连句梵呗》三契,使歌颂佛德时伴以抑扬顿挫之声,或佐以管弦钟鼓之乐。支谦于东吴佛教流播的最主要贡献,是首次翻译了佛典《维摩诘经》。这部佛典哲理深邃,在当时有文化的士大夫中备受推崇。

太子孙登死后,支谦离开建业隐居穹窿山(今苏州吴中区西南),直至后来逝于山中。

孙吴时,从南方"北上"弘扬佛教的代表人物是僧人康僧会(?—280)。康僧会,其先世为康居人,世居天竺,后随其父经商移居交趾,10余岁时出家。出家后他广读佛教经典,并博览中国儒家经籍,成为一位能文善辩、学问高深的佛教高僧。康僧会于东吴时由海道从交趾北上建业,是有史记载的第一位自南而北传播佛教的僧侣。

根据记载,当时的人们对佛教尚缺乏认识,康僧会北上,"欲使道振江左,兴立图寺"。他初到建业时,"营立茅茨,设像行道",只能于闹市的一角搭建茅屋以供放佛像。

康僧会所着奇异服饰及其"矫异"行止,引起了官方的关注。孙权亲自召见康僧会,看他是否真有灵验之处。康僧会在三七之期以虔诚之心感得佛舍利,令孙权大为叹服。孙权专门为康僧会建造了"建初寺"及"阿育王塔"。这是金陵历史上最早的佛寺和江南最早的一座宝塔。

康僧会在建业居住了33年,在孙权的支持下,他在各地设像行道,通过讲述天堂、地狱等善恶报应的神异故事,吸引民众信仰佛教,并先后翻译了一些佛经。虽然康僧会翻译佛经的数量远远不及支谦,但他确是中国佛教史上第一位兼具佛、儒、道思想的译师。康僧会以中国传统文化来注释佛经,使佛教的汉化迈出了一大步。

孙权的孙子孙皓接位后,法令苛刻暴虐,妄图毁坏一切祠庙,由于孙权所建的建初寺地位重要,幸免于难。建初寺是六朝寺观文化的开端,对后世影响很大,使

"江左大法遂兴"。宋人杨备有诗赞道：

> 僧会西来始布金，
> 常闻钟磬伴潮间。
> 江南古寺知多少，
> 此寺独应年最深。

历史上，六朝佛教的传播中心在金陵。六朝佛教是从三国之吴地佛教开始，孙权的推崇支持起到了很大的作用。

到了南朝，寺院之多，楼台之胜，香火之旺，在南京佛教史上空前绝后。一句"南朝四百八十寺，多少楼台烟雨中"写尽了南朝佛教的繁华与沧桑，流传千古。

六朝佛教与之前的东汉佛教相比，显现了一种由神佛向理佛过渡的趋向。孙权时的吴国佛教还保有某些神佛的性质，如康僧会即以舍利与神通取信于孙权，使孙权为其建造了江南第一座佛寺建初寺。

东晋以后，玄学替代两汉经学而成为社会思想的主流，玄理与佛理经过磨合，形成玄佛合流的思想局面，佛教在中土逐渐摆脱了早期粗俗的神学性质，转向精致的形而上学的追求。在佛教信仰的主体上，由下层民众向士大夫或知识阶层转移。这表明外来的佛教文化已不满足于民众的精神信仰领域，而开始向知识人士的思想文化领域渗透，逐渐与中土的传统思想文化融合。

南朝建康的佛寺大多建在钟山、雨花台、牛首山等地。那时的石头城一带仍然是兵家必争之地，缺少佛家所需要的清净和平安，所以石头山一带少有寺庙。

唐代，石头山周围的环境变了。长江水逐渐西移，石头城逐步失去了原有的军事要塞地位，金陵城也开始向东发展。到了中唐以后，在石头山建寺的规模扩展。从此，石头城基本告别了金戈铁马，传出了寺庙钟磬、梵音之声，铺就了另一条生命的轨迹。

自东吴建石头城至今，已有1800多年了。1988年，石头城被国务院公布为全国重点文物保护单位。1990年，南京市政府在"鬼脸城"那一段石头城遗址处兴建"石头城公园"。公园背枕清凉山,前拥秦淮水,坐落在明古城墙脚下。经过建设,重现了石头城临江河的雄伟气势,同时在鬼脸城西侧复建了镜子塘,再现了"鬼脸照镜子"的传说。人们行走于此,不只可以踏青觅翠、休闲娱乐,更能感受自然界的鬼斧神工,体味历史的沧桑,抒发怀古幽情和谱写新兴乐章。

当今这处"石头城公园"仅是古石头城遗址的一部分。后来在清凉山头发现了石头城东垣处,将兴建更具历史沧桑感的"石头城遗址博物馆"。人们参观于此,对石头城的形胜及历史会有更全面的了解。(图1-8)

图1-8 石头城

第三节

清凉山因寺而得名

佛教的创始人是悉达多,族姓为乔达摩,相传为净饭王太子,生于现今尼泊尔境内。释迦牟尼是佛弟子对他的尊称,生于公元前623年,涅槃于公元前543年。他一生教化活动在印度北部、中部恒河流域。

佛教起初传播于今天的尼泊尔、印度、巴基斯坦一带,以后逐步向南到斯里兰卡,北到中亚、西亚。随着中国与中亚各国经济、文化的交流,佛教于两汉之际开始传入中国内地。

佛教传入中国后,进入江南相对较晚。东吴时期,现可考的只有一座建于赤乌十年(247)的建初寺,"因始有佛寺,故号建初寺,因名其地为佛陀里"。但此寺并不在石头山,而是建于凤台山一带。

到了东晋年间,金陵一带有明确记录的寺庙近四十座。南朝宋时,据记载新建寺庙六十多座;南朝齐时,新建寺庙近三十座;南朝梁时连年建寺不息,新建寺庙九十多座;南朝陈时,新建寺庙十多座。史志文献中,对六朝的数百座寺庙,其地理位置大都较为明确,先在建康城中轴线以西越过秦淮河,逐步发展向中轴线以东的青溪一带,又推进到自鼓楼至覆舟山一线以南。另外在江乘县临江一线,主要是县治所的栖霞山一带。六朝时在石头山只有少数的佛寺。南朝宋时,有人在石头城北建招提寺。南朝梁时,有人在石头城东北建永庆寺。

隋唐时期金陵佛寺依然主要在牛首山、钟山、栖霞山一带。直至到了中唐唐宪宗元和二年(807)才有人在石头城内建石头城寺。唐僖宗中和四年(884),石头山南麓建"先才寺"。

南唐时,都城的建设与六朝相比,整体已经南移。南唐建康都城大体范围是:其东侧从今雨花门沿城墙向北,过今东水关,城外开凿东城壕,即今大中桥下向北河道,过复成桥、玄津桥(天津桥)、今逸仙桥,向北至竺桥;由此西折,沿今珠江路南侧城壕南岸,过太平桥、浮桥、北门桥,向西沿今干河沿、五台山麓,再从乌龙潭南岸折至今汉西门,以当时尚通长江的乌龙潭为护城河之一段;其西北角特别拐出,并向南延伸一段;西、南两面的城墙,从今汉西门经水西门至长干里东折经今中华门至雨花门之间位置,城外开挖了护城河。南唐都城从实际需要出发,利用自然山水作为屏障。

南唐都城没有把石头山主峰(今清凉山)纳入城内,其都城西北角特别拐出部分,是石头山东南,即以今蛇山山岗作为都城的城墙。史书中就曾记载"石城故基,又为杨吴稍迁近南",南唐城墙筑在"石头岗埠之脊"。南唐时,将六朝石头城位置南移,即在今清凉门、汉西门之间。后人曾将汉西门称为石城门。

唐僖宗中和四年(884),杨吴重臣徐温营建建康府。杨吴顺义元年(921)徐温扩建"先才寺",更名为"兴教寺"。《景定建康志》记载,杨吴顺义年间(921—926),徐温以石头城建"兴教寺"。其地点在都城西北角城内,今蛇山附近。

杨吴天祚三年(937),升州刺史徐知诰夺杨吴国帝位,改姓名为李昪,改国号为"唐",史称南唐。李昪自幼家境贫寒,六岁丧父,八岁丧母,剃度于开元寺,在青灯古佛相伴下长大。建立南唐后,李昪在建造佛寺、招延僧侣、写经译经等方面都付出了较大的精力和物力。他将兴教寺扩建后更名为"清凉禅院",又名"石城清凉禅寺"。寺名之所以冠以"石城",即因正对南唐石头城。南唐先主李昪所扩建而成的"清凉禅院",正是在蛇山附近。朱偰《金陵古迹图考》中复制的《南唐江宁府图》,明确将清凉寺标示于南唐城墙之内。(图1-9)

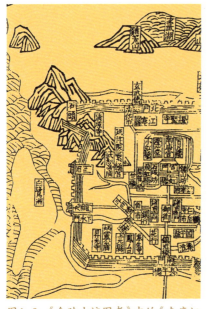

图1-9 《金陵古迹图考》中的《南唐江宁府图》(局部)

南唐先主李昪迎请了当时的高僧悟空禅师在清凉禅院担任住持,讲经说法。

李璟943年继位(即中主)改年号昇元为保大。李璟继承了其父李昪的佛教信仰,重视佛寺修建,关注僧人的传法活动。悟空禅师圆寂前,曾致书中主李璟。归终时,寺内僧人聚集撞钟,李璟听到钟声,登高望远以示哀悼。

李璟也想学其父辈,扩建寺庙。他想把清凉禅院异地新建,作为皇家寺院来建设。那时,江淮大地干旱,人们饮水困难。前几年,在清凉寺考古出土的一块南唐碑铭中即写有"京延止兴教寺,其岁稍旱"。李璟下令寺僧寻水源建新址。

南唐保大三年(945),僧人广慧在寺庙西面的山中寻水源,开凿水井。当时一共挖了20口井,中主李璟称赞僧人的举动,称这些是"义井"。其中一口井凿于"七里铺",即今清凉寺内。清代学者严观在其所著的《江宁金石待访目》中对"南唐义井"有记载:"义井记,保大三年立,目见《诸道石刻录》,盖即《建康志》所云,在清凉寺庄七里铺,有僧广慧刻字之井。"这个记载说明清代时"南唐义井"最初被凿制于井圈的铭文还存在。

清光绪《续纂江宁府志》记载了井圈铭文:

大唐保大三载岁在乙巳
□月十有五日□□□僧
广慧大师□□□□□于
女□□之右□□□□石
廿□四隅植兰□□□美
□以憩来者□□□□□

□李公舍□□□以助殊

□费金三□□冬十月下

□约值□□□□永久

□□□□□□□幼坚

井圈上的文字有10列,每列10字,共计100字。由于风化等原因,到了清光绪初年,仅存五十多字。当时清凉寺住持心岩法师,对这口开裂成三块的井圈进行了修补。

《江苏金石志》载,清宣统三年(1911),这口井圈还存在,但铭文仅存19个字了。在《江苏金石志》中,还转引《续江宁石刻志》中一段话:"光绪丙申上巳前五日,同聂姓拓碑人,游清凉山,监拓数本。书势遒妍,犹具唐人风格,井栏题字之极佳者。"也就是说,在光绪二十二年(1896)时,《续江宁石刻志》的作者与一位姓聂的拓碑人,到清凉山对该井井圈上的文字,进行了拓印。

1917年成立的南京古物保存所,凿制了一个新井圈,镌刻"唐保大三年立,南唐义井,古物保存所"字样,原有破损的南唐时的井圈不见了。(图1-10)

图1-10 还阳井

这口井位于两座山岗之间,这里既是一片开阔地,又有了水源,南唐中主李璟决定在此兴建寺庙。寺庙建成后,被称为"清凉院"。李璟即把已迎请至金陵报恩院的文益禅师,请来住持清凉院。

961年,李璟病故。他的第六子李煜继位(即后主)。李煜自幼生活于信奉浮屠的帝王之家,深受佛教思想的熏陶和浸润,对于佛教的崇信几乎到了狂热的地步。他下令在京城金陵内外建了许多寺庙。对已经成为皇家寺院的清凉院,李煜更为重视,他将清凉院改名为清凉大道场。

南唐三代君主先后定名的清凉禅院、清凉院、清凉大道场,有了君主的关注支持,名声远播,"清凉"二字深入人心。

二

最早记载建有"清凉寺"的,是两位唐代诗人,他们写的是同一座寺庙。

唐代温庭筠于唐懿宗咸通二年(861)下江东,来到金陵,写了这首《清凉寺》:

> 黄花红树谢芳蹊,宫殿参差黛巇西。
> 诗合晓窗藏雪岭,画堂秋水接蓝溪。
> 松飘晚吹拟金铎,竹荫寒苔上石梯。
> 妙迹奇名竟何在,下方烟暝草萋萋。

唐代唐彦谦《游清凉寺》:

> 白云红树路纡萦,古殿长廊次第行。
> 南望水连桃叶渡,北来山枕石头城。
> 一尘不到心源净,万有俱空眼界清。
> 竹院逢僧旧曾识,旋披禅衲为相迎。

以上两首诗,诗题都有"清凉寺",写得较晚的是唐彦谦那首诗,写于874年。这两首诗传递给人们这样几条信息:

其一,诗里写到这座寺庙"宫殿参差黛巇西""古殿长廊次第行"。告诉人们这座寺庙殿宇古老、廊檐幽长,不仅建造已有一段历史,而且有了一定的规模。

其二，诗里写到寺庙的南面有一方水面，"秋水接蓝溪""南望水连桃叶渡"。诗里还写到了，寺庙的北面是石头城，"北来山枕石头城"。诗里写到的寺庙环境及地理方位，与后来石头山的清凉寺大不一样，说明唐代这两位诗人写的"清凉寺"，并不是石头山中的清凉寺。

唐彦谦还写有一首《过清凉寺王导墓下》，诗句写道：

> 江左风流廊庙人，荒坟抛与梵宫邻。
> 多年羊虎犹眠石，败壁貂蝉只贮尘。
> 万古云山同白骨，一庭花木自青春。
> 永思陵下犹凄切，废屋寒风吹野薪。

诗中写到王导墓与梵宫（寺庙）相邻，诗题又说明清凉寺地处王导墓附近。历史记载，东晋王导家族的墓在幕府山（今郭家山一带）。由此可知唐彦谦等两位诗人所写的清凉寺确实不是南唐君主在石头山建的清凉寺，而是在幕府山一带的那座清凉寺。

进入宋代，宋太宗太平兴国五年（980），将原来在幕府山的清凉寺迁移到石头山，与原清凉大道场合二为一，称之为"清凉广慧禅寺"，规模扩大。北宋几代帝王都曾赐予御书，显然是想以清凉广慧禅寺取代南唐清凉大道场的影响。

清代金鳌《金陵待征录》载："清凉寺，本寺在幕府山下，杨吴后，乃移石头。"又载："清凉山，古无此山，近乃因寺名之，即石头山也。"

山随寺名，因为寺庙建在石头山，此后石头山渐渐被叫成了清凉山。因此，先有清凉寺名，后有清凉山名。

清凉寺的"清凉"一词很为人所称道。在这里，最早使用"清凉"的是南唐先主李昪。他当政时，一度天气干旱。李昪礼请悟空禅师入住扩建后的兴教寺。不久，天降雨，甚至是"遄雾大泽"，人们甚感清凉。李昪见此，非常高兴。"上嘉草号清凉禅院"，把兴教寺更名为"清凉禅院"。后来，不少人曾对这里为何用"清凉"之称，又作出多种诠释。

有的说，"清凉山是城西极幽静的所在"，草木葱茏，到了盛夏，山间凉爽宜人,是难得的清凉之地。

也有的说,清凉山上遍植竹树,青翠明秀,透出一股股清新凉意。

还有的说,"清凉寺乃南唐李后主避暑处,故曰清凉"。

不少文人曾对此地的清凉作诗赞之,"莫道南都烦热地,一经到此也清凉""大地何许热,名山自清凉""六朝金粉风微后,一味清凉月上时""太息世间暄热甚,何如此处习清凉"等。

宋代文人马之纯更是在诗中抒写来此的真情实感。他写道:

> 驱车曾向暑中来,望见尘襟已豁开。
> 袅袅羊肠知几折,亭亭凤翅与俱回。
> 渭川沮洳何如此,佛国清凉亦快哉。
> 久坐不禁清雾湿,却须酒力唤春回。

暑天里,诗人经"几折"山道,来到清凉寺,顿感到"佛国清凉"。坐久了竟觉得凉意太重,他想到要用酒力来驱寒。可见此处在暑天里甚为凉爽。

以上一些论及"清凉"的缘由,都有一定的道理。但是,更为重要的是"清凉"一词充盈着佛理禅意。

"清凉",是佛教中经常出现的一个用词,它既说周围环境,也指内心世界,一语双关道出了一种境界。

《帝释所问经》中说"思念于清凉,如渴人思水",说的是当人的内心思想烦乱时对清净凉爽的渴求就像口渴时想喝水一样。

《频婆娑罗王经》中说"即此苦边是真寂灭,是得清凉,是谓究尽",把清凉的内心看作一种修行的最高境界。

《杂阿含经》中还有一段阎浮车问舍利弗的对话,教人怎么得到清凉的境界。阎浮车问舍利弗:"所谓清凉。云何谓清凉?"舍利弗言:"清凉者,五下分结尽,谓身见、戒取、疑、贪欲、瞋恚。"复问:"有道有向,修习多修习,断此五下分结,得清凉耶?"舍利弗答:"有。谓八正道——正见乃至正定。"大概意思是修行的人不要认为自身是实有,持正确的戒律,不要猜疑、贪婪、嗔恨,就可以达到清凉的境界。要做到这些事,那就要谨守佛教的八正道了。所以很多时候,佛法也叫清凉法。

《大般若经》中也说:"如人夏热,遇水清凉;热恼有情,得闻如是甚深般若波罗蜜多,必获清凉,离诸热恼。"

佛经中还说:"文殊乃七佛之师,作菩萨母,从昔以来,现身尘刹,常住清凉,救苦度生。"

因此,被称作"清凉"的山,被人们看作修道、祈福的灵圣之境地。普通民众于此可殄障而消灾,尘消而慧明。所以,称之为"清凉",不只是山中之清凉的特点已为人所欣赏,更重要的是能使奔竞于红尘之中的浮躁人心清凉下来的至高境界。(图1-11)

知名佛学大师弘一的"无上清凉"题词以及他的《清凉歌》,对"清凉"作了深刻的阐释:

图1-11 弘一大师题词

> 清凉月,月到天心,光明殊皎洁。今唱清凉歌,心地光明一笑呵。
> 清凉风,凉风解愠,暑气已无踪。今唱清凉歌,热恼消除万物和。
> 清凉水,清水一渠,涤荡诸污秽。今唱清凉歌,身心无垢乐如何。
> 清凉,清凉,无上究竟真常。

弘一大师用清凉月、清凉风、清凉水,来表现我们身心与自然界人我两忘,无物无心,天地、万有一体和谐融化的境界。如果我们能常常借着大自然的境界,以触发我们天然的自心,久而久之,我们不但养成具有哲理的思维,而且思维清晰、敏捷、畅达。这首《清凉歌》,让我们在凉月清风、澄潭碧水的清凉幽境里,净化心性,法喜无量。

全国各地以"清凉寺"为名的佛寺有数十所。但是,金陵清凉寺其背靠的石头山历史之悠长,饱含的像李后主在此建避暑宫等人文底蕴之深厚,创建禅宗五家之一的法眼宗、诞生清凉禅风所作贡献之宏大,是其他各地的清凉寺所无法相比的。走进此地,不论是气候感受,还是心理体验,都会让人留下"清凉"的深刻印象。

"清凉"二字,像一面旗帜飘扬在清凉山的上空,涵盖了整座大山,并以无尽的光芒普照四方。(图1-12)

图1-12　清凉寺

第二章  法眼祖庭

第一节

禅宗"一花开五叶"

两汉时,佛教从印度开始传入中国汉族地区。传播的地区以长安、洛阳为中心,波及彭城(今徐州)等地。汉末三国时期,有僧人到吴都建业(南京)弘法。南朝时,江南佛教有了较大发展。佛教经过魏晋南北朝的发展,为隋唐时期创立具有中国特色的佛教宗派创造了有利条件。

重要的宗派有:智𫖮创立的天台宗;吉藏创立的三论宗;玄奘创立的法相宗;道宣创立的律宗;由北魏昙鸾开创、隋代道绰相继,而由唐代善导集成的净土宗;慧能创立的禅宗;法藏创立的华严宗;由印度僧人善无畏、金刚智、不空所奠定的密宗。

隋唐时,新兴的禅宗是影响最大而又最具中国特色的佛教宗派。隋唐以后,禅宗几乎成为中国佛教的代名词。

"禅"作为一种修行方法已于东汉传入中国,具体表现为以数息观为主的"禅定"之法。

什么是禅定?"禅"是梵文"禅那"的简称,意译为"思想修",玄奘译为"静虑",即心注一意的静虑。"定"意为心专一境而不散乱。"禅定"合称,意为安定而止息杂虑,是生脱死,达到涅槃的必要途径。禅宗因主张用禅定概括佛教的全部修习而得名,又因以"传佛心印"自称,以觉悟众生本有的佛性为目的,所以又称"佛心宗"。

据佛教史记载,禅最早可上溯到释迦牟尼于灵鹫山的"拈花微笑"公案。摩诃迦叶由于"破颜微笑",与释迦牟尼佛"以心传心"之后,被后人推为禅宗第一祖。自摩诃迦叶以下第28代传至菩提达摩。

达摩于南朝刘宋晚年(约470—475)由南印度来到中国南方,从广州登陆,后被南朝梁武帝迎请到金陵。

梁武帝是中国历史上最有名的崇佛皇帝。他即位的第三年正式宣布归佛,发愿信奉佛教,在位期间一直致力于建寺、写经、度僧、造像,当时金陵佛庙梵宇香火兴旺。对此,梁武帝自以为很有功德,所以,一见达摩,他就得意地讲述了自己所做的种种善事。

>梁武帝问达摩:"我做了这些事,有多少功德?"
>
>达摩淡然地答道:"没有功德。"
>
>"为什么没有功德?"梁武帝追问。
>
>达摩答道:"这些都是有为之事,虽有实无。"
>
>"那什么才叫真正的功德?"梁武帝紧追着问。
>
>达摩答道:"净智体圆,体自空寂。"

梁武帝根本不懂这番话的意思。

>梁武帝又问达摩:"什么是圣谛第一义谛?"
>
>达摩回答道:"廓然无圣。"
>
>梁武帝接着问:"既然无圣,那么现在对我说话的人是谁?"
>
>达摩回答道:"我不认识。"

达摩的回答简捷明了,但这位虔诚的"皇帝菩萨"却不能领会达摩态度中的核心禅意。达摩见梁武帝不能领悟禅理妙道,只注重事相而不明法理,便起身告辞。

达摩走后,梁武帝把自己与达摩的对话告诉了志公禅师。志公一听,却大加赞叹:"达摩大士开示的禅理,如此深切!看来他是乘愿来这里传佛心印的。"

梁武帝一听,马上派人去追达摩。志公禅师说:"就是把全国的人都派出去,也追不回来了。"梁武帝不信,还是派人去追。这时达摩已到长江边,见后面有一队人马追来,于是,他随手折了一枝芦苇,扔到江中。然后,踏上苇叶,飘然乘浪,往北去了。(图2-1)

图2-1　达摩"一苇渡江"

这就是著名的达摩"一苇渡江"的故事。

达摩"一苇渡江",北上嵩山,在少林寺后山的山洞继续"面壁九年"。其后,达摩传法慧可,慧可传僧璨,僧璨传道信,道信传弘忍,因金陵牛头山法融的禅学思想也得到了道信的印证,法融另立一支,号牛头宗。弘忍之后开始分化为北南二宗。北宗的领袖是神秀,南宗的代表人物是慧能。

达摩之后,一脉相承,乃至弘忍的上首弟子神秀,基本上都是沿着达摩的路径走的。在修行方法上,都是提倡独宿孤峰、端居树下、终朝寂寂、静坐禅修。他们在传法中,虽然逐步走向中国化,但并没有根本变革。到了慧能,才对传统的禅学进行了一系列根本性变革。

慧能(638—713),俗姓卢,祖籍河北范阳(今河北涿州),出生广东新州(今广东新兴)。慧能年37岁时,投黄梅县冯茂山弘忍的门下学法。弘忍原继承道信在黄梅县西的双峰山幽居寺弘法,后来至县东北的冯茂山(也称东山)建寺传法。他上承菩提达摩以来的禅法世系,被人称"东山法门"。

慧能从弘忍那里得法以后,于唐仪凤元年(676)来到广州法性寺(今光孝寺)。正值印宗大师住持此寺并讲经,学者众多。一日,风吹幡动。慧能听到两个僧人争论,一个说是风动,一个说是幡动。慧能对他们说:"不是风动,不是幡动,而是你们心在动。"印宗听说此事,即请慧能解说其义,慧能言简而理契。印宗心里有所明白,问慧能:"久闻黄梅衣法南来,莫是行者否?"慧能答:"不敢(然)。"印宗又问:"黄梅付嘱如何指授?"慧能即回答:"指授即无,惟论见性,不论禅定解脱。"印宗知道慧能即是从弘忍处得法之人。不久,印宗请慧能住持韶州曹溪宝林寺(今广东曲江南华寺)。在这里,慧能弘教,广开禅门,学徒云集。慧能主要弘法地是在曹溪宝林寺,故其被称为曹溪大师。慧能于是开演曹溪法门。弟子在他弘法时作了记录,集成《六祖坛经》。(图2-2)

图2-2 《六祖坛经》

在佛教典籍中,只有释迦牟尼本人的宣法或经佛陀印证的弟子们的言教才被称为"经"。佛陀涅槃后,历代弟子们的著述,只能被称为"论"。

中国佛教著作中被称为"经"的唯一一部即是《六祖坛经》,这种殊荣在中国佛教史乃至印度佛教史上,都是空前绝后的。

慧能在弘忍处开悟得法,并以天才般的智慧,对原来的禅学体系进行了一次集大成式的综合改造。在慧能的改造下,禅学思想焕然一新。

慧能的禅学思想,一个重要的内容就是佛性说。慧能把以前的佛性、真如等内化,具体化为人心,认为"万法在诸人性中",将成佛的途径由外在偶像崇拜转向对人内心自性的证悟。慧能以人的自性为依托,改变了传统佛法僧三宝和佛的三身观内涵,提出人要归依觉正净自性三宝,主张自性自度。

慧能认为,人人皆有佛性。人性(佛性)本来清净无尘,只是人心中所生的妄念覆盖了真如本性,使其不能看清自己本有的佛性。他提出了"识心见性"。即只要除却妄念,自识本心,直见本性,即可见性成佛。

所以,慧能禅学思想的出发点是"识心见性"。他把心和性联系起来,把两者看成是一个东西。慧能的所谓性,是指人心的本性。有性然后才能有心,性的

"在""去"决定心的"存""坏"。心是思想活动的主体,其本性就是能觉悟,由心见性,即能觉悟人生的究竟,解决生死的问题,获得心灵的解脱。

慧能强调,佛者,觉也,"自性觉即是佛"。因为人人都有觉悟之性,所以"愚人智人,佛性本无差别",人人皆有佛性。慧能说:"菩提般若之智,世人本自有之,只缘心迷,不能自悟。……般若无形相,智慧之即是。"菩提,意即觉悟;般若,意即智慧。慧能认为至高无上的觉悟和智慧,在人们的先天本性中就已具备,不是后天从外面学习得来的,只是有些人因为内心受尘世的是非、好恶迷惑,被妄念浮云盖覆自性,不得明朗。因此,慧能反复强调,"我心自有佛","自性若悟,众生是佛","佛向性中作,莫向身外求"。

既然成佛"但用此心",只向内求,那么就必须超脱尘世,外离一切相。慧能抛弃过去看心观静的传统坐禅观念,将禅定重新解释为:"外离相为禅……外若离相,心即不乱。"我即是佛,一切法相都要抛弃,否则,它们会扰乱人的思维。慧能提出要以无念为宗,无相为体,无住为本,认为禅定的核心在定慧等持所获得的最终觉悟,而觉悟本身非世俗功德可以取代。由此,禅宗之禅也从原来的禅定法门,被彻底改造为智慧之禅。

慧能禅学思想的重要特点,就是力图把佛教所追求的遥远的彼岸世界移到每个人的内心。慧能禅学思想所说的佛或佛性,就是人心有觉悟之本性。

佛教的创始人释迦牟尼在独坐冥想中所证悟的宇宙人生真谛是无上正觉,即所谓成佛。在慧能看来,如果人们能够达到与释迦牟尼同觉或等觉,即达到与释迦牟尼的世界观一致,想佛所想,言佛所言,行佛所行,就算成佛了。这种观点是与中国人人可以成圣的传统相似的,完全符合中国人的文化心理。

慧能的禅学思想,另一个重要内容就是顿悟说。

所谓顿悟,就是指只要突然领悟自己本有的佛性,便是成佛之时。他强调要凭借自身的直觉体验,直接地、完整地在自我心灵中把握自如自性。慧能认为这种智慧的觉悟不靠漫长的次第修行,而是在转念之间的当下顿悟。即凡夫和佛的区别只在当下一念之间的迷与觉,烦恼和菩提也在这当下的转念之间。

所谓"前念迷即凡夫,后念悟即佛,前念着境即烦恼,后念离境即菩提"。这种顿悟观打破了人佛的思想障碍和界限,强调将禅的智慧贯穿于生活中一切行住坐卧的当下行动中去，不离世间觉，也不离烦恼觉。烦恼只因未觉，觉悟之后，烦恼也将转化为菩提智慧。

慧能的成佛修养方法，是一种"智慧观照"的新禅法。他说："令学道者，顿悟菩提，各自观心，自见本性……智慧观照，内外明彻。若识本心，即刻解脱。"慧能还说："善恶虽殊，本性无二。无二之性，名为实性。于实性中不染善恶，此名圆满报身佛。"实性即是法性、真如、涅槃。慧能认为，"无上大涅槃，圆明常寂照"。这种最高境界是永无生死、根绝痛苦、恒常寂静的，因而是圆满具足的精神性全体。

本性无二，即觉体圆明，是个整体。用智慧观照成佛，即得全体；不能分为部分逐渐得之。要得全体，只有一悟。因此，慧能认为，成佛的唯一途径是顿悟。这种顿悟，是通过直觉主观体验，产生内心的神秘启示，达到精神状态的突变。这种境界不可言传，只能意会，如人饮水，冷暖自知。

慧能强调悟与迷的关键在于是否"见性"。他说："若识自性，一悟即全佛也。"怎样实现顿悟成佛呢？慧能认为，唯一的方法是无念，即见性的功夫在无念。慧能说："何名无念？若见一切法，心不染著，是为无念。用即遍一切处，亦不着一切处。但净本心，使六识出六门，于六尘中无染无杂，来去自由，通用无滞。"

六识即人的眼、耳、鼻、舌、身、意六种感性和理性器官，就是人的认识能力。"六门（尘）"也叫六境，即六识的对象，就是色、声、香、味、触、法，世间所呈现出来的现象。

慧能所说的顿悟成佛，就是破除妄念，悟"无所得"。无所得，心就净了。净心，就是不染尘劳，无所烦恼。人在社会上，虽从事见闻觉知、视听言行等种种活动，但是于"六尘中无染无杂"，不执着于物，"通用无滞"。心体无滞，即是般若。真正的无念，不是死寂状态，而是精神的独往独来，是不受任何客观法则支配的思想绝对自由。达到这种境界，即是成佛。慧能教人修行的最终目的，就是净心。达到净心，即是佛境。

慧能的禅学思想，对传统佛教作了根本性变革。在禅修形式上，从凝心趺坐、住心观静，到行住坐卧，任运自在。在禅修路径上，从依教修行、藉教悟宗到不立文字、顿悟成佛。在禅修目的上,从出世涅槃到即世求解脱,修行就在日常生活中,自识本心,自见本性,自成佛道。

慧能把古印度的佛教与中国传统思想有机地融为一体,广泛吸收了中国传统儒家、道家的思想,摒弃了佛教理论实践中与中国传统文化不相适应的方面,使其更能体现中国佛教的特点,更能被中国的民众认同、接受。

慧能把佛教所信仰的佛从遥远的彼岸世界移居到每个人的内心,把依靠佛教的经论和戒律转向只相信个人的主观信仰或感悟。这在一定程度上正是领悟了释迦牟尼的思想,只要是断绝苦因,入涅槃境界,就算达到了目的。因此,慧能的禅学思想在世界佛教史上也是一个里程碑式的发展阶段。

禅宗作为佛教一个大宗派正式出现,应该是从慧能所创立的禅南宗开始的。以禅宗作为佛教的宗派名称,也是始于慧能时代。慧能所创立的禅宗,标志着中国式禅宗的正式建立。慧能虽然名义上是禅宗六祖,但事实上,他是中国禅和禅宗的真正创始人。因此,一般所讲的中国禅学,是指慧能以后的禅宗之禅学。以慧能为代表的禅宗才是真正的中国化佛教。自慧能始,沿着他所开辟的思想道路,禅宗真正进入了快速发展期。

二

713年慧能圆寂,享年76岁(图2-3)。他在曹溪传法30多年,培养了数千名弟子。其中著名的有青原行思、南岳怀让、菏泽神会、南阳慧忠、永嘉玄觉等。他们得法后,都各成一家。其中以青原行思、南岳怀让二派弘传最盛,形成禅宗"五家七宗",禅宗发展进入辉煌的时代。

禅宗"五家七宗",其中,五家指青原行思系下形成的曹洞、云门、法眼三宗,南岳怀让系下形成的临济、沩仰二宗。临济宗在宋代又形成黄龙、杨岐二派,合称"五

图2-3　慧能大师肉身像

家七宗"。

五家之名称,是由北宋明教大师契嵩在所著《传法正宗记》中首先提出来的。其实,他们皆发扬慧能的禅学思想,只是在诱导学人、开佛知见等顿悟方法上有所不同,各有独特风趣,即所谓家风或禅风不同。北宋时宋徽宗在《续灯录序》中指出:"自南岳、青原而下分为五宗,各擅家风,应机酬对。虽建立不同,而会归则一,莫不箭锋相拄,鞭影齐施,接物利生,启悟多矣!源派演迤,枝叶扶疏。"

沩仰宗,属南岳法系。开创者为潭州(今湖南长沙)沩山僧人灵祐和袁州(今江西宜春)仰山的慧寂。唐末五代时是它的鼎盛时期。至宋代逐渐式微,最终与临济宗合并,历时约150年。在禅宗五家中,沩仰宗兴起最早,衰微也较早。

临济宗,属南岳法系。以唐代临济义玄为宗祖,祖庭在河北镇州(今河北正定)的临济寺。中唐以后,临济宗门风兴隆。该宗禅风自由,以迅速手段或警句使学人省悟,方法单刀直入,机锋锐利。至清代,该宗已成为我国禅宗主流。

曹洞宗,属青原法系。开创者唐代良价和他的弟子本寂先后在筠州洞山(在今江西宜丰)、抚州曹山(在今江西宜黄)弘法,后世称之为曹洞宗(一说取禅宗六祖曹溪慧能及洞山良价之号),禅风以回互细密著称。宋代以后,沩仰、云门、法眼陆续失传,只有临济、曹洞两家并存,但曹洞的法脉不及临济兴盛。

云门宗,属青原法系。开创者五代的文偃在韶州云门(在今广东乳源)的光泰禅院举扬一家宗风,故名。禅风险峻而简洁高古,一语一字之中含藏着无限的旨趣,而其机用又是截断众流,不容拟议。该宗兴盛于北宋,至南宋已逐渐衰微。到了元初,其法系已无从考证,历时约200年。

法眼宗,属青原法系,由南唐僧人文益(885—958)在金陵清凉院创立。他圆寂后,南唐中主李璟谥其为"大法眼禅师",后世因而称此为法眼宗。

禅宗初祖达摩来中土时,曾说偈云:

吾本来兹土,传法救迷情。
一花开五叶,结果自然成。

达摩在此偈中,说到"一花开五叶",这就是预示了中国禅宗发展的源流。

"一花"指禅宗之源,即由他传入中国的"如来禅"(祖师禅)。"五叶"指禅宗之流派,从六祖慧能门下而衍生出来的五个宗派。也就是说,以达摩为禅宗初祖,称为"一花";单传至慧能大师以后,禅宗发展演变为五个流派枝叶——临济、沩仰、云门、曹洞、法眼,名为"五叶"。

法眼宗作为禅宗最后形成的一个派别,标志了五家宗派的最终形成,也验证了"一花开五叶"的超前智慧,从此禅宗进入了鼎盛时期。

第二节

文益禅师驻锡清凉院

唐朝末年，原来统一强大的唐朝，出现了分崩离析的局面。从907年到959年，凡五十余年间，北方是五代更迭，形成后梁、后唐、后晋、后汉、后周五个朝代。与五代几乎同时，江淮以南群雄割据，形成了前蜀、后蜀、吴越、吴、南汉、楚、闽、南唐、荆南，再加上割据河东的北汉，共十个小朝廷，史称"五代十国"时期。

南唐是以金陵为中心的南方"十国"割据政权之一。南唐地跨江淮平原，境内既富盐、茶之利，又盛产稻米桑麻，气候环境较好，水路交通发达。在南方诸国中，南唐地辖江南富庶之地，疆域最为广阔，管辖区域相当于今日的苏、皖、赣、闽、湘等地。

自中唐以来，随着经济中心的进一步南移，江南社会文化得到较大发展。佛教活动突破了隋唐之前以中原北方为核心的存在格局，形成佛教多中心发展的趋势。这一时期的南方佛教以南唐、吴越、闽诸国为代表。江南佛教大力兴建庙宇，广招佛徒，表荐名僧，赐号赏紫。著名的佛寺有金陵石头城所建清凉寺、钱塘孤山所建智果寺等。

就南唐佛教的僧人活动来说，一时著称的有漳州罗汉院桂琛及其门下。福建漳州罗汉院桂琛（867—928），浙江常山人，俗姓李。随本邑万岁寺无相披剃，登戒得法于玄沙师备，是玄沙师备门下最优秀的弟子。后来受漳州牧正之请住城西石山地藏十余年，迁止罗汉院。桂琛的嗣法弟子中，最著名的当推文益。

在宋代《景德传灯录》《宋高僧传》《五灯会元》及清代《十国春秋》中,对文益都有较为详细的介绍。从上述文献的记载中,我们大致可以看出文益一生的经历和富于生命意义的生活轨迹。

文益(885—958),俗姓鲁,余杭(今浙江杭州)人。7岁到新定(今浙江建德)智通院随全伟禅师出家,20岁时到越州(今浙江绍兴)开元寺受具足戒。

文益出家较早,又十分好学。为了寻找真正的觉悟之路,他四处参访和求学。文益先到明州(今浙江宁波)育王寺从希觉律师学习律典教义。《景德传灯录》载:文益在希觉处"玄机一发,杂务俱捐"。这是说文益由佛教戒律的行履,激发出参禅印证的雄心。那时文益对儒学经籍典藏也多有涉猎,受到希觉的高度赞誉,称他是"我(佛)门之游、夏也"。游指子游,夏指子夏,两人均为孔子的学生,长于文学。

文益有强烈追寻探索禅宗真谛的愿望,故舍弃其他之追求,振锡南游。到了福建后他向长庆慧棱禅师(854—932)学习。长庆慧棱是雪峰义存的法嗣。《宋高僧传》载:文益参与慧棱的法会后,"已决疑滞"。即是说文益已理会慧棱禅法的旨趣,然又觉得有所不足。当时文益的好学与才能,为众多学僧所推服。

之后,文益结伴学僧继续游学。途中,天降暴雨,溪水涨没田地,文益和同伴只好暂时寄寓在漳州城西地藏院,文益即去参谒地藏院住持桂琛禅师。

桂琛问文益:"去哪里?"

文益答:"行脚去。"

又问:"什么是行脚之事?"

文益答:"不知道。"

桂琛称赞道:"不知最亲切。"

文益当时有些省悟。

桂琛取出一本经书,指着书上说到的"天地与我同根",问文益:"山河大地,与人是同还是别?"文益答:"别。"桂琛又举起两根手指,文益又答道:"同。"桂琛再次竖起两个指头,提醒文益要好好思考究竟是同是别。

第二天,文益准备离开地藏院,向桂琛禅师辞行。桂琛知道文益曾入福州西院,跟随长庆慧棱禅师学禅,还表现出了很不错的才能,很希望他能留下来,好好开导他。但桂琛又不能明确对文益说要挽留他。于是,桂琛就指着庭院的一块石头,对文益说:"试问这块石头是在你的心外还是心内?"文益答:"心内。"桂琛说:"你一个行脚人应该轻装,心里安了块石头,怎么能到处走动呢?"文益听到这话,无言以对。文益感到在桂琛这里有很多深刻道理可学,便留了下来。

以上桂琛与文益的对话,共有四问四答。

一问到哪里去,文益明确回答"行脚去"。

二问什么是行脚,文益说,不知。所谓不知,是不执着求知,也不执着有所知,即行其自然。这个回答桂琛认为最为亲切。

三问人与山河大地是同是异,桂琛问这一问题的意思是,万物与己同根同体,本来如此、本来自然。只有生起分别之心才有同异之别。

四问石头是在心内还是心外,桂琛对文益回答是心内提出了批评。石头安放在心内如何去修行呢?桂琛对文益的指导,使文益心灵上受到一种震撼,不得不认真思考这个问题。

实际上桂琛认为,就心来说,一切都是自然而然存在的,心里有块石头是自然存在的,并不加重人的负担;心里没有石头也是自然的,并不减轻人的负担。佛法不二,若论佛法,一切现成。只不过桂琛还没有为文益点破,还希望文益再去思索,去领悟。

宋代《五灯会元》载:

> 近一月余,日呈见解,说道理。
> 藏语之曰:"佛法不恁么。"
> 师曰:"某甲词穷理绝也。"

文益留下来以后,并没有改变那种学究式的对佛法的理解。在一个多月时间里,文益不断向桂琛呈明自己对佛法的见解。可是,他讲了那么多自以为是的"道理",被桂琛一句话全盘否定掉了。桂琛对文益说:"佛法不是那么回事。"

文益已有较深的佛学基础,近一个月,他没有等着桂琛为他说法,而是每天都去找桂琛,主动"呈见解,说道理"。

文益好理解,善言辞,心中有许多对佛法的理解。虽然每次问桂琛后,感到"窘无以对",但文益并没有消极以对,依然每天找桂琛论理,"呈见解,说道理"。桂琛否掉了一个道理,文益就会又说出一个道理,不弄懂决不罢休。文益搜肠刮肚,竭尽所能,把所有能想到的道理一个一个都拿出来,直拿了"近一月余"。

文益所说的道理,都是其辛苦学习和参悟得来的,每当被桂琛否定一次,知道自己所说的道理不够好,于是第二天来呈的道理就更为精妙,以能引得桂琛与自己相论,"求决择"。而无论文益怎样"呈见解,说道理",桂琛都不为所动,只是说"佛法不恁么"。

桂琛不急于与文益说道理,哪怕文益说得再精妙,倒出来的石头再漂亮,一概拒不接收。因为心里有石头,则不是佛法。桂琛说"佛法不恁么",不是让文益去找新的石头,而是让他不再找石头。文益拼命阐说自己对佛法的理解,而执迷理解,已昧自心,正与佛法相违。所以无论文益心中有什么,桂琛都以"佛法不恁么"打掉他心中所有,令他不可着。终于有一天,文益说:"某甲词穷理绝也。"自己实在已竭尽所能,再没有见解可呈,没有道理可说。

文益"近一月余,日呈见解,说道理",而桂琛只是说"佛法不恁么",于是文益放下自己已得之见,另寻突破,再生新见。每次都犹如一场痛苦的蜕变。文益不言放弃,愈挫愈勇。在这"近一月余"中,他经历了非凡的磨炼,已有了脱胎换骨的变化。

到此时,文益发现所有的见解和道理都立不住了,所以他对桂琛说"某甲词穷理绝也",虚下心来向桂琛求教。桂琛也知道,只有在这时,给文益说法他才能听得进。

这里的"词穷理绝"正是禅者的一种忘情忘我、一切皆空的安然净明境界。这是人的思维进入纯直觉照见的最佳境界,也正是由"定"而入"慧",以达到顿悟的境地。

正当文益"词穷理绝"的时候,桂琛点了他一句,告诉文益:"若论佛法,一切现成。"

文益听后,即刻言下大悟。(图2-4)

"若论佛法,一切现成",多么美妙的话语,正当

图2-4 相传是南宋马远绘的桂琛、文益论禅图(现藏于日本东京都天龙寺)

文益想无可想、思无可思的时候,桂琛一语点醒梦中人:你在那里想什么,有什么可想的,佛法不就是现成的嘛。文益手中握着法宝,还在四处找法宝,找啊找啊,到处都找不到。最后听到桂琛这一句话,当下醍醐灌顶,这里找了那里找了,就是没有找找自己在哪,这一下,切入进去,就悟道了。

文益听到"若论佛法,一切现成",直觉洞彻于天地宇宙的万事万物,打破了一切事物之间的界限,万物连成一片,万法归于一体,世俗的任何执着立即化为乌有——天与地、大与小、风与电、黑与白,一切都是自然的,一切都没有加强分辨、区别的必要,哪里还有片石存于心内和心外的执着呢!

文益在桂琛那里疑山顿摧,证悟得法。桂琛禅师一句"若论佛法,一切现成"直指本源的言说,犹如一道智慧之光照亮了文益迷雾的心智,使其思想豁然开朗。

文益在桂琛处悟道,是他生命成长过程中一次伟大的转折,开启了他弘扬禅法的新征程。

文益开悟得法以后,又历览长江以南丛林。五代后唐清泰二年(935),他游方到临川(今江西抚州)。临川刺史请他住持崇寿院,此寺所在地为曹山,是禅宗曹洞宗所在地。在这样的地方传经说法,使文益的名声大振。《景德传灯录》中记载:文益"住抚州崇寿寺,大振宗风"。

听说文益在此说法,各地的学僧纷纷来到这里,常有千人。学僧有不明白的问题,文益都能"微以激发,皆渐而服膺"。文益在崇寿院讲法,有不少后来的高僧大德都曾在这里参学得法。

抚州崇寿院后来改名为承天寺,《续藏经》中载有《林间录后集》,其中有《清凉大法眼禅师画像赞并序》,高度赞扬了文益的弘法事宜。

清凉大法眼禅师画像赞并序

予元符初至临川承天寺,寺基宏壮,可集万指,而食堂僑然,残僧三四辈而已。读旧碑,知为大法眼禅师开法之故基也。影堂壁间,画像存焉。神宇靖深,眉目渊然,而英特之气不没,岂荷负大法、提挈四生者,其表故如是耶!稽首为之赞曰:

非风幡动,非风铃语。

见闻起灭,了无处所。
何以明之,俱寂静故。
此光明藏,平等显露。
由本无明,爱欲怪妒。
如隔日疟,痛自遮护。
有能了者,即同本悟。
萦尔随缘,闲居静住。
一切仍旧,身无染污。
为物作则,险崖之句。
不可犯干,如大火聚。

这篇文章表明承天寺(即崇寿院),在宋元符初年(1098)已经非常萧条了。但是承天寺的寺基尚存,规模宏大,并有法眼画像。从这篇文章中可以看出文益当年在这里传播佛法的盛况,以及僧人对文益的仰慕和敬仰。描写文益"神宇靖深,眉目渊然,而英特之气不没",高度赞赏了文益是当时最杰出的禅学大师。

金陵是南唐的国都,有几座国家级的佛寺都庄严宏伟,但缺少受人崇敬的高僧大德。南唐先主李昪听闻文益是国内受人敬爱的高僧,于是,礼请文益至金陵报恩院传法,并增封其为"净慧禅师"。

《宋高僧传》载:"江南国主李氏始祖知重,迎住报恩禅院,署号净慧。"南唐中主李璟继位后,他又迎请文益进住清凉院,作为国师,住持于此。文益住持清凉院,从学者甚众。文益的许多弟子也在各地弘法,法席大盛。

后周显德五年(958)七月十七日,文益得病。南唐中主李璟亲自到清凉院探病问候。十二月五日,文益剃发澡身,与僧众言别,少顷,圆寂。逝时颜面如生。世寿七十四,戒腊五十五载。

文益圆寂后,在江宁城南丹阳乡建塔,塔名无相,南唐中主李璟命韩熙载撰碑以记。南唐公卿皆穿素服送葬于江宁丹阳乡。李璟谥文益"大法眼禅师"之号,后又追谥"大智藏大导师"之号。

二

弘法利生,是寺院一切活动的主旋律。文益住持"国家之寺"清凉院弘传佛法,清凉幽谷飞响悠扬的梵呗佛音,传出文益那平和亲切、深刻睿智的佛理禅声。

传法的情景十分壮观。据宋代普济《五灯会元》记载:

> (文益)三坐(清凉)大道场,朝夕演旨。时诸方丛林,咸遵风化。异域有慕其法者,涉远而至。玄沙正宗,中兴于江表。

这段话对文益在清凉院弘法给予了极高的评价。

文益被南唐君主尊为"国师",君主也常常到清凉院向文益请教佛法禅理。当时南唐的一位进士李建勋曾写诗道:"宁意传来中使出,御题先赐老僧家。"南唐的中书舍人徐铉也有诗道:"一宿东林正气和,便随仙仗放春华。"可见南唐中主李璟常去清凉院。《五灯会元》记载了李璟与文益在清凉院谈禅论道的情景,文益赋了一首诗开导李璟。李璟与文益在清凉院一同观赏牡丹花,文益对李璟赋了这首《看牡丹》:

> 拥毳对芳丛,由来趣不同。
> 发从今日白,花是去年红。
> 艳冶随朝露,馨香逐晚风。
> 何须待零落,然后始知空。

文益暗示李璟,尊荣华贵的帝王生活即将结束,南唐也快不是你的了,何必要等到花掉下来,你才知道是空的呢?这也是文益向李璟弘传"色即是空"的佛理。文益敢于对南唐中主这么率真地直言,充分说明了文益在清凉院弘法的力度之大。

南唐后主李煜年少时,随其父李璟一起去清凉院见文益,对文益的禅学思想也很赞赏。

《五灯会元》中记载,李煜还没即位时,就已"受心法于法眼之室"。李煜的幼子4岁夭亡后的一个月,大周后也病亡,李煜悲痛之时写了首《挽辞》。

李煜写道:

> 艳质同芳树,浮危道略同。
> 正悲春落实,又苦雨伤丛。
> 秾丽今何在,飘零事已空。
> 沉沉无问处,千载谢东风。

李煜在悲痛难抑的时刻,不由得向浸润其中的佛家寻求安慰和指点,他从幼子及大周后的去世,体认到世事皆空的佛理,"沉沉无问处,千载谢东风",东风依然,但凋落的已永远消逝。这首《挽辞》的音韵与文益禅师《看牡丹》诗相仿,其"秾丽今何在,飘零事已空",也化用了文益禅师"何须待零落,然后始知空"的诗句。尽管李煜诗词创作水平很高,但他写的《挽辞》这首诗,其思想内容、情感表达、词语用韵明显受到文益禅师诗很深的影响,从中也反映了李煜对文益禅师的敬重。

文益圆寂,后主继位以后,也给文益很高的礼遇。宋代赞宁《宋高僧传》载:"江南后主为碑颂德,韩熙载撰塔铭云。"李煜曾为文益树碑,由著名文人韩熙载撰写铭文。这也说明,除南唐君主,一些重臣、文人如徐铉、韩熙载等也与文益有交往。

冯延巳是南唐重臣,又是知名词人,还精通禅理。一次他和几位禅僧游钟山,到一人泉。冯延巳问道:"一人泉,许多人争得足?"有一位僧人回答他:"不教欠少。"冯延巳对这个答话不满意,接着问道:"谁人欠少?"僧人答不上来。这件事传到清凉院,文益禅师即下了一则转语:"谁是不足者?"后来,冯延巳听说了文益的偈语,赞叹其禅法的精深。

文益受南唐君主的敬重,但他并不以此自傲,在佛理交流上与其他僧人平等相待。宣春木平善遘禅师禅学思想很高,曾被南唐先主李昪迎请到金陵。中主李璟在皇宫旁边为其修建了一座"木瓶寺"。木平善遘禅师是青原下六世,论辈分,木平为文益的师祖,年龄也长于文益。

有一次,李璟、木平善遘与文益一起在清凉院谈佛论禅。

李璟问木平善遒:"如何是木平?"

善遒答:"不劳斤斧。"

李璟又问:"为什么不劳斤斧?"

善遒答:"木平。"

善遒的名字木平,被李璟拿来发问,而善遒巧妙地用因名字叫木平就不劳再动用刀斧来相答。善遒的回答也得到文益的称赞。文益向李璟介绍善遒的为人及禅学思想,还写了一首《睹木平和尚》:

木平山里人,貌古年复少。
相看陌路同,论心秋月皎。
怀衲线非蚕,助歌声有鸟。
城阙今日来,一讴曾已晓。

这首偈后来被编入《全唐诗》中。文益禅师的这首诗,比较全面地概括了木平禅师的生平事迹。从其出身经历,至其容貌行止,乃至其生活细节,莫不缕缕道来。一个淳朴古雅的高僧形象,清晰鲜明地显现在人们面前。诗写得平实客观。诗里寄托的是作为晚辈后学对前辈高僧的崇敬和挚爱。正因为文益有这种虚怀若谷的胸怀,才造就了他一代高僧的地位。

还有一次,李璟请一些高僧来清凉院与文益展开禅学的思想交锋,胜者被赐予礼品。

《十国春秋》载:僧深,居金陵说法。元宗置彩一箧、剑一具,谓深及文益曰:"高座若问得当,赐杂彩,否则赐剑。"李璟的意思很明白,如果说禅说得好,就赐给锦彩,如果乱来,那就要加以惩戒。

文益升座。

深曰:"今日奉敕参问,师还许否?"

文益曰:"许。"

深曰:"鹞子过新罗。"

捧彩便行。

深禅师是属于云门宗一派的高僧,受李璟邀请在金陵奉先寺传法。这次被李璟请到清凉院与文益在禅学上比试。文益的宗风与深禅师所传的云门宗不尽相同,如果仅仅从一两个问题就辩出谁高谁低,那就陷入佛法所言的真正执着了。文益用"正问正答"的肯定样式回答"许",其用意就是要破除深禅师的执着,而且他的一个"许"字,也颇有仿效云门宗一字答禅风的意味。但是深禅师并没有领悟,自以为答得妙,争辩还没完,他就主动地"捧彩便行"。这一举动引得李璟和僧人哈哈大笑。文益没和深禅师去计较。而李璟和其他僧人更为敬重文益的禅学思想和为人。当然,李璟是不满足的,他想见到的是禅学之间的交锋。所以他对文益禅师说:"哪一天,我再到茶筵来,还请你们两人交锋。"

文益入住清凉院前,曾游方临川(今江西抚州)等地,结识过不少佛学造诣高深的僧人,和他们成为知心道友。文益来到金陵后,虽然身在国都,但没有忘记这些同参道友。对于好友江西的钟陵光僧,文益很是想念,就写了一首怀念的偈,并寄到江西去。《寄钟陵光僧正颂》:"西山巍巍兮耸碧,漳水澄澄兮练色,对现分明有何极。"

这则颂,既称赞了好友在江西弘法有"西山巍巍漳水澄澄"般的功德,也表达了两人似碧山澄水般的纯洁的朋友之情。这说明他们之间时有书信交往。

文益在清凉院还常与其他高僧切磋,共同提高对佛法的理解,掌握禅法的要义。有一次,知名的觉铁嘴禅师来到清凉院。文益问他:"赵州柏子因缘还记得否?"觉铁嘴回答:"老师从没说过这话,请你不要这样问我。"文益说:"真自狮子窟来。"觉铁嘴还是认为先师没有此语,但文益却十分肯定,觉铁嘴很不理解,对文益说:"宗门抑扬,哪有规辙乎?"这时,站在一旁的一位僧人笑了起来。觉铁嘴很生气,问道:"我与客人谈话,你竟笑话我,为什么?"这位僧人说:"笑你智眼不正,择法不明。"觉铁嘴还没明白,僧人用了一个偈来回答:

一兔横身当古路,苍鹰才见便生擒。
后来猎犬无灵性,空向枯桩旧处寻。

这位僧人实际上是告诉他,文益是称赞觉铁嘴回答得好。

从这一则可以看出文益与觉铁嘴在进行一种禅宗机锋的勘验,与觉铁嘴互相切磋。觉铁嘴对文益的问话始终都是不正面回答,问有则答无。这种机锋答问是完全符合六祖慧能所传的接引方法精神的,所以文益对觉铁嘴的回答是满意的,认为觉铁嘴以此回答是深得赵州禅法要领的,值得自己学习。

文益禅师住持清凉院,大弘禅法,学僧风从。文益禅师非常博学,要求学僧重视佛教经典,但他反对学僧只知死读书。因为道就在眼前的一切之中,只要直观便可以证得,若去思辨和推理都会蒙蔽心眼。

一位学僧问文益:"什么是古佛?"
文益回答:"现在就很好嘛。"

这是说根本之道和你之间没有间隔。

有学僧问:"十二时中要怎样修持?"
文益答道:"步步踏实。"
有学僧问:"什么是诸佛的玄旨?"
文益回答:"是你也有的。"
有学僧问:"什么是最真实之地?"
文益回答:"如果是地的话,便没有真实可言了。"

与以上类似的回答,文益禅师在清凉院还有很多。清凉院里栽有青竹,一次文益指着竹林问学僧:"竹来眼里,眼到竹边?"文益的问话是启发学僧泯除对事物对立之相的执着,如果不悟,就会答"眼看到了竹"或"竹映到眼里"这种陷入思维的陷阱之中。文益希望学僧能就此话头掉头不顾,突破取舍之心,超越分别对待,领悟到诸位本无同异,一切现成。

清凉院里有著名的泉井,文益就这口井,问学僧:"泉眼不通被沙碍,道眼不通被什么碍?"学僧无言以对。文益就自问自答:"道眼不通,被眼碍嘛。"是自己的眼睛把自己遮住了。一叶障目不见泰山。你执着于什么,就会被什么所障碍。文益禅师从生活当中来求取禅机,让学僧在当下的观察中来体悟,一旦具有这种真正的悟解,看万物,不再是用肉眼,而是透过了真如之眼。这就是法眼,或者叫道眼。

文益在清凉院弘法，接引学僧的疑难并予以解答，这些被当时的学僧记录了下来。但由于文益在清凉院处理寺务及讲学很忙，没有来得及整理汇集。

《景德传灯录》的作者道原是法眼宗第三代传人，因此在此书中用较大篇幅对文益及其弟子等人的事迹和传法作了记述，卷二十四、二十五、二十六则全部是文益和其弟子的传记和语录。

曾在清凉寺住持过的宋代著名禅师慧洪著有《禅林僧宝传》，其书中卷四、卷七载有文益及其弟子的传记和语录。

此外，宋悟明《联灯会要》卷二十六、师明《续古尊宿语要》卷二，都载有文益的语录；普济《五灯会元》卷十，也载有文益及弟子的传记、语录。

明代，释圆信、郭凝之编集《五家语录》中的《金陵清凉院文益禅师语录》，主要是摘取以上资料编集的，"该录初叙文益始末，次载上堂机句拈古，凡百二十一则，末叙示寂行实"。该语录现已收入《大正新修大藏经》第四十七册中。

文益弘传禅法，常随他听法的有千余人。据说由他亲自培养出的门徒就有三百六十多人。

仅《景德传灯录》卷二十五，就记有三十人。

金陵清凉文益禅师法嗣上三十人

天台山德韶国师

杭州报恩寺慧明禅师

漳州罗汉智依大师

金陵章义道钦禅师

金陵报恩匡逸禅师

金陵报慈文遂导师

漳州罗汉守仁禅师

杭州永明寺道潜禅师

抚州黄山良匡禅师

杭州灵隐清耸禅师

金陵报恩玄则禅师

金陵报慈行言导师

金陵净德智筠禅师

高丽道峰慧炬国师

金陵清凉泰钦禅师

杭州宝塔寺绍岩禅师

金陵报恩法安禅师

抚州崇寿契稠禅师

洪州云居清锡禅师

洪州百丈道常禅师

天台般若敬遵禅师

庐山归宗策真禅师

洪州同安绍显禅师

庐山栖贤慧圆禅师

洪州观音从显禅师

庐州长安延规禅师

常州正勤希奉禅师

洛京兴善栖伦禅师

洪州新兴齐禅师

润州慈云匡达禅师

（以上三十人见录）

  这些门徒活跃在江南各地，为唐末五代时期及宋初法眼宗的全盛景象添彩增辉，在纷繁战乱的社会中给人以振奋向上的力量，并留下令后人敬仰的文化硕果。

  文益在清凉院弘法，他的禅学思想魅力还吸引了海外的高丽僧人前来学法。清凉院里走来了一些高丽的僧人，其中有慧炬、灵鉴等人，慧炬回国后，成了高丽的国师。

  国师之法最早出现在西域，后来被汉传佛教采用。能获得国师称号的人，既要有学识，又要有名望，所以获得这项殊荣的僧人为数很少。著名的有隋代的智颙和唐代的法常、神秀、慧忠、悟达等。其中智颙是隋炀帝的菩萨戒师,法常以学识齐名,神秀大开禅法,慧忠是为皇帝说法,悟达是领天下释教。

文益禅师的数十位弟子中,先后出了三位国师。文遂为江南国(南唐)国师,德韶为吴越国国师,慧炬为高丽国国师。这更反映了文益禅师作为这些国师的师长,其佛学的精深及教学方法的高超,为禅宗的发展作出了杰出贡献。

文益禅师的承继和发展禅宗"难以言传,又必须言传,不立文字,又不离文字"。佛法玄奥高妙,佛法"无名无说,非有非无,非实非虚",佛法倡导直观把握佛性,而这种直观体验是自由飘忽、难以捕捉、变幻不居而又不可割裂的,是语言无法企及的。佛教往往通过破执文字障碍,使得禅僧避免陷入外在的概念、逻辑及形象的束缚,摆脱滞累。但是,佛教并非不要文字,禅宗是将文字定位为示月之指、成实之花,语言文字是悟道的重要工具。文益禅师充分利用文字,从不立文字到以文辅禅,以教印心,在清凉院完成了数部重要的禅学著作。

文益在清凉院潜心研究,著书立说。石头希迁禅师著有《参同契》一书。文益敬重石头希迁禅师,他为《参同契》这部书作注,写成《参同契注》。很可惜,这部书已阙,但《参同契》原文被保留在《景德传灯录》中,人们从中可以窥见文益与石头希迁在禅学思想上的关联性。

文益在清凉院弘法时,禅宗已有好几个流派流传,但在发展中存在许多流弊。为了使禅宗健康发展,必须痛斥存在的流弊,对禅宗发展进行正本清源。为此,他深入研究思考,写成了《宗门十规论》。

这本书凸显了文益作为一代禅宗法匠的卓越智慧,形成了禅宗独有的"清凉家风",为法眼宗的创立打下了坚实的思想理论基础。

文益在清凉院弘法、著述,他所取得的卓越成就,也使清凉寺成为五代时期禅宗活动的中心,在当时僧人心目中有着崇高的威望。

文益禅师著述有数万言,包括偈颂、真赞、铭记、诠注等。但现存的只有《宗门十规论》和后人所集的《金陵清凉院文益禅师语录》《大法眼禅师颂》十四首等。

第三节 文益禅师创立法眼宗

文益禅师圆寂后,南唐中主李璟谥他为"大法眼禅师"之号,人们称其为"法眼文益禅师",由他创立的禅门宗派也被称为"法眼宗"。金陵清凉寺是文益创立禅门宗派时居住、弘法的寺院,因此被称为"法眼祖庭"。

文益禅师创立法眼宗,与当时社会状况的大环境有关。

唐代,到了唐武宗会昌(841—846)毁佛以后,佛教包括禅宗在内原有的格局被打乱,禅宗复兴者分布四方。由于受到晚唐五代地方割据政权的影响,自然带上不同政治、不同文化、不同地域的宗派风格。同时,由于江南地区禅宗势力强大,分布甚广,天下僧徒几乎尽入禅门,造成统绪纷繁、思想驳杂的局面。文益禅师在《宗门十规论》中分析道:在"举唱宗乘""辨别邪正"的旗帜下,各种自诩为正宗的派别便纷纷出现,造成"天下丛林至盛,禅社极多"的局面。

再者,在晚唐五代时期,一些宗师从不同角度发展了禅学理论,并形成富有个性的言说方式。文益禅师在《宗门十规论》中指出"逮其德山,林际(临济)、沩仰、曹洞、雪峰、云门等,各有门庭施设,高下品题",而其门徒,各自"护宗党祖",渐至门户森严。这些宗门派别,并非像江河派别一样,最终众流归一,而是像大树分枝,一本生成众末。在这样的环境背景下,文益禅师以精深的禅学思想自成一派，形成自己独特的宗风，诚如"一花开五叶"。因此，文益禅师创立法眼宗，是当时社会大环境所然，是禅宗思想史发展的逻辑结果。

文益禅师创立法眼宗，也与当时禅宗自身内在的发展有关。

禅的流传与佛法总体流传相伴相随已有2500多年。从达摩传法开始，禅的传承是"不立文字，教外别传"。禅宗超越语言、文字等名言概念，直传佛祖心意，成为教外别传。这里所说的"传"，不是传送、传达之意，而是相印、会意、印证。以心传心是禅法传承的根本，是禅法的法脉，是禅法的最精要的体现。以后二祖依法传给三祖，遂而依次相传四祖、五祖至六祖，形成中国禅宗的传承主线，这种传法一直是沿袭直指单传。

禅的传承到了六祖慧能后产生了极大的变化。这个变化的核心就是慧能将禅宗有史以来的直指单传方式改为一师多传。这一改变是慧能因缘所致，亦应缘了达摩传法给二祖时的预言。达摩说："吾灭后二百年，衣钵止而不传，法亦大盛。"达摩约520年来华传法，六祖慧能圆寂于713年，其间正是经历了约200年。而慧能的弟子较多，有成就者众多，皆能弘法一方，摄众修行，这得益于他一改前者直指单传为一师多传。

慧能的弟子中，南岳怀让、青原行思这两派弘法最盛。在他们的法系里，弟子们各为一方宗师，以此辗转而传，乃至师资传承延绵不断。文益禅师曾回溯自己禅法的源流脉络时写道："能既往矣，故有思、让二师绍化。思出迁师、让出马祖，复有江西石沙之号。从二枝下，各分派别，皆镇一方，源流滥觞，不可殚纪。"

文益禅师形象地描绘出慧能禅宗发展的脉络与走势，也寓含了自己所立宗派的源流，即青原行思——石头希迁——天皇道悟——龙潭崇信——德山宣鉴——雪峰义存——玄沙师备——罗汉桂琛。文益禅师从罗汉桂琛处得法，他所创立的宗派，正源这一流派而来。

文益禅师承罗汉桂琛，而罗汉桂琛自是石头希迁这一系的法脉。因此，文益禅师的禅学思想深受石头希迁一系的影响。

石头希迁悟道，曾受东晋著名佛学家僧肇的影响。僧肇是鸠摩罗什的大弟子，他写的《肇论》是融和性的佛家思想的结晶。他写道："天地与我同根，万物与我为一体。""欲言其有,有非真生;欲言其无,事象既形。象形不即无,非真非实有。"他说万物的有,只是一种称号(假名),像幻影一样。当石头希迁读到这些以及"会万物为己者,其唯圣人乎"时,不禁感叹地写道:"圣人无己,靡所不己,法身无象,谁云自他?圆鉴灵照于其间,万象体玄而自现。境智非一,孰云去来?至哉斯语也。"石头希迁认识到,不仅要强调人的内在作用,体验到自性,直证真如,更要睁眼去看整个宇宙,以证入无极的境界。在他的眼中,宇宙万物都是绝对,都是自性,都是心境如如即心即物空有圆明之禅眼。

文益禅师在创立法眼宗过程中,承继了石头希迁至罗汉桂琛的禅理,不仅注重自性,更要超越主客,直达玄妙的彼岸。这个彼岸,就是三界和万物丛出的清净本心。这个心是超越了主客、一多、同异、内外、普遍和特殊、本质和现象的。

文益禅师还专门为石头希迁的《参同契》作注,阐述其禅理。文益禅师把唯识宗的唯识论和华严宗的六相(总、别、同、异、成、坏)结合起来,提出"三界唯心,万法唯识"的命题,强调了"万法匪缘,岂观如幻,大地山河,谁坚谁变"。

宋代汾阳善昭禅师在《广智歌一十五家门风》一文中形象地写道:"象骨镜,地藏月,玄沙崇寿照无缺。"象骨指雪峰义存所居雪峰,原名象骨峰。玄沙指玄沙师备,雪峰的弟子。地藏指地藏桂琛,玄沙的弟子。崇寿指法眼文益,先居抚州崇寿院时称"崇寿佛法"。因此,文益禅师创立法眼宗是顺应了禅宗自身内在的发展,有其明确的源流脉络以及传承的禅学理论因缘。

文益禅师创立法眼宗,也与他的个人智慧、机缘有关。

文益禅师在漳州地藏院罗汉桂琛禅师处得法以后,认真研究分析了禅宗各宗派的状况,针对时下禅门存在的种种弊端,立下了创宗风、立新风的意向。

文益禅师在品评当时禅门各个宗派的特点时写道:曹洞(宗)则敲唱为用,临济(宗)则互换为机,韶阳(云门宗)则涵盖、截流,沩仰(宗)则方圆默契。文益禅师对禅宗各宗派的品评,隐含着自己要创立的门风、教导学人的方法与这些宗派不尽相同。文益禅师闻其弟子德韶偈"通玄峰顶,不是人间。心外无法,满目青山",评之为"即此一偈,可起吾宗",高度赞扬肯定了弟子能传承宗门和树立家风的坚定态度。

文益禅师是一位具有文人气质和思想家风度的著名高僧。他7岁时就出家，涉足佛法。20岁时受具足戒，认真学习戒律。他在研习佛法时，还深入钻研孔子孟子的儒学，所谓"傍探儒典，游文雅之场"，曾被希觉律师称赞为"我（佛）门之游、夏也"。后来被禅宗玄妙的旨趣吸引，才舍弃旧学，投师学禅。文益禅师的好学习惯、博学才能、钻研精神，为他创立新的禅宗宗派迈出了坚实的一步。

　　文益禅师生活的年代，禅宗已出现了沩仰、临济、曹洞、云门四家禅门宗派。文益禅师认真分析各家的特点和长处，对禅宗已有的资源做了更有效的整合，吸收到自己的禅学思想中。主观、客观的条件，让文益禅师自觉担当起了振兴佛教禅宗的重任，为其有条件开创禅宗新的门派，奠定了良好的基础。

二

　　文益创立法眼宗，不仅是与当时禅宗自身内在发展和他个人的智慧有关，而且还与其生活的自然环境、人文氛围有关，也与他生活的金陵社会、历史、人文的各种机缘有密切的关联。

　　文益一生在浙江、福建、江西、江苏等地游学、弘法，这些地方都是山环水绕、风光秀丽的江南。江南那潋滟清流空蒙山色的自然环境，渊博学者锦绣才子辈出的人文环境，为佛教的发展提供了一个美妙土壤和空间。江南岚色苍苍，山水静谧，人们身处其中易超然于世俗之累，寂然冥想于空林，进而参悟佛理，能使心灵与自然同游。江南清秀的山水、幽深的山林与佛教思想有环境、氛围的暗合之处，远离人间的喧嚣，更有助于澄心静气。中国佛教禅宗各门派大多产生于江南地区。在禅宗僧众的眼里，江南是一个历史积累的江南、融合与开放的江南，是禅机妙语与诗情画意交汇的地方，是求学问道、打禅问机，充满希望与理想的净域。

　　除了江南的自然山水形胜因素，中国文化南北分界线为长江，金陵正处于一个南北相交的中间地段。作为南方政治、文化、经济中心，六朝以来金陵吸引着各地的文人学士。诸多文化成果在此交汇碰撞。

　　明代学者钟惺说过："夫金陵自齐、梁以来，故佛国也。"佛教大师支谦和康僧会一南一北先后于金陵传播佛教。此后，金陵佛教吸取南北佛学之精华并迅速得以弘扬光大。以金陵为中心的江南佛教，从六朝开始就表现出了明显的区域性特色。

在这块土地上，从早期玄学化的佛教学派，到后来创立的天台宗、三论宗、慧能南禅一系的牛头宗等，都深受以金陵为中心的江南文化的熏染，呈现出不受旧制拘束、务求适应的改革精神。特别是隋唐实行文化大一统以后，江南佛教信仰更是表现出自然的、简易的、无限超越的精神。与中原地区相比，江南经济文化更为发达开放，禅风更为追求朴实，再加上吸收并发挥了华严宗的思想，佛教进一步出现了禅宗的圆融平和的特点。文益是浙江人，一生基本上生活在江南，他创立的法眼宗自然就会受到江南佛教文化很大的影响，会带有明显的江南区域性的特点。

文益被南唐中主李璟礼请住持清凉院。这座寺院地处清凉山中，明代葛寅亮《金陵梵刹志》中这样描写了清凉山的形势："山不甚高，而都城宫阙、仓廪历历可数。俯视大江，如环映带。"清凉山上树木青翠，气候凉爽，是金陵城西形胜之地。这里有着丰厚的佛教文化底蕴，具有弘法、传法的地理人文优势。

文益禅师在金陵清凉院创立法眼宗，也得到了南唐政权经济及思想上的支持。佛教盛行于南唐，崇佛为一时之风气，几代君主都笃信佛法。

先主李昪痴迷道教，但他对佛教亦很推崇。马令《南唐书》载："南唐有国，兰若精舍，渐盛于烈祖、元宗之世。"又云"南唐每建兰若，必均其土田，谓之常住产"，金陵寺院亦"跨州隔县，地过豪右"。金陵佛教在当时渐渐兴盛，获得快速发展，民众信佛"浸以成俗"。陆游《南唐书》还载有一事："及其末年，溧水大兴寺桑生木人，长六寸，如僧状，右袒而左跪，衣襚皆备，其色如纯漆可鉴，谓之须菩提。县提置龛中，以仁寿节日来献。烈祖始不（大）惊异，迎置宫中，奉事甚谨。"

李昪还招延僧侣，如请休复禅师入住清凉禅院。

中主李璟即位后，继续推崇佛教。他在金陵修建佛寺，招延僧侣，设立僧官。保大初，重建正觉禅寺。建证圣寺，又名木瓶寺，专为木平禅师"置寺宫侧"。保大八年（950）改长庆寺为奉先禅院，以资先主李昪冥福。妙因寺（今栖霞寺）也得以重修并建五层八面石塔。

李璟对佛教经义也颇有研究。《宋朝事实类苑》卷六十五,载:

> 徐铉不信佛,而酷好鬼神之说。江南中主常语铉以"佛经有深义,卿颇阅之否"?铉曰:"臣性所不及,不能留意。"中主以《楞严经》一帙授之,令看读,可见其精理。经旬余,铉表纳所借经求见,言曰:"臣读之数过,见其谈空之说,似一器中倾出,复入一器中,此绝难晓,臣都不能省其义。"因再拜。中主哂之,后尝与近臣通佛理者说以为笑。

从这则记载,可见李璟不仅自通佛教精理,还曾劝勉臣下读佛经习教义,其近臣也有通佛理的。

清凉院受到南唐政权的高度重视,这里的僧人能够获得国家的供养,有条件和精力全身心地参研佛理。

《南唐书》记载:南唐"建康城中僧徒迨至数千,给廪米缯帛以供之"。有一位叫庭实的僧人,曾向南唐中主李璟献上一首诗:"吟中双鬓白,笑里一生贫。"李璟听了这句诗,偈说:"诗以言志,终是寒薄。"于是"以束帛遣之"。可见当时南唐君主对僧人的尊重。清凉院以其自身的自然与人文环境吸引了众多的禅僧到这里栖居与生息,孕育出了浓郁的佛教禅宗文化氛围,为法眼宗的创立创造了良好的社会人文环境。文益禅师受到中主李璟的尊重,受到特殊礼遇,更使法眼宗的创立和发展获得有利时机。

文益禅师在清凉院弘法,其眼光不是仅在清凉寺内,而是时刻关注整个佛教禅宗的发展。文益生活在唐末五代那个社会急剧变化的时代,面对的是佛教信仰经受着时代风云冲击的混乱局面,禅宗内部已经有着严重的门派、门户之争,而这种狭隘的思想倾向与行为的缺陷,不利于佛教禅宗的健康发展,急需有深刻的禅宗理论的阐释及信仰的确立。

法不孤起,遇缘而生。诸多因缘际会,使文益禅师自然形成了独树一帜、符合时代因缘的禅学观点,这也是后来形成法眼宗的重要因素。

文益禅师形成了较为完备的禅学理论,建立了自己的禅学思想体系,同时明确提出了一系列革新日趋异化的禅宗的措施,并在传播佛法和教授门徒的实践

图2-5 法眼宗第一世文益禅师

中,形成了自己独特的教育方法和教育风格,从而创立了禅宗五家之一的法眼宗。(图2-5)

从南唐中主李璟为文益谥号"法眼",到文益创立的"清凉之宗"被称为"法眼宗","法眼"是对文益禅法很合适的概括,给人以实至名归的感觉。

佛教中的"法眼"有其特定含义。

《阿含经》中多有佛陀弟子听法"远离尘垢,得法眼净"的说法,这是择法之眼清净,如实见到佛道四谛之道,把握了佛法的精髓,也称为"见谛"。

《大庄严论经》中说:"若得法眼者,即见牟尼尊。我得法眼净,见于灭结者。"即如实知道苦灭之道,如此则不为外道言论所转动。

《无量寿经义疏》中解说道:"智能照法,故名法眼,能见一切众生根欲性心,辨知一切化众生法。"其指出了法眼菩萨为了化度众生而能够如实观察因缘所生的种种差别之相的一种甚深智慧。

一旦具有真正的悟解,看万物,不再是用肉眼,而是透过了万法性空的真如之眼,这叫作法眼、智眼、道眼。以真如法眼观一切境界,皆是清静庄严、不垢不净的华严圣境。真如法眼清净,故所见、所闻清净,自然超凡尘、脱世俗。

文益禅师具有渊博的佛学理论、精深的佛学思想,具备菩萨"法眼"的智慧。创立法眼宗,并能如实知晓从学者的根性,有种种善巧方便使之悟入实相,因而门下得法弟子众多,法眼宗成为禅宗五家宗派之一。

法眼宗是中国佛教禅宗中最后创立的一个宗派,因其有深宏的理论体系和圆融的信仰内涵,在禅宗史上确立了重要地位,影响深远。

法眼宗特别和儒家声气相投。

宋代著名儒学大家朱熹曾对佛教有过激烈批评,可是他却向一位学生极力称赞法眼宗思想。

在《朱子语类》(黎靖德著,日本京都中文出版社)这本书中,记载了朱熹一段话:

因举佛氏之学与吾儒有甚相似处,如云:"有物先天地,无形本寂寥,能为万象主,不逐四时凋。"又曰:"朴落非它物,纵横不是尘。山河及大地,全露法王身。"又曰:"若人识得心,大地无寸土。"看他是甚么样见识!今区区小儒,怎生出得他手?宜其为他挥下也。此是法眼禅师下一派宗旨如此。今之禅学,皆破其说。以为有理路,落窠臼,有碍正当知见。今之禅学多是"麻三斤""干屎橛"之说,谓之"不落窠臼""不堕理路"。

麻三斤、干屎橛等话头,是朱熹时禅宗流行的禅法。朱熹在这段话中,夸赞法眼宗有理路。而有理路正是法眼宗禅教合一的结果。法眼宗强调理事圆融,肯定"差别"的重要,朱熹的"理一分殊"思想与之较为接近。

有出自儒学大家朱熹之口的赞誉,可见法眼宗思想影响深远。另外,法眼宗其理论的阐释及信仰的确立,贯穿着一种可贵的现实批判精神,对当今佛教的发展仍有启迪作用。(图2-6)

图2-6　传印长老书法

第四节

国主敬重的休复禅师

文益禅师住持清凉院之前,住持清凉禅院的是休复悟空禅师。文益与休复是同门知友。

《景德传灯录》记载,休复禅师与文益禅师一样,均为桂琛禅师门下。

《景德传灯录》载:

漳州罗汉院桂琛禅师法嗣七人

金陵清凉文益禅师

襄州清溪洪进禅师

金陵清凉休复禅师

抚州龙济绍修禅师

杭州天龙寺秀禅师

潞州延庆传殷禅师

衡岳南台守安禅师

《景德传灯录》还记载:

升州清凉院休复悟空禅师,北海人,姓王氏,幼出家,十九纳戒。尝自谓曰:"苟尚能诠,则为滞筏。"将趣凝寂,复患堕空。既进退莫决,舍二何之?乃参寻宗匠,缘会地藏和尚(法眼章述之)。后继法眼,住抚州崇寿。甲辰岁,江南国主创清凉大道场,延请居之。

以上记载表明,文益禅师与休复禅师等人同为桂琛禅师门下。在桂琛禅师七位门人中,以清凉文益和休复最为杰出,两人先后住持抚州崇寿禅寺、金陵清凉禅寺,深受南唐君主的崇敬,影响很大。

《景德传灯录》载,随同文益到地藏院桂琛禅师处游学的有三人,休复和绍修禅师很可能就是随文益一起游学的同伴。

休复与文益同行、同参,为同门师兄弟,年龄上休复长于文益。休复在示禅参禅时非常艰苦,《五灯会元》记载:

> 依地藏(桂琛),经年不契,直得成病入涅槃堂。一夜藏(桂琛)去看,乃问:"复上座安乐么?"师曰:"某甲为和尚因缘背。"藏(桂琛)指灯笼曰:"见么?"师曰:"见。"藏(桂琛)曰:"只这个也不背。"师于言下有省。

休复依随桂琛的时间比之文益要长一些,然后又随文益一起继续参禅。

《景德传灯录》记载,有一年冬天,文益与休复一起烤火。文益拿起一把香匙问休复:"不得唤作香匙,兄唤作什么?"休复回答道:"香匙。"文益不肯,未能认同。二十天后休复才明白这句话。

休复先后在桂琛、文益处参禅得法,禅道日益精深。文益任抚州崇寿禅寺住持时,休复也与文益同在崇寿禅寺。南唐先主李昪邀文益入金陵住持报恩禅院。休复继任抚州崇寿禅寺。不久,休复也受南唐先主邀入金陵,住持清凉禅院。

休复禅师律己甚严,平日居方丈,只有一件僧衣,无他长物。休复与文益关系很好,两人多有偈颂往来,有时休复还半开玩笑半认真地批评文益"多为偈颂"。临去世前,休复派人到报恩院邀文益到清凉方丈室,嘱以后事。

943年,李璟继位,李璟继位的当年十月,休复禅师圆寂。

《十国春秋》记载:

> 僧休复,北海王氏子也。幼出家,十九纳戒。烈祖创清凉道场,延居之。保大元年十月朔,致书辞元宗,取三日夜子时入灭。元宗令本院至时击钟,及期众集,休复端坐警众曰:无弃光影。语绝而逝。时元宗闻

钟声,登高台遥礼,深加哀慕,收舍利建塔焉。

这则记载,说休复去世前,致书李璟告别。休复去世时,李璟让寺僧敲钟报消息,李璟在皇宫里登上高台,遥望清凉禅院的方向,向休复致哀。

休复禅师逝去八年后,李璟仍不忘休复禅师。保大九年(951)七月,令韩熙载撰写《南唐清凉寺悟空禅师碑》,同年九月,李璟在清凉寺致祭休复悟空禅师。

南宋乾道六年(1170)陆游游历清凉寺,他在《入蜀记》文中写道:

又有祭悟空禅师文,曰:"保大九年,岁次辛亥九月,皇帝以香茶乳药之奠,致祭于右街清凉寺悟空禅师。"……则祭悟空者,元宗也。

陆游看到李璟命韩熙载撰写的致祭休复悟空禅师的碑文,感到十分欣慰。以后,清凉寺历经沧桑,此碑也不知毁于何时了。

休复禅师去世后,李璟邀文益禅师从报恩禅院来到清凉禅院,继任住持。当时,清凉禅院的影响比报恩禅院的影响要大。南唐君主礼请休复禅师住持清凉禅院,说明休复禅师在禅道方面有较高的水平,为文益入住清凉禅院,并在此创立法眼宗打下了坚实的基础。

休复悟空禅师有两位得法弟子,其中一位是慧同禅师,也受到李璟的任用。李璟为了纪念父亲李昇,新建了金陵奉先寺,特礼请慧同禅师住持。

2016年,南京市文物考古部门第三次对清凉寺遗址考古发掘,发现了南唐保大九年(951)中主李璟建塔祭礼休复禅师的基台,出土了由清凉禅院僧智钊述,僧洪止记《京右街清凉禅院 故悟空禅师塔志铭并序》石碑。石碑全文有455个字,记述了休复悟空禅师一生的经历,"享寿六十一,僧腊四十二"。铭文赞颂了其弘法的功德,还明确指出其塔建于清凉院之北百步内。(图2-7)

其塔志铭并序全文为:

图2-7 清凉寺考古出土南唐悟空禅师塔志铭并序(现藏南京市博物馆)

京右街清凉禅院　故悟空禅师塔志铭并序
云水比丘　智钊述

　　大唐统理　天下中兴　第二主以睿以明　归贤归士　乃自抚州　崇寿道场　诏命　禅师归于　京辇　师俗王姓　世本青营人也　幼奉　金仙　中达经纶　晚寻禅祖　顿悟苦空　方布一袍而不为爱动　五侯而钦渴初是吴朝江州德化　王请出世　住悟空院　嗣　章川罗汉和尚洎　王移镇临川师辞往　同　安祖寺速止则

　　州牧建安王坚请居白水山　化导一方　指迷五载　亦犹土俗□

*（给？）薄俾倦匪徒再就祖山仍披藏教不越二祀　望切三公　爰有临川牧周公　与僧俗等　奏请归郡　即崇寿禅坊　仅于四祀　皇上搜玄慕道于释门使臣　丞　有酷命还

　　京延止兴教寺　其岁稍旱　师蹈兴教门　遍雾大泽　上嘉草号清凉禅院　赐悟空禅师　由是一随　圣诏八稔

　　京都来五湖矗流立丈室　冰雪学人重逊忘身　为法　勉力建修　故得方丈崇堂厨构廊庑周殿事毕

　　方期永化　奄忽示终　享寿六十一　僧腊四十二　立塔于院之北百步内　吴主会军殿临四分山水门届古踪瞻奇势形叹未曾有　既山地秀发　实非贤而即圣　玄化运同日月　金釭照等山河

　　铭曰

汝水郭阳	大吴巨唐	两朝卿相	咨询法王
首陈预告	诸勿苍忙	已泡已幻	来去是常
龙舒凤阙	人称宝月	知无内外	疑质斯决
妙道希微	无说之说	厥矣师姿	孰生孰灭

　　　　保大九年八月二十日纪　　院主僧洪止

(图2-8)

图2-8　清凉寺考古工地出土南唐纪念悟空禅师塔塔基

第三章

清凉宗风

第一节

文益禅师的禅理概述

一

文益禅师创立的法眼宗,是在清凉寺创立的,人们也称之为"清凉之宗"。

宋代契嵩《传法正宗记》就说:"江南国主李氏,闻其风遂请入都,使领清凉大伽蓝,其国礼之愈重,四方之徒归之愈多,逮今其言布于天下,号为清凉之宗。"

《景德传灯录》中有一则,僧问:"如何是清凉家风?"师(文益)云:"汝到别处但道到清凉来。"

从这则问答,可以看出当年文益弘法时,就有学僧将文益禅师的禅学思想称为"清凉家风"。所谓"家风",就是祖师阐扬自家宗旨以及接引后学的自家风格。(图3-1)

宋代智昭编集《人天眼目》引南宋山堂德淳禅师的评语:

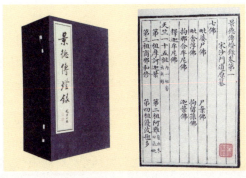

图3-1 《景德传灯录》书影

> 清凉大法眼,旺化石头城。首明地藏指头,顿见玄沙祖祢。拨万象不拨万象,言前独露全身;有丝头不有丝头,句里已彰自己。心空法了,

情尽见除。应尘毛了了然,统刹海皎皎地。髑髅常干世界,鼻孔摩触家风。重重华藏交参,一一网珠圆莹。以至风柯月渚,显露真心;烟霭云林,宣明妙法。对扬有准,唯证乃知。亘古今而现成,即圣凡而一致。声传海外,道满寰中。历然验在目前,宛尔石城犹在。此法眼宗风也。

山堂德淳禅师认为,法眼宗风"亘古今而现成,即圣凡而一致",眼前景物如"风柯月渚""烟霭云林",莫不是在显露真心,如此对扬有准,便能当下证入。

宋代普济编辑《五灯会元》指出:

(文益)师调机顺物,斥滞磨昏。凡举诸方三昧,或入室呈解,或叩激请益,皆应病与药,随根悟入者,不可胜纪。(图3-2)

明代药地大智禅师(1611—1671),俗姓方,名以智。

图3-2 《五灯会元》书影

《正源略集》记载他回答学僧提出五家宗风问题时说:沩仰宗是"一圈重劈破",临济宗是"喷血溅苍天",曹洞宗是"阁帘中露刃",云门宗是"晴雷冲破柱",法眼宗是"险崖潭堕影"。药地大智禅师用"险崖潭堕影",形象地阐述了法眼宗与其他四宗明显不同的宗风。

清代超溟禅师所著《万法归心录》则认为:

法眼家风,对症施药,垂机迅利,扫除情解。六相义门,会归性地,万象之中,全身独路(露)。三界唯心,万法唯识。直超异见,圆融真际。

超溟禅师概括法眼家风是"对症施药,垂机迅利,扫除情解",其施设门庭如华严"六相义"、"三界唯心,万法唯识"等,可以"真超异见,圆融真际"。可以说,这都是法眼宗与禅宗其他几家宗派有所不同的地方。

文益禅师长期生活在金陵,学修并进,功夫与见地卓越,是禅法精深的高僧大德。文益禅师创立的法眼宗,是对六祖慧能开创禅宗南宗以来各名僧大师禅宗思想的归纳、总结、传承,并由此提出的新的禅学观点。

作为禅门最后创立的宗派,法眼宗博采众长、针砭时弊、当机应世的特点十分明显。在宗风特点上,法眼宗秉承"一切现成"之理,平实无华,直击当下;注重文字,汇合统摄各路教理,宗归一心,践行"禅教合一"。用禅宗的方法检验汉传佛教的教理结构;在宗门犹如"僧值",警戒时弊,戒饬偏差。

文益禅师创立的法眼宗禅学思想,最具有代表性意义和最具明显特征的观点是"若论佛法,一切现成"。

文益在向他恩师罗汉桂琛求学时,桂琛以"若论佛法,一切现成"开悟文益。文益悟道因缘中,罗汉桂琛所说的"一切现成",是对石头在心内心外的否定,石头既不在心内也不在心外。心内、心外,执着于两边,都是偏差。石头只是自然而然地在当下,在一切处。"一切现成"犹如一道划过长空的慧光照亮了文益顿悟佛法的心灵,又如春雷惊蛰启悟文益成为一代宗师。

文益禅师高举起"一切现成"这面旗帜,展现了法眼宗鲜活的禅学思想。

"一切现成"就是说佛法境界是自然而然地呈现,而不需要用语言来作表白。一切现成是本自具有,所以也就无须他求。只需要放下。一旦放下所有执着,则本心自然显现。一切现成表明了世间万象、宇宙万法存在的意义,就是它本身的自然存在,并不需要去揣摩、去造作。

学僧问文益:"如何是诸佛玄旨?"文益告诉他:"是汝也有。"佛要众生做,众生本是佛。僧人慧超问文益如何是佛?文益说:"汝是慧超。"慧超当下大悟。既然本来现成,每个人都是天真佛,对这天真之性,就不可刻意装点。佛法一切现成,任何问题和回答都是多余的。

学僧问:"十方贤圣皆入此宗,如何是此宗?"文益明确回答他:"十方贤圣皆入。"用问题的本身来回答问题,因为所问的本身就是答案。法眼宗禅学思想以为,自性之所以不能被言说,是因为一切现成,故应当摒弃所有知解情执。

一切现成,就是告诫学僧要注重对目前"一切"的感悟,注重当下、证悟当下即在的生命情境。一切现成的实质就是参禅者生命个体的心性、智慧的涌现,是内在清净性的自然流淌和真实显现,而不是人为因素就可以安排或操纵的。文益禅师在教导学禅,接引学僧时,特别重视把学禅者的注意力随时随地引向现在和这里，不可舍近求远，应当随缘适性。

文益说："出家人但随时及节便得，寒即寒，热即热。欲知佛性义，当观时节因缘。"并一再告诫学僧要守分随时。文益禅师以顺应时节变化来启发学僧体悟一切现成的禅理，告诫学僧过随缘任运的生活。在随缘任运中，时间、空间的界限都消殒泯灭。如此一来，本来面目遂不复存在于遥远的彼岸，而存在于当下日用之中。

文益禅师"一切现成"的禅学思想与他这一禅宗谱系的先辈玄沙师备的禅理有着渊源。玄沙师备曾说过：

> 法法恒然，性性如是，切忌外觅。若具大信根，诸佛只是诸人自受用三昧，行住坐卧未曾不是。

玄沙师备这段话是说，法法亘古至今的自由状态，一切都是自然而然的，无须思量，不要向外求法，只要有具足信念，行住坐卧皆是禅。

"法法恒然，性性如是"的观念，也就是罗汉桂琛对文益说的"若论佛法，一切现成"的旨意。

为了突出与玄沙师备、罗汉桂琛的传承关系，文益把玄沙师备的理论核心称为"沙门眼"。

禅宗史上对文益这一宗派在清凉寺传播佛法的兴盛局面赞誉为"玄沙正宗，中兴于江表"。

二

"理事不二，贵在圆融"是法眼宗禅学思想的重要组成部分。

《华严经》是大乘佛教中最具代表性的经典之一，圆融是《华严经》的主要思维方式。华严宗亦号为"圆教"，圆融观是其思想的特色。

华严宗总结出"四法界（理法界、事法界、理事无碍法界、事事无碍法界）圆融""六相（总、别、同、异、成、坏）圆融"的思想。

圆融是中国佛教的特质之一。佛教自传入中国，兼容并蓄中土固有的文化，消解于自身的教义体系而成一"心包太虚"的雍容大度之教。其中,圆融思想与儒家的"和而不同"、道家的"天人合一"共同构成了中国传统文化的精髓。

文益禅师的禅学思想充分汲取了华严宗的精髓。法眼宗特别注重从"理事不二,贵在圆融"的关系上来表现"一切现成"的思想。

文益禅师在《宗门十规论》中指出:"大凡佛祖之宗,具理具事。"文益禅师在这里把华严宗理事关系作为教门之宗,作为禅门宗旨,也作为法眼宗的"宗眼"。

文益禅师还指出"理事相资,还同目足"。认为理与事如同目与足的关系,应该互相协同。理事圆融并非人为安排,而本来就是如此。

"理事不二",所谓理事,是指理体(实相)、真如和事相;不二,就是无二、无别。文益禅师说:"理无事而不显,事无理而不消,事理不二,不事不理,不理不事。"他说理依事才能显现,而没有理的统摄,事也不能自在地消融转化。事与理之间是相互摄入的,不是事则不是理,不是理则不是事;没有事则没有理,没有理则没有事。事和理之间不是事和理,但也并非不是事和理,以至无尽,不能滞留执着。

文益禅师曾经写过一首《华严六相颂》,体现出他对华严经总、别、同、异、成、坏六相圆融观的理解。

还有一次,道潜禅师来参请文益时,文益得知道潜平时还看《华严经》,就特别以华严六相义来提问:"总、别、同、异、成、坏六相,是何门摄属?"道潜根据经文说:"世出世间一切法皆具六相。"文益遂问他"空"是否具备六相,道潜默然无对。文益于是说:"空。"文益用空来统摄六相,提示学僧山河大地、人我等并无六相之分、同异之别。文益与道潜论华严六相的结论,是一个"空"字。在空的体性当中,无法区分何为体、何为用。空是对六相的扫除,同时,扫除六相后,文益禅师对扫除六相的空仍然予以扫除。于是,六相归空,空又归于一切现成,这就是法眼宗的禅境。文益禅师将华严理事圆融根本思想运用到成佛解脱的具体实践当中,特别指出:"若有事而无理,则滞泥不通;若有理而无事,则汗漫无归。欲其不二,贵有圆融。"他说,祖佛正法的宗旨,都是理事会通的。

事依理而成立,理依事而显明。理与事相互圆融,相互给足。若有事无理,则会失去光明的导引,失去上升的道路,以至执着于事而泥滞。若有理而无事,则空有汗漫无际、飘忽无定的明理而无处皈依和摄入。理事的不二就在于理与事的圆融无碍。

文益禅师对华严的思想进行了较有影响的吸引和运用，法眼宗的"一切现成"理论正是建立在"理事不二，贵在圆融"这种法界观的理论基础上，使之成为指导僧人学禅实践的思想。

文益禅师及其弟子以禅会通华严的理事教义，对以后的佛教发展影响很大。华严宗的理事观主要着眼于法界的层面，而文益禅师将理事圆融思想用于调和宗派内的执事废理或执理废事的矛盾。到了永明延寿禅师，又把法眼宗的理事观贯穿到日常生活中，从为人穿针引线的小善，到报国尽忠的大事；从个人持戒防非止恶、家庭中对父母尽孝，到作为社会的人在世间实施济难救困、施药扶贫等各种具体事项，彰显的是以"一心"为宗的菩萨行。这种将心行、禅净、禅教、自心觉悟与修善实践高度结合的思想，密切了佛教理论与修行实践的关系，是佛教义理与实践层面一次卓有成效的整合，对佛教的发展，以至近代佛教的推行都起到了作用，产生了较大的影响。

"三界唯心，万法唯识"也是法眼宗禅学思想最具特色的内容之一。

三界唯心中的三界是指欲、色、无色。此三界都是凡夫生死往来的境地。三界唯心，是说三界中的任何境界和事物都是人一心所造。也就是说，三界一切有情、一切果报，随心所作，唯心所造，随心而灭，心遍宇宙，贯通十方。

三界唯心，是说宇宙万有的存在，必须透过"识"，依识的虚妄分别执持万有，才能产生一切生命现象。因此，只要把心中一切烦恼、妄念、执着洗净除袪，使本心虚空明净，就可以明心见性，开悟成佛。

"三界唯心"的思想是整个佛法的至理，所以此思想为佛教各宗派所推重。"三界唯心，万法唯识"既然是佛教一切宗派的纲宗，那么，文益禅师把此作为法眼宗的纲宗，那还有什么意义呢？

其实，这恰是文益禅师的用意所在。他说："门庭建化，固有多方，接物利生，其归一揆。"这就是说，各门各派可以有不同的门庭施设，但都应遵循一致的宗旨。正因为这样，文益禅师曾把"三界唯心，万法唯识"发挥为"不着他求，尽由心造"。其重要意义在于，文益禅师"三界唯心"以心为中心，坚持了禅宗的鲜明特征,又成了沟通法眼宗与其他宗派的理论基石。

清代性统编《五家宗旨纂要》直接将"三界唯心"视为法眼宗的宗旨:"法眼宗家风……三界唯心为宗,拂子明之。"《人天眼目》也说:"三界唯心,万法唯识。此法眼宗所立纲宗也。"

法眼宗以"三界唯心,万法唯识"为纲宗,文益禅师为此还写了一首《三界唯心颂》:

> 三界唯心,万法唯识。
> 唯识唯心,眼声耳色。
> 色不到耳,声何触眼?
> 眼色耳声,万法成办。
> 万法匪缘,岂观如幻?
> 大地山河,谁坚谁变?

文益禅师这一首颂集中阐述了他的"三界唯心,万法唯识"的禅宗思想。"三界唯心,万法唯识"是说世界万法,宇宙万象,并不是独立存在那儿,而是由识(心识)变现而有。心识具有分别一切事物的功能,心识是认知一切事相的前提,而一切事相皆是由心识所变现,即宇宙一切不过是识的作用。

文益禅师在这首颂的第一、二句即提出"三界唯心,万法唯识",实质上就是说明一切宇宙万物皆是唯心所现。生起宇宙万法的根本是心,万法即是心的显现。"唯心"与"唯识"在根本上是没有差别的、一致的、同一的,二者在佛法义理上都是相合的。唯识之说与唯心之说在文益禅师眼中是同义异语,在三界唯心后再说万法唯识,是突显心识为万物之本原的思想。

文益禅师在这首颂中说"眼声耳色。色不到耳,声何触眼?眼色耳声,万法成办。"这就是指六根与六尘应该一一对应,各有各的功能,不能乱了秩序。眼对应色,耳对应声,声不能由眼来分别,色不能由耳来裁定,它们各自皆有其相对应的因缘条件。

文益禅师告诫学僧,三界、万法莫不是本心之作用(心识)与外尘因缘和合所起,缘生之万物本来如幻,唯有本心(真心)不变,犹如山河大地之坚。虽然一切万象相资根源在于本体心，但其具体变化则是由心识在起作用。识不离本心而存在，心是一切宇宙万法的根本，而万法乃心体之相与心体之用，为心意识之变现。

文益禅师从生命本体的层面指出了三界、万法之根本统摄于一心，不要只把万法看作是虚幻的，山河大地坚定地存在，眼色耳声，一切现成。

文益禅师在这首颂的最后，也是将"唯心""唯识"所变的世界万有归结为"空"（幻），而这种"空"又是具有"有"的外在形式的，其中含有不二思想。

三

法眼宗禅学思想，在文益禅师精心著述的《宗门十规论》中得到集中体现。

《宗门十规论》是文益禅师撰写的一部针砭禅门时弊的著作。文益禅师在《宗门十规论》中对当时禅界宗派林立、妄立禅旨的乱象作了系统查检，指出其危害弊端，同时对南宗禅的禅风法理进行阐述，援引教法，举扬宗乘，纳入法眼宗规则，使禅宗朝着正规方向健康运转。尽管《宗门十规论》在当时流布不甚广泛，但其立足之高，体悟之深，针砭之切，历久弥新。

唐朝中期以后，已经形成的几家宗派其禅风活泼多样，禅师们应机接物，开堂说法，机锋千姿百态，思想更趋自由洒脱。也正因为禅宗"不立文字，教外别传"的高妙，那些行脚参学，为一觑本来面目而奔走江湖的僧人很容易忽略教理的学习，禅门道风出现了明显的浮夸之势。原本用来表达禅语的偈颂停留在模仿和文字之中。生气勃勃的禅门教学渐渐流于形式，只剩门庭标识。更有甚者，致使禅宗内部也出现了严重的门户之见与门派之争。

文益禅师《宗门十规论》对当时禅界这种乱象表示了强烈担忧，认为"苟或未经教论，难破识情"，如此下去，只能"驱正见于邪途，汩异端于大义，误斯后进，枉人轮回"，造成的后果不堪设想。于是"宗门指病，简辩十条，用诠诸妄之言，以救一时之弊"。这部著作充分显示了他作为一代宗匠的远见卓识。

《宗门十规论》分为十条，由禅学的宗旨，对当时的禅宗提出规谏。这十条的标题分别是：

自己心地未明妄为人师

党护门风不通议论

举令提纲不知血脉

对答不观时节兼无宗眼

理事相违不分触（浊）净

不经淘汰臆断古今言句

记持露布临时不解妙用

不通教典乱有引证

不关声律不达理道好作歌颂

护己之短好争胜负

这十条规，先论述禅宗的宗旨，紧接着在每规之后，分析禅宗存在的时弊。

其中第一规至第五规是分析禅宗的宗旨。

第一规中的"心地"是禅宗的宗旨，而"妄为人师"则为当时的时弊。

第二规中的"门风"（风格）为禅宗接人的特殊手段，而"不通议论"则是时弊。

第三规中的"血脉"是禅者的传承，为禅宗与其他教源不同的地方。而当时的禅者，多仅知禅风的纲要，而不知其血脉的原委。

第四规中的"观时节"是禅者悟道的重要关节，而当时的禅者只是机械地套用成法，丧失宗眼。

第五规提出"具理具事，事依理立，理假事明，理事相资，还同手足"，"欲其不二，贵有圆融"。"理事圆融"是禅宗入世梵行的宗教情操，但理事圆融并不是不分浊净。

第六规至第九规是论述参学应有的态度。

第六规提出，眼目要能分别得了人物，能择善知识。如果没有这种能力，则只能凭己之私来"臆断古今言句"。

第七规提出禅宗主张日常生活起用，随着时代的变化而发扬师法，而不是只知墨守师说。

第八规提出禅宗虽号称教外别传,但不是于佛祖之意外,另有他悟。因此,所悟之理与经典所阐述的佛理(不是语词之理)应是相吻合的,禅者不能只专守门风。

第九规提出佛教有其自身的梵声颂经唱赞,以声乐彰显佛教的"理道"。而当时禅众迎合世俗,但又不知音律之理,故"任情直吐""多类于野谈"。

第十规是总结前九规的反思。指出当时丛林虽有繁茂景象,但禅者不少是"假如来之法服,盗国王之恩威",虚有其表,其实"心弄鬼神之事"。而僧人彼此攻讦,戒律不整,"破佛禁戒,弃僧威仪"。

《宗门十规论》对当时丛林乱象虽仅列十项,却涉及那些不懂装懂、虚张声势、摇唇鼓吻、诳惑俗众等诸多问题。文益禅师严厉指陈禅界乱象以引起丛林广泛关注,其目的在于整顿混乱禅风,规范禅宗仪式,制定禅宗规矩,从而形成以"万法唯识"、"理事圆融"、重振禅教为宗旨的法眼新宗。

《宗门十规论》从某种意义上来说,是对唐末五代禅风所作的最后的整理和总结。法眼宗兼收各宗之长,以教乘菁英熔铸法眼,重振"借教悟宗"之禅法,确认"理事圆融"之禅理,倡导"相机行事"之禅风,引导僧众正确领会自性的具足与佛法的圆融,更好地接受经典的熏染和善知识的指导,及时修正错误与偏差。

图3-3 《〈宗门十规论〉导读》书影

《宗门十规论》不仅阐发了法眼宗禅学思想,还无形中担负起了"禅门僧值"的责任,即"纠察"的角色,警戒时弊,对不良倾向及时提出改正意见,进行警策。以法眼宗思想来检验禅门各宗派传承的如法性,回归到菩提达摩"籍(借)教悟宗"和慧能"何其自性,本不生灭"的大道上。

文益禅师《宗门十规论》中指出的禅门的问题,不仅是当时的弊端,有些亦是今日丛林可见的弊端。《宗门十规论》亦是当今佛教健康发展需要遵循的规则。法眼宗不仅在历史上发挥过巨大作用,在当今继续发挥着"宗门法眼"的重大作用。(图3-3)

第二节

文益禅师的思辨之智

文益禅师创立的法眼宗，独树一帜，发扬蹈厉，生机勃勃，极富创造性与开拓精神。这也显明地反映在文益禅师弘法实践中形成的独特风格上。

有人评价唐末五代几家禅门不同的接引学人方便之法时说："曹洞叮咛，临济势胜，云门突急，法眼巧便，沩仰回互。"也有人说：临济是"怒雷掩耳"，沩仰是"光含秋月"，曹洞是"万派朝宗"，云门是"乾坤坐断"，法眼是"千山独露"。

有人将法眼宗与其他禅门比较时说："简明处类云门，隐秘处类曹洞，其接化之言句似颇平凡，而句下自藏机锋。"

有人单独评价法眼宗时说："法眼宗者，箭锋相拄，句意合机；始则行行如也，终则激发。渐服人心，削除情解；调机顺物，斥滞磨昏。种种机缘，不尽详举。观其大概，法眼家风，对病施药，相身裁缝，随其器量，扫除情解。"也有人说："法眼宗闻声悟道，见色明心。句里藏锋，言中有响。往往随顺器根，调停化法。亦犹相体裁衣，对病施药者耳。"

以上对法眼宗接引风格的赞赏，使用的语言不尽相同，但都一致认为法眼宗具有与其他禅门宗派不同的独特风格。

文益禅师在《示舍弃慕道颂》里也表达了法眼宗风的特点：

东堂不折桂,南华不学仙。却来乾竺寺,披衣效坐禅。禅若效坐得,非想亦何偏?为报参禅者,须悟道中玄。如何道中玄,真规自宛然。

法眼宗宗风及独特教学风格是在具体的情节中展现的。后人积集的法眼宗的"公案",是其精神特质的最好载体。"公案",是指历史上禅宗大德的某些言行范例,它是用来判断是非迷悟的。在禅宗历史上,参究"公案"以求开悟,几乎是所有学禅者的必经之路。

法眼宗得以广泛传播,很大程度上是靠了历代禅僧及文人居士对公案的反复演绎与切身体验,从而形成一种文化风尚。法眼宗宗风本身即为一种文化的表征,它相对地定格在传承的经纬线中。这就像我们今天常用的固定成语甚至口头语,所以能被传承下来,充分表明了其有无尽智慧的内涵。

文益禅师在教学中注意用通俗、明白、形象的语言阐述佛理,既调机顺物,又言简意赅,既隐藏机锋,又言中有响,既对病施药,又温和亲切,以机锋巧语启发学僧使其自会自悟,为学僧创造了如沐春风的参学氛围,也显示了自身具有的江南文化传统的人性慧巧、才思俊秀的文化气质和人文气象,充分表现了其在论禅思辨中的聪明智慧。

"消除情解,调机顺物",是法眼宗接引学人的一种独特方法。

曾有人把法眼宗"随对方人之机,接得自在"的宗风,称为"先利济"。济,即度人、济物。针对不同的话题,在不同场合,以不同情境论禅说法启示学人。就是顺着对方的话头,加以开导,依其根器之利钝,随缘点化,在开化的过程中灵巧应用接化之机法,而令学僧体悟佛性的殊妙。调机顺物,就是指应机而采取的启发性教学方法。

有一次,文益禅师来到一位自称修行有道的老僧住处,看到这老僧在门上书心字,窗上书心字,墙壁上也书心字。文益禅师对这位老僧说:"门上当书门字,窗上当书窗字,壁上当书壁字。"

文益禅师认为,老僧在庵中四处写心字的行为,显然违背了禅宗不重形式和不执着的精神,不但不能从根本上解决"心"的问题,而且容易造成对"心"的极端理解。为了除掉老僧执着于心字的障碍和其心中所产生的妄想,调机顺物,以巧妙的言说方式来破其执着。

有一天，文益禅师正在用斋时，响起了敲木鱼的声音。文益问旁边的僧人：你刚才听见没有？刚才要是听见，现在就没有听见。现在要是听见，刚才就没有听见。懂吗？

还有一次，文益禅师指着竹子问僧人：看见竹子了吗？僧人说：看见了。文益禅师又问是竹子到眼睛里来了，还是眼睛到竹子里去了。僧人答：都不是。文益提醒僧人：你急什么呢。

有位施主给文益禅师制作画屏。文益问施主：是你手巧，还是心巧？施主答：我是心巧。文益又问：那个是你心？施主这时无言以答。

以上三则，一个是耳听，一个是眼见，一个是心想，文益禅师的意思是听而不闻，视而不见，想而不想，不要执着于所听所见所想，统统放下，心中没有任何的作意，也就无念。无念便是禅。文益禅师就随时遇到的情景启示学僧，让学僧去深刻领悟。看见竹子那一则里的僧人是知道二元相对的错处的，文益禅师给了这位僧人两道题选择时，僧人说道"都不是"。僧人虽然知道，但说不出不触不背的话，反映了这位僧人还不够成熟，所以文益提醒他"你急什么"。文益禅师度人济物，消除情解的教学方法非常巧妙。

禅宗以"不立文字，教外别传"为宗旨，但为了启发学僧、引导开悟，又常常需要借助语言。但语言文字本身不是禅法，切不可拘泥语言，一旦领会禅法，就必须摆脱语言文字的束缚。文益禅师在接引学僧时，不仅抓住学僧产生迷惑的问题，而且进一步指出产生迷惑的原因，化解难题，也就是"斥滞磨昏"。文益禅师往往针对学僧认识上的妄思，将"调机顺物"与"斥滞磨昏"结合起来，使学僧除去迷惑，而得大悟。

> 僧问："指即不问，如何是月？"
>
> 师（文益）曰："阿那个是汝不问底指？"
>
> 又僧问："月即不问，如何是指？"
>
> 师曰："月。"
>
> 曰："学人问指，和尚为什么对月？"
>
> 师曰："为汝问指。"

初学禅的僧人没有弄清手指和月亮的关系,执着于手指,陷埋于语言文字的言辞文理之中,难以自拔。文益禅师就以"阿那个是汝不问底指""为汝问指"作答,来点拨学僧。文益禅师问也好,答也好,很随和、亲切,但针对学人的妄思斥滞磨昏,令其去除迷惑。

在这则师僧对话里,提问的学僧自己看不到已经有的妄想,所以问"指即不问,如何是月?"佛经指出:"修多罗教,如标月指。"意思是经教好比指示月亮的手指。这里手指比喻指示真如的方便,月亮比喻究竟的真如之理,但这位学僧并没明白这些。实际上从开头"指即不问,如何是月"就是昏问,能问出来、能答出来的都是指。文益禅师回答学僧"因汝问指"实际上是昏问正答。文益禅师就把对学僧的教育"调机顺物"与"斥滞磨昏"结合一起了。在这一则里,问月答指,问指答月,是因为指与月在自性上没有分别。佛经中常常用水与波的关系来比拟体用的关系。从自性透视世法,不二不异,诸法皆如,因此指与月都是自性。文益禅师所答,也正是落到了"一切现成"的宗风上。

二

"句里藏锋,言中有响"也是法眼宗接引学人的一种独特方法。

文益禅师弘法接引学僧时,常用寓意深刻,无迹可寻,甚至超越逻辑的语言来表现禅悟境界或勘验对方。这往往会产生一种情境,骤然激发人的心理活动,也就是所谓"机锋"。

机锋的说法源于一种比喻,机是指射箭的弩机,锋是指箭锋。弩机一触即发,所以无从触摸,箭锋犀利无比,触之即伤,所以不可黏着。后来,机当作机关、机用,也有机智、根机的意思。锋是指锋芒,表示一种尖锐的状态、情境。文益禅师将"机锋"用于应接学僧或勘辨禅者。文益禅师按接引学僧的不同情况,有时用语言机锋,直接包含在语言问话中,有时用行为动作机锋,在行为动作中教育学僧开悟。

(学僧)问:"如何是第一义?"

师(文益)曰:"我向汝道是第二义。"

佛教的"第一义"是无法用语言文字企及的，因此，任何试图解释"第一义"的语言都只能是"第二义"的东西。文益禅师没有回答第一义是什么，如果回答就会执着于第一义的具象，而回答"我向汝道是第二义"，不仅说明了第一义与第二义有差异，而且又表明了第一义与第二义存在关联性。虽然问题的表相有第一义、第二义，但是按照佛法之理，一即是二，二即是一，一而二，二而一，是互涵互摄，如如归一的。文益禅师回答的用意就是要让学僧不执着于任何事物的一方。文益禅师斩钉截铁地、毫不拖泥带水地用"我向汝道是第二义"来锤炼学僧，截断学僧的取舍之心，打破和超越任何区分和限定，即任何名相概念，把刚刚生起的二分念头逼回到它还没有产生的原点，让学僧真正体会和领悟那个所谓真实的绝对本体。这就是文益禅师在言语答问中"句里藏锋"，人们似乎也听到"言中有响"。

清凉大法眼
因僧斋前上参，眼以手指帘。
时有二僧，同去卷帘。
眼云："一得一失"。

文益禅师这是用动作机锋，在行为动作中让学僧开悟。讲的是有学僧来向文益禅师请教，文益见了就用手指指窗帘，这时有两个学僧同去卷窗帘，文益见状就说了一句："一得一失"。

这两位学僧，一位可能是服从命令去卷帘，另一位也可能是下意识地见光线不好去卷帘，但不管为什么，这两位学僧都落入文益禅师设置的一得一失的陷阱中去了。文益禅师这是用一种动作教化人的手段，故意用分别之见引起学僧的执着计议心，由此陷入无法自圆其说的困境中。佛理强调，反对凡心执着，反对计议，主张一切万有非内非外，非有非无，那有什么得失可分？文益禅师一句"一得一失"，问什么是一得一失，哪个得哪个失，说的是两个卷帘学僧吗？是，但又不是。得失的是那些正在打妄想的人。试图判断哪个僧人得吗？恰恰是自己失了。谁得谁失，说不清道不明，实际是无所谓得与失。如果计较了，就使人增加许多执着的烦恼，别无好处。任何人如果在得失里计较，到头来还是分不清谁得谁失,自己反而会堕入得失之中。文益禅师因机说法,时常采用这种方式。

有一次,文益"师令僧取土添莲盆。僧取土到,师曰:桥东取,桥西取?"

又有一次,"有俗士献画障子,师(文益)看了,问曰:汝是手巧,心巧?"文益禅师故意设置了"东""西""心""手"这些二元对立概念,只要学人一张口回答,就陷入了思维的陷阱之中,文益禅师的这种作略,成为他教育学人的常用手法。

师(文益)与悟空禅师向火,拈起香匙,

(文益)问云:"不得唤作香匙,兄唤作什么?"

悟空云:"香匙。"

师(文益)不肯。

悟空回后二十余日,方明此语。

对于文益的提问,悟空回答是"香匙",文益禅师明确告诉他是不对的。正确的回答应该是"和尚唤得好""要第二勺水作甚"之类。文益禅师问"不得唤作香匙",实际上已经把这个东西唤出来了。我看见你唤了,证明你有眼光,要第二勺作甚,就是说,既然你已经唤了,还要我唤什么。但当时悟空并没有得悟,回去思考了二十天后才开悟。

这一则"句里藏锋,言中有响"的教育方法,是考学生两件事:一是攀缘心是不是随言去了,如果随去了,必然导致两难无法回答。二是有没有体察的眼光,唤是为了指出某项东西,用名字固然可以唤,不用名字用动作同样可以做到。

师(文益)问僧:"什么处来?"

曰:"报恩来。"

师曰:"众僧还安否?"

曰:"安。"

师曰:"吃茶去。"

僧人回答文益"报恩来",指从具体的报恩寺来的。文益问他,实际上是故意将此理解为报佛恩而来。佛理中,报恩是需要超越相对的,实证自他不二,行利益众生事。文益就故意问个自他对立明显的话,看对方如何回答。对方的回答完全随了言句而去,没有超越自他对立的味道,所以文益禅师就很客气地说一句"吃茶去",让他一边参学去。

文益禅师是要这位僧人排斥我执,以能自悟本性。如果拘泥于"吃茶去"三个字,就可能成为理解禅意即悟道的束缚。这里的"吃茶去",早已从具体实际生活上升到超越物我的一种"悟",从而具备了一种崭新而又深刻的文化意义。

(僧)问:"六处不知音时如何?"

师(文益)曰:"汝家眷属一群子。"

师又曰:"作么生会?莫道怎么来问,便是不得。汝道'六处不知音',眼处不知音,耳处不知音?若也根本是有,争解无得?古人道:离声色着声色,离名字着名字。所以无想天修得经八万大劫,一朝退堕,诸事俨然。"

僧人对文益说:从六处来寻觅声音,请你接引一下。也就是问:如何披露自己,才能与道相合呢?糊涂的人有时也装得明白,故意问这么一个高深的问题。但恰恰自以为是的高深问题,暴露了问者的糊涂心。"六处不知音时如何?"正是一个糊涂的问题。所谓"六处",是说六根,不知音是说不接对应的六尘。六根里面包括意根,意根对应的是法尘,就是人们心里的思想念头。如果六处不知音了,意根也不能思想,哪里还能问得出这样的问题呢?

文益禅师不客气地回答他:"汝家眷属一群子。"就是说,你这里妄想一大群,还谈什么六处不知音。文益的反驳,点出了这位僧人的错误,充分反映了"句里藏锋"的教育方式。

文益禅师的"句里藏锋,言中有响"的接引学僧的教学方法,不是训练学僧能说会道,而是在于开启学僧的大智大慧,如同闪电在一瞬间穿透黑暗一般的启发式的"顿悟"。法眼宗的机锋,迅疾如石火电光,锐利如箭锋相拄,但在教育的过程中,又是和缓、平实、亲切的语言,让学僧感受到温暖,这正是法眼宗的魅力。

三

"啐啄同时,对病施药",同样是法眼宗接引学人的一种独特方法。

法眼宗接引学人,啐啄同时,如鸡孵蛋,小鸡要出壳时,用嘴吮壳,叫啐;母鸡为了使小鸡出来,用嘴啄壳,叫啄。啐啄同时,即比喻禅师与学僧之间机缘相契,毫无间隙。

师(文益)问修山主(龙济绍修禅师,文益的师兄):

"毫厘有差,天地悬隔,兄作么生会?"

修曰:"毫厘有差,天地悬隔。"

师曰:"恁么会,又争得?"

修曰:"和尚如何?"

师曰:"毫厘有差,天地悬隔。"

修便礼拜。

文益禅师问的"毫厘有差,天地悬隔"一语,是体悟佛法,针对世俗计议执着的反省、解脱程度而提出来的,强调了凡迷圣悟,一念之差。

文益禅师问修山主如何体会这一语时,以重复作答,这符合佛法精义,用意在强调此语乃不二真理。但当文益禅师故意对所答表示怀疑"你这么回答还算对吗",修山主被这一问,便动摇了原有的信念,反过来寻问文益禅师对此的见解。这表明修山主对佛法的体悟还不够彻底,还未达到摒弃一切俗念的程度,经不起外界的干扰刺激,这正是一念之差所造成的迷惘,是"毫厘有差,天地悬隔"的现身示法。而当文益禅师不假思索地再一次重复这一语时,修山主猛然悟出自己的一念之差,所以忙向文益禅师礼拜,表示感谢。

解悟佛法关键是体认自心,要在内心放摈世俗的分辨执着,但这又是很难企及的人生境界。文益禅师对修山主这位已有一定悟性的僧人,通过一啐一啄进行启迪,方可令其达到自由、无碍,并向大彻大悟与大解脱迈出重要的一步。

有一次,文益禅师与道潜禅师对话:

师（文益）曰："总别同异成坏六相,是何门摄属？"

潜（道潜）曰："文在《十地品》中,据理,则世出世间一切法,皆具六相也。"

师曰："空,还具六相也无？"

潜懵然无对。

师曰："汝问我,我向汝道。"

潜乃问："空,还具六相也无？"

师曰："空。"

潜于是开悟,踊跃礼谢。

师曰："子作么生会？"

潜曰："空。"

师然之。

这一则是说,文益禅师问道潜：总、别、同、异、成、坏这六相是属哪个门类？道潜回答：在《华严经》的《十地品》中,照理论,出世和世间的一切法都具有六相。当文益再问他：空是否还有六相呢？道潜不知所对。接着文益又说：如果你问我这个问题,我会告诉你。于是道潜也依照文益的问法说了一遍,文益立即回答他,是空。听了文益的回答,道潜恍然大悟。文益问他是怎么了解的。道潜回答：空。这一回答,得到了文益禅师的赞许。

参禅的人都知道要离相,但真正做到不是容易的。道潜禅师读过《华严经》,知道参禅应努力做到离相的道理,但也没答上文益禅师"空,还具六相也无"这一问。在道潜心里,认为相有个前提,即有某个东西,这个东西具有某种相,他说"据理,则世出世间一切法,皆具六相也",认为相是"法"具有的,就是他心里有个"本体"这样的自性还没有消除。如果是一个自性见破除得比较深的人,对空有没有六相的问题,会直接回答"空即六相,六相即空"。文益禅师在对道潜的执着进行一啐一啄的开导的同时,又针对他的执着"对病施药",文益让道潜重新来问,他回答"空",正是"六相即空,空即六相"的意思。用空来统摄六相,认为山河大地、人我等并无六相之分。道潜这时开悟了。

文益禅师有时采用"啐啄同时,对病施药"的教育、接引学人的方法,有时还直接引用佛教经典开导学人。《维摩经·观众生品》有句"从无住本,立一切法"。无住指心灵面对外境时,根尘相接,不能安住于任何的分别执着。有一次学人引用了"从无住本,立一切法"问文益禅师"如何是无住本"？文益禅师回答他:"形兴未质,名起未名。"

文益禅师的答语,出自僧肇《宝藏论》:"形兴未质,名起未名。形名既兆,游气乱清。"文益禅师深通佛理,用此经文开导学人。"未质""未名"即是清清湛湛的自性本体,它永恒常"住",澄湛宁静。自从生起了形、名之后,游气便扰乱了它的清湛。文益禅师引用此经文教导学人:参禅悟道,就是要回归于原本的清湛,而回归于原本的清湛,必须消除二分法生起的形、名,亦即不二法门。

有一次,文益禅师对子方僧人进行接引授机。

子方上座自长庆来。

师举先长庆棱和尚偈而问曰:"作么生是万象之中独露身?"子方举拂子。

师曰:"恁么会又争得?"曰:"和尚尊意如何?"

师曰:"唤什么作万象?"曰:"古人不拨万象。"

师曰:"万象之中独露身,说什么拨不拨?"

子方豁然悟解。

这里的意思是,文益禅师引证一位老禅师长庆的一句名偈"万象之中独露身",问长庆的学生子方是否了解。子方只是举起了拂尘,文益便问他:你用这种方法怎么了解？子方反问:那么你的看法呢？文益也反问:请问什么是万象？子方回答:古人不去挑拨万象。文益即刻说:因为已经在万象之中独露了身,还谈什么拨不拨呢。至此,子方才豁然开悟。

"万象"指法身的变现物,"身"即为法身,法身只能在万象中显现出来,也就是说只能在事中显露理。子方举起拂尘以示意,意为拨除万象。文益禅师就对病施药,先引导摇摆迷惑的子方使之"误入歧途",即文益问子方"唤什么作万象",子方答是"不拨万象"。文益这时针对子方的迷惑说:"万象之中独露身,说什么拨不拨?"既然不拨万象,那还说什么拨不拨万象,既然是不把事与理相离分,那还说什么离不离分呢。文益禅师这句话相当干净,子方也就明白了不二,理与事之间无障无碍,圆融无尽。从一切现成的立场来看,"万象丛中独露身",是自然而然的事,根本谈不上拨与不拨。

有一次,一所寺院的监院师父,参加文益禅师的法会。

文益禅师问:"你参加我的法会有多久了?"

监院说:"我参加禅师的法会已经有三年之久。"

文益禅师问:"为何不特别到我的方丈室来问我佛法呢?"

监院说:"不瞒禅师,我已从青峰禅师处领悟了佛法。"

文益禅师问:"你是根据哪些话而能领悟了佛法呢?"

监院说:"我曾问青峰禅师说:学佛法的人,怎样才能认识真正的自己?青峰禅师回答我说:丙丁童子来求火。"

文益禅师说:"说得好。但是,你可能并不真正了解这句话的含意吧!"

监院说:"丙丁属火,以火求火,这就是说凡事要反求诸己。"

文益禅师说:"你果然不了解,如果佛教是这么简单的话,就不会从佛陀传承到今日了。"

监院听了,非常气愤,认为文益禅师藐视了自己,便离开文益禅师。

中途,他想:"文益禅师是个博学多闻的人,而且目前是五百人的大导师,他对我的忠告,一定自有其道理。"于是,他又回来,向文益禅师道歉,并再次问道:"学佛的人真正的自己是什么?"

文益禅师回答他:"丙丁童子来求火。"

监院闻言,突然有所领悟。

同样的一句话,有两种甚至多种不同的层次,可能有不同的解读,所以对于真理,不要钻牛角尖,"反求诸己"固然重要,广为通达更为重要。

对于文益禅师的"啐啄同时,对病施药"教学方法,宋代《碧岩录》中有高度评价。

《碧岩录》引用了这则语录:"慧超问如何是佛,法眼云汝是慧超。"文益禅师的回答是如实肯定现有自己的意思,就是告诫慧超及其他学僧:自己本来是佛,怎么又特意向人问佛呢?

《碧岩录》评论,这样的问话是"彼自无疮,勿伤之也",这就像是在本来完整无缺的身体上特意刺一些伤痕一样的愚蠢行为。

这就是看上去如信手拈来,纵夺临时,言句颇为平常,但语句之中深藏机锋,而且随时洞悉学僧的机缘,在不经意中就给学僧指出了一条路;当学僧还没有参透时,轻轻一提就让学僧开了眼。在转瞬即逝的时机中,文益禅师运用这种拨云见日的方法,明心见性,直指人心,让像慧超这样本有的佛性顿然显现。文益禅师的回答道出了法眼宗"先利济"的特点。以如此平易的语句、简便的方法,却使学僧须臾间见到了真如本性,这显示了文益禅师无量的功德。

这种观机逗教、恳切提撕、接化自在、啐啄同时、对病施药就成了文益禅师接化学人的显著特色。这种教学方法也只有像文益禅师这样的一代高僧才能做得到,才能具备。(图3-4)

图3-4 当代研究法眼宗的专著(部分)

第三节
文益禅师的诗情禅意

禅诗,是佛教禅学、禅理与中国传统文化相结合的产物,具有"禅"与"诗"的双重品格与特质。

汉魏以后,佛教渐渐与中国的诗学结缘,高僧大德常常将诗歌作为释法传道的一种载体。特别是唐代以后,禅宗的偈颂流行。

偈颂又称偈语、偈子、法偈、偈文等。禅师说法时,或在说法前,或在说法后,念一段偈子,以偈颂提起受众注意,或者为了便于记忆,将已说过的内容再用偈子归纳一下,重复一遍。开始,这些偈颂还比较粗糙拙朴,但到了晚唐五代,一批富有诗意的偈颂出现了,不仅有了音节和音韵,并且注重禅意、禅趣、禅境。

文益禅师是唐五代禅门与禅诗的代表,是写禅诗的高手。文益年少时即出家,出家后在念佛坐禅的间隙认真阅读儒家经典,以出世之心来读入世之书,思考世俗士大夫所思考的问题。他又熟读了六朝、唐代的诗歌,有了深厚的文学修养。《宋高僧传》说文益"好为文笔,特慕支、汤(东晋高僧支遁、南朝宋汤惠休)之体,时作偈颂真赞,别形纂录"。

文益禅师在《宗门十规论》中,阐述了自己对"宗门歌颂"及偈颂创作的看法。他说:"宗门歌颂,格式多般,或短或长,或今或古。假声色而显用,或托事以伸机,或顺理以谈真,或逆事而矫俗。虽则趋向有异,其奈发兴有殊。总扬一大事之因缘,共赞诸佛之三昧。"文益禅师指出偈颂、禅诗的创作目的,最主要是阐明"诸佛之三昧",因此作者须达"理道"。

文益禅师在《宗门十规论》中还指出:"华严万偈,祖颂千篇,俱烂漫而有文,悉精纯而靡杂。"他主张偈颂、禅诗必须"烂漫而有文""精纯而靡杂",提倡语言修饰,并要求通"声律"。文益禅师在《宗门十规论》中还指出:"稍睹诸方宗匠,参学上流,以歌颂为等闲,将制作为末事。任情直吐,多类于野谈;率意便成,绝肖于俗语。自谓不拘粗犷,匪择秽屑。"文益禅师严厉批评了当时一些禅师"任情直吐","率意便成"的"野谈""俗语",表达了对"粗犷""秽屑"的猥俗戏谑之言的不满。

文益禅师也通过偈颂、禅诗的创作,表明了自己的主张,写了一些抒发个人禅悦之情,正面阐明佛理,弘扬禅宗宗旨的作品。他在弘法时,常常运用诗偈,变抽象玄奥的禅门义理为鲜活生动的诗意境象,将"理"转化为"趣",将"义"转为"味",使禅的"妙悟"本性在诗偈的"妙悟"世界中获得实现。

文益禅师曾以一首《三界唯心颂》阐述了法眼宗的"三界唯心,万法唯识"纲宗,以一首《因僧看经》诗偈,表明了法眼宗注重研读佛教经典的主张。

文益禅师《僧问随色摩尼珠颂》:

摩尼不随色,色里勿摩尼。
摩尼与众色,不合不分离。

摩尼是梵语,是珠宝的称谓。学僧问文益禅师如何看待珠宝的色。文益以诗偈回答,告诉学僧,摩尼宝珠没有别色,随所对之物色而显现色相。

文益禅师《都是一轮月》:

见山不是山,见水何曾别。
山河与大地,都是一轮月。

首句说超越尘境,由色入空,明见真相。次句说无须执着于超越,平常山水,无一物非我身,无一物有区别对立。最后两句说山河大地显真实相,皆是菩提,色空无碍,无处无禅。这里的"月",是喻指永恒的实相、微妙的禅义。

第三章 清凉宗风

这首偈诗，表现了文益禅师独特的观物方式，见山水，既是山水，又不是山水，机用活泼自在。通过对自然的直觉体悟，感受到生命本体的存在，把人带到一种崇高的精神中去。

文益禅师的《华严六相义颂》偈诗，把法眼宗的禅学思想表述得更为明晰：

> 华严六相义，同中还有异。
> 异若异于同，全非诸佛意。
> 诸佛意总别，何曾有同异。
> 男子身中入定时，女子身中不留意。
> 不留意，绝名字，万象明明无理事。

"华严六相"，指总别、同异、成坏，三对六相。总相指整体，别相指组成整体的部分；同相指组成整体的各部分的同一之相，异相指各部分的差别；成相指各部分是组成整体的必备条件，坏相指各部分在整体中具有虚幻、坏灭的过程。（图3-5）

图3-5　华严六相图

如果打一比方，总相就好比一座房子，别相好比是椽子、瓦片等材料，同相就好比椽子、瓦片等各种材料的共性（空性），异相好比椽子、瓦片各不相同，成相好比椽子、瓦片共同组成房舍，坏相好比椽子、瓦片各自独立的生灭无常。

这首偈诗的前六句是说，六相彼此间是同中有异，异中有同，同异相即的关系。如果把六相割裂开来，看不到它们之间的"相即"关系，就体会不到诸佛的妙意。"诸佛意总别，何曾有同异"，虽然有"六相"之说，但这只是不坏假名而谈实相的方便说法，六相只是假名，而非实相。在悟的境界里，法法平等，无有高下，早已超越了是非判断等推理过程，不曾有同异。

这首偈诗的后四句进一步破除了学人对"六相"的执着。当男子全神贯注地入定，女子却漫不经心，按照六相圆融的观点，男女相对，异中有同，同异相即。那么男子入禅定时，女子也应入定。既然女子"不留意"，就表明没有什么同异相即,世界万象哪里有理事呢?"绝名字"则表达了要脱离语言文字层面的捆缚,一切万法本无什么理事不理事,应该超越概念、意念及名字、语言等。

文益禅师在这首偈诗中以诗意的形式表达了他对华严六相义的理解和重视,要人们破除对"同异总别"之相和理事之分别的执着,认识六相之间是融通无碍的,一切万法即处于这种六相相即相入的自在无碍的状态之中。

从以上几首偈诗,可以看出文益禅师已经熟练地利用禅诗表现禅学思想,让一切现成、理事不二、理事圆融等禅学思想更易为学人所理解、所掌握。

二

文益禅师在传法时写的偈子,虽然是以诗的形式表现的,但往往禅理有余,诗味淡薄,如果从文学价值来说就不高了。这些禅诗就是偈子,或近于偈颂,但这也正反映了禅诗由偈颂演变而来的轨迹。毕竟作为名僧,文益禅师的本职工作还是传法示道,利用诗歌形式宣扬佛教义理,往往着意于用某种类比来表达意蕴,难免会使禅诗成为说教诗、论理诗,正如"今人看古教,不免心中闹。欲免心中闹,但知看古教"这类偈诗,通篇说理,缺少诗的韵味。

但是,文益禅师生活在江南地区,六朝、唐代文人写的大量的江南山水诗、理趣诗给文益禅师以较大的影响。文益禅师也写了不少受文人诗影响的禅诗,以禅入诗,用鸟鸣、青竹、明月、牡丹等构造出一种寂静清幽的环境,写出了禅者进入禅境的神妙情趣。这些都是具有生动形象、感染人心的好诗。

文益禅师《拂拂山香满路飞》:

拂拂山香满路飞,野花零落草披离。
春风无限深深意,不得黄莺说向谁?

这首诗前两句描绘暮春景象:满山遍野的野花开始凋谢,野草散乱,一阵轻风吹来,山间小路上弥漫着醉人的芳香。后两句写春天典型的季节特征,把黄莺和春天联系在一起,如果没有黄莺的话,这浓浓的春意向谁诉说呢?

这首诗格调明快,辞丽句美。第一、二句实际是说,对于彻悟的禅人,这漫山遍野的芳草、落花,无一不是清净自性的显现。后两句以拟人手法,告诉人们表达禅悟境界是不可言说的。深奥神秘的佛理教义,被文益禅师用诗句生动传神又寓意深刻地描绘出来了。

文益禅师《幽鸟语如篁》:

> 幽鸟语如篁,柳摇金线长。
> 云归山谷静,风送杏花香。
> 永日萧然坐,澄心万虑忘。
> 欲言言不及,林下好商量。

这首诗首联渲染氛围,幽鸟绵蛮,声如修竹吟风。娇柳婀娜,条条摩挲春池。颔联写静寂清雅。山岚渐渐收起它的云烟雾漫,春日的山谷幽静而宁谧。暖风轻拂,飘来缕缕沁人心脾的花香。颈联直写潜心修行,静坐忘虑,表现宁静安闲的禅境。这里的环境多好啊,诗人在此流连多日,萧然禅坐,澄心内照,物我一知,所有扰乱心志的情丝意絮,都自然而然地沉淀了,消泯了。尾联是对世俗的劝导。此时所见所闻,无非自性。此中有真意,欲辨已妄言。对个中滋味,用语言来表达尤嫌拙劣,只有同得林下清趣的人才能够充分欣赏,希望尘心未尽之人都能来林下修道。

文益禅师《看牡丹》:

> 拥毳对芳丛,由来趣不同。
> 发从今日白,花是去年红。
> 艳冶随朝露,馨香逐晚风。
> 何须待零落,然后始知空。

有一次,文益与南唐中主李璟论佛谈禅,走在清凉寺里,一同欣赏牡丹花,李璟兴致很高,命文益作诗一首。文益赋了此诗。

老僧披着朴素的僧袍,与尊贵的帝王一起赏景,在春花烂漫中凝视牡丹花丛,共同欣赏的是同一片美丽,然而僧人赏花的情趣与世俗是不同的。岁月如白驹过隙,头上之发今日回看,已然斑斑白矣。春光似日月轮回,今年的花与去年一样是红色,依然无限地美。花有重开日,但人无再少时,当岁月如流水逝去,人生却不会回转,难道还感觉不到人生的无常吗?其实这依然盛开的牡丹,又何曾存在永恒的美呢?牡丹的美丽如朝露转瞬即无,又随晚风倏然即逝。此美丽的本性原就是空,何须要等到雨打风吹,满地残红,才幡然醒悟一切如梦幻般虚无呢?

文益禅师在这首诗中,从自然界繁花美景的兴衰变化入手,从色、香、味、触的感性世界的斑斓绚丽中,感悟到缘起不住、流转不已的人生无常、宇宙无常。以"空"之悲凉与"空"之彻悟观照那内在的真实生命,从而参悟本体。诗的最后两句,点明了主旨,须由色而悟空,白发与红花,生与灭,即是色相,而非实相。文益禅师是暗暗告诫君主:你应赶快潜心修道,时代已经结束,不是你的了,何必一定要等到花掉下来,你才知道是空呢?这个时候能悟道是恰到好处的。

文益禅师用鲜明的语言、生动的形象揭示了佛理教义"色即是空"的道理,说明一切世间的事物及其现象都是暂时的,体性本空,不值得留恋。

文益禅师《理极忘情谓》:

> 理极忘情谓,如何有喻齐?
> 到头霜夜月,任运落前溪。
> 果熟兼猿重,山长似路迷。
> 举头残照在,无是住居西。

刻苦研读佛经,参禅的第一步是穷理,当对佛理明到了极点,一切妄念都没有了,这就是"忘情谓"。到了这个境界,用什么来比喻都是徒劳的,因为这种境界根本无法表述。尽管如此,文益禅师在诗中用了一组玲珑意象加以象征。空山闻寂、皓月高悬,在深秋的夜空倍显皎洁。但它并不留恋,而是任运无怨地堕落到前溪,既不恋天心,也不映水意。

这首诗的前四句,向学人描绘了现前的一种境界,"到头霜夜月"是一片琉璃清明世界。可惜的是明理还不透彻,妄念还没全除,这个境界就"落"掉,又失去了,明极则暗生了。

法喜充满,道果成熟,要走的路还很长。层峦叠嶂容易使人迷失方向,只有精进不懈，才能抵达终点。经历了艰辛的跋涉，修行者于山穷水尽处蓦地发现一抹清丽的月色余光，映亮了自己原来的住处，见到了灵灵明明的本来面目。文益禅师在诗的第五、六句描绘了第二个境界，也就是实实在在的境界。栽种水果要春种秋收，成熟要有个过程。修道入禅，也是要花功夫的。不能像猴子那样，摘水果夹一个落一个。打坐没有几天，就想悟道，如此想得到证果，是不可能的。

诗的最后，文益又给学人以信心。现成的世界，抬头一看，在黑暗境界中，还有一点残照在。"住居西"，既是西方极乐世界，也是个人的自性清净。只要用功，深得佛教大义，理透了，就会达到清明、清净的境界。

文益禅师这首诗用生动的语言、具体的意象阐明了深读佛经，追究佛理，达到"理极忘情"的重要性；也用象征的手法表达了文益禅师对圆成实性的感悟，呈现出他所创立的法眼宗那一切现成的感悟指向。

三

禅宗，有其独特的禅思意蕴，禅不仅影响到哲学领域，也影响到文学领域，特别是诗歌创作。

参禅强调"悟"，禅悟的过程难以用文字言说，然而表达禅悟的难言之说的最好语言莫过于诗歌。通过诗的含蓄、诗的形象、诗的韵味，使学僧在细细的咀嚼回味中渐次进入佳境，并由此窥觑到禅的玄妙、禅的超脱、禅的空灵。

文益禅师善于运用诗歌对学僧进行教育，他的诗歌是法眼宗禅学思想的重要部分。

从诗的内容来看，文益的禅诗是沉思参悟的结晶。他往往打破世俗常人的知解框架，从大时空（宇宙）的角度进行思维，用那些超思维的奇思特悟，淋漓尽致地表现了禅的机敏智略。

《都是一轮月》诗中的"见山不是山，见水何曾别"，文益以独特的方式观物，这样的诗句不可能在世俗诗歌中出现，却活跃在文益的禅诗中。诗中以匪夷所思的鲜明意象，创造出异常动人的禅的意境。

《理极忘情谓》诗中的"到头霜夜月""举头残照在"等诗句，借宇宙意象表现对生命主体的超脱。尽管是空幻的，但又让人看到"残照"，尽管心空万物，但仍流连人世，主体的心灵投射到无限的宇宙中去，创造一种清空旷然的境界。

从诗的形式来看，文益将律诗的格式、规范渗透到禅诗中来。

《看牡丹》就是采用了五言律诗的手法，既讲究平仄，又对仗工稳。《都是一轮月》则是绝句的写法，其内容意境高远，其格式讲究押韵。

从诗的语言运用来看，文益往往巧妙地直接引用著名诗人的佳句，或仿作名句来表达禅境。

自六朝以后，特别是到了唐代，佛教在中土盛行。从中唐李白、杜甫、王维、孟浩然，到晚唐杜牧、温庭筠、李商隐等诗人的诗，明显地加入了佛与禅道的成分，沾上了禅味，开创出唐代文学特有芬芳的气息、隽永无穷的韵味。这些诗人的名篇对生活于晚唐五代、喜爱文学的文益禅师有很大的影响，文益对南朝诗人以及唐代杜甫、王维等人的诗作更为喜爱。

《人天眼目》卷四载有文益一首《三界唯心颂》：

三界唯心万法澄，盘环钗钏同一金。

映阶碧草自春色，隔叶黄鹂空好音。

这首诗的后两句即取自杜甫的名诗《蜀相》的颔联。杜甫的诗是春日游成都武侯祠后写的。这两句是杜甫写武侯祠内景物。"映阶碧草""隔叶黄鹂"这么美好的春景，在杜甫笔下蒙上了凄怆的色彩，他无心赏春，表露了对诸葛亮寂寞冷落长眠于此的矜怜。

但杜甫的名句在文益禅师这首诗里已失去原有的缘情言志的特质，而成为禅的象征。杜甫的原诗句在"三界唯心"的语境里具有了新的意义，意即离开了心识，碧草、黄鹂这样的外境是没有意义的。文益《看牡丹》诗的"发从今日白，花是去年红"，是改自杜甫的诗句"露从今夜白，月是故乡明"。不论是直接引用，还是模仿改写，文益都运用得很自然，毫不生涩，诗的审美趣味不知不觉渗透到禅中来。

从诗的艺术表现手法来看，文益的不少禅诗讲究诗味。他的禅诗往往将深奥的禅理转化为意象。这些意象又往往以比喻、象征等手法来构建。文益有一首《庭柏盆莲》：

> 一朵菡萏莲，两株青瘦柏。
>
> 长向僧家庭，何劳问高格。

诗里的"莲""柏"，用数词、形容词很简练地就把其形象烘托出来了，诗写得又有意蕴，充分反映了文益写诗具有的艺术水准。

《看牡丹》诗以譬喻和象征说明禅理，寓意深刻。诗中的"艳冶随朝露，馨香逐晚风"，用亮丽形象的诗语表达出了现象世界的繁盛是暂时的，到头来一切繁华毕竟是一场"空"，生动地阐明了"色即是空"的观念。文益在给南唐中主李璟写的这首诗里，并没有用多少佛学字眼，却深刻地透露出幽冷阒静、萧瑟寂灭的佛家情调，抒写了自己的体验、悟入、禅悦的彻悟感想，描写了透彻的悟达之境，显示了高超的艺术水平，极富美学价值。《看牡丹》是我国禅诗中的一首精品。

《理极忘情谓》诗里，用"夜月""残照"等瑰丽的意象创造出禅的意境。用"果熟""猿重"来比喻求道参禅中应注意的方法，读来亲切自然，启人自悟，具有一种摄魂炫目的强大魅力。

文益禅师还有一首融禅理、趣味和诗情画意于一体的禅诗《正月偶示》：

> 正月春，顺时节，情有无，皆含悦。
>
> 君要知，得谁力？更问谁？教谁决？

文益禅师的这首禅诗，写春天，没有注重春天的景色，而是更侧重于物的"识"，但并不让人读之枯燥无味，而是情趣盎然。

开篇即引出春天时节这一主题，正月里，春天顺应时节到来。既然是春天来到了，那些有情（如人和各种动物）无情（花草树木、山石水土等）的万物都是一派生机欣然向上的景象。文益禅师发问：这样的生机全是靠了谁的力量才来的呢？是春天吗？是自然万物本身吗？这个问题是颇让人费解，不容易一下子做个决断的。文益禅师以禅诗的形式告诫学僧，要细细领悟。

文益禅师在这里借春天的自然之境，来比喻禅宗修行和证悟，有了疑问必须自己去解决，只有当自己彻悟以后才能和万物一样感受到春天所赋予的愉悦。

禅诗在文益禅师笔下，是一种工具，以此向学僧传达心要；是一种怡情，借此表达自己的感受；是一种明证，标示真如实相的落脚处。禅诗已经成为文益禅师运用自如的弘传禅法的有效形式。

文益禅师好为文笔，善作禅诗，对其弟子影响较大。除泰钦写有《古镜歌》3首、《拟寒山》10首外，文益弟子无则（即玄则）也有诗作流传。《全唐诗》卷八百二十五载有三首，其第一首写道：

　　白蘋红蓼碧江涯，日暖双双立睡时。
　　愿揭金笼放归去，却随沙鹤斗轻丝。

玄则诗中写动物鹭鸶、沙鸥，写植物白蘋、红蓼，有的行动活泼，有的色彩鲜丽，是一曲生命的颂歌。他在诗中更写到企盼笼中的白鹭能被放生，回到自然自由生活。诗中反映的思想，诗的意境、语言，明显也受到文益禅师禅诗的影响。

千古禅灯，闪闪不灭。文益创作禅诗的目的在于阐扬佛教义理、禅门宗旨。但他以禅理入诗，凭禅趣说诗，一首首禅诗已是诗与禅糅合的艺术品。文益禅师以及其他禅门宗祖及其弟子创作的大量的禅诗，已成为我国古代诗歌中不可忽视的一脉，在禅宗的传播中，必将益发受到人们的重视。

第四章 法脉承嗣

第四节　尊为二祖的天台德韶

一

唐末五代及北宋初期，法眼宗在吴越地区广为传播。吴越与金陵之地同属江南区域，有共同的地域特征与文化习俗，这为法眼宗流入吴越提供了条件。又因吴越政治上层极其信奉佛教，这更利于法眼宗传布。

法眼宗能在吴越广为传播，与天台德韶禅师有极大关系。德韶是文益禅师嗣法弟子，是法眼宗第二代祖师。又因吴越国主对其执弟子礼，故被世人称为"国师"。（图4-1）

图4-1　法眼宗第二世天台德韶禅师

德韶（891—972），五代处州（今浙江丽水）龙泉人，俗姓陈。17岁依本地龙归寺出家，18岁于信州（今江西上饶）开元寺受戒。后来去寻访名山，首谒舒州（今安徽潜山）投子山的大同禅师，为其发心参禅之始。次谒龙牙居遁禅师，"如是历参五十四善知识，皆法缘未契"，德韶辗转各地参访54位高僧大德，虽然仍未开悟，但开阔了视野，奠定了深厚的禅学基础。最后在江西临川崇寿院见到文益禅师，随从修禅。不久，他在文益禅师接引学人的过程中，获得了悟法的契机。

师(文益)一日上堂。

僧问：如何是曹源一滴水？

师云：是曹源一滴水。

僧惘然而退。时韶国师于座侧，豁然开悟。

曹，指曹溪，在广东曲江东南五十里。曹源，指慧能的禅法。曹溪是当年六祖慧能居此演示禅旨的地方，因此曹溪水被视为南宗禅的源头，也是许多信奉禅宗人士心灵上的圣地。

文益禅师对学僧的回答通达犀利。问是"如何是曹源一滴水"，答是"是曹源一滴水"，文益禅师是顺着学僧的问话而开示佛法大义。文益的回答表面上是同义句的无意义的重复，其实不然。这一回答，是明确告诫一就是一，二就是二。文益没有对问题进行烦琐的解释，直接以一句"是曹源一滴水"作答，教示学僧无须起心动念，不须进行分辨，也无须对其所言事实有任何怀疑。文益禅师的回答追溯了法眼宗法脉就是来自六祖慧能"曹溪水"，表明了他以"曹源一滴水"来比喻佛法"皆同一味"，本无差别的思想理趣，体现出"一切现成"的真实意义和禅学神韵。

文益禅师的这一回答，没有使问僧者开悟，却令座侧的德韶心性豁然开朗，"一句下便见，当阳便透"，"平生疑滞涣若冰释"，而获得悟法的契机。犹如一道智慧之光，穿越了德韶心灵深处的"幽暗"与迷雾，给予了他心灵极大启迪。

德韶得法眼真谛，文益禅师并没有留他在身边。据《十国春秋》记载，文益禅师认为德韶将来必有大成，于是劝德韶离开他身边。后来德韶游浙江天台山，参访当年天台宗创始人智颛禅师遗址，恍若旧居，于是就憩息于此，"始入天台山，建寺院道场"，开展了其弘法传禅的布道生涯，称"天台德韶"。

吴越忠懿王因慕闻德韶之名经常向其问道。后汉乾祐元年(948)钱俶袭位，"迎德韶入杭州，尊为国师"。德韶被奉为国师，为法眼宗在吴越站稳脚跟打下了坚实的基础。

德韶禅师发扬了文益禅师的"一切现成"思想，认为"佛法现成，一切具足"。

他劝参禅弟子不必离开世间而随处得悟。他有一偈示众:

(德韶)师有偈曰:
通玄峰顶,不是人间。
心外无法,满目青山。
法眼闻曰:即此一颂,可起吾宗。

德韶告诉学禅者,通向玄妙的顶峰时,已不是人间可比的境界。心外无法,就是清净佛性显现时,随处可见到青山(禅境)。这"满目青山",正是生命安然的直抒,是真正悟道的境界,而关键就在"心外无法"。常人以心逐物,骑牛觅牛,所以心不得安。而德韶禅师则因映照万物却不随物转,所以直下安然,满目青山,证得这能观万物而不动的境界。文益禅师听说此偈后充分肯定了德韶,认为"即此一颂,可起吾宗"。德韶名声大振,为人所敬重。

德韶禅师的"心外无法,满目青山",表达了一心生万法、万法唯心造的佛法义理,与文益禅师的"不著他求,尽由心造"的禅法要义是一致的。德韶禅师强调悟法要直契心地,通达心源。他说:"若于这里彻底悟去,何法门而不明?百千诸佛方便一时洞了,更有甚么疑情?"这指明了修禅即是明心、悟禅即是见性的禅门修学要旨。他还强调心地通达,认为息心才能达至本源,他说:"识心达本源,故名为沙门,若识心皎皎地,实无丝毫障碍。"

德韶禅师告诫学僧,学佛悟禅一定要彻底明达。他说诸佛法门,经常这样,譬如大海,千波万浪,从未停息,没有暂时的存在,也没有暂时不存在,浩浩荡荡光明自在。把三世集中在一根毛的顶端,将古今圆在一个念头当中,应该彻底明了通达才行。并非问一则语录,记一句启发话,巧妙地搬讲道理,风云水月,四字六字八字对仗,就当成是佛法,不要自己骗自己。德韶禅师告诫学僧,这样做的话终究没有好处。

德韶禅师发扬了文益禅师理事不二、理事圆融的思想,他写了一首颂:"暂下高峰已显扬,般若圆通遍十方。人天浩浩无差别,法界纵横处处彰。"表达的即是理事圆融的思想。

二

德韶禅师是一位典型的"不依国主则法事难立"的高僧，他在弘扬佛教时，将"国恩难报"提到首位，并认为若要报此恩力，最好的办法是"明彻道眼，入般若性海"。

德韶禅师在禅学上作出了杰出的贡献。其一是培养了众多法眼宗禅门弟子，产生了诸多禅门俊杰。《景德传灯录》记载，德韶嗣法弟子有58人，著名的有永明延寿、报恩绍安、承天道原、普门希辨、五云志逢、广平守威、玉泉义隆、严峰师术等。其中永明延寿分别在杭州灵隐寺和明州雪窦山传法，普门希辨在越州清泰院和普门寺住持弘法，五云志逢的道行德养备受吴越钱氏敬重，被敦请先后住持临安功臣院和普门精舍。守威，福州侯官人，先后住持福州广平院、怡山长庆院，署号"宗一禅师"。义隆，先后住福州玉泉院和严峰院开法。德韶的弟子还有来自高丽的僧人义通和谛观。

德韶的另一大贡献是兴修道场数十所，广开法坛，推动了法眼宗在吴越地区的发展。吴越国主钱俶曾立下宏愿，要"敬造宝塔八万四千"，具体工程由当地高僧大德们去完成。他在位期间，这一宏愿大多落空。但是德韶却在台州建禅寺6座，又在天台山设13个道场，还大修了原有的一些寺塔，至今，在一些寺塔的砖上还刻有"国师德韶"所撰写的塔记。

德韶禅师还有一个重要功绩，就是加强对外交流，寻回散失的佛典。德韶禅师接受当时天台宗僧人的建议，借自己与吴越王师徒的关系，向吴越王奏言派人到日本、高丽去寻求中国已经佚失的天台宗的教典。吴越王接纳此奏，向日本遣使10人，寻得天台宗教典，回国后，将此教典收藏于定慧寺。同时也向高丽遣使，至宋建隆元年（960）高丽派僧人谛观带着天台宗的教典到达吴越国，呈送给天台宗僧。自此，天台宗教典再次完备，天台宗得以复兴。

德韶禅师于宋开宝五年（972）六月，圆寂于天台般若寺，享年82岁，僧腊65年。

德韶禅师是法眼宗继往开来的祖师，为禅宗的发展、法眼宗的弘扬作出了杰出贡献。宋代赞宁《宋高僧传》对其高度评价说:"功成不宰,心地坦夷。术数尤精,利人为上。至今江浙间谓为'大和尚'焉!"德韶禅师的禅法,秉承法眼宗"一切现成"的禅风,深涵着大乘般若空性的思想,其留存下来的语录,多记载在《景德传灯录》中。

除德韶禅师,当时在吴越地区弘传法眼宗的还有报恩慧明、永明道潜、灵隐清耸等禅师,他们也都是文益禅师的得法弟子。

慧明禅师,金陵人,俗姓蒋。年少出家,精研佛门戒、定、慧三学。他南游闽越,以求开悟。后来,他到了江西临川拜见文益禅师,获得了悟法的因缘与契机。慧明悟法离开文益后到浙江,居天台山白沙庵,后为国主钱俶延入王府问法。当时,他深感禅宗虽盛,但有人把法眼宗放在一边,于是他产生了振兴法眼宗的愿望。他在教授学人时,时常显露出清凉家风。慧明禅师常与其他禅门的禅师及教门名宿展开禅学思想的交锋,结果是慧明禅师大胜,"群彦弭伏,王大悦,命师居之,署圆通普照禅师"。慧明禅师为法眼宗在吴越地区打开局面,应对种种谬论,击大法鼓,擎起了先导的作用。报恩慧明的弟子有保明道诚等人。道诚,生平不详,他从慧明处得法,为法眼宗第三世,住福州长溪保明院传法,号"通法大师"。

道潜禅师也是文益禅师的得法弟子,他得法后,居杭州永明寺,人称永明道潜禅师。道潜(?—961)俗姓武,蒲津(今山西永济)人。相传他身长七尺,容姿端雅。道潜成年后,先是投中条山栖岩大通禅院,从真寂禅师落发出家,平日讷于言、敏于行,持戒精严。真寂禅师圆寂后,道潜便入雁门朝礼五台山,因其戒行清净,多次感召文殊菩萨显圣。后来行脚游方,居无定所。

道潜因久仰清凉文益的禅风,于是前去参拜。道潜在文益禅师处开悟后,文益还进一步勘验他。

> 文益问:"律中道,隔壁闻钗钏声即名破戒。见睹金银合杂、朱紫骈阗,是破戒不是破戒?"
>
> 道潜答:"好个人路。"

以上的意思是,文益问:戒律中说,即使隔壁听见钗钏之声,也是破戒。现在亲眼看见这些戴金戴银、穿朱披绿的女人，算不算破戒？道潜从容地答道：好一条悟人之路。

　　文益禅师见道潜的禅法脚跟已稳，遂予印可。文益禅师预言："子向后有五百毳徒，而为王侯所重在。"认为道潜今后会有五百僧徒，而且还会受到王侯的器重。

　　道潜拜别文益禅师后，先是来到了衢州的一座古寺，闭关阅藏。当时的吴越忠懿王请道潜入王府传授菩萨戒，并特为他建了一座大伽蓝，号曰"慧日永明"，并赐封道潜为"慈化定慧禅师"。道潜禅师提出，把以前安放在一座塔里的十六尊罗汉铜像移到永明寺中来供养，吴越忠懿王连声说："善矣，予昨夜梦十六尊者乞随禅师入寺，何昭应之若也。"于是，又在道潜禅师的封号上加上了"应真"二字。道潜禅师从此住持永明寺，世称"永明道潜"。正像文益禅师所预言的，道潜在永明寺的门下弟子常达500人之多。

　　道潜禅师一大功绩是传法给了高丽僧人玄晖，后来玄晖成为高丽的国师。

　　高丽僧人玄晖（879—942）为求佛法，乘船来到中国，在今浙江金华九峰寺见到了道潜禅师。道潜与玄晖一见面，就问："你怎么头白了？"玄晖答道："我的眼睛不知道。"道潜又问："你自己怎么不知道？"玄晖回答："我自己头不白。"

　　道潜禅师一看玄晖是传法的大器，就把他留在身边。玄晖得到了道潜禅师所传的法眼宗禅法后，在中国南北名山宝刹游历参学。

　　924年，玄晖归国。当时的高丽太祖王建听说有入唐学法的大师归国，便在京城的郊外隆重迎请。第二天在皇宫九重宝殿之上拜他为国师，并赐净土寺，请玄晖住持。此寺离京城不远，方便太祖朝夕间学法求道。玄晖在王室支持下，把法眼宗禅门大法广泛弘扬，如日中天。

　　玄晖64岁时圆寂，谥号为法镜大师，教化弟子300多人。

第二节

住持清凉道场的泰钦

法眼宗创立以后,因受南唐、吴越国主的重视和扶持,发展势头较为迅猛。其范围主要流布于南唐、吴越中心区,且门徒也遍及江南大部分区域。

文益禅师及其弟子长期活跃在金陵,又多集中于江南国主所重视的清凉院和报恩院,他们在金陵的传禅活动进一步推动了法眼宗的发展与繁荣。其著名的弟子有泰钦、道钦、匡逸、文遂、智筠、行言、法安等禅师。

章义道钦禅师,太原人,文益禅师得法弟子。初住庐山栖贤院,南唐后主请居金陵钟山章义道场。

报恩匡逸禅师,明州人,文益禅师得法弟子。初住润州慈云院,南唐后主请他住金陵报恩院,署"凝密禅师"之号。

金陵文遂禅师,杭州人,俗姓陆。年少随父母移居宣城,从池州僧正出家受具,聪慧好学,16岁就开始游方,禅教俱习。深研经论,曾注释《楞严经》。完成后拜见住持崇寿院的文益禅师,说自己的注释"深符经旨"。文益问道:"《楞严经》中岂不是有八还义吗,那么明还什么?"文遂回答:"明还日轮。"文益接着问道:"日还什么?"文遂答不上来。文益命他焚毁《楞严经》注释书,跟随自己专心参究。

文遂后来为文益的得法弟子。初住吉州(今江西吉安)止观院,961年南唐后主请他接替清护禅师(916—970)入住金陵长庆寺。约在963年,接替智筠禅师住持清凉大道场。不久,即去新建的报慈大道场。南唐后主署其号为"雷音觉海大导师",后世称他为江南国国师。大导师等同于国师,是一种至高无上的荣称。文遂禅师是当时南唐地位最高的大禅师。

净德智筠禅师(906—969),河中府(今山西永济)人,俗姓王,年少在普救寺呆大师处出家,青年时来金陵报恩院参谒文益禅师,系文益禅师得法弟子。初住庐山栖贤寺。961年,南唐后主礼请入住清凉大道场。965年,南唐后主在金陵北苑建净德大道场,请智筠来此住持,署"达观禅师"之号。智筠向往的是山林生活,屡请归山,李煜便让他到庐山五峰栖玄院住锡。李煜对智筠非常敬重,在栖玄院有多封南唐国主写给他的问候书信,除三封为李璟书赠,其余27封均为李煜所书。北宋开宝二年(969)智筠禅师圆寂。

报慈行言禅师,泉州晋江人,文益禅师得法弟子。南唐后主建金陵报慈院后,请行言住持,署"玄觉导师"之号。报慈院是李煜为纪念李璟而在金陵新建的一处道场,行言讲法时,听法者多达二千多人,可谓规模空前。

报恩法安禅师(?—970),吉州太和人,文益禅师得法弟子。曾住持抚州崇寿院,学人云集。崇寿院,文益禅师曾在此住持,其后任是悟空禅师,继任者不知何人,再往后是法安禅师。南唐后主请他住持金陵报恩院,署"慧济禅师"之号。报恩院,最早是文益禅师住持,以后几任是匡逸禅师、玄则禅师、法安禅师。

玄则禅师,滑州卫南人,在清凉院任监院,后受邀住持报恩院。玄则任监院时,文益禅师为住持。玄则任监院,却从不向文益请教禅法。有一次文益问他:"为什么不来找我?"他回答道:自己曾跟从青峰禅师,在"丙丁童子来求火"句下开悟。文益对他说:青峰这句话是不错,不过我怕你错会,你再给我说说。玄则回答文益:"丙丁属火,以火求火,这就是说凡事要反求诸己。"

文益告诫他,你理解错了。玄则听了很生气,离开清凉院,渡江而去了。文益见他离开了,说:此人若回头还有得救,否则就救不了了。半途中,玄则想到文益是大禅师啊,不会骗我呀。于是又回到了清凉院,请教文益"如何是佛"。文益回答他"丙丁童子来求火",玄则听后大悟。文益禅师虽然是对同一语的重复,却一语中的,令其当下便悟。玄则禅师住持报恩院后,开堂那天,南唐中主李璟和文益禅师都为之送座。

文益禅师弟子活跃在金陵传法的,还有一些是先在金陵寺院,后来迁往他处的。从显禅师,泉州莆田人,文益禅师得法弟子,先住持金陵妙果院,后来到江西洪州观音院开堂传法。洪州观音院于唐大中元年(859)建成,沩仰宗僧人住持该院。从显禅师到此开堂说法后,弘传法眼宗"以教阐宗"的家风,颇有影响。从显禅师住持该院后,望重禅林。

活跃在金陵的文益禅师得法弟子,除上述的几位禅师,还有知名的清凉泰钦禅师。

清凉泰钦禅师(909—974),魏州(今河北大名)人。少年聪明,智慧过人,早期在文益门下"辩才无碍,解悟逸格",但并不为人知,文益禅师却很器重他。

有一次,文益禅师问众僧:"虎项下金铃,何人解得?"没有人能答得上来。正好泰钦从外面归来,文益禅师用同一个问题问他,泰钦随口回答:"系者解得。"众僧为之一惊,自此以后,大家都对他刮目相看。

明代《指月录》收录禅宗公案1700余则,卷二十三收录了这一则:

> (法)眼一日问众:虎项金铃,是谁解得?
> 众无对,师(泰钦)适至,眼举前语问。
> 师曰:系者解得。
> 眼曰:汝辈轻渠不得。

泰钦回答文益的问题,意思是说,谁系在老虎脖子上的铃,还得由谁去解。比喻谁惹出的问题,还得由谁去解决。这也是"解铃还需系铃人"这句常为人引用的谚语的出处。

对泰钦禅师的"虎项金铃"精彩对答,后世僧人有赞:

> 虎项金铃,师系能解。
> 百骸一物,两赛一彩。
> 佛法大意,道丧千载。
> 祖称不了,分析现在。

泰钦禅师学成之后,先受请住锡江西洪州幽谷山双林寺,次迁上蓝护国院,后又住金陵龙光院。不久,受南唐后主李煜礼请,移住清凉大道场,受到李煜的高度重视和大力推崇。当时泰钦禅师有很高的威望,向他请教禅法的人很多,他被称为清凉泰钦禅师。(图4-2)

图4-2　法眼宗第二世清凉泰钦禅师

二

泰钦禅师继承文益禅师圆融教禅和活用"华严"思想,主张"百骸一物,一物百骸",理事圆融。与南唐后主李煜相交甚深。

泰钦禅师初开堂时曾说:"山僧本欲居山,藏拙养病过时,奈缘先师(指文益)有未了底公案,出来与他了却。"这说明了他是文益禅师禅学和禅法的继承者与传播者,并有继承其师弘法利生事业的愿望。不过,泰钦禅师这一言说却引起了后主李煜和僧人的种种揣测和疑惑。李煜曾问泰钦:"师有什么不了底公案?"泰钦回答道:"见分析次。"在泰钦看来,并非有什么不了底公案问题,而在于人心见分生出偏见、差别。

泰钦所说的"了却"之意,是为了表明其本人立志要继续文益禅师的未竟事业。当有学僧问"如何是先师未了底公案"时,泰钦禅师便打之,并说:"祖祢不了,殃及儿孙。"可见,泰钦的行为有澄清学人思想误会的意图。

他还进一步消除学人对先师文益禅师的误解,他说:"先师法席五百众,今只有十数人在诸方为导首。你道莫有错指人路底么?若错指,教他入水入火,落坑落堑。然古人又道,'我若向刀山,刀山自摧折。我若向镬汤,镬汤自消灭'。"

泰钦分析了学道人多、悟道人少这一客观现象,但文益禅师门徒仍有悟道之人,而且在各地成为传播禅法的先导。"法席五百众",也说明了法眼宗传播的繁荣景象。泰钦认为修学禅法,要有向刀山、向镬汤那样向死而生的修学精神和实际行动。

泰钦禅师上堂讲法时,有僧人曾问他:"法眼一灯分照天下,和尚一灯分付何人?"泰钦听了这个问语,即反问他:"法眼什么处分照来?"明确强调要学好法眼禅学的根本思想。

泰钦禅师在清凉大道场广开禅法,在不断地为学僧答疑解惑中传播法眼宗禅学思想。此外,他还曾用禅诗的形式传法,著名的有《古镜歌》。古镜,喻指使人明心见性的禅法。

其 一

尽道古镜不曾见,借你时人看一遍。
目前不睹一纤毫,湛湛冷光凝一片。
凝一片,勿背面,嫫母临妆不称情,
潘生回首频嘉叹。
何欣欣,何戚戚,好丑由来那是的。
只遮是,转沉醉,演若晨窥怖走时,
仔细思量还有以。
我问颠狂不暂回?泪流向予声哀哀。
哽咽未能申吐得,你头与影悠悠哉。
悠悠哉,尔许多时那里来?
迷云开,行行携手上高台。

其 二

谁云古镜无样度,古今出入何门户?
门户君看不见时,即此为君全显露。
全显露,与汝一生终保护。
若遇知音请益来,逢人不得轻分付。
但任作见面,不须生怕怖。
看取当时演若多,直至如今成错误。
如今不省影分明,还是当时同一顾。
同一顾,苦,苦,苦!

前一首禅诗中,写到三个人。嫫母,古代传说中的丑妇。她梳妆打扮照镜子,因丑,照在镜子里,她"不称情",不如意。潘生,西晋人潘岳,身材颀长,面容俊秀,时公认的美男子。因长得好,照在镜子里左看右看都好,赞叹不已。

泰钦写道,人长得原来就是这样,有什么高兴不高兴呢?"何欣欣,何戚戚,好丑由来那是的。"

泰钦写嫫母、潘生是铺垫,重在写"演若"。演若,人名,即演若达多,据《楞严经》卷四所载,印度室罗城有个愚人叫演若达多,一天早晨照镜子,见到镜子里自己的面目,十分高兴,但离开镜子后,怎么也看不见自己的头面眉眼,又十分怨恨,竟认为有鬼魅作怪而狂奔乱跑。

泰钦写道:"你头与影悠悠哉。""头"比喻人的本来真性(佛性),"影"比喻虚妄不实之相,执迷之人不识本性,往往认假为真。泰钦教导学僧"迷云开,行行携手上高台",要像照古镜那样,放下执着,明心见性,才能真正悟禅。

后一首禅诗,泰钦进一步告诫学僧,"古镜无样度","出入何门户",暗喻禅法不断创新出奇,不应因循守旧。一旦禅悟以后,"一生终保护",要时时加以保持、维护,还要注意禅机不要轻易示人。禅诗的最后告诫学僧,执迷者如果仍然不辨头影,认假为真,那还将与昔日的演若达多照镜子一样。

泰钦禅师《古镜歌》第三首写得更为直白,教导学僧:

> 时人不识古镜,
> 尽道本来清净。
> 只看清净是假,
> 照得形容不正。
> 或圆或短或长,
> 若有纤豪俱病。
> 劝君不如打破,
> 镜去瑕消可莹。

泰钦的《古镜歌》,将那些复杂而又纠缠的人生疑问,一语道破,显得那么醒豁,通俗而快捷,警策中不乏平易,幽默轻松中闪烁着大智慧的光芒,使法眼宗的禅学思想得到传扬。

泰钦传世的诗歌还有《拟寒山》10首,刊于《全唐诗续拾》卷四十四。《古镜歌》是偈颂体,《拟寒山》10首则是五律诗。如:

> 今古应无坠,分明在目前。
> 片云生晚谷,孤鹤下遥天。
> 岸柳含烟翠,溪花带雨鲜。
> 谁人如此意?令我忆南泉。
>
> 谁信天真佛,兴悲几万般。
> 蓼花开古岸,白鹭立沙滩。
> 露滴庭莎长,云收溪月寒。
> 头头垂示处,子细好生观。
>
> 幽岩我自悟,路险无人到。
> 寒烧带叶柴,倦即和衣倒。
> 闲窗任月明,落叶从风扫。
> 住兹不计年,渐觉垂垂老。

这组诗虽然是拟寒山体,但又不同于寒山体。寒山主要侧重于哲理,泰钦则是面对眼前山林清景,抒写自己的隐逸情怀。寒山诗时用俚语,泰钦诗则更为典雅。

泰钦的这组诗在南唐僧人中颇为突出,当时有一定影响力,但从中也看出,他对诗的兴趣明显是受到他的老师文益禅师的影响。

清凉泰钦禅师所传弟子有云居道齐。道齐传灵隐文胜、瑞岩义海等11人。文胜、义海又传延珊等3人。清凉泰钦的法眼宗一脉是相传较远的,对法眼宗传承作出了贡献。

宋太祖开宝七年(974)六月二十四日,泰钦安坐而终,谥号法灯禅师,世人多称"金陵法灯清凉泰钦"。

1949年,在南京南郊出土故唐右街石城清凉大道场法灯禅师墓志碑,后被市民收藏。1999年南京市文物研究所征集到此碑。此碑用青石刻成，平面呈方形，边长49厘米，厚6厘米，志文纵24行，满行24字，共413字。全文楷书，工整而精致。

全文为：

故唐右街石城清凉大道场法灯禅师墓志铭并序

兰陵　释省乾撰

粤白云无心，寒松有韵，淡淡闲当於迥汉，青青郁镇於高岩，物以之然，道亦何隔。则我禅师智自天然，性不群比，洞万物以为道，海百川以为怀，出兴利久，筹盈折床，以之於后。禅师讳泰钦，魏府人，周氏，祖、父阀阅。师少蕴生知，不慕荣显，十岁投于佛院大智禅师出家落彩，十七开元寺琉璃坛依神海律师受戒。自迹神识洒落，不习经论（纶），便慕参玄，杖策云山，遍扣诸祖。大和中来游江外，诣临川崇寿，契大智藏导师心要，自后止庐山莲花洞万岁庵，情闲道高，人仰弥远；即南都静安双林禅院，响道请振大音；次居上蓝禅院。主上饮德，远诏归京。始住龙光，终居石城清凉大道场，锡号法灯禅师。开宝七年六月二十四日申时示疾，奄顺世缘，俗寿六十五，僧腊四十八。小师监院文相等一百五十人哀痛无已，众徒弟子仕俗万千泣送，俨全身於江宁县凤台乡小茇里，依教建炭堵波，俾旌懿行。铭曰：

白云无纵，秋潭影中；

我师示迹，道济虚空。

来匪从兮何滞，去无方兮皆通；

出没大悲兮弘至妙，俨炭堵波兮该无穷；

门徒弟子兮哀罔极，千古万古兮松清风。

开宝七年岁次甲戌十月丁未朔十五日辛酉记耳。

（图4-3）

南京大学文化与自然遗产研究所所长贺云翱曾参与此墓志调查、征集和鉴定工作，并撰写了《唐法灯禅师墓志铭考》，且对其志文进行了考释。

第四章 法脉承嗣

图4-3 《故唐右街石城清凉大道场法灯禅师墓志铭并序》(藏南京市博物馆)

志文考释：

五代十国时期，今南京为南唐(937—975)国都，故墓志称"唐"。"右街"，疑为与寺、观、僧、尼之管理制度有关，该制度起自唐，《新唐书》卷四十八《百官志三》载：唐贞元四年(788年)"崇玄馆罢大学士，后复置左右街大功德使……会昌二年(842年)，以僧、尼隶主客，太清宫置玄元馆，亦有学士，至六年(846年)废，而僧、尼复隶两街功德使"。又《唐会要》卷四十九亦曰："元和二年(807年)二月，诏僧、尼、道士同隶左街、右街功德使，自是祠部、司封不复关奏。""会昌六年(846年)五月制：'僧、尼依前令两街功德使收管，不要更隶主客。'"据以上资料，墓志中"右街"当指清凉大道场僧众之籍隶都城金陵右街功德使。……墓志为研究这一问题提供了重要线索。

……

清凉大道场，即金陵古清凉寺，寺址在今南京城西虎踞路旁清凉山公园内。该寺是南唐之重要佛寺，禅宗"法眼宗"创始人文益禅师居此开宗传法。法灯禅师，魏府(今河北大名东)人，姓周，名泰钦，"法灯"为南唐皇帝李煜所赐法号。他是文益禅师的传人之一,《景德传灯录·法灯禅师传》《五灯会元·清凉泰钦禅师》均录其事迹,与志文可互相参校补充。

《会元》曰:"金陵清凉泰钦法灯禅师,魏府人也。……入法眼之室,……初住洪州双林院,……次住上蓝护国院,……次住金陵龙光院,……后住清凉大道场",于"开宝七年六月示疾,……二十四日安坐而终"。这些记载皆见于志文,但志文中有关法灯的俗姓、生年及年龄、出家时间及早年投大智禅师剃度、开元寺从神海律师受戒、在庐山莲花洞万岁庵的活动等,却不见于《传灯录》《会元》。依墓志所言,开宝七年(974年)法灯卒时"俗寿六十五岁",依此推算,其生年应为公元909年,尤其是他作为文益师的高足,且卒前遗言"我之遗骸,必于南山大智藏和尚左右乞一坟冢"。明其生前死后追随文益师的心志,但文献中却未交代他投于文益门下的时间和地点。志文中则明确说到法灯于"大和(926—934年)中来游江外,诣临川崇寿,契大智藏导师心要"。参诸《大宋高僧传·周金陵清凉文益传》及《五灯会元·清凉文益禅师》,可知文益确实是在临川(今江西抚州)崇寿寺居住过,且文益在崇寿寺时,"四远之僧求益者,不减千计",法灯大概也是当时这"不减千计"中的重要一员。至于法灯能够从"南都"(今江西南昌)上蓝禅院来到南唐国都金陵弘法,除了志文中所说南唐国"主上钦德,远诏归京"之外,可能也与其师文益有关。因为《五灯会元·清凉文益禅师》中有多处记录了文益与法灯在一起的机锋禅语。文益卒后,江南国主李煜请法灯住持清凉大道场,并从之问学,而文益卒后"奉全身于江宁县丹阳乡,起塔焉"。法灯也"俨全身于江宁县丹台乡小菱里"。据《景定建康志》载,江宁县古丹阳乡与凤台乡都在今南京市东南郊,与所传法灯墓志出土地点相一致,这就真实地反映了法灯与其文益生死相依的密切关系。另外,墓志中所说法灯卒时,清凉大道场"小师监院文相等一百五十人哀痛无已"。墓志撰者释省乾为兰陵(今江苏常州)人,事迹不详。

总之,《传灯录》与《会元》等,尽管对法灯的禅学成就有较详的记载,但新发现的《法灯禅师墓志铭》不仅可以验证历史文献的真实性,况且又提供了新资料,其对进一步研究五代十国时佛教禅宗史,特别是"法眼宗"的发展演变史及南唐国佛教史之价值,是不言自明的。

第三节

尊为三祖的永明延寿

永明延寿是天台德韶禅师得法弟子,是五代、宋初法眼宗的代表人物,法眼宗第三世祖。

永明延寿(904—975),俗姓王,字冲元,本是江苏丹阳人,出生于余杭(今浙江杭州)。自幼信佛,聪颖好学,幼时读《法华经》从头至尾,没有一丝停顿。16岁时作《齐王赋》,受到钱王的赞赏。28岁时,做县里的小官,督纳军需。30多岁时舍妻出家,到明州(今浙江鄞州区)四明山龙册寺剃度为僧。他出家后用功修行,在龙册寺住了一段时间就外出参学。初于天台山天柱峰下练习禅定,其间听说法眼宗文益禅师弟子德韶在天台山,他去参见。德韶禅师见他是位勤奋苦学的僧人,很器重他。延寿在德韶禅师处获得了悟道的因缘,德韶授玄旨给延寿,传承法眼宗。

延寿得法后,居天台山。有时也到国清寺结坛修习《法华忏》,后来又往天柱峰诵《法华经》三年,于952年住持奉化雪窦寺,学侣云集,名声大震。宋建隆元年(960)延寿往杭州,因当时杭州灵隐寺倾圮颓败,他主持复兴工作,梵刹因此得到中兴。一年后,移至邻近的慧日山永明寺(今净慈寺)住持,从其教者有两千多人。吴越国王赐他"智觉禅师"之号。延寿在永明寺住持达15年之久,后人据此称他为"永明延寿"。永明延寿一生著述颇丰,最为重要的有《宗镜录》一百卷,《万善同归集》六卷。他的著述共有61部,总197卷,是中国历代高僧中著述最多者之一。他的著作其理高远,其论雄健,流传千古,远播海外。

《宗镜录》一百卷,保留了大量的佛学资料。延寿对佛教经典进行了一次大汇集大统合。在整理时,他以禅宗命家,属法眼宗血脉,但其弘扬范围之广、内容之博,为以前禅宗诸家所未有。

《宗镜录》既是佛教诸家典籍内容的汇聚,又代表了延寿的观点倾向。他阐发了佛教义理与宗门要旨,称"举一心为宗,照万法如镜"。这正是延寿一生弘法的根本思想,其目的就是以禅宗的一心去融合佛教各宗派,以一心去统摄佛教一切经教。他以一心为宗的思想,既契合达摩"以心传心,见性成佛"众生心性之旨,又符合法眼宗文益禅师倡导的贵在圆融之风。

延寿说:"何谓一心?谓真妄染净一切诸法无二之性,故名为一。此无二处,诸法中实,不同虚空,性自神解,故名为心。"

延寿所说的"一心",是指宇宙诸法的本来性体,是世界之本源,也即是禅宗所说的如来藏自性清净心,亦名为佛性,一切众生皆具有此佛性,都可以成佛。

永明延寿禅师为法眼宗传人,他的视野很宽广。他赞成儒佛道三教互补互助,万善同归。他说:"儒道仙家,皆是菩萨示助扬化、同赞佛乘","尽忠立孝,济国治家,行谦让之风,履恭顺之道"。永明延寿禅师是一位禅者,他又主张禅净融合。此外,他还颂读《法华经》,倾心华严宗,"禅尊达摩,教尊贤者",持律谨严,持密咒。永明延寿禅师是一位佛教界百科全书式的人物,而他的多种角色也便于深入各宗派的内核,厘定大义,准确地进行禅教融汇工作。

永明延寿禅师会通禅教是"以禅摄教"。他把禅宗名为"心宗":"此一真心,是曹溪一味之旨,诸祖同传。""真心",也是永明延寿禅师自己的法眼,有偈云:"欲识永明旨,门前一湖水。日照光明生,风来波浪起。""湖水"即"真心",即"举一心为宗,照万法如镜"。永明延寿禅师从此"真心"出发,会通禅教。他用"真心"笼络各家,是为了拯救佛教界痴、狂、空禅的病态,是为整饰当时的佛教界。

永明延寿禅师把经教与禅比喻为佛语和佛意的关系,二者同属一体:"经是佛语,禅是佛意,诸佛心口,必不相违。"只有重视读经、研究义学,才能了知学问禀性和脉络:"祖标禅理,传默契之正宗,佛演教门,立诠下之大旨,则前贤所禀,后学有归。"永明延寿禅师批评一些禅门子弟以无知自许,恃错知解而毁谤经典,他们不理解禅宗祖师"不立文字"的真正含义,反而泥于字面意思,摧残义学。他指出,禅宗历史上是主张祖佛同诠和禅教一致的,"博通经论,圆悟自心,所有示徒,皆引诚证,终不出自胸臆,妄有指陈"。

相传延寿曾邀请天台、华严、唯识三宗的高僧,彼此诘难,互相切磋,深入探讨。延寿认为参禅与研习经典并没有矛盾,它们是相辅相成的。他用法相宗证成万法唯识,用华严说明万行的必要,用天台俭约身心,去恶从善,从而使一切经教全部纳入禅宗领域,用禅宗思想评定天台、华严、唯识三家的学说。然后,他以"心宗",即禅宗的心性理论作为准绳,对各家学说加以折中调和,并广泛征引印度和中国的三百余种佛教文献资料,加以参比审定,编辑为百卷本《宗镜录》,大力宣传禅教一致的主张。

延寿提倡禅教合一,这与他的师承是密不可分的。他对当时禅宗各派存在的弊病的针砭几乎是文益禅师《宗门十规论》的翻版,对性相的分析判断也大都出自文益禅师有过的论述,对华严的理事圆融的把握也出自文益禅师的倡导,他所奉行的佛法实践以及对天台学的纳入皆深受德韶禅师的影响。因此,可以说,延寿早期的修行问道开启了他的佛教禅法思想,法眼宗风是延寿禅法思想最初的积淀。

永明延寿禅师在弘法过程中,还写了近百首禅诗,特别是他在浙江天台山天柱峰及雪窦山习禅期间,写了69首山居诗,在禅林中广为流传。

永明延寿禅师的心灵是超然的,他在清冷而自在的山居生活中,通过一首首禅诗阐发了禅学思想。

禅宗以明心见性为目的,"举一心为宗,照万法如镜",永明延寿禅师写的禅诗将这种思想表露无遗。

如这首诗:

> 心地须教合死灰,藏机泯迹绝梯媒。
> 芳兰只为因香折,良木多从被直摧。
> 寒逼花枝红未吐,日融水面绿全开。
> 支颐独坐经窗下,一片闲云入户来。

诗里诗僧自述,对于世上的名利之心,要像死灰那样不起一念,再如人的思想之路，也理当藏机灭迹，断绝一切阶梯和媒介，使之不和外界沟通。诗里写道：你难道有所不知，兰花被人采摘，是因为吐出了芳香，良木被人所削，是因为生长得太直。所以看来，出山经世，在红尘堆里跌打滚爬，又哪如在山中远离是非，保身长全来得更好？山坳里寒逼花枝，娇红未吐，池塘里日融水面，新绿全开，春来了，当此良辰美景，在堆满佛经的明窗下支颐独坐，任闲云一片飞进窗户，这该是多么自在的境界。这正如永明延寿禅师在《宗镜录》中说的，若要成佛，当收摄一心，方才可在一念之间，明心见性。

又如这几首诗：

松荫疏冷罩寒门，静见吾宗已绝伦。
驱得万途归理窟，更无一事出心源。
烟云忽闭岩前洞，鸡犬时闻岭下村。
放旷本来无别意，免教停海起波痕。

栖真境界太玄乡，静见吾宗不可量。
好句只凭诗断送，闲缘唯遣道消亡。
雨丝云织轻条密，烟素风抽细缕长。
竟日虚怀无一事，金瓶秋水石炉香。

事多兴废莫持论，唯有禅宗理可尊。
似讷始平分别路，如愚方塞是非门。
刳肠只为生灵智，剖舌多因强语言。
争似息机高卧客，年来年去道长存。

有山有水更何忧，知足能令万事休。
大道不从心外得，浮荣须向世间求。
冲开烟缕飞黄鸟，点破潭心漾白鸥。
好景尽归余掌握，岂劳艰险访瀛洲。

以上禅诗中写到"静见吾宗已绝伦""静见吾宗不可量""唯有禅宗理可尊"，可见永明延寿禅师对法眼宗称赞之力，自豪之极。"驱得万途归理窟，更无一事出

第四章 法脉承嗣

心源""栖真境界太玄乡""大道不从心外得",这些诗句阐发了"一心"学说。永明延寿禅师曾写道:"十二因缘之大树,产自玄根;五千教典之圆诠,终归理窟。"十二因缘是佛法的根本,五千教典是佛教的教义,皆出自"玄根"与"理窟",皆归于心这一根源。永明延寿禅师的诗正是这一思想的阐述。

延寿不仅在一心为宗、理事圆融的基础上提倡禅教一致,而且还主张禅净兼修,认为禅净是不二的。延寿的《万善同归集》有五万余言,以"万善同归"定书名,旨在说明修持各种善行都是百川归海、殊途同归、圆融无碍的。延寿在这本书里重点阐述了禅宗与净土宗的修行法门,他主张禅净双修,认为净土法门为易行道,念佛是有助于修禅的。

净土宗是中国佛教的八大宗派之一。此宗根据净土典籍的教示,让人具足信、愿、行,一心专念阿弥陀佛名号,通过念佛仰仗阿弥陀佛慈悲的愿力,求生西方极乐世界。净土宗法门简便,故称之"易行道",拥有众多信徒。

延寿主张禅净双修,将禅修方法吸收到净土宗的信仰和实践中,把日常修持重心转移到念佛上,但又不改变禅僧的身份。在延寿生活的时代,方便易行的念佛,显然非常适合知识程度偏低和初始信仰的民间大众,可以说净土信仰在当时已广泛流行。延寿说:"无禅有净土,万修万人去,但得见弥陀,何愁不开悟。"他把净土信仰看作"万修万人去"绝对可靠的修持方法。

延寿不仅提倡净土念佛,而且身体力行。他每天念佛数万声,他住在杭州南屏山顶,山下听到他念佛的声音,就好像天乐鸣空。

北宋时,延寿即被视为"慈氏下生",南宋时被尊为"莲宗六祖",到晚明时更被誉为"弥陀化身",近代印光大师盛赞永明延寿的净土思想为"迷津宝筏""昏衢明灯"。

延寿提倡禅净双修,为禅门注入了新的活力,成为后世禅宗禅净双修新趋势的先导,也极大地丰富了文益禅师开创的法眼宗的禅学思想,使法眼宗成为当时最兴盛的禅宗宗派,延寿也成为卓有成就的法眼宗第三代祖师。(图4-4)

图4-4 法眼宗第三世永明延寿禅师

二

延寿住持永明寺15年,"度弟子一千七百人"。忠懿王曾赞叹说:"自古求西方者,未有若是之切至也。"于是特为其建西方香严殿以成其志愿。北宋开宝三年(970),步入晚年的延寿奉诏于钱塘江边的月轮峰,督建一座高达五十余丈共九层的宝塔,以作镇潮之用,他以佛教"六和敬"理念将塔命名为六和塔。

北宋开宝七年(974),年事已高的延寿,再次回到久别的天台山。他在山上开坛传授菩萨戒,相传有万余人得戒,盛极一时。此后,他自知世缘无多,便闭门谢客,专心念佛,誓生净土。第二年的十二月二十六日,他晨起之后,焚香礼佛,普告大众,跏坐而化。世寿七十二,僧腊四十二。荼毗后,舍利鳞砌于身。墓塔建于大慈山,忠懿王钱俶曾树亭以志纪念,而成著名的永明塔院。

宋太平兴国二年(977),宋太宗赵光义感念永明延寿禅师之盛德,亲自颁赐寺额"寿宁禅院",追谥"宗照大师",忠肃公陈瓘为他撰写了碑铭。他圆寂后25年,即北宋咸平三年(1000)真宗下诏敕赐永明延寿禅师曾所居之永明寺为"资圣寺",以表缅怀圣德之意。北宋崇宁五年(1106),徽宗下诏追谥他为"宗照禅师"。

永明延寿禅师是佛教史上有突出地位的高僧大德。他既是法眼宗第三代祖师,具有禅者的身份,又被奉为净土宗第六代祖师,兼有净土的身份。

永明延寿的双重身份以及佛教中的特殊地位,决定了他不是一般的凡僧,而是对佛教发展有着重要影响力的杰出人物。自宋代起直至现代,佛教界、学界对他都赞许有加,给予了很高的评价。

宋代著名佛教居士杨杰在《宗镜录·序》中说:

> 永明智觉寿禅师,证最上乘,了第一义。洞究教典,深达禅宗……真大导师。

明末佛教大师蕅益智旭《灵峰宗论》中说:

> 永明大师,相传为弥陀化身,
>
> 得法于韶国师,乃法眼嫡孙,
>
> 宗眼圆明,梵行清白。……辑为《宗镜录》百卷,不异孔子之集大成也。

清代雍正皇帝对永明延寿的思想情有独钟,他精研永明延寿的著述,并以帝王身份极力推崇和阐扬永明延寿的思想。他又加封永明延寿名号为"圆妙正修智觉禅师"。雍正派人遍搜永明延寿的著述,多次颁发上谕,刊刻流布。雍正皇帝在《御制重刊宗镜录序》中说:

> (延寿)更为震旦第一导师,真到空王最上妙乘。

雍正皇帝在御制《妙圆正修智觉禅师万善同归集序》中说:

> 近阅古锥言句,至永明智觉禅师,观其《唯心诀》《心赋》《宗镜录》诸书,其于宗旨,如日月经天,江河行地。至高至明,至广至大,超出历代诸古德之上,诚以六祖以后,永明为古今第一大善知识也!

在《上谕》中,雍正皇帝说:

> (延寿)为释迦牟尼世尊佛后一人……上下千百年内,实罕其人,唯一永明,出兴震旦。

现当代佛学研究专家也给予永明延寿禅师极高的评价。有的说:"延寿是中国哲学史上佛教思想的集大成者。其在佛教中的地位可以和朱熹在新儒家中的历史地位相比拟。"

历代众多人士对永明延寿的至高评价,他是当之无愧的。

永明延寿禅师的佛学思想不仅影响于国内,也影响到了海外。

据载:"高丽国王览师言教,遣使赍书,叙弟子之礼,奉金线织成袈裟,紫水精数珠,金澡罐等。彼国僧三十六人皆承印记,前后归本国,各化一方。"永明延寿禅师传法的高丽弟子中,有一位叫智宗,后被誉为"朝鲜禅宗始祖"。

智宗(930—1018),俗姓李,高丽人。8岁出家,后周显德六年(959)渡海入华求法,于宁波登岸,至吴越国,投永明延寿座下学习法眼宗。

永明延寿与智宗相见后,延寿问他:你是为求法而来,还是为事业而来?智宗回答:为学法而来。延寿又问他:佛法没有两边,遍恒河沙界都是,你何苦这么大老远地过来寻我?智宗回答:法既然遍恒河沙界,那不妨我能过来。

通过这一番对答,智宗得到了永明延寿的赏识。智宗悟性很高,两年后,开悟得法。智宗得到法眼宗的真传以后,又参访天台宗,学习天台教义。他在中国学习11年后,于宋开宝三年(970)回国,受到高丽皇帝的尊崇与器重,赐"光天遍照至觉智满圆默禅师"之号,并封为国师。

1018年智宗圆寂,世寿89岁,谥号"圆空"。

第四节

法眼宗在江南的承续

灵隐寺创建于东晋咸和元年（326），比我国第一座佛教寺院洛阳白马寺仅晚200多年，是杭州最大的佛教寺院。

历史上灵隐寺规模最大要数五代吴越时国王钱俶崇信佛教，延请永明延寿禅师主持重建寺院并建石塔、经幢各2座。据《灵隐寺志》记载，当时灵隐寺有9楼，18阁，72殿，僧徒3000余人，僧房1300余间，寺院香火益加兴旺。自永明延寿禅师开始，法眼宗传人长期于此住持，为灵隐寺及浙江等地佛教发展作出了重要贡献。

北宋建隆元年（960）永明延寿禅师中兴灵隐寺，为灵隐寺法眼宗第一代，是法眼宗住持灵隐寺之始。

永明延寿禅师第二年迁往永明寺，继任灵隐寺住持的是清耸禅师。清耸禅师，福建福清人。他初参文益禅师，有一天遇雨，文益禅师对他说：滴滴落上座眼里。清耸听了，不甚明白，后来读《华严经》得悟。尽乾坤是沙门一只眼，若是发雨，滴滴不落别处。清耸得法后，初住明州四明山卓庵。后来，忠懿王钱俶请他到临安（今浙江杭州）两处开法。建隆二年（961）接替永明延寿禅师住持灵隐寺。

清耸住持灵隐寺的同时，还受钱王之命于开宝四年（971）重建福建宁德支提山华严寺，该寺于开宝九年（976）建成，由清耸门人辨隆任寺主，主持寺务。清耸禅师之后，由他的师侄灵隐处先、灵隐韶光先后接任主持，二人皆是天台德韶的门人，又传清耸的弟子灵隐道端，后由灵隐玄本继任。

玄本后来传给同宗的文胜。文胜禅师是法眼宗第二世祖清凉泰钦禅师门下云居道齐的门人，为法眼宗第四代传人。（图4-5）

文胜禅师（？—1026），婺州（今浙江金华）人，俗姓刘。他早年出家，受具之后，到云居道齐禅师门下参礼，得悟后不久到灵隐寺，宋景德二年（1005）时担任住持。天禧二年（1018）让位于门人，移住承天寺，后隐居兴庆庵养老。（图4-6）

图4-5　法眼宗第三世云居道齐禅师

文胜禅师在当时名望很高，为天下禅林翘楚。天圣四年（1026），朝廷以已故驸马吴元扆舍宅为佛寺，赐额"慈孝寺"，建立禅林，选天下长老担任住持。其年春，文胜禅师蒙诏入京住持，行到楚州，感疾而逝。文胜禅师中途入灭，意味着法眼宗丧失了几乎是唯一的一次入主北宋京城大寺成为禅宗领袖的机会，十分可惜。

图4-6　法眼宗第四世灵隐文胜禅师

文胜禅师有两位门人后来住持灵隐寺，一为延珊，一为蕴聪。

延珊禅师，生于开宝三年（970）前后，卒于天圣八年（1030）以后。13岁出家，20岁受具，23岁遍参。景德二年（1005），延珊在灵隐寺挂单，遇文胜禅师开示大众，一时有省，做悟道偈一首，自此礼敬文胜禅师。

天禧二年（1018），延珊禅师受请开法，住持灵隐寺。延珊禅师住持灵隐寺期间影响很大，得到当时朝廷崇敬，赐田免税，扩大了灵隐寺的寺产，对寺庙的发展作出了重大贡献。延珊禅师之后，由其同门慧照蕴聪住持灵隐寺，其门人幼旻协助。

灵隐普慈大师幼旻（999—1059）是延珊禅师的弟子。延珊禅师任住持期间，灵隐寺曾遭大火，寺产荡尽。大火不久，延珊去世，当时幼旻作为监寺，请师叔慧照蕴聪禅师继任住持，不到十年，灵隐寺恢复如初。庆历中（约1044）朝廷赐幼旻号"普慈"。慧照蕴聪禅师去世前，推荐幼旻继任，遭到官方怀疑，改由临济宗石霜楚圆门人德章禅师继任住持。但幼旻禅师仍在灵隐寺内任监寺，后来任上天竺寺住持。至和元年（1054）幼旻禅师接任灵隐寺住持，嘉祐四年（1059）示寂。幼旻去世时，将灵隐寺付予弟子云知禅师。云知禅师名云和，号慈觉，为法眼宗传人。云知慈觉禅师有弟子圆明正童禅师，由其住持灵隐寺。

从建隆元年（960）始，永明延寿禅师任灵隐寺住持，至元祐八年（1093）圆明正童禅师在任的130多年时间，除去灵隐德章在任五年，法眼宗住持灵隐寺有近130年历史，可见它在北宋中晚期还较为兴盛。传承宗系是：

永明延寿——灵隐清耸——灵隐处先——灵隐韶光——灵隐道端——灵隐玄本——灵隐文胜——灵隐延珊——灵隐蕴聪——灵隐德章——灵隐幼旻——灵隐云知——灵隐正童。

灵隐正童是法眼宗在灵隐寺有明确记载的最后一代，其后是师承不明的德觉润云禅师。

二

文益禅师最初是在福建行脚并开悟，后来到江西弘法，最后在金陵清凉寺创立法眼宗。福建、江西是文益禅师得法、弘法的重要地方，是形成法眼宗的策源之地。在法眼宗传人的推动下，法眼宗于五代、宋初回传至江西、福建，在江西、福建盛行，至北宋中叶以后才逐渐衰落。

江西抚州崇寿院是文益禅师弘法的重要寺院，文益禅师到金陵以后，崇寿院仍是文益禅师弟子弘法的地方。文益之后，悟空禅师在此弘法。悟空禅师到金陵以后，不知何人在崇寿院，但之后是法安禅师在此弘法。法安禅师是当时的大禅师，强调佛性圆明，亘古至今，人人本具，不假外求。法安禅师到金陵以后，契稠（？—992）在崇寿院弘法。因此，江西崇寿院是弘传文益禅师禅学思想的一个重要阵地。

江西云居山真如禅寺,始建于唐宪宗元和年间,唐宪宗李纯亲赐寺名"云居禅院"。五代至宋这段时间里,有众多禅师在此弘传曹洞宗。在五代后期,也有像清筠禅师等这样的法眼宗高僧住持该寺院。法眼宗高僧住持该寺时,皇帝亲授"真如禅院"之名,可见当时法眼宗的影响之深广。

清筠禅师,福建泉州人,系文益禅师之法嗣。清筠禅师少年出家,后入文益禅师门下,随其专修法眼宗禅法。他注重经典与理论的学习,强调自己的内心觉悟,因而进步迅速,甚为文益禅师所赏识,从而付心印、授密契,成为心腹法嗣,为法眼宗第二代传人的代表人物之一。清筠禅师大约于南唐保大后期住持云居禅院。

此前,云居禅院历代住持均为曹洞宗高僧。清筠禅师接任住持云居山龙昌禅院后,将法眼宗重视理论、因材施教的方法与曹洞宗强调直观、缜密周到的禅风结合起来,用以督率寺僧精进修行,使佛教禅宗青原法系得到进一步发展。在他住持期间,龙昌禅院佛法兴隆,香火鼎盛,寺中聚众常逾千人。

清筠禅师后来从江西到了福建,住泉州西明院传法。清筠禅师有嗣法弟子四人,其中海蟾、传先两人日后在漳州一带传法。海蟾,泉州人,俗姓陈,住漳州法济禅院传法。传先,署号智然禅师,住漳州净众禅院传法。传先之后,又有其弟子绍珍,为法眼宗第三代传人,住漳州隆福院传法。清筠禅师一脉三代相替,至北宋中期依然传承不绝。

清筠禅师之后,在云居山任住持的法眼高僧为道齐禅师。道齐禅师(929—997),俗姓金,洪州(今江西南昌)人,法眼宗第三代传人,清凉泰钦禅师的法嗣。

道齐禅师少年剃发,21岁圆受具戒,即入清凉泰钦禅师门下。当时道齐禅师受清凉泰钦禅师教诲,精进迅猛,言说对答之中顿悟真谛,尽得清凉泰钦的真传心印,被许为座下第一高徒,成为法眼宗第三代重要传人之一。中年之后,道齐禅师先后任洪州东禅寺、双林寺住持十余年,以身作则,学修并重,治众有方,名胜于时。

道齐禅师大约于北宋太宗太平兴国年间(976—983)上云居山,接任云居山龙昌禅院住持。住持云居山近20年,继承法眼家风,循循善诱,灵活施教,门下弟子多受其启迪教益。龙昌禅院集众逾千人,遂为江南重要的大道场。

道齐禅师于弘法传灯之余,尤注重研习经典,且能融贯古今,独立发挥,所著

《语要搜玄》《拈古代别》等,盛行于丛林。其部分事迹和语录载入了宋代释普济的《五灯会元》和宋代释赞宁的《宋高僧传》。

北宋至道三年(997)九月,道齐禅师自知时至,命击鼓集众于大殿,笑叙自己的出家本末和修行经历,揖谢各辅佐丛席之执事者,谆谆嘱咐,亲切叮咛,两序无不动容。最后遗命其嗣徒契环继任住持,言毕阒然而逝。道齐禅师享年69岁,僧腊约55年,戒腊48年。

契环,亦作契瓌,北宋法眼宗禅师,云居道齐禅师法嗣,为法眼宗第四代传人。其继任住持后数十年中,严谨奉行乃师制定的规章,弘法传灯,禅风大盛,名闻朝野,一时有天下丛林领袖之誉。大中祥符元年(1008),得宋真宗赵恒赐诏改寺名,并书赐"真如禅院"匾额。

契环之后,住持云居山的法眼宗禅师还有慧震禅师(1011—1016),其任内,道场兴旺,香火鼎盛,僧俗同仰,名声远播。为此,宋仁宗赵祯亲赐飞白书"真如禅院"匾额以表彰。

江西庐山一些寺院也有法眼传人弘传法眼思想。澄湜禅师为法眼宗第二代传人,秉承了法眼宗禅教一致的宗风,暮年还阅读了《大藏经》三遍,其精进令人感叹。其所住之庐山栖贤寺也是当时著名寺院。

另有一位林禅师,为法眼宗第三代传人,即行林(号祖印)禅师,住庐山罗汉寺。有一次雪窦重显禅师去拜见林禅师,但所谈不契,重显禅师拂袖而去,众僧很为不快。但林禅师别具慧眼,反而赞许重显禅师,说:"这是如来广大三昧,不是你们用取舍心可以明了的。"后来雪窦重显禅师的确成了一代宗师。

江西庐山庆云峰下,唐代僧人扩大南朝时建的庆云庵为庆云院。宋代真宗景德年间,大超法师住持庆云院。大超法师又称广智大师,是云居道齐禅师法嗣,为法眼宗第四代传人。大超法师在庆云院于旧基上建寺,依山植杉万株。宋仁宗皇帝为表彰大超恪守戒律,弘法有功,为民植杉,于天圣二年(1024)特赐名"万杉寺",大超法师为住持。万杉寺亦因受到42年皇恩雨露,寺院誉满海内,相当多的朝中士大夫以诗相赠。21世纪初,万杉寺被中国佛教协会批准为传授二部僧的寺院之一。

北宋初,在江西弘法的法眼宗传人主要是清筠禅师、道齐禅师及其弟子。在福建弘法的主要是天台德韶、报恩慧明、灵隐清耸禅师的弟子。

除上面提及的以外,在福建弘传法眼宗的还有漳州罗汉智依、漳州罗汉守仁、泉州上方慧英禅师及其弟子。其中漳州罗汉智依禅师较为知名。

智依,生平不详。嗣法于清凉文益,住漳州罗汉院传法,号宣法大师。《宋高僧传·周金陵清凉文益传》后列文益弟子六人,其中即有"漳州智依"的名字。

守仁,泉州永春人,从文益处嗣法后,先后于泉州东安兴教寺上方院、漳州报恩院、漳州罗汉院三处开法,世称罗汉守仁。

稍晚一些在福建传法的法眼宗传人,还有文益弟子崇寿契稠的法嗣令岑。令岑,泉州人,俗姓蔡,为法眼宗第三世,住泉州云台山传法,世称云台令岑,后于云台山示寂。令岑之后有法眼宗僧省因,为法眼四世。

文益弟子归宗文柔,传法给罗汉行林,为法眼宗第三世。罗汉行林又传法给福州支提昭爱、福州灵峰道诚、漳州报恩传进,均为法眼宗第四世。昭爱住福州支提山,道诚住古田灵峰院,传进住漳州报恩院。

文益禅师弟子,在江西、福建活动的人数较多。但也有一些禅师,零星在其他地方弘传法眼。如安徽宣州兴福寺僧人可勋(生卒年不详),为法眼文益弟子,他弘传法眼思想,曾有首《示众偈》:

> 秋江烟岛晴,鸥鹭行行立。
> 不念观世音,争知普门人。

偈中的"普门",意指周遍圆通,又译为无量门。此偈前两句写景,秋江岛上,鸥鹭站立,一片安宁。后两句慨叹,世人不读经、不修佛法,如何能得到解脱呢!可勋禅师承继了文益禅师重视经教的思想。

法眼宗高僧大德在五代北宋初汇集在江西、福建等地,有力地推进了江西、福建佛教的发展,使法眼宗第三代、第四代得以相传。当然,与同时期的江南吴越之地相比,依然逊色不少。主要是国家在闽统治已经土崩瓦解,经济发展缓慢,闽地再次成为边陲,因此限制了佛教及法眼宗的进一步发展。

第五章  法嗣相续

第一节
宋代以后法眼宗式微

960年宋太祖赵匡胤正式建立了宋朝(北宋),975年灭南唐,978年灭吴越。这个年代,清凉文益已于958年圆寂。法眼宗第二代世祖天台德韶、清凉泰钦分别于972年、974年圆寂。法眼宗第三代世祖永明延寿975年圆寂。

法眼宗传承重担落在了永明延寿、云居道齐等禅师后代人的肩上。

永明延寿的传法弟子有圆空智宗(930—1018)、朝明院津、富阳子蒙、洪寿等人。洪寿有传法弟子惟政(986—1049),为法眼宗第五代传人。之后,这一法脉便逐渐衰微了。

云居道齐的传法弟子有灵隐文胜、保福居煦、瑞岩义海、育王虚白等,为法眼宗第四代传人。灵隐文胜(?—1026)有传法弟子灵隐延珊,保福居煦有传法弟子智者嗣如等人,他们成为法眼宗第五代传人。智者嗣如传宝林文慧,宝林文慧传祥符良庆(度)。宝林文慧为法眼宗第六代传人,祥符良庆(度)为第七代传人。瑞岩义海(969—1025),有传法弟子杭州的慧瑞,湖州的慧宗,宁波的瑞岩普、翠岩嗣元,他们都是法眼宗第五代传人。

清凉文益之下,天台德韶——永明延寿——洪寿——惟政这一禅系,虽传承远不如清凉泰钦一系,但其对后世的影响要大得多。

清凉文益之下,清凉泰钦——云居道齐——保福居煦——智者嗣如——宝林文慧——祥符良庆(度)这一禅系,法脉传承稍远于天台德韶一系。

近现代禅宗泰斗虚云老和尚依据历史上法眼宗源流,将法眼宗传承世系定为:

第一世法眼文益禅师,第二世天台德韶国师、清凉泰钦禅师,第三世永明延寿禅师、云居道齐禅师,第四世灵隐文胜禅师、保福居煦禅师,第五世智者嗣如禅师,第六世宝林文慧禅师,第七世祥符良庆(度)禅师。(图5-1、图5-2、图5-3)

图5-1　法眼宗第五世智者嗣如禅师

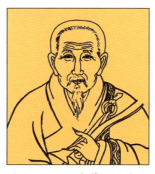
图5-2　法眼宗第六世宝林文慧禅师

图5-3　法眼宗第七世祥符良庆(度)禅师

以上系谱并非一脉单传的得法系谱,而是师资世袭的传承谱。

法眼宗第三世永明延寿在宋初创造了辉煌,到了第四世以后,虽然法眼宗失去了像永明延寿这样的旗帜性人物,但在宋初的传播仍有一定的影响力。

法眼宗云居道齐禅师的法嗣、第四代传人育王虚白(金鹅虚白)很受北宋文人王安石的崇敬,两人常有往来。王安石还写有:

《戏赠育王虚白长老》

白云山顶病禅师,昔日公卿各赠诗。

行尽四方年八十,却归荒寺有谁知?

浓浓的深情、幽默的语言,充分反映了两人的关系。

法眼宗第五代传人延珊禅师任杭州灵隐寺住持,他秉承法眼宗禅教一致、贵在圆融的宗风,受到禅宗其他宗派的尊重。当时云门宗第四代雪窦重显也是一位有威望的禅师,他专程去拜见延珊。延珊也很器重雪窦重显,当时吴江洞庭翠峰寺虚席,延珊积极推荐重显出任该寺住持。

汾阳善昭禅师及其弟子石霜楚圆(986—1039)都属临济宗,他们对法眼宗很崇敬,北宋时,善昭本人作《广智歌一十五家门风》,其中指出:"象骨镜,地藏月,玄沙崇寿照无缺。"崇寿指法眼文益,先居抚州崇寿院,时称"崇寿佛法"。石霜楚圆在他写的《赞诸方尊宿》中说:"法眼法灯,问答精进。箭锋相拄,耀古腾今。"他们对法眼宗都给予了高度的评价。

法眼宗于宋初极盛,北宋中叶后虽仍有传布,但渐渐衰落,传至第七代,前后不过一百来年,七世后式微。

二

禅宗是汉传佛教的主流,与中国人的文化传统非常契合,也适合于中国各阶层人士的修行实践,但是,到了宋代以后,渐而出现了衰微不振的现象。

一花五叶中沩仰宗,开宗最早。但在唐末,后继者缺乏大气象,到了五代时,开始衰落,北宋初法脉已微。云门宗得到南汉王朝拥护,门人稍盛,但在五代宋初难以和法眼宗相比。法眼宗因得到南唐王朝和吴越王朝的拥戴,又处在经济繁荣的江南地区,顿成一时之秀。

法眼宗盛于第二、三代,《景德传灯录》载其第三代共80余人。但到了后来,《五灯会元》载其第四代仅有18人,到第五代则仅有3人。可见,法眼宗在北宋初年是极盛而衰,第四、五代已无出类拔萃者,以致最后凋敝不振。

导致法眼宗衰微的原因是复杂的,有其深刻的社会历史原因,也有其内部自身发展的问题。

五代时,江南区域性地方政权具有相对的独立性,大多对佛教采取了宽容、支持的态度,为禅宗在江南的发展提供了历史性机遇。"五代虽争乱之世,而王臣之所崇奉能继续其繁荣者,乃禅宗也。"入宋以后,南唐和吴越先后归顺于北宋,北宋政权出于政治的目的和复杂的心态,自然不会像南唐、吴越那样尊崇法眼宗,这对于依赖上层结构而得到快速发展的法眼宗而言不能不说是一大损失。北宋政权对佛教尽管采取较为宽容的态度,但也采取了严格管理和限制措施,这自然也影响到了法眼宗的发展。即使天台德韶的弟子道原编纂了《景德传灯录》这样一本有影响力的宣传法眼宗的书，道原也不可能享受到像德韶那时的国师地位，而此书最多只被认可为有史以来第一部官修禅书。

法眼宗的衰落与唐宋儒学的复兴也有一定的联系。唐宋思想转型时期，从思想文化发展趋势来看，主要表现为佛教的衰落与儒家的兴起，儒学一跃而为思想界的主流性话语，从而消解了法眼宗在思想领域中的势力和影响。甚至儒家思想还影响到法眼宗第五代传人惟政。

惟政（986—1049）是永明延寿的法孙，以幽默和自在的人生哲学而著名，他沉耽于儒家的经典，特别是《论语》一书。孔子曾说："礼云，礼云！玉帛云乎哉？乐云，乐云！钟鼓云乎哉？"惟政模仿着说："佛乎，佛乎！仪相云乎哉？僧乎，僧乎！盛服云乎哉？"他从不谈禅，有人问他为什么，他说："为什么要浪费语言呢？我不愿意用那种迂回的方法，只求日夜顺着万象的变化发展。"这是我们能见到的北宋时法眼宗门徒最后的话了。连永明延寿的法孙都受到了儒学的影响，法眼宗的禅学思想怎能不急速衰落呢！

到了南宋以后，宋代理学进一步确立把《大学》《中庸》从"五经"中突出来，并与《论语》《孟子》一起合称为"四书"，这成了新儒学。到了元明清三代，儒学思想成为正统，并成为开科取士的依据。这些更对佛教特别是禅宗的发展产生了抑制作用。

外在的历史环境和社会思潮对法眼宗的兴衰有重要的影响，但是，法眼宗自身所存在的缺陷是其衰微的根本性原因。

禅宗宗旨是"不立文字，教外别传，直指人心，见性成佛"。不注重文字说教与读经、讲经的形式，是禅宗与佛教其他宗派鲜明的区别。但法眼宗的几位掌门人都有背离"不立文字"的倾向。文益不仅是禅僧，也是诗僧，他还为《参同契》作注释，著述《宗门十规论》。到了永明延寿，更是著有百卷《宗镜录》这样一部广收佛教经典、评论佛学思想的百科全书。尽管文益、永明延寿是针对当时禅宗存在的问题，不得不写下这些著作，但也确实有走向义学诠释之路的倾向。之所以在文益、德韶、延寿三代祖师时代法眼宗达到辉煌，乃是由于他们自身的思想和人格魅力。他们是那个时代的宗门世匠，本人悟境和修为极深，才性与佛法兼备，故能发展壮大和延续法眼宗宗派。在他们以后,再出现这样的巨匠很难,没有了有影响力的继承人,法眼宗也就逐渐衰微了。

"禅净合流"与法眼宗的衰微也有直接的关系。文益强调"禅教一致",延寿强调"禅净双修",引净土入禅。净土宗提倡念佛,拜佛的方法简单易行,获得百姓的广泛支持和信奉,遂成为佛教发展的主流方向。永明延寿在倡导"禅净合流"中,净土信众也自觉供奉一大宗门法匠为自己的祖师爷,永明延寿成了净土系谱的关键性人物,既是法眼宗一代宗匠,也是净土宗一代宗匠。永明延寿本意似有引入净土的形式来解决禅宗面临的问题,从而达到延续禅宗法脉的可能。但实际效果却是消解了法眼宗本来的优势,消融了法眼宗教学风格,其教学方法也为净土念佛简单易行方法所取代,最终导致法眼宗自身的衰微。

禅宗五家中沩仰、云门和法眼三家先后衰落,唯有临济、曹洞两家延续至近代。从法眼宗来看,这与自身的禅法禅风特点也有关。

沩仰宗禅风孤峻、幽深,学人难以理解,故在五代时就渐衰了。云门宗禅风高古,学人也难以洞明,到了北宋也走向没落。

法眼宗宗风较为朴实,在禅宗衰落急需变更的过程中,因禅风特色不如临济、曹洞明显,这就更容易被融入其他禅派,再加上引入净土念佛方法,更易消解法眼宗"清凉家风"的特色,以至于其自身禅门宗风不再,而导致衰微。

就清凉寺来说,其为法眼宗的祖庭,清凉文益、清凉法灯泰钦活跃在金陵一隅,自泰钦的传人云居道齐传法给弟子灵隐文胜后,掌门法眼宗的禅师大多在浙江、福建、江西等地寺院,清凉寺缺失了有影响力的法眼禅师。尽管祖庭还存,但僧人在修行上失去了昔日宗门的特色,禅修与其他寺院没有了区别,即使有少数僧人想恪守宗风,但由于大多参禅之士,不明修行理数,不了解禅宗真精神,功夫不能落到实处,即使有禅宗道场和参禅之名也无参禅之实了。有人评论说:"宋元时,金陵佛法寝衰,名僧亦少。""江南开创禅道,然(明代嘉靖年间)江南佛法、禅道绝然无闻。"

种种主客观原因,使得宋代以后,法眼宗宗脉延续遭到了诸多方面的挫折,也少见于诸史记载。

宗脉延续遭到挫折,但是法眼宗的传承并没完全断绝,其法眼宗思想仍然得以传承、弘扬。明代四大高僧袾宏、真可、德清、智旭，无不推崇法眼宗思想。袾宏莲池在《永明寿禅师赞》中写道："永明佩西来，直指心印，而刻意净土。自利利他，广大行愿，光照于万世。其下生之慈氏欤，其再生之善导欤。"袾宏莲池把永明延寿视作慈氏菩萨下生。明万历二十三年(1595)，袾宏莲池在永明延寿寿祖道场讲经说法53天，演讲内容是永明延寿的名篇《心赋》和《圆觉经》，"听者日数万指，如屏百匝"。袾宏莲池曾诗道："现身宛是初玄度，弘道惭非旧永明。"这说明他受永明延寿思想影响之深，以永明延寿为榜样，弘扬佛法。

明末崇祯年间，汉月法藏(1573—1635)禅师曾驻锡虞山北麓三峰清凉禅寺，当时有三百弟子随之学法。他决心重新显扬禅宗五家宗旨，以防止当时修禅者假冒宗师各自授法。他为了澄清临济宗旨，进而厘清云门、沩仰、曹洞、法眼法脉的特殊性，维护宗门的可续发展，写了《五宗原》一书，将禅宗五家传法之初，各家祖师对机及其话头作了一一分析，他说："直截痛快，临济宗也"，"中间微露其旨，云门宗也"，"无相中受圆相，之谓沩仰宗也"，"身无相六相义，之谓法眼宗也"，"身兼无相，曹洞五位之旨也"。汉月法藏禅师力主恢复古德之风，确信禅法教法的有效性，主张追溯五家源流，重振五家禅法。

清代道光年间，重庆涞滩的二佛寺，有法眼禅师塔，已传至二十多代。其中几代禅师之塔，塔上有铭文，内容有"传法眼正宗第十七世荼(茶)毗本师上愿下定再学上人塔铭""法眼正宗永桂琛寿塔"，以及"法眼正宗第十九世圆寂恩师上统下纪敏堂上人觉灵"。可见法眼宗在清道光年间还没有没落。

清代名僧觉浪道盛(1592—1659)针对当时出现的禅宗内临济与曹洞的派系之争，对禅宗五家学说全面总结和肯定，致力于为禅宗集大成、定宗旨，他说："吾佛祖之道，至于五宗，亦当有集大成者，故吾作《会祖规》，以追孔子集大成之意。"他对禅宗五家评价为"沩仰则如春之生育，临济则如夏之明露，云门则如秋之严峭，法眼则如冬之精纯，曹洞则如四季之统化也"。他将五家宗法以四季相比，目的则是说明禅宗五家的历史存在不容抹杀。他还对禅宗五家法门作了全面整理，指出："予昔阅《五灯》，见从上佛祖始终之事，乃作《法印记》，有六种纲宗：一参悟，二印证，三师承，四法嗣，五家风，六付嘱。始终虽分为六，实统于一参悟也。"觉浪道盛法师对禅宗五家的整理归纳，对当时及以后人们的正确认识起到了积极的作用。

民国十年（1921）常州天宁寺刻经处刊刻清代铁舟海禅师（？—1683）《铁舟海禅师语录二十卷》，该语录中记载：清凉法兄和尚重兴清凉家风，"重开法眼禅师道场，二十二年拖泥带水嗣续，费老人之慧脉五十四载"。

1922年，日本佛学家常盘大定访清凉寺，他在《南京怀古》文中记载：清凉寺"寺院现今衰败，仅存一殿"。在方丈的住屋，他看到"墙上挂着一幅肖像，上题'法眼正宗清凉堂上第二代圆寂先法师'"。这第二代先法师是指文益弟子清凉泰钦。

铁舟海禅师语录及日本人常盘大定的记载，都说明法眼宗的传承并没有完全断绝。

第二节

虚云遥嗣法眼续法脉

法眼宗衰微的时间历程,跨越八百多年。到1932年,近代禅门泰斗虚云老和尚的遥嗣之举,使法眼宗有了复传的勃勃趋势,虚云也成了法眼宗第八世祖。

虚云(1840—1959),俗姓肖,晚年自号虚云。

他写有《自题照像》诗,是对一生事业的概述,也可以说是简要的自传:

> 这个皮袋,何须领会?潇湘俗子,佛门后代。
> 闽海缁衣,辛酸未懈。杯子扑落,堂砖花碎。
> 石人皱眉,虚空陨堕。两叩清凉,文吉途待。
> 奉跸秦川,终南雪盖。蜀藏西印,奔走中外。
> 旋国腾冲,萧然一衲。共语二旬,心空月白。
> 三谒鸡峰,息肩茅结。扶起刹竿,重理覆辙。
> 值法难起,百计心裂。驱驰四方,群策群力。
> 创佛教会,全国分设。新政时更,斗争为法。
> 数十年来,共修罗宅。驻十六寺,五兴祖刹。
> ⋯⋯⋯⋯⋯

虚云老和尚这首诗偈的大意是:

第五章 法嗣相续

这个空空的躯壳,有何值得去研究捉摸?我出身于潇湘世家,祖先世代崇佛。在福州鼓山剃度出家,辛苦修行未敢松懈。烫着手,打碎杯,机缘巧妙豁然开悟。解脱的境界那样不可思议,如同石人皱眉,虚空坠落。为报父母之恩曾两度朝礼五台,途中劫难幸得文吉化解。护送皇帝车辇西行长安,随后隐居终南冰雪世界。四川、康藏等地,印度、缅甸等国,为朝圣云游。回国至腾冲,巧遇了一位同乡奇僧。共处二十天,心相印于风清月白之夜。三次拜谒鸡足山,在这里结茅而居,把旅程停歇。扶起寺院倒下的幡竿,重新整理断壁残垣。千方百计想护法,辛勤痛苦的心将碎裂。奔走在四面八方,发动天下人士献计出力。创立全国佛教协会,并将分会分设全国各地。新的政策法令时时变更,以斗争为最高律法。数十年以来,我和大家共修禅林分宇。主持十六个寺院,重修五家禅宗祖刹……

虚云在这首诗偈里,既描述了参学开悟的历程,又显现了振兴佛法、修复禅林的活动,既有对时代世事的慨叹,又有对佛法禅意的展露。从平易朴实的诗行中,可以看到虚云曲折艰险而传奇的一生,看到他对佛法事业不屈不挠的追求,看到他救度众生的宏大愿望。

虚云在1882年,时年43岁,自浙江普陀起香,三步一跪拜,朝礼五台清凉寺。这一年他到了南京,礼牛首山牛头融祖塔,渡江到江浦狮子岭兜率寺。年后,继续上路去五台山。(图5-4)

虚云一生非常关注禅宗的发展,他始终毫不动摇地坚守禅门之道。他说:"中国的佛教,自古以来虽有教、律、净、密诸宗,严格地检讨一下,宗门一法,胜过一切。""禅宗,是世尊在灵山会上拈花示众,唯有释迦尊者微笑,称为心心相印,教外别传,为佛法的命脉。"

图5-4 法眼宗第八世虚云古岩禅师

虚云对近千年来禅宗的衰微非常痛惜。他说:"此宗相继自摩诃迦叶以至如今,有六七十代了。达摩祖师是西天二十八祖,传来东土,是为第一祖。""在唐宋之时,禅风遍天下,何等昌盛?现在衰微已极,唯有金山、高旻、宝光等处,撑持门户而已。所以现在宗门下的人才甚少,就是打七,大都名不副实。"

虚云立志要振兴禅宗。他深究藏经,修习禅定。在禅修方法、禅境分析、禅病对治等方面都有见地,形成一套完善系统的禅学理论。他又以广博的胸怀融会诸宗,禅净双修,广弘禅教。

虚云毕生弘法,以一身直嗣延续了禅门五宗的法脉,其一生兼有五家法门,即沩仰宗八世、法眼宗八世、云门宗十二世、临济宗四十三世、曹洞宗四十七世。

光绪十八年(1892)虚云接受戒师妙莲的临济衣钵,成为临济宗第四十三世。同年,虚云在耀成和尚座下承嗣曹洞宗法脉,为曹洞宗第四十七世。

1932年,虚云应福建长汀八宝山青持明湛和尚之请,遥接了法眼宗祖师祥符良庆(度)禅师法脉,为法眼宗第八世。

1933年,虚云受湖南沩山宝生和尚与长沙郭涵斋居士之请,应允远承兴阳词铎禅师所传沩仰宗法脉,成为其第八世。

1943年,虚云主持云门大觉寺的重修工作。其间,他遥承温州光孝巳庵深净禅师法脉,成为云门宗第十二世。

虚云不仅承嗣了禅宗的五家法脉,也继承了五家的宗旨和家风。为光大宗门,他清理了五宗各自的源流,并为各宗的传承续演派法字,虚云为五家宗派都传有弟子,保证了所嗣诸宗法脉代代相传。他在传法给弟子时说:

> 所以有今日宗门衰落,全因后人滥传法嗣。今日我传法给你们,因见你们平日真心为常住,道心亦很不错。若能百尺竿头再进一步,前程不可限量。由于你们都很年轻,而不以公开方式,而暗中传法,并不是像外道有什么秘密法,不给旁人知道。主要是常住人多,假如公开,恐怕人人要求传给他们,便成滥传法了。

虚云还说:

> 禅宗一法,古来祖师,实重亲证,以心印心。例如:某禅人已经悟道,自不知证何程度,便去请问大善知识,为作证明。将已实证说出,由明眼知识引证。

第五章 法嗣相续

虚云在向弟子传法时,弟子合掌跪地。虚云把历代祖师传至的法卷所写,念给弟子听,并加一一解释后,将法卷交给弟子,弟子再礼三拜,礼谢虚云,这样便成了虚云门下的法徒。如此进行传法机缘,保住了法脉的宗门。

虚云世寿120岁,在百余年的弘教生涯中,为四众弟子讲经说法开示次数难以统计,仅据20世纪50年代整理、编辑的《虚云法汇》,60年代与80年代整理、编辑的《虚云法汇续编》《虚云开示录》等,就有数百万字之多。(图5-5)

图5-5 虚云书法

虚云不愧为近代禅宗泰斗,身逢时变,面对的是唐宋至明代都未见的社会大变革,以及在西方科技文明冲击下的旧中国,又是在僧伽积弱、佛教衰微的情况下,能独荷大法,振奋宗纲,使禅宗各门得以传承,他为中国佛教禅宗的发展作出了巨大的贡献。

二

虚云遥继法眼宗法脉之举,有其特殊的因缘。
虚云《禅宗五派源流》有段文字记录了这段因缘:

> 癸酉(引者按:癸酉有误,当时癸未。癸酉已是1933年)春,有明湛禅者,由长汀到南华,谓在长汀创建八宝山,志愿欲绍法眼一宗。不知所由,恳授其法眼源流。因嘉其志,乃告之曰:此宗发源在金陵清凉山,早废,兹时不易恢复。从宋元来,绍化乏后,查诸典籍,自文益祖师七传至祥符良庆(度)禅师止,其后无考。旧派益祖六世祖光禅师立二十字,后不知何人立四十字,虽有二派,子孙停流,鲜有继起。又查益祖出天台德韶国师与清凉泰钦禅师。传载韶、钦二公下五世良庆禅师,其中秉承,有

继韶公者,有嗣钦公者,分坛不一。有记"益、韶、寿、胜、元、慧、良"为七世,有记"益、钦、齐、照、元、慧、良"为七世。今欲继起,艰于考证。惟有秉承韶公,续从良庆(度)禅师与余各摘上一字,续演五十六字,以待后贤继续,传之永久。

虚云这段话明确指出:

其一,虚云是应长汀明湛禅师发愿要弘扬法眼宗一脉之请而承嗣法眼法脉的。

其二,法眼宗源于金陵清凉寺,但因种种原因,当时不易在清凉寺恢复。

其三,经查找史料,确定法眼宗传承世系。从第一世法眼文益,到祥符良庆(度)为第七世。

其四,虚云指出:"旧派益祖六世祖光禅师立二十字,后不知何人立四十字"。

其五,鉴于"自文益祖师七传至祥符良庆(度)禅师止,其后无考","虽有二派,子孙停流,鲜有继起","今欲继起,艰于考证。惟有秉承韶公,续从良庆(度)禅师与余各摘上一字,续演五十六字,以待后贤继续,传之永久"。

经查文献,清光绪十六年金陵刻经处版《佛祖心灯诸家宗派》(图5-6)一书中《法眼源流诀》载:

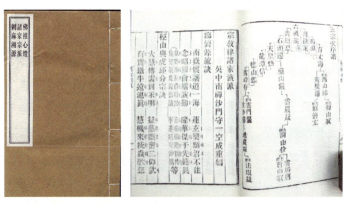

图5-6 《佛祖心灯诸家宗派》书影

法眼下第六世翠岩嗣元祖光禅师演派二十字:祖智悟本真,法性常兴胜。定慧广圆明,觉海玄清印。后未知何人续演二十字:佛天通至宝,万圣承斯命。同登般若船,誓度众生尽。

福建莆田广化寺印本《禅门日诵》载:

> 后人续演四十字为:佛天通至宝,万圣承斯命。同登般若船,誓度众生尽。衍传蟠际久,茂育见天根。洞悉三藏训,云岸自我登。

这后者便是虚云指出的"后不知何人立四十字"。

虚云经过慎重思考,取第七世祥符良庆(度)的"良"字,取承嗣第八世虚云的"虚"字,续演派法字,作传承法眼宗法脉《五十六字偈语》,以待后贤继续,代代相传。

虚云为法眼宗传承作《五十六字偈语》:

> 良虚本寂体无量,法界通融广含藏。
> 遍印森罗圆自在,塞空情器总真常。
> 惟斯圣德昭日月,慧灯普照洞阴阳。
> 传宗法眼六相义,光辉地久固天长。

依照这个传法字偈,第八世虚云以后,第九世为"本","本"字辈后是"寂","寂"字辈后是"体",依字偈顺序延续下去。

虚云自己应请而发愿承嗣法眼宗时,特写了一首偈语表征:

> 虚灵本体圣凡同,只在平常迷悟中。
> 云任卷舒徇缘应,应不留情心自通。

这是虚云遥嗣法眼宗七世祥符良庆(度)禅师,遥续法眼宗一派法系的表信偈语,揭示了虚云与法眼宗有因缘,是"徇缘"而接,并表征了自己与法眼宗禅学思想是一脉相承、心心相通的。

禅宗五家宗派在禅堂中挂的钟板的形状、尺寸各不相同。至今所延续的敲击方法也表达了五家法脉的差异。

虚云不仅传承了法眼宗思想和法脉,还确认了相传的法眼宗钟板样式。

法眼宗钟板为三角形,每日以钟板作为禅者行坐参修的生活警示和导向,以此来圆满法身功德。(图5-7、图5-8、图5-9)

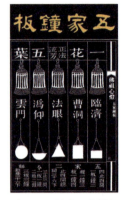  

图5-7　禅宗五家钟板　　图5-8　法眼宗钟板之一　　图5-9　法眼宗钟板之二

第三节

法眼宗的现当代传承

虚云遥嗣第七世祥符良庆（度）禅师，成为法眼宗第八世后，即思考了法眼宗法脉的传承。他认真考察身边的众多弟子，根据悟道能力和因缘机遇，确定了若干传承人。

虚云所传之法嗣有本湛青持、本禅、本性净慧、本智信清、本宽慧果，他们皆为法眼宗第九世。传法偈语是得法的凭证和信物。虚云为了说明这几位弟子皆得法脉正传，是法眼宗的正宗法嗣，特为他们每人吩嘱并写有传法偈语。

虚云传法于本湛青持的传法偈语：

　　本自如如圆明体，湛寂真常凡圣同。
　　青虚妙义无变异，持传万古度迷人。

虚云传法于本禅的传法偈语：

　　本性玄通法法通，琉璃世界水晶宫。
　　主人端坐绝伦匹，万象森罗应镜中。

虚云传法于本性净慧的传法偈语：

> 摩醯顶上眼重开,方许吾宗大将才。
> 法门幸有能承继,立志须从勇猛来。

虚云传法于本智信清的传法偈语:

> 本自如如不动,智光灼破大千。
> 信得真如自性,清凉直下子孙。

按照虚云拟定的传法字偈"良虚本寂体无量",第九世"本"字辈后为"寂"字辈,"寂"字辈即为法眼宗第十世。虚云曾代本湛青持写偈语传咐给"寂"字辈的弟子。

虚云代本湛传咐寂本慧青的偈语:

> 寂常真性遍虚空,本来具足莫迷蒙。
> 慧灯彻照除昏暗,青山绿水体皆同。

虚云代本湛传咐寂照慧瑛的偈语:

> 寂然灵光能显露,照破凡情圣智成。
> 慧心得悟无生理,瑛莹无暇示迷人。

虚云代传寂照宏如时,本宽慧果禅师已圆寂,因寂照宏如禅师依本宽慧果禅师剃度,故虚云代传咐寂照宏如的偈语:

> 堪庆我宗灵禅者,法眼宗上永昌隆。
> 寂赞当阳缘不远,照在行人日用中。

"寂"字辈后为"体"字辈。虚云曾代传法偈语给体华光升:

> 体含真常遍刹尘,华开处处尽皆春。
> 光明洞照三千界,升天入地度迷人。

体华光升(1924—2005)为法眼宗第十一世,居于江西净居寺。

第五章 法嗣相续

虚云所传之法嗣,对佛教发展及法眼宗传承作出了重要贡献。

本湛青持禅师(1906—1946),俗姓陈,福建长汀人。13岁皈依,1931年到泉州承天寺受戒。1933年礼请宁化法轮寺见镛和尚(1894—1941)到长汀讲经,感悟颇深,到长汀八宝山岩洞里静坐拜诵《地藏经》,不卧不漱,日仅一食,名声远传。他创建了长汀八宝山峻峰寺。1942年赴广东曲江南华寺,拜虚云为师,领悟法门,苦修参禅。他意欲接法眼宗法脉,礼请虚云遥嗣继续。

虚云续接为法眼宗第八世后,于1946年4月8日在云门山大觉寺与长汀八宝山峻峰寺传法眼宗法脉。本湛青持接受虚云法眼宗的宗统,为法眼宗第九世。后来他带徒弟步行入川,朝拜峨眉山,抵成都净慈寺,不久圆寂,终年41岁。本湛青持禅师创建的长汀八宝山峻峰寺是法眼传承重地,培养了一代又一代法眼宗传人。该寺庙"文革"时被毁,1984年复建。

本性净慧禅师(1933—2013),俗姓黄,湖北新洲人。一岁半即被父母送入尼庵,后入蒙就学,14岁至武昌卓刀泉寺,成为沙弥,法名宗道,号净慧。1951年,赴广东乳源云门山大觉禅寺,于虚云座下受具足戒。1953年,虚云迁江西云居,修复真如禅寺。净慧奉虚云之命,留任云门寺监院,时年21岁。1955年,前往云居,仍任虚云的侍者,并协助虚云办好云居传戒法会。

净慧在两度亲侍虚云期间,得以朝夕亲承虚云耳提面命,获益良多,深得虚云的赏识和器重。1952年,承虚云殷勤付嘱,亦以一身而兼承禅宗五宗法脉,其中,承续法眼宗为第九世,得赐法名本性净慧。

1956年中国佛学院成立,净慧被虚云送入深造,从本科班一直读到研究生班,为首批佛学研究生。1979年,净慧到北京参与中国佛教协会恢复工作,1993年任副会长。其间,1988年住持河北柏林禅寺,2004年为湖北黄梅四祖正觉禅寺方丈。

净慧从虚云处得法并承嗣五宗法脉后,努力继承和大力宣传虚云的禅学思想。他曾编辑《虚云和尚法汇续编》《虚云和尚开示录》,主编《虚云和尚全集》,撰有《虚云和尚行业记》《虚云和尚的禅风》等文。

净慧创立和弘扬"生活禅"的理念,对当今佛教的发展进行了有益的探索,产生了深刻的影响。他说:"所谓生活禅,即将禅的精神、禅的智慧普遍地融入生活,在生活中实现禅的超越,体现禅的意境、禅的精神、禅的风采。"他提出了以"觉悟人生，奉献人生"为宗旨，以"做人""做事"之"二八"方针（做人的八字方针是信仰、因果、良心、道德；做事的八字方针是感恩、包容、分享、结缘）为着力点的"生活禅"修行理念。与"生活禅"弘法理念相应的是，在柏林禅寺举办"生活禅夏令营"，每年一次，在黄梅四祖正觉禅寺举办"禅文化夏令营"，也是每年一次。组织青年佛学爱好者，在寺院参加上殿课诵、坐禅出坡、聆听佛法、吃茶谈心、云水行脚等活动，为当代佛教弘法提供了另一种新途径和方式。

净慧"立足正法入眼藏，弘扬禅学应其时"，创立和弘扬"生活禅"，受到了佛教界人士的赞扬，有人写诗赞道："上净下慧利有情，德馨九界堪称雄。五家七宗嗣法脉，九界十方兴祖庭。继祖续源兴佛教，建寺度僧启群萌。博涉三藏证法眼，定慧双修示众生。"

本智信清禅师（1937—1995），1957年虚云于江西云居山传付法眼宗法脉，为第九世。本智信清禅师付法于三人，有寂乐心澄、寂心妙性和寂悟素闻，均为法眼宗第十代传人。其中寂乐心澄、寂心妙性住广西桂平市龙华寺，寂悟素闻居马来西亚，即寂悟妙思，其传法偈语：

寂照离能所，悟体六相融。
妙用常无尽，思修证圆通。

近代禅宗泰斗虚云代第九世传及的法眼宗第十世，突出的有寂照慧瑛、寂照宏如。

寂照慧瑛禅师（1925—1996），俗姓杨，字恒明，福建连城人。幼年即随母亲到中华山出家，16岁在长汀八宝山峻峰寺本湛禅师座下披剃正式出家，17岁赴广东韶关南华寺虚云禅师座下受具足戒，随侍虚云坐禅南华寺禅堂。为本湛禅师弟子，虚云代传法偈，为法眼宗第十世。

慧瑛在19岁时，到福建连城灵芝庵住庙修持。1945年，年方21岁的慧瑛被抓充"壮丁"流落外地。1947年，在中华山住锡。1955年，慧瑛入中国佛学院学习四年，结业后到鼓山涌泉寺、西禅寺以及福建省佛教协会任职。"文革"中被迫落户务农。1980年重返中华山。1996年，慧瑛圆寂，世寿七十二。

慧瑛长期活跃在福建，住长汀八宝山峻峰寺及连城麒山寺、灵芝庵、净土寺、朋口留田精舍,并常住中华山性海寺勤学苦修,弘法利生,产生了较大的社会影响。

慧瑛在推动中华山佛教事业上做了大量的工作。1944年,他重修中华山古寺。1947年,他创建了中华山性海寺。"文革"以后,他又重建了中华山性海寺,这座寺庙成为福建西部佛教大丛林之一,成为弘传法眼宗的重要道场,其山门楹联云:"中土传心绍法眼,华藏空明衍宗风。"慧瑛有众多弟子至今在福建各地传承法眼宗。

寂照宏如禅师(1926—2022),山西大同人,19岁出家,法号灵意,21岁受戒。1948年到浙江普陀山朝拜,然后南下参学。第二年到了广东韶关,听说有僧人要去虚云住持的云门寺,他即随同一起前往。灵意在前往的路途中得了伤寒,病情非常严重。他仍坚韧不拔地走到云门寺。这时,他已全身浮肿,命在旦夕。虚云见到这位年轻的僧人已病成这样,急忙请大夫来医治。虚云见他还在昏迷之中,就守护在旁边,亲自持"大悲水",用匙从牙缝一滴一滴地喂。在虚云精心护理下,没过几天灵意苏醒过来。当他得知是虚云加持自己大难不死,非常感动,决心跟在虚云身边,学佛、报恩、参禅。

灵意从1949年起,随虚云在广东韶关云门寺,1953年随虚云到江西云居山真如寺,他前后在虚云身边达11年之久,深得虚云的精心点拨,感悟颇深。

虚云期望法眼宗能兴旺起来,他看到灵意的机缘已到,特将法眼宗脉代传给他,并作传法偈语:

> 堪庆我宗灵禅者,法眼宗上永昌隆。
> 寂赞当阳缘不远,照在行人日用中。

因法眼宗第十世为"寂"字辈,他法脉号为"寂照",字号"宏如"。虚云代传法偈给寂照宏如,使其成为嫡传的法眼宗第十世。

寂照宏如得法以后,更为精进读法,戒行精严,谦光和德,生活简朴,居常破衲一件。他常以《楞严经》开示后学,四众仰止,久钦高风。

寂照宏如后来到华北地区的寺庙任首座、住持。虚云在世时,有一年欲去大同云冈石窟。当时虚云在北京开会,寂照宏如听闻后即去北京,并陪同虚云前往云冈石窟参观朝拜及参访华严寺、善化寺。一路上,他精心照料虚云。虚云见寂照宏如学佛又有长进,且为人谦和,非常高兴。

寂照宏如先后在山西五台山碧山寺、江西云居山宝峰寺、内蒙古杭锦后旗宝莲寺任首座。2022年2月25日于锡内蒙古五原县四大股普济寺安详示寂。

二

法眼宗是禅宗最后出现的一个宗派,它有条件去吸收诸宗之长,并有所创新,产生自己独特的风格。其宗风兼具自信和自省、个性和圆融的特色,对现代生活具有丰富的指导意义,可以说行天下而不朽,历岁月而常新。

改革开放以来,欣逢盛世,社会稳定,包括佛教文化在内的中华文明顺应时代发展焕发出更加蓬勃的生命力。法眼宗也得以传承弘扬,法眼宗的影响已遍及全国许多地方。

2015年7月18日,文益禅师住锡过的崇寿禅院重建奠基仪式在江西抚州青莲山举行。法眼宗第十一代传人、南昌佑民寺方丈纯一法师等出席并致辞。同时,召开了首届文益禅师与法眼宗学术研讨会。无量法师发愿在青莲山异地重建崇寿禅院,2019年4月27日,举行了隆重的崇寿禅院上梁祈福法会。重建的崇寿禅院占地860多亩,将于2024年建成。

2015年11月28日,在法眼宗传承的重镇福建龙岩市召开了"法眼宗思想传承与当代文化建设"学术研讨会。当代法眼宗传人的代表人物、法眼祖庭南京清凉寺住持、法眼宗第十一代传人理海法师,福建龙岩天宫山圆通禅寺住持,法眼宗第十一代传人光胜法师等出席并作了学术报告。

福建福州雪峰崇圣禅寺,俗称雪峰寺,在全国十分著名。至今,还在弘传禅宗的法眼宗和云门宗。其天王殿大木柱上醒目地镌刻一副联语:

开东土有二宗法眼云门五派灵源通性海
称南方第一寺垂柽枯木千秋胜迹镇名山

位于青海省海北藏族自治州的北海禅院,是2006年新建的寺院。建成后,即树立了"教启中观,行归法眼"碑。"行归法眼"就是常住道场的宗风、行门,直接落实在法眼宗。这个寺院以"中观"印证见地之究竟,以"法眼"检验传承之合法性。北海禅院虽新建不到20年,但以其醒目的理念、卓有成效的弘法,受到佛教界人士及信众的关注。

当代,广东、江西、福建、浙江、河北、内蒙古、青海以及我国台湾、香港地区都有法眼宗的传承。美国、加拿大、日本、韩国等国都有佛学学者研究法眼宗。马来西亚、韩国、日本的很多学佛之人,也专程到南京清凉寺法眼祖庭寻根。

福建与法眼宗有很深的渊源。文益禅师就是在福建学禅、悟道、得法。福建的寺僧礼请虚云续接法眼宗法脉,并将法眼宗法嗣首先传给了福建的寺僧本湛青持。本湛青持一生致力于法眼宗的弘扬,并为法眼宗徒嗣制定法脉32字辈:

> 慧光普照,谛理融通。
> 法相全幻,尘念永空。
> 教规勤学,度生愿宏。
> 智灯远朗,大道昌隆。

以此字派,本湛青持曾传给慧字辈、第十代法眼宗传人多人。福建长汀八宝山峻峰寺法眼法脉传承系谱上就记有:慧瑛、慧炬、慧贞、慧灿、慧明、慧亮、慧真、慧全、慧空、慧辉、慧珍、慧文、慧学、慧极、慧观、慧峻、慧行、慧兰、慧诚、慧岩、慧达、慧隐等近50人。

因福建龙岩长汀本湛青持的愿力,再经他的弟子慧瑛等人的继续传承,龙岩成为当今法眼宗传播的重镇,既有法眼宗第十一代传人,也有"普"字辈第十二代传人,还有"照"字辈第十三代传人。

其中第十一代传人中,有光胜、光良、光炳等。

光胜(1931—2022),福建漳平人。1970年,投师法眼宗第十世慧瑛学习佛法,1979年剃度出家,赐名光胜,法号体心。1982年,在福州涌泉寺受具足戒,之后在福建省佛教协会工作。"文革"中,龙岩天宫山寺庙被毁,1982年时拟恢复开放,第二年光胜开始负责天宫山寺庙重建工作。1992年,光胜任龙岩地区佛教协会会长,1998年为天宫山寺方丈,90高龄的本焕大和尚亲临天宫山祝贺,并为光胜法师传第十一代法眼宗法脉。

据《上本下焕大和尚为光胜法师传法送座题写表偈》载:

（法眼宗）第十代寂照慧瑛大师传法眼正宗，本焕老和尚代寂照慧瑛大师，今将正法眼藏嘱咐第十一代体心光胜禅人，善自护持。表信偈曰：体空妙有弘法化，心性圆融智慧生。光明遍满大千界，胜利宏愿兴丛林。

本焕大和尚还曾将第九代传人本湛青持交给第十代传人慧瑛法师的衣钵，代传给了光胜法师，为传法托付衣钵。此物为白瓷钵盂一件，钵盂正面镌刻：

究竟清净，空无烦恼具足，盛满一切善法。

丙戌春，峻峰古寺本湛和尚纪念。

光胜法师指导恢复的天宫山圆通禅寺，现有1.5万平方米的建筑面积，规模宏大，清净庄严。

光炳，内名体民，福建龙岩新罗人，1981年在福州鼓山涌泉寺受戒，为法眼宗第十世慧瑛法师的门下，传承法眼宗，现任龙岩莲花山莲花寺住持。

光良，内名体善，福建龙岩新罗人，1982年在福州鼓山涌泉寺受戒，为法眼宗第十世慧瑛法师弟子，现任龙岩连城中华山性海寺方丈。

法眼宗在新时代的传承，不只是在烟雨江南，也在广阔中原。除虚云禅师弟子寂照宏如在内蒙古等地传法于法眼弟子，虚云禅师弟子净慧长老也十分关注法眼宗法脉的传承。

净慧长老晚年曾嘱愿同师于虚云，半生共事，情同手足的传印长老，代传法眼宗法脉。

2014年4月20日，依净慧长老遗愿，原中国佛教协会会长传印长老代付于赵州柏林禅寺，传法于寂智明海、寂修明憨、寂照明基、寂定明杰、寂真崇禅、寂本明清、寂圣崇谛、寂悟素闻等8人为法眼宗第十代传人，并分别作传法偈语。

示寂智明海禅人

五台峰顶事如何，有志林泉挽逝波。

慧业精深开正眼，归家好赋太平歌。

示寂修明憨禅人

缁林翰墨笔生花,常侍老僧餐晚霞。
物物头头皆妙用,金鳞透网好还家。

示寂照明基禅人

洒扫双峰慧业持,赵州门内早称奇。
灵光独耀声尘外,白手空拳护祖基。

示寂定明杰禅人

文章慧业旧曾题,问道京华择木栖。
入得此门无别事,普施法雨济群迷。

示寂真崇禅禅人

赵州十载了前缘,又叩玉泉曹洞禅。
古刹开元曾护念,心光朗朗继师弦。

示寂本明清禅人

明如杲日当天耀,清似碧海万古心。
寂寞此道无人处,本来现成贯古今。

示寂圣崇谛禅人

丈夫立志为心安,来赴黄梅侍老禅。
七尺乌藤今付嘱,乾坤朗朗道怀宽。

示寂悟素闻禅人

久处南疆心未闲,东游西访已经年。
龙山入室草鞋挂,蕉雨椰风开法筵。

20世纪虚云接嗣法眼宗,至今又过去90年,虚云传嗣的法眼宗第九世、第十世禅师大都相继逝去,即使在世的,也已90多岁了。

虚云遥嗣法眼宗法脉时指出:"此宗发源在金陵清凉山,早废,兹时不易恢复。"

世纪之交,改革开放,国泰民安,佛教开始昌盛,南京清凉寺也迎来恢复的好时光。2004年起,担任中国佛学院栖霞山分院副院长兼教务长的理海法师担负起振兴清凉寺的重任。2009年6月20日,清凉寺恢复开放,也启动了重振、中兴法眼祖庭的工作。新建的清凉寺,将重现法眼宗祖庭文化的禅学地位。

续兴祖庭,最关键在于有传承人。理海法师住持清凉寺以后,已令该寺气象一新。著名高僧传印长老,1954年上云居山,随虚云学法,1955年在虚云座下受具足戒,一直到1959年虚云圆寂,传印始终在虚云身边,是虚云的侍者。2010年6月,传印长老任中国佛教协会会长期间,传法于理海,为沩仰宗第十代,取名"衍正理海",并指引其远赴内蒙古五原普济寺接法于虚云弟子寂照宏如。

寂照宏如禅师将法眼宗法脉传给理海法师,作传法偈语:

体悟圣贤法如是,空列无为觉有情。
理事无碍慧通达,海量睿智兴吾宗。

偈语表达了寂照宏如禅师对理海法师"理事无碍慧通达",佛学知识渊博的赞许,对精进努力中兴法眼祖庭,振兴法眼宗"兴吾宗"的殷切期望。

法眼宗第十一世,为"体"字辈,理海字号"体空"。

2011年2月12日(农历辛卯年正月初十),南京清凉寺隆重举行礼祖法会,理海法师正式将从法眼宗第十世寂照宏如禅师那儿接续的法眼宗法脉传回本山,为第十一代传人,使清凉山之法眼宗法脉得以承继不绝。

理海法师还于2016年6月,接临济宗第四十八世法宗长老法脉,成为临济宗第四十九代传人,法名"理海智峰"。

第六章  清凉胜境

第六章 清凉胜境

第一节

还 阳 泉

一

还阳泉是南唐清凉寺僧开凿的,距今已有一千多年的历史,是清凉山地区地面上现存的历史最久的文物,是有显著特色的清凉胜境之一。

寺僧的生活、修行离不了水的滋养。地处山中,离河水较远,有了井水,就方便建立寺庙。

《妙法莲花经》有一段凿井譬喻:

> 譬如有人渴乏须水,于彼高原,穿凿求之,犹见干土,知水尚远,施工不已,转见湿土,遂渐至泥,其心决定,知水必近……

渴而凿井,偏偏又是高地,若要见水,自然不可能是轻而易举的事。

当年清凉寺僧在山中凿井,也非易事。据传当年曾陆续开凿了近20口井,解决了寺僧及周围民众饮水的困难。南唐中主李璟赞赏寺僧的举动,称这些井为"义井",后人称之"南唐义井"。也正是有了还阳泉井,自从南唐中主在此建立清凉院后,直至今日,清凉寺都没有变动过地址。清凉寺始终与还阳泉相伴,还阳泉已是清凉寺不可或缺的一部分。(图6-1)

宋初,位于幕府山的"清凉寺"迁来与清凉山的"清凉大道场"合并,定名为"清凉广慧禅寺"。当时,南唐后主李煜建于还阳泉旁的避暑宫德庆堂旧基还在。

南宋景定二年（1261）编成的《景定建康志》卷四十六"祠祀志"中记载：

清凉广惠禅寺，在石头城，去城一里。

考证：伪吴顺义中，徐温建为兴教寺。南唐升元初，改为石城清凉大道场。国朝太平兴国五年闰三月，改今额。旧传此寺尝为李氏避暑宫，寺中有德庆堂，今法堂前旧基是也。后主尝留宿寺中。德庆堂名，乃后主亲书。《祭悟空禅师文》，乃中主自为之，碑刻今并存。

图6-1　还阳泉井

清凉广惠禅寺在宋代依然气象庄严。宋代经学家马之纯、官至工部尚书的刘克庄以及著名文人周必大的诗文都有记载。

马之纯写有两首《清凉广惠禅寺》诗，称赞（清凉寺）"收拾江山入怀袖，却舣讲席进鸿畴"，感慨"旧游曾到处，此地足称豪"。刘克庄的诗写道："塔庙当年甲一方，千层金碧万缁郎。开山佛已成胡鬼，住院僧犹说李王。遗像有尘龛坏壁，断碑无言立斜阳。惟应驻马坡头月，曾见金舆纳夜凉。"诗人写当年南唐时，寺庙宏伟壮丽、甲于一方，至今还能见到李煜题写的已断掉了的德庆堂榜石碑，听到当今住持津津乐道李后主的逸事。诗句透露出宋时寺院依然还是宏伟庄严。周必大《记金陵登览》一文中记有当时清凉寺的状况："清凉寺在西门外，即石头城也。前临江，后依山，以其当暑而凉，故以名寺。或谓齐梁之别宫。异时最为名刹。今方葺治，但存形势耳。李氏祭文及堂榜俱存刻石。"

宋代时的清凉寺，尽管有所破损，但依然是"千层金碧""甲一方"的寺院。在还阳泉的周围建有佛殿、钟楼、禅堂、茶堂、寮房，还残存李煜时的德庆堂榜石碑等。

清凉广慧禅寺的庄严气象还吸引了王安石、苏轼、陆游等名人来此礼佛、参访。北宋时，王安石、苏轼拜见了"和长老"住持。南宋时，陆游拜见了"宝余长老"住持。

这几位文人拜见寺院住持时，都受到热情接待，都与寺僧共品用了还阳泉水沏泡的茶。

南宋末年，因长时期疏忽维修，寺院已经破损。到了元代，当萨都剌到清凉寺参拜当时的住持珪白岩长老时，见到的寺庙已是"长蓬蒿""埋花径""落花彩""古寺万木凋"的景象了。

尽管清凉寺有些荒芜，但清凉境界依然令人净心，还阳泉水依然甘洌清净。珪白岩长老请萨都剌品饮还阳泉水沏泡的茶，与他谈说佛理。萨都剌深受教育，他用诗句抒写道："今日清凉境，明朝剑水心。"他品茶以后，更感慨地写道："泉可洗尘襟。"

到了明代，南京有着前所未有的历史地位，第一次成为全国统一王朝的都城。明太祖朱元璋较为重视佛教。他在元朝末年曾出家，《明太祖御制文集》卷十六载："空门礼佛，出入僧房。"后因形势所逼，加入农民起义军。建立明朝后，他还吟出"雨落黄梅麦已秋，日思精舍梦还游"的诗句。其"大明"国号，就与佛教有关。在佛教里，阿弥陀佛又称为诸佛光明之王，简称明王。朱元璋自居为佛教的明王，建国后，把国号也称为"大明"。

在南京，明政权重点修复了报恩寺、灵谷寺、天界寺，并由此三大寺统管南京全部寺院。由天界寺分管鸡鸣寺、静海寺，还统管清凉寺、永庆寺、瓦官寺、承恩寺等。

清凉寺尽管在当时是中刹等级的寺庙，但还是得到了大修的机会。明建文四年（1402）由周王朱橚重修，改额为"清凉陟寺"。

南唐及宋代时的清凉寺建筑大多在还阳泉的南面土地上。而这次明初重建的清凉寺置于还阳泉以北向上的山地。"陟"，意为登高、上升。周王朱橚把寺定名为"清凉陟寺"，可能就有向高处新建的意思。

明代葛寅亮《金陵梵刹志》卷十九载：

中刹　石头山清凉寺　古刹、敕赐

在都城西清江门内,中城地。南去所统天界寺十二里。古清凉山。吴顺义中,徐温建为兴教寺。南唐改石头清凉大道场。宋太平兴国五年,改清凉广慧禅寺。后数废。国初洪武间,周王重建,改额清凉陟寺。左胁而上,为清凉台。山不甚高,而都城宫阙、仓廪历历可数。俯视大江,如环映带。台基平旷,原系南唐翠微亭旧址。今亦有亭,可登览。

寺内建筑有山门三楹、天王殿三楹、钟楼一座、佛殿五楹、伽蓝殿一楹、祖师殿五楹、毗卢殿三楹、禅院三楹,另有方丈室八楹及僧院九房,还有亭台等建筑。

明代成化年间,清凉寺建筑多有破损,于成化十四年(1478)进行了一次修缮。当时南吏部尚书云间钱溥写了一篇《重修清凉寺碑》,说明了这次重修的缘由:

金陵石城西,古有清凉寺在。吴顺义中,徐温重建,为兴教寺。南唐改石头清凉大道场。宋太平兴国间,改清凉广慧寺。皇明洪武三十五年(建文四年)周王重建,赐额清凉寺,复命太子少师姚广孝为僧录左善世。迨今余八十年,殿宇脱落漫漶。宣城伯卫颖同主僧德广捐资重建,以成化十四年十月□日经始,而工毕于明年三月□日。

明代时的清凉寺,得到及时的维护修缮,始终保持着寺庙的庄严气象,香火一直很旺。明代建筑的清凉门及其旁边的城墙上有八块石碑,上面都有"南无阿弥陀佛"字样,石碑上没有年代落款。(图6-2)为何在离清凉寺很近的清凉门旁的城墙上有佛教含义的石碑,现有多种说法。但大多认为,这与清凉寺有关。这些"南无阿弥陀佛"碑很有可能是僧人嵌到城墙上去的,有礼佛及祈福的含义。

图6-2　"南无阿弥陀佛"碑刻

明代的清凉寺，因其悠久历史、庄严气象，吸引了当时众多文人雅士前往礼拜。来寺的人多了，用水量也有所增加。那时，汲取还阳泉水用上了辘轳。水井与辘轳一起，成了还阳泉新的景观。井口装置辘轳，汲水时摇动辘轳的曲柄，随曲柄转动的辘轳头缠绕井绳，水桶升出井口，使用便当省力。

明代文人陈沂，夏日避暑来到清凉寺，看到有人在井边汲水，想到了南唐后主，仿佛听到了"南唐宫里辘轳声"。文人顾起元来到寺院，还特别来到井边，看辘轳汲取上来的甘洌泉水，赞叹道："宫井辘轳滋藓碧。"文人朱之蕃见此，更是羡慕寺僧在此的生活和修行，他诗道："江天顿改寻常色，轳井都无一点尘。"

到了清初，清凉寺有些残破，龚贤来到这里，感慨"废寺留荒井，径行秋雨过"。后来，寺僧发愿对清凉寺进行了维修，此处又成为文人名士常来礼佛和怀古之地。

清康熙年间编辑，并经康熙帝钦定的大型类书《古今图书集成》，其中江宁府部"祠庙考"，记载了清凉寺。

清 凉 寺

在石城门内崇山之阿，极幽邃。登望则城郭、楼观、江上、诸山一览而尽。吴顺义中为兴教寺，南唐为文益禅师道场，号法眼宗，最盛。后主尝留宿寺中，有诗云"未能归去宿龙宫"。宋太平兴国间改清凉广慧寺，苏轼尝舍弥陀像于寺中。明洪武初周王重建，赐今额。左上，为清凉台，俯视大江，即南唐翠微亭旧址，登览最胜。秋高气爽，游人来其地者多徘徊不能去。

清代雍正二年（1724）清凉寺遭遇天灾人祸，因一场大火，寺里的大殿被烧毁，仅西北隅小屋三四间和还阳泉井得以保存。当时寺僧中州以重建清凉寺为己任，四出募捐，准备再建，重现庄严气象。曾官至礼部侍郎的著名文人方苞与寺僧中州法师相从密切，中州约请方苞为之写文章记叙清凉寺重建之事。在中州法师辛勤努力下，于乾隆初年，清凉寺重建完工，规模如前，山门题额恢复"清凉禅寺"。后来，方苞写成《重修清凉寺记》，并刻成石碑，立在清凉寺。

重修一新的清凉寺，恢复成金陵城西一处十分清幽的胜迹，也是人们常来焚香拜佛的场所。(图6-3)清乾隆皇帝六次南巡,曾有三次游历清凉寺。他于乾隆十六年(1751)、乾隆二十二年(1757)、乾隆二十七年(1762)先后来到清凉寺,写下了多首《游清凉寺》诗。乾隆游历此地,不知是否品饮了甘洌的还阳泉水,他想到了这里有似承德避暑行宫的意境,写了一副联语:"波心似镜留明月,松韵如篁振午风。"

图6-3 清代陈作仪绘《清凉拜佛》

清代,佛教信仰在民间更为普及,清凉山的清凉寺、地藏寺、扫叶楼善庆寺等香火缭绕,蔚为壮观。

每年农历七月半前后,因清凉山地藏会,清凉山上旗幡飘扬,山道上人挤如蚁,香客云集。清凉寺僧人在还阳泉边设置施茶台。施茶的炊具,主要是紫铜大茶壶。打上来还阳泉水,在茶壶内烧沸后,将开水倒入小水缸。水缸内有用布袋包好的茶叶,茶汁泡出后,用葫芦瓢勺打茶水,倒入用竹筒做的茶杯中,供香客或游人饮茶解渴。还阳泉边的施茶台,看似普通,但那一杯杯暖心的茶水,却能普结善缘、广施大众。

清咸丰三年(1853),太平天国定都南京,改称"天京"。天朝把佛教、道教甚至天主教都视为异教,规定"凡一切妖书,如有敢念诵教习者一概皆斩",一时"经史文章尽日烧",历史书籍被大量禁毁。清凉寺也被毁弃,瓦砾遍地,杂草丛生,山上的树木也被砍伐一空。

战事结束后,曾国藩与幕僚踏访清凉山,来到清凉寺,要求早日恢复寺庙。后来,虽经简易修复,但整体还是残破不堪。不久,文人易顺鼎来到扫叶楼,见到心悟法师和他的弟子都光着脚,很为寺僧的艰苦、简朴修行所感动。他又来到还阳泉井边,想到了可写一副对联,他吟道:

老不白头因水好

冬犹赤脚为师高

这副对联既赞美了还阳泉水的功能，又赞叹了寺僧的无上功德。

清光绪年间，清凉寺重建，重建的佛殿规模局促，全无旧时的气象了。20世纪20年代初，日本佛学家常盘大定来南京游历佛教史迹，写有《南京怀古》。其中写道："(清凉寺)寺院现今衰败，仅存一殿。殿中尊像似以弥陀为中心，观音、接引二菩萨侍立两侧。二菩萨的前面放置韦陀天。寺中没有任何古碑、古佛、古物。"（图6-4）

图6-4　20世纪初清凉寺山门

清同治九年（1870），光岩法师住持清凉寺时，寺院已残破不堪，还阳泉那南唐时所凿的井圈也开裂为三块了。光岩法师十分细心地把已裂开的井圈用铁圈予以加固。

20世纪30年代初，马光烈在《南都揽胜记》中写道：

> 寺位清凉山半腰，寺门红墙，掩映绿树丛筱间，饶有画意。闻此寺系同治初重修，已多圮废。寺后山巅，旧有翠微亭，为南唐后主所创建，即避暑宫之暑风亭也。迭经修复，清高宗南巡时，曾立碑于上。惜光复之役，复毁于兵，今胜迹不可按矣。（图6-5、图6-6）

图6-5　20世纪30年代清凉寺全景　　图6-6　20世纪30年代清凉寺远眺

由于那时清凉寺"已多圮废",以至于20世纪初编印发行的《南京游览手册》丛书,列入之一的是"陵园",之二的是"石头城(附清凉山)",仅重点介绍了石头城的景致及历史,而对清凉寺仅介绍是历史遗迹。

原有的"清凉问佛"盛况太有名气,清凉寺又是清凉山的主角,不应再衰败下去。所以《南京游览手册》特别写道:"(清凉寺)唯今荒芜凌乱,破坏不堪,亟待修葺整理,以留六朝古迹,为后人凭吊。"

1935年,清凉寺进行了一次修缮,请城南卧佛寺的静岩法师任住持。(图6-7、图6-8、图6-9)

图6-7　20世纪30年代清凉寺佛像　　图6-8　20世纪30年代清凉寺山门外　　图6-9　20世纪30年代清凉寺山门

20世纪40年代,尽管仅有寺殿数间,但依然有寺僧坚守弘法、护持。当时住持清凉寺的有印涛、智宽法师。(图6-10、图6-11)

图6-10　20世纪40年代清凉寺山门　　图6-11　20世纪40年代清凉寺殿

第六章 清凉胜境

20世纪50年代初,清凉寺规模小,仅有寺僧一人,但香火继续。

20世纪60年代初,寺庙年久失修,泥塑菩萨倾倒破损。民众生活正当困难之时,寺僧日常生活难以为继,只能离去。

"文化大革命"中,寺内仅存的破损佛像被敲毁。寺院的建筑被改作工厂,原有的山门被拆。

20世纪80年代初,随着清凉山公园几处主要景点复建或修建,还阳泉也得到妥善保护。1982年,由南京工学院(今东南大学)建筑研究所对还阳泉水进行了一次疏导清理,还设计并建造了保护还阳泉的井亭,著名书法家萧娴为之书写了"还阳泉"匾额。这口井重新成为清凉山地区的重要景点。

1986年,南京医学院科研人员对还阳泉水进行了化验。该井井口不足三尺,井深四丈有余。经检测,该井水水质优良,含有20多种微量元素,其中"锶"的含量丰富,是优质保健饮水。同时还测定此井出水量较高,只要对井水进行疏导,清洗井壁,把井水中的杂物腐草清除,即可使用。

2009年1月1日,清凉寺正式交给佛教界作为宗教场所恢复开放,同年6月20日,举行了恢复开放暨佛像开光仪式。

清凉寺恢复开放后,又邀请了南京市环境保护管理部门的科技人员,再次对还阳泉水质做检测,提供了详细的检测报告。报告认定此井水质优良,只要对其进行清理后即可使用。

清凉寺历经沧桑,却屹立千百年而不废,花开花落,云卷云舒,唯一不变的,是这座千年古寺的宁静和清凉。

还阳泉,这口斑驳的古井,一直伴随着清凉寺的兴衰,记录着清凉寺的厚重历史。有一种厚重叫感动,有一份沧桑让人留恋。任凭历史在古老的还阳泉井沿上打磨,在幽深的井水中回荡,它并不孤独。这口井的水滋润了历代清凉寺僧和香客,留下了许多历史故事和传说,演绎了太多的千古绝唱。(图6-12)

图6-12 还阳泉亭

还阳泉默默地注视着清凉寺的变化。这口古井是清凉胜境中的名井,更是清凉古寺的名井。如今,这口古井,是中兴法眼祖庭的一项重要的得天独厚的资源。数年后,这口古井将绽放出新的风采。

还阳泉是不可移动的文物,而历史上清凉寺建筑及所藏佛像等文物曾影响到国内外。江苏宿迁市清莲寺(又名陈堂庙、梵音庵),始建于明洪武二十一年(1388),由济南府朱姓皇族仿南京清凉寺修建。清道光年间,寺院声名远扬,寺院周边建了不少商铺,奠定了当地较大集镇的雏形。(图6-13)

日本京都也有一座清凉寺,现藏有一尊被定为日本"国宝"的清凉寺式释迦如来立像。相传这尊佛像是北宋时,日本入宋僧临摹而制,带回日本的。该立像头发用绳盘起,身披大袈裟且领口紧扣,同心圆状衣褶,这些都明显表明其模仿了宋代原像,只是头部占人体比例较大,且表情有日本佛像特色。(图6-14)

1955年,日本京都清凉寺修复这尊北宋时木制的释迦如来立像时,在佛脏内发现了一幅画,系日本僧人从中国携归。画面中央为弥勒菩萨结跏趺坐于莲花座上。此画原为北宋初年画院高文进绘。(图6-15)

北宋初年,政权十分重视金陵清凉寺,将原在幕府山的清凉寺与清凉大道场

图6-13　明代宿迁清莲寺模型

图6-14　释迦如来立像(日本京都清凉寺藏)

图6-15　弥勒菩萨像(日本京都清凉寺藏)

合二为一,更名为"清凉广慧禅寺"。相传日本京都清凉寺这尊木制释迦如来立像,是北宋时日本僧人仿照金陵清凉寺的佛祖像而制,从"大宋禅林甲刹"的金陵清凉寺迎请至日本供奉。不论相传的说法如何,都说明中日佛教界交流历史之悠久,这也为清凉寺中兴法眼祖庭提供了珍贵的实物史料。

二

清凉寺的还阳泉开凿于南唐,而南唐时铸造的一口钟也很有名,这就是清凉寺幽冥钟。清凉寺的"清凉钟声"肇端于此。

古钟有多种类型。有用于礼乐的乐钟,如湖北出土的曾侯乙编钟;体现宫廷威严的朝钟,如北京故宫里的明清时铸造的大钟;用于报时的更钟,如北京钟楼、南京鼓楼大钟亭的大钟。佛教传入中国以后,钟的影响便由江湖庙堂而入于山林古刹。寺院的钟则被赋予了一切皆空的佛教思想,逐渐成为人们反省、忏悔和探视内心、领悟生存的象征。

根据佛教律典记载,钟、磬、石板、木鱼、槌槌等,通过敲击而能发出响声,在佛事活动中,配合念诵或唱赞的曲调,使道场更为庄严,故称为"法器",被喻为"人天之耳目"。在所有的法器中,大钟往往被列为第一,又称为梵钟。

梵钟有报时的功能,在丛林道场早晚有晨钟暮鼓。梵钟还有集会的功能,钟声还具有降妖伏魔、斩断尘缘、警醒、召集众僧的启示意义。

梵钟有传递信息的功能,体现在《钟声偈》中。扣钟时先发愿,默诵《叩钟偈》三遍:"愿此钟声超法界,铁围幽暗悉皆闻,闻尘清净证圆通,一切众生成正觉。"晚钟有时敲击108下。每一次先紧敲18下,再慢敲18下,不紧不慢再敲18下,如此反复两遍,共108下。之所以敲钟108下,据说是因为一年12个月、二十四节气、七十二候(五天为一候),合为108下,象征一年轮回,天长地久。另一说是108下的规则与"九"有关,因为在我国古代,认为"九"具有吉祥之意。而"九"的十二倍正是"108",是把"九"的意境推向极致。还有一种说法是人有108种烦恼,钟鸣108下,可以"闻钟声,烦恼轻,智慧长,菩提增"。

梵钟有获得殊胜功德利益的功能。钟声传递着佛陀振聋发聩的智慧之音,

"晓击则破长夜,警睡眠;暮击则觉昏衢,疏冥昧"。钟声时时提醒僧人不忘修行,警惕堕落。钟声也是佛法普度众生的心声,钟声唤醒沉溺于生死轮回迷梦中的世人,洗涤尘世的凡尘,祛除人生种种的烦恼和忧虑,获得佛的祝福,实现心中善良的愿望,生起皈依佛门的正信之心。

金陵清凉寺的钟声有别于一般意义的钟声,它具有鲜明的个性特征。

南唐时,清凉寺首开"敲击幽冥钟"的规制。"幽冥钟声,声彻三界,地狱群鬼,皆能听见。"幽冥钟是寺院代施主超度亡灵之用。幽冥钟声传到地狱,群鬼听见后就知道是阳世的后人在为他们做超度,唤醒他们的回忆,好让他们忏悔。

佛教丛林中的大钟"通幽彻显,能救拨恶趣无量痛苦,尽显诸佛无边悲智,开启众生无价宝藏"。因此,清凉寺敲击幽冥钟的规制在各个寺院普及,后来天下道场都实施了敲击幽冥钟的规制。

南唐时,先主李昪崇信佛教。在征战及营建金陵城过程中,士兵及工匠夫役有不少死伤。李昪曾请清凉寺僧人做道场,超度死者的亡灵。相传,南唐升元六年(942)溧水天兴寺的桑树上生出了一个六寸长的木人,酷似僧人形象,袒着右臂,左腿半跪,连衣裳上褶皱都很清楚。县官见了以为奇事,将其装在佛龛中,在李昪过生日那天,作为寿礼进献。李昪见了,大感惊异,就将这木人安置在宫中,作为菩萨供养。第二年,李昪去世了。中主李璟见他父辈那么崇佛,继续把木人当菩萨供奉在宫中。

据《翻译名义集》记载:

> 南唐上元县(金陵)一民暴死,三日复苏,云死至阴间,见先主(李昪)缧械甚严,曰:"吾为宋齐邱所误,杀和州降者千余人,怨诉因此。凡闻钟声,得暂息苦。汝还,语嗣君(李璟),为吾造一钟,长时击之。彼若不信,以吾藏玉天王像于瓦官寺佛左膝,人无所知者,以此为验。"民具告,验实,遂造一钟于清凉寺,镌其文曰:"荐烈祖孝高皇帝,脱幽出厄。"

这个记载就是说,南唐时,金陵有个人暴死,谁知三天后,此人又复活了。他对人说:死后到了阴间,碰到了李昪,看见李昪的手脚被捆得严严实实。李昪诉苦说:当初听信了宋齐邱(南唐臣子,曾任镇南军节度使,握有兵权)的话,把和

第六章 清凉胜境

州投降的1000多人都杀死了,因此招来怨诉,到了阴间得到了报应。李昪还说:只有听到钟声,他在阴间的苦才能停止。因此,请此人回到阳间后,务必告诉儿子(李璟)造一口大钟,长时敲击。如果李璟不相信,就告诉李璟,他曾在瓦官寺佛的左膝密藏了一尊玉天王像,以此为证。后来李璟果然在瓦官寺找到了一尊天王像。于是遵照父亲李昪的嘱咐,建造一口大钟,悬挂在清凉寺,并在钟上刻有文字:"荐烈祖孝高皇帝,脱幽出厄。"

南唐君主给予清凉寺皇家寺院的气象,同时又专为铸造了一口大钟,响起了洪亮的清凉钟声,从此以后,清凉寺的香火相续旺盛。

每当钟声响起,清凉山麓山鸣谷应,响声传至很远,愈发让人感受到天地之宏大、历史之邈远、宇宙之广阔,也给清凉寺呈现一派更为宁静肃穆的佛门庄严气象。无论僧俗,听到清凉钟声,都恭严整肃,不急不缓,以慈悲度众的心怀警世醒人,忏悔业障,断除烦恼。

清凉寺的悠悠钟声,成为天下道场敲击幽冥钟的先声。

世事沧桑,南唐中主李璟当年铸造的那口大钟后来踪迹全无。明代、清代曾多次新铸清凉寺大钟,但都被毁或遗失了。

2009年6月,南京清凉寺恢复。为了继承和弘扬清凉寺钟声文化,理海法师发心募资铸造了大钟一口。此钟造型古朴、凝重、典雅,音质浑厚,余音悠长。现此钟悬于佛殿内。(图6-16)

恢复后的清凉寺,大钟重塑,也沿袭了敲击幽冥钟的规制。佛教认为,大钟敲响,在三途恶道受苦的众生,得

图6-16 清凉寺大钟

以停止痛苦热恼的逼迫,暂时获得解脱休息。人临命终将往生时,听到此钟声去掉往生的恐惧,心生善心,安详而增长正念,利于往生善趣。在每一次叩钟的当下,以清净利他的大愿,精诚专注于叩钟,产生感通十方法界的力量,止息恶道众生的苦难,也使自己的业障消除,福慧善根增长。在钟与佛的融合中,清凉寺钟声带给人们越尘脱俗的阵阵清凉,"钟磬清心,欲生缘觉",集中表现着佛门禅意。

清凉寺的大钟，不只是僧众修行的法器，现在还演变成祈福求祥的法器。每年元旦及除夕夜都举办撞钟活动。钟声祈福为辞旧迎新赋予了新的含义，即趋利辟邪、增长智慧、带来好运。清凉寺的钟声已是吉祥的钟声，传递着人们美好的精神寄托。

　　最盛行的是每年除夕撞钟活动。除夕夜十时许，寺内外已经人山人海。寺院内外更是张灯结彩，火树银花照耀如同白昼。十一时左右，理海法师身着大红袈裟，胸挂佛珠，仪态端庄，与僧人一起为僧众举行撞钟祈福法会，祝愿众生身体健康，万事如意，祝愿国家繁荣昌盛，人民安居乐业，祝愿世界和平。新年来到之时，敲出新年第一响钟声。每个人都在屏息静气地倾听。在有节奏的韵律里，传达出神韵悠悠，寄托着人们虔诚的祈盼和美好的愿望，使心灵获得祥和与安定。

　　清凉寺的钟声，已是传递美好未来吉祥愿景的响声。

第二节

翠 微 亭

南唐保大九年(951),中主李璟在建筑清凉院时即在山顶建清凉台、暑风楼。962年,李煜在暑风楼址建不受暑亭,又名翠微亭。相传,李后主多篇千古绝唱均诞生于此。

北宋年间,长期寄居金陵的王安石,以及曾来清凉寺供奉佛像的苏轼都曾在此流连。一向隐居杭州西湖,"梅妻鹤子"的林逋(和靖)也来此,并作两首诗盛赞翠微亭:

> 亭在江干寺,清凉更翠微。
> 秋阶响松子,雨壁上苔衣。
> 绝境常难得,浮生不拟归。
> 旅怀何计是,西崦又斜晖。

> 渺渺江天白鸟飞,石城秋色送僧归。
> 长干古寺经行了,为到清凉看翠微。

著名词人、"苏门四学士"之一的秦观游览此处,在《木兰花慢》词中感慨:"过秦淮旷望,迥潇洒,绝纤尘。……凭高正千嶂黯,便无情到此也销魂。"

到了南宋初年，翠微亭已经不存。南宋绍熙年间(1190—1194)复建成一面亭，但格局过小，与周边景观不相称，时人评价："景大而亭小，不可以纵目而骋怀；景四面而亭一面，不可以总观而并览。"淳祐十二年(1252)，淮西总领陈绮将其扩建，粉饰一新，其遂成为清凉山顶登临观景的最佳处。陈绮的朋友、资政殿学士吴渊作文记其事，登亭畅览，南可见方山，北有环滁之山，西面是三山，东面是钟山和鸡笼山。

吴渊在《建翠微亭记》中写道：

乃若长江自西亘北，银涛雪澜，汹涌湍疾，烟帆风席，杳霭灭没，朝宗于海，昼夜不息。与夫遥岑近岫，危峰断岭，如列画图，如植屏障。或云霭之出入，或烟霞之明晦，或晴霁而日月朗，或风雨而雷电瞑。朝暮四时，千变万态，不可名状者，无非此亭之景也。

吴渊在文章中更是感叹"翠微之景，实甲于天下"。

元代文人许谦(1269—1337)作诗描绘翠微亭所见到的景致，内心还隐隐表达了对元朝统治的忧郁之情。

九月十七日登清凉寺翠微亭故址
梵宇峥嵘枕石头，倚风极目立荒丘。
黄花复地初经雨，白雁横云带远秋。
城郭已非山故在，江淮失险水空流。
衲僧八十仍多病，扢泪殷勤说故侯。

元末明初文人张以宁(1301—1370)也抒写了翠微亭的自然景色和僧家的清寂禅意。

建业清凉寺次王伯循御史竹亭壁间韵
独寻清凉寺，还望翠微亭。
客散竹间月，僧闲松下经。
江声回近浦，野色到虚庭。
白发山中叟，为予诗眼青。

第六章 清凉胜境

元代张野写有一首《满江红》词,题为《登石头城清凉寺翠微亭》,这首词很有影响力:

> 翠微秋晚,试闲登绝顶,徘徊凝伫。
> 一片清凉兜率界,几度风雷貔虎。
> 钟阜盘空,石城瞰水,形势相吞吐。
> 江山依旧,故宫遗迹何故?
>
> 遥想霸略雄图,蚁封蜗角,毕竟无人悟。
> 六代兴亡都是梦,一样金陵怀古。
> 宫井朱阑,庭花玉树,偏费骚人句。
> 此情谁会?舻声摇月东去。

这首词上半阕写登临翠微亭所见到的景色,引发对旧时事迹的怀想。下半阕联想到孙权,以及南朝陈时的后主,感慨"六代兴亡都是梦"。词题写到"清凉寺",词中又写到"清凉兜率界",写出了清凉的三重意义:一是清凉寺名,二是秋气凉爽,三是佛门清凉境界。

晚明文人葛寅亮《金陵梵刹志》也记载了当时的翠微亭:

> 左胁而上,为清凉台。山不甚高,而都城宫阙、仓廪历历可数。俯视大江,如环映带。台基平旷,原系南唐翠微亭旧址。今亦有亭,可登览。

到了明末,亭被毁。陈沂《金陵世纪》云:"翠微亭石城登临最佳处,今不存矣。"(图6-17)

清初余宾硕《金陵览古》记载清凉台:

> 台踞山巅,俯临大江。每秋冬之际,木叶尽脱,夕阳返景,江涛浩渺,人烟寥廓。登此台者,无不感伤摇落,抱子山之哀,增宋玉之悲矣。上有翠微亭,南唐时所建。又有不受暑亭,李后主避暑处也,今废矣。

图6-17 晚明绘本画翠微亭

余宾硕还赋诗感叹翠微亭的不存:

> 山巅昔日有高台,俯视长江晓雾开。
> 历历帆樯随水逝,滔滔波浪拍天来。
> 月明万井敲砧急,日暮孤城号角哀。
> 楼阁烟云堪入画,登临抚景独徘徊。

清康熙五年(1666)龚贤写诗云:

> 清凉山在屋边头,送客经过得暂游。
> 台面坐看红日落,大江千里正安流。

> 与尔倾杯酒,闲登山上台。
> 台高出城阙,一望大江开。

此时龚贤所见,已只是翠微亭的台基遗址了。

清乾隆年间,乾隆下江南,忽然想到了翠微亭。当时翠微亭已毁,两江总督尹继善命在山峰之巅复建,乾隆御题"翠微"额,亭中立一碑,碑面四周雕刻龙纹,碑心刊刻乾隆皇帝第二次南巡时所作五言律诗一首,翠微亭从此成了御碑亭。(图6-18)

图6-18 清《江宁府志》插图中的翠微亭

二

清咸丰年间,因太平天国战事,御碑亭被毁。同治年间又得以重建。《同治上江志》载:

> 地势迥旷,堪称遐瞩。城闉烟树,幂历万家。城外江光一线,帆樯隐隐可辨。江北诸山,拱若屏障,登眺之胜,甲于兹山矣。

陈文述有诗云:

> 清凉山色几芙蓉,旧是南唐避暑宫。
> 玉辇夜游明月好,娥皇舞罢彩云空。
> 六朝城郭啼鸟外,一枕江流铁笛中。
> 留得翠微亭子在,水天闲话夕阳红。

陈诒绂《金陵园墅志》载:"衔远山,吞长江,其西南诸峰林壑尤美;送夕阳,迎素月,当春夏之交草木际天。"

1899年,日本历史学家内藤湖南游览清凉山,他在《金陵游》中写道:

> 至清凉寺,寺颇荒凉,遂直上翠微亭。亭四周为风景胜地,虽已成兵营,士兵一半时间以农业为生计,进入营门方无人盘问。亭中积满蒿草,无可以休憩之余地。城西野色江流,历历在目。……此地乃南唐李后主避暑之地,山虽不高,然树木古苍,曲径幽折,真乃宜人之地。

清光绪年间,驻扎在山间的护军管带朱某,竟将这碑亭用来堆放草料干柴,结果不慎失火,亭毁碑残。朱某赔出三千金用于重建。1933年出版的《新南京》写到此处:"(翠微)亭在清凉山上,登临远眺,四大皆空,短树数株,参错其间,更增雅趣。"(图6-19)

20世纪30年代,清凉台上建起自来水厂的蓄水池,翠微亭遗址完全被毁。

图 6-19 清代绘《翠微环眺》图

因"旧志不载,续志不云"等缘故,南唐时所建翠微亭初始形制已不可考。但明清以来,在一些描绘金陵形胜的图画中,绘有翠微亭。尽管传统绘画并非完全逼真写实,但从绘画中大体可辨识当时翠微亭的外观。

晚明南京状元朱之蕃编《金陵四十景图像诗咏》之《清凉环翠》图中,晚明宋懋晋《江南名胜十八景图》中都绘有翠微亭,应是明万历年间重建的翠微亭,单檐歇山顶,单层长方形状。

清乾隆十六年(1751)版的《上元县志》卷二,有一幅《清凉山图》,该图绘清凉山巅翠微亭,并注:

清凉山在石头城内,南唐名石城。清凉山顶有翠微亭俯眺江城,山插青天,舟横白鹭,金陵佳丽如目前,亦南唐时建。乾隆十五年九月重建。

《南巡盛典》清凉山画作中绘有翠微亭,此亭是乾隆南巡时重建的,呈重檐四角攒尖顶形。(图6-20)清代《四十八景图》之《清凉问佛》图,《上元县图志》中的清凉寺图中的翠微亭都是此形状的亭子。清末民初陈作仪《金陵四十八景》之八《清凉山》图中所绘的翠微亭,是晚清重修后的基本形状。(图6-21)

20世纪初,有用照相机拍摄的翠微亭,双层檐顶,方形,四面有柱无墙。还有一张照片拍摄了当时在翠微亭前建的一座牌坊。

翠微亭始建于南唐中主李璟时。南唐后主李煜与小周后每次到清凉大道场,都

图6-20　清代《南巡盛典》图中的清凉寺、翠微亭

图6-21　陈作仪绘的翠微亭

一同上山在翠微亭弹琵琶、作词、观景。自宋代以来,历代文人抒写了数十首有关翠微亭的诗词。自明代以来,绘了近十幅有关翠微亭的画。这些都给后人留下了深刻的文化记忆,这里也成为人们凭吊、怀念李后主绝佳的地方。

20世纪50年代,南京著名文人、词曲名家卢前曾有一愿望——"若干年间,我忽然立下一志愿,就是在南京清凉山翠微亭遗址,盖它一座小小的词皇阁",以

纪念南唐后主李煜。1984年,又一位南京文人,南京师范大学教授、词学家唐圭璋重提此议,但此议石沉大海,悄无声息,唐圭璋老人非常伤感。

2014年,南京市规划局公布石头城遗址公园的规划设计,其中提到将新建"清凉台",作为登高远眺之地,这引起了世人的浓厚兴趣。若能新建成"清凉台",将是对卢前、唐圭璋两位乡贤的最好告慰。(图6-22)

图6-22　20世纪初翠微亭

第三节 地藏寺

一

清凉寺东面的山头,有一组构建颇有气势的建筑,名为"崇正书院"。这里,明代曾先后是读书处和书院,清代同治以后,为地藏寺,即小九华寺。

清末民初陈诒绂《石城山志》载:"自石头山循城稍南,至清凉门,小九华之麓也。""清凉山,因奉地藏香火,故名小九华山,庵为崇正书院故址,明都御史耿天台定向讲学处。"

北宋时,有名士郑侠,人称"一拂居士",在现崇正书院山下一处地方建茅舍为读书处。郑侠为人爽直,两袖清风,身无长物。后人敬仰他的高风亮节,改茅舍为"一拂祠",以示纪念。

明代陈沂《金陵世纪》载:"郑侠读书堂在清凉寺侧。侠,闽人,父翚,江宁府监税。治平二年,侠下第,随侍于江宁,得清凉寺一屋读书,惟冬至至元日归省。"

清代陈文述《秣陵集》载:"一拂清忠祠在府治清凉山麓,祀宋监上安门郑介公侠。……人称一拂先生。"

明嘉靖四十五年(1566)户部尚书耿定向(1524—1596)在南京做督学御史,见这里是读书办学的好地方,就沿一拂祠向上,倚山就势建殿堂三间,作为他办书院之处,名为"崇正书院",意为推崇封建正统的儒家学说。耿定向派其学生焦竑主持日常书院工作,派选优秀生来书院读书。这里培养了不少人才,焦竑就是耿定向的优秀学生之一。

明万历十七年(1589),焦竑到北京应试,中状元。他回南京,见崇正书院废,于是,将此地改建为祠堂,名"耿公祠",以纪念耿定向。

明万历三十二年(1604),有人重修祠堂,名为一拂清忠祠。

清顺治初年(1644),毁祠建寺,名为"云巢庵"。乾隆中期,此庵毁于火。

清嘉庆元年(1796),僧人展西化缘募资"修饰其祠宇",扩大规模,建佛堂、僧寮,作为佛事活动场所,仍沿用昔日之名"崇正书院"。与此同时,还新建一座楼,名为"江天一线阁"。因登此楼可以看见长江似一线蜿蜒东去,故名。此阁曾有一联"六朝金粉风微后,一味清凉月上时",颇有诗境。清咸丰三年(1853)崇正书院的梵宫琳宇毁于太平天国的战火,泣为荒圮。

清同治四年(1865)僧人可曾募资重建。建有院落二进,地藏殿三楹,灵官殿四楹等,称地藏寺,也称小九华寺。

到了二十世纪三四十年代,小九华寺依然前有灵官殿,中为观音堂,后有地藏殿。左边还有一座玉皇阁,西头另有一座快览阁(江天一线阁),成为三教并供,释道圆融的处所。香烟氤氲、烛影摇红,香火最盛的还是那三楹的地藏殿。

地藏寺供奉的是地藏菩萨。清凉山地藏寺地藏菩萨塑像前挂有一副对联:

> 众生度尽,方证菩提
> 地狱未空,誓不成佛

在我国,地藏菩萨的道场在安徽九华山,九华山的寺院被称为"九华寺"。南京清凉山供奉地藏菩萨的寺院被称为"地藏寺",也称"小九华寺"。(图6-23、图6-24、图6-25)

南京清凉山建小九华寺供奉地藏菩萨,这与安徽九华山有着深厚的历史溯源。

相传,金乔觉辞别故土,乘桴泛海,从中国东南沿海登陆,在宁

图6-23 远眺地藏寺

第六章　清凉胜境

图6-24　20世纪30年代小九华寺殿堂

图6-25　20世纪30年代小九华寺大殿

波、杭州等地辗转数载,来到南京,曾在清凉山上坐禅修行。然后从南京出发,溯江而上,先后抵达马鞍山、芜湖等地(南京、马鞍山等地都有小九华山,说明金乔觉在这一带生活过),辗转跋涉,终于寻觅到弘法理想之地——九子山。九子山系九华山旧称,李白游此山后"削其旧号,加以九华之目",写下"妙有分二气,灵山开九华",故改称为九华山。

清康熙四十四年(1705),康熙南巡到江宁,时安徽巡抚刘光美随行在江宁,请皇上御书。康熙为安徽九华山佛寺题写了"九华圣境"四个大字,并派专人从江宁出发,奉送到九华山。

乾隆三十一年(1766),乾隆南巡到江宁,应两江总督高晋请求,为九华佛寺题写了"芬陀普教"四个大字。用的纸是当时流行而又名贵的蜡黄撒金纸。现在这幅字的金星已脱落,纸色也变成灰黑色,但字及加盖的"御玺"均完好无损,至今为安徽九华寺珍藏。

建造清凉山地藏寺的五年后,九华山永胜庵建"东崖钟亭"。因金陵清凉寺曾有一口幽冥钟,这个钟亭依清凉寺的钟名,定名"幽冥亭",还铸造了一口钟,有"东崖一杵万山鸣"之誉。

清凉山地藏寺在"文化大革命"中被毁坏殆尽,殿堂空空,寺已荒废。

1982年,南京市政府重新修葺小九华寺。修葺工程由著名建筑专家杨廷宝指导。竣工后的小九华寺更名为"故崇正书院"。整个书院分为三进。第一进为"轩厅",第二进为"过堂",第三进为"大殿"。一、二进之间以两侧回廊相连。二、三进之间,东侧为假山水池、凉亭,组成典型的江南园林小景,西侧为翘角飞檐的两层小楼"江天一线阁"。"故崇正书院"建成后，曾举办过多次文化展，为这一古老的胜景增添了新的文化内涵。

当今崇正书院大门有一副楹联，为古文字专家、南京大学教授许结撰文。其联为：

崇丘万物儒为道

正气千秋乐助诗

上联出自《诗经·小雅》之《崇丘》序。崇丘意为高山，也喻孔丘。下联中，"正气"因原书院取意自文天祥的《正气歌》。"乐助诗"，因古时《乐经》已失，后以诗代乐教。此联将明代耿定向当初建崇正书院的缘由、定位及孔孟的儒、老庄的道、乐与诗之间的关联一一概括。

二

农历七月三十，相传是金地藏圆寂和成道的日子。清代以来，僧众都要在这段时间举行各种纪念活动，逐渐形成了具有鲜明地方特色的清凉山地藏会。

清凉山地藏会的显著特点是佛教气氛浓郁。寺庙里举办"盂兰盆会""水陆法会""打地藏七""守夜"等佛事活动，还将清凉山间各小庵的圣像汇集到地藏寺里，名曰"朝山进香"。

这时，清凉山上旗幡飘扬，山道上人挤如蚁，香客云集。随着信众的朝拜，商贸活动也在通往地藏寺的道上热闹地进行，民间艺人也赶来纷纷献艺。传统的清凉山地藏会成为集佛事活动、游山、商贸、文化娱乐为一体的具有鲜明地方特色的综合性集会。（图6-26）

图6-26　20世纪30年代小九华寺信众进香

第六章 清凉胜境

石三友《金陵野史》载:"清凉寺在清凉山中,往日是南京信奉佛教者进香之地,每年旧历七月中旬是进香鼎盛之时。有所谓烧拜香者,每人手持炷香一步一拜,由山脚至佛像前,表示他们的虔敬。那时山间有盛会如庙会者,摊贩林立,拜佛者、游山者,老少咸集,一时称盛,是金陵岁时风俗之一。"

又据《南京戏曲资料汇编》记载:每年农历七月一日始,由城西清凉山开始,一直到城南糖坊桥,其间共建有24座戏台,各家戏台公开上演,且免收一切费用,一唱就是一夜。通宵达旦,四方人士前来观赏,极尽欢娱。尽管这些戏台分散于城西南一带,但都是起始于清凉山,铺陈开去。

农历七月二十八日前后,最热闹的当数清凉山下及上山路旁。南京各家商会、商家,以及外地设于南京的各会馆、公所、试馆及同乡会等,都会自发地组织起来,积极参加商业或文化娱乐活动。

清凉山地藏会一般是在农历七月二十八子时开山门。朝山的人犹如潮水般涌去。有人带着拜垫,一直拜到地藏寺大殿。成百上千烧香拜佛的人,从不同角落齐奔一个地点,都想抢烧第一炷香,以表自己的虔诚。所以大多数都是夜里不睡觉,摸黑赶路,争烧头炷香。(图6-27)

图6-27 小九华寺法会供烛

地藏殿供奉的地藏菩萨,结跏趺坐,右手持禅杖,寓意爱护众生,戒修精严;左手持如意佛珠,寓意众生心愿得到满足。佛殿两侧奉十殿阎罗王画像,高悬九莲灯,累如贯珠。

地藏寺内灯烛辉煌,殿上置放着一只只用蒲草编织而成的蒲团供香客们跪拜。殿内烟香缭绕,佛音杳渺,熙来攘往的人群摩肩接踵,一拨一拨的善男信女在佛像前虔诚地烧香磕头,此未起彼已伏。

烧香以后,还要"回香得福"。就是说要带一些纪念品回去,分赠亲友,让他们同沾佛荫。民国夏仁虎《岁华忆语》载:"游人桓集清凉山,驻马坡一带,购夜来香以归。当时物贱,夜来香数十朵,以铜钱串成柄,可供妇人插柄者,只索青钱二三枚耳。"

在进香路上,摆开了众多的香烛铺、素食小吃摊。沿途地摊上有卖竹筷、饭碗的,有卖竹编儿童玩具的,有卖清凉山土特产的,等等。因为正当盛暑,沿途还搭起几十座茶棚,提供茶水以供香客解渴。(图6-28)茶棚内张挂灯彩,上悬地藏王菩萨像,旁列十殿阎罗像,而供案上陈列着各种木制、竹编玩具,以供游人、香客欣赏。这些商摊、茶棚从城南的大中桥,经城中内桥一直摆到清凉山脚下,延伸七八里,十分壮观。还有的在路边广场上唱"莲花落"民间小调,演出"目莲救母"等地方戏曲。

图6-28　小九华寺地藏会路边茶棚

20世纪30年代《新京备乘》载:"七月晦日,清凉山有庙会,则升诸小庵之神像集于大庵,标其名曰'朝山进香'。沿途茶寮密布,高悬灯彩,供应香客,结欢喜缘。老稚妇女络绎于途,且有烧拜香、烧肉香各种怪状……"(图6-29、图6-30)

图6-29　20世纪30年代小九华寺石阶

图6-30　小九华寺法会进香

1954年夏天,南京发大水,人民财产受到损失,生活遇到困难。这一年的七月三十日,小九华寺的香火大盛,上山的道上,排队的人见不到尾。信众礼拜地藏菩萨,祈求保佑平安。

地藏寺清凉礼佛的盛行,说明佛教在民众中更为普及,既反映了佛教文化的民间性人本思想,也反映出人们趋善趋上趋乐的文化心理。

每年农历七月半前后的清凉问佛,不只是在清凉寺、地藏寺等寺庙内,还延及到街坊、居民住处。当年临清凉山汉西门一带的街头,也有的搭起高台,上排方桌,供列佛像,最高处坐着诵经的法师。临街一面挂上桌帏,案上焚香燃烛,法师们敲木鱼,击铜磬,齐声诵经,绕台数次。临近尾声,上座法师起立托盂,以手指蘸盂内清水向四方弹射,以示施降甘露,普度众生。在同一条街上,常常三四座高台并峙。来自清凉寺、地藏寺的寺僧一处结束,会再赶往下一处,赶好几台焰口。寺里僧人少的,连斋堂烧饭的也上阵。俗语"七月半到来,烧锅的和尚也上台"。旧时七月半也是祭祖的日子,家家设供焚纸,祭祀活动很盛。

《首都志》引《金陵赋注》载:

> 中元糊纸为舟,中为地藏像,舱两偏像两庑,是为十殿阎罗,船外则列阴官冥卒,谓之法船,于旷野焚之。

热热闹闹的清凉山地藏会上,也有少数人借机骗钱作恶。特别是有人混入信众中,装着道士为人打卦算命,谣言惑众。20世纪初的一年,南京街头曾连日忽传一种奇异谣言,传白莲教以一妖术放纸人剪鸡毛,且剪妇人发髻及小儿阳具,引得不少人异常恐惧。后经查明,并没发现此类事情,只有十几处地方鸡毛被剪,是几名假道士的骗钱术。据1914年6月17日《大公报》载:他们"先行摇惑人心,俾爱发髻之妇人及有小儿之家畏惧。该道士即宣称画符三道,以破妖术。每符一道,铜元一枚"。警察将查明的真相公诸报纸后,南京城的妖术恐慌便迅速平息了。

清凉山地藏会清凉礼佛的盛景,是金陵四十八景之一"清凉问佛"的重要内容。凡是介绍"清凉问佛"的文字,七月地藏会的盛况是不可或缺的。1920年,徐寿卿编《金陵四十八景全图》,这是民国时期唯一的一部有关金陵四十八景的图册,也是20世纪最后一部全面反映金陵四十八景的图集。其中的"清凉问佛",有景点说明:

是山也,在汉西门内,南唐名石城。山顶有清凉寺翠微亭,亦南唐时建,今则尚存。每逢七月焚香拜佛,络绎不绝。其间又有暑风亭乃李后主避暑殿之故址,门前胭脂犹在。登高远眺,南北诸山都在一览中也。

图集中的《清凉问佛》,是在实地考察与查阅文献资料相结合基础上绘成,反映了清代雍正、乾隆时期清凉问佛的盛况,其文字中就介绍了"每逢七月焚香拜佛,络绎不绝"。(图6-31)

图6-31　清人绘《清凉问佛》

"清凉问佛"景点,有可游览性的特点。这里自然环境优美、人文景观众多,地藏会上又有众多的活动内容。这里有山有水,乌龙潭在山之东面,秦淮河从山下流过。这里有城,东吴时所建石头城及明代的城墙。满山青翠,生长许多古树名木。山水城林汇聚,是金陵城西的形胜之地。清凉寺、扫叶楼及翠微亭历史底蕴深厚。地藏会期间举行的各种法会及引申而来的庙会活动丰富多彩,使得寺院周边俗化为一般民众的娱乐场所。自然、人文景观及庙会上多样的活动,对各阶层人群都有吸引力。

"清凉问佛"景点,有可进入性的特点。城市的公共活动空间有限,离城不远的清凉山各个佛寺,即成为人们经常去礼佛、观赏的地方。寺院向所有人群开放,不需要身份的确认,也没有金钱消费的门槛,任何人都可自由出入。寺院成为一个向大众展示的空间。

"清凉问佛"景点，有可参与性的特点。地藏会期间，寺院里有香火的点燃、经法的传播，以及一些文人与寺僧间的诗文唱酬；寺外有面对大众的戏曲演出，庙会上有各种消费活动。这些都吸引了不同阶层的民众，他们以多种不同的方式参与到各项社交活动中。这种多样化以及活泼的气氛，激发了民众的参与欲望。

"清凉问佛"景点，有可服务性的特点。寺院为前来礼佛、游览的民众提供了香烛、茶水、斋菜，以及佛事等多种服务。这些服务，既为信众礼佛提供了方便，又为民众去寺院及山中游玩解决了后顾之忧，也在游玩之余，增添了别样的情趣。

"清凉问佛"的胜景，一直延续到20世纪五六十年代。

第四节

扫 叶 楼

一

走进清凉山公园大门,左侧有登山通道,曲径通幽,数步就可见"古扫叶楼"门坊。拾级而上,即进入扫叶楼。

今扫叶楼北,原为明代所建的善庆寺,亦名善司庙,曾又名德庆寺。此寺是为祭祀唐朝睢阳守将张巡而建。

明末,清凉寺僧在善庆寺建禅房,为年迈体衰的莲乘法师诵经礼佛及日常生活居所。莲乘的起居照料及禅房打扫工作,由他的弟子宗元(号扫叶)去做。

新建的这所禅房,称为"扫公房"。

明末文人方文(1612—1669)《寒食日宿扫公房》:

城西有古寺,乃在石头山。南唐李后主,避暑于其间。所以名清凉,遗迹犹斑斑。左右两小阜,高楼出尘寰。老僧莲乘者,白首栖禅关。厥徒字扫叶,诗律夙所娴。世事了不闻,意态长肃闲。

这所禅房也被称为"扫公楼"。

明末清初画家龚贤《扫公楼》:

扫公楼在石头城,城外江从窗外流。
明日渡江回首处,不知曾见扫公楼。

第六章　清凉胜境

当时龚贤居住在虎踞关附近的"半亩园",离扫公楼不远,常来扫公楼拜访僧人。龚贤与莲乘、宗元等僧人为好友。相传,一次龚贤看到宗元在山道上扫地,得来灵感,画了一幅《僧人扫叶图》,图中僧人手执扫帚,作扫叶状。这幅画悬挂在楼的墙壁上。凡是到此楼的人,见到这幅画生动传神,笑称僧人宗元是"扫叶上人",此楼也被称为"扫叶楼"。

释宗元的朋友,福建人魏宪(惟度)在编选诗集的注中写道:"释宗元,扫叶,维扬人。"魏宪在扫叶楼看到墙壁上有人题一首诗,题为《赠扫叶上人》:

拈花久碍人天眼,扫叶犹留解脱心。
何似无花并无叶,千山明月一空林。

魏宪的注语及这首诗,说明释宗元即扫叶上人。

扫叶楼建于山腰,南面是开阔地,楼有凌空建阁之势,是金陵城西风景绝佳处。清道光年间举人、著名作家管同(1780—1831)游扫叶楼后,写了一篇佳作《登扫叶楼记》,其中写道:

是楼起于岑山之巅,土石秀洁,而旁多大树,山风西来,落木齐下,堆黄叠青,艳若绮绣。及其上登,则近接城市,远把江岛,烟村云舍,沙鸟风帆,幽旷瑰奇,毕呈于几席。

作者登上扫叶楼,心旷神怡,对眼前的景色叹赏不已。

可惜不久,在清咸丰三年(1853)的太平天国战事中,扫叶楼被毁。

1889年,奉清光绪皇帝的诏命,重建扫叶楼,作为善庆寺的一部分,时人在其门额上题"古扫叶楼"。善庆寺仍为祭祀唐代名将张巡,扫叶楼底层祭祀龚贤,二楼供游人品茗远眺。

1901年,心悟法师募资对扫叶楼进行修缮,敬安禅师(八指头陀)给予了资助。(图6-32)

图6-32　扫叶楼

1914年，寄龛法师及文人潘宗鼎等人发动募资，又重修了扫叶楼。潘宗鼎曾作《重修扫叶楼募疏》。其中写道：

> 时移代易，人往风微，一角危楼，虚悬遗像。画梁朽止，尚虞黄叶之堆。诗壁济然，将籍白云之补。乍飘摇于风雨，终零落于山丘。登斯楼也，能勿慨乎？伏乞当代巨公，天下善士，表彰名胜，激励懦顽，输金促义举之成，发帑播博施之誉，于以重新轮奂，长奉瓣香礼也。呜呼！传之千秋，乃尽后死之责。

这篇募疏文字，把重修募集资金的缘由很动情地写了出来。

扫叶楼重修一新后，吸引了许多名人雅士前来悠游，于此留题甚多。李叔同（弘一法师），印度大诗人泰戈尔，国内知名文人徐志摩、林徽因，佛学大师太虚，赵朴初先生，知名文人陈三立等人都曾游访过扫叶楼。倡议重修扫叶楼的潘宗鼎还与僧人寄龛共同编辑出版了历代有关扫叶楼的诗文《扫叶楼集》。当时到扫叶楼游历者，莫不手持一册，竞相争睹。

人们提及扫叶楼，往往必说到著名画家龚贤。

龚贤（1618—1689），字半千，祖籍江苏昆山。童年时，随先辈移居南京。他12岁师从知名画家董其昌学画。后结识复社名士，与东林、复社人士过从甚密。明清易代之际，他四处逃亡。

清康熙四年（1665），47岁的龚贤回到南京，在清凉山虎踞关附近购屋定居，自称为"半亩园"。

因为龚贤名望甚高，相传《僧人扫叶图》是他亲手所绘。他又常去扫叶楼与僧人品茗共话，有时晚上就居住于此楼休息。后来，人们以为扫叶楼上的画像是龚贤的自画小像，把扫叶楼看作龚贤的住所，也就把扫叶楼称为龚贤故居了。

把扫叶楼误认为龚贤故居，把"扫叶图"误认为龚贤自画像，是源于清乾隆著名文人卢见曾（号雅雨山人）的说法。

清康熙十三年（1674），当时的文坛名流王士祯编辑诗集《感旧集》，龚贤的七篇诗作亦被收录在内。王士祯仅仅是"辄取箧衍所藏平生师友之作，为之论次，都为一集"，没有对诗中每位作者的情况作介绍。之后，过了七十八年，到了清乾隆十七年(1752),德州的卢见曾补作《感旧集小传》,将诗集中每位作者的简略情况,补在各人的诗作之前。

卢见曾所作的龚贤小传是这样写的:

> 龚贤,字半千,别号柴丈人,江南上元布衣(龚氏籍贯扬州人),有《草香堂集》。(施闰章)《愚山集》:"龚半千像赞":"人推诗老,自称柴丈。名不可逃,俗不可向。尊酒陶然,笔墨天放。投迹嵩中,寄情霞上。"(卢见曾)按:半千工画,爱仿梅花道人笔意。常自写小照作扫落叶僧状,因名所居为扫叶楼,颠倒用小印于帧末而不署名。

上述文字,问题出在卢见曾的最后一段按语,这段按语是针对施闰章(愚山)的"龚半千像赞"而发的。而像赞并没提及龚贤之像是自画,也没有任何"扫叶"的字样,至于所谓"颠倒用小印于帧末而不署名"的做法,在龚贤的画中,更未有这种现象。

清凉山上的确有扫叶僧其人,也是生活在明末清初,即龚贤隐居清凉山半亩园之时,也颇有诗名,爱与遗民交往。这些相似点,使人很容易将他与龚贤混淆起来。可是,他和龚贤确确实实是两个人。多种史料已明白说明扫叶僧人为"法名宗元,字扫叶,维扬人"。

在龚贤大量诗文、印章、字号中,从未有自称"扫叶僧"的字样。凡是对龚贤在清凉山的居所有所描述的,也从未有将"扫叶僧"或"扫叶楼"的字样与龚贤联系起来。在龚贤逝去之后,至乾隆十七年卢见曾观点提出之前的60多年间,人们凡是追怀龚贤或游扫叶楼的,也并无一人将二者混淆在一起。

自从《感旧集小传》刊行,卢见曾之说出现后,一些史料、地方志纷纷依附其说法,"扫叶僧即龚贤,扫叶楼即龚贤故居"成了压倒性的观点。

民国初年,陈诒绂《石城山志》中载:

> (清凉)山西南有扫叶楼,楼在善司庙后,即明遗老龚半千之半亩园也,半千尝绘一僧持帚作扫叶状因以名楼。

陈诒绂的父亲在世时,还曾弄到一幅《扫叶僧画像》挂在扫叶楼上(此画系陈作霖从龚铭三处得来。龚铭三,字肇新,与陈作霖同时代人,1947年尚在世)。既然扫叶僧宗元与龚贤并非同一人,这幅画也就失去了龚贤自画像的根据。经1966年"文革",这幅画像亦不知去向,当然也无法判定是否就是龚铭三所藏的那一幅。

　　从清乾隆初年开始,清朝统治者出于政治上的需要开始大范围地表彰前朝遗老中保持晚节的人物。再加上卢见曾之说的出现,于是扫叶楼不仅作为清凉山的一景,而且成为金陵文人思想情结聚集的地方。

　　正是因为龚贤,因为他所处的时代,因为他的经历,因为他留给后人弥足珍贵的诗词画作,以及龚贤那种洁身自好,又暗藏雄心壮志的精神,给扫叶楼增加了一笔巨大的文化价值。扫叶楼由此成为后人凭吊纪念龚贤的胜地。

　　其实,扫叶楼是否是龚贤的故居,已无足轻重,但可以明确的是,龚贤钟情于扫叶楼,是扫叶楼的精神主人。

二

　　昔日扫叶楼,"松深三殿绿,佛古一灯红"。清末民初,善庆寺住持寄龛法师将善庆寺与扫叶楼作为一个整体进行了修缮。

　　经1901、1914年两次重修后,扫叶楼面貌一新。但不久后的1928年,因当时政府严禁信众在清凉山进香,扫叶楼成了驻军场所。1934年驻军才撤走,1937年底侵华日军侵占南京,山林及扫叶楼建筑皆遭破坏。日寇南京大屠杀时,寄龛法师藏到菩萨塑像后洞中,山上山下枪声不断。待日军走后,寄龛才从洞中出来,逃过一劫。(图6-33)

　　抗战胜利后,国民政府虽欲复建,却无能为力。至新中国成立前夕,仅剩一丘荒山和扫叶楼断壁残垣。(图6-34、图6-35)

图6-33　1943年善庆寺一角

第六章 清凉胜境

图6-34 1944年善庆寺外景

图6-35 1944年善庆寺侧影

20世纪50年代，在山林恢复的基础上，扫叶楼得到了修缮，扫叶楼连同善庆寺均为寺产。1950年至1954年，南京佛教界在扫叶楼设立经忏组，辉坚法师被推崇为组长，负责统一管理全市的经忏法务工作。1955年，扫叶楼为比丘尼修行的场所，老百姓俗称"清凉寺尼姑庵"。1957年，宗诚尼和尚来扫叶楼"清凉寺尼姑庵"任住持，这里一度香火很旺。庵内前殿两壁"四大金刚"塑像高大威猛，人们往往要仰脸朝拜。前殿因为逼仄，"四大金刚"几乎就是夹道而立，进香的人一入殿堂就被大力威武、面目狰狞的金刚威慑，更显其庄严气象。

20世纪60年代末，扫叶楼遭到严重破坏，之后有过一次简易修缮。

1979年底，为了保护古建筑，政府决定对扫叶楼进行一次重修，将前后建筑一道重新修缮，构成一组完整的古建筑群。

经过这次重修，扫叶楼面积扩大了，占地1000多平方米，分三进，为江南民居的建筑格调，篷轩式，硬山顶，小瓦，无格窗，木质梁架结构，坐北朝南，大门坐西朝东。

沿着曲形踏步拾级而上，两侧竹篁摇曳，花木扶疏，迎面拱门上嵌有"古扫叶楼"四字填绿横额，落款"敕建"，是光绪年间的旧物。入门右折可见嵌于壁上的"龚贤旧居"石刻，为已故书法大师林散之所书。第一进主楼为两层，高20米，三间面阔8米，进深八檩。山坡上的第二进五间七檩。第三进三间九檩。

整体修建后的扫叶楼建筑群在地形利用与空间组织上匠心独运，其平面布局因形而设，灵活多变。由拱门至扫叶楼前，庭园或三角或长方，不拘一格，空间或奥或旷，尽自然之趣。扫叶楼后的最后一幢楼宇，其中轴为南北向偏西，与扫叶楼呈一夹角，台下为一多边形庭园，有湖石假山，沿石磴道可至楼宇。假山既是联系前后建筑物的纽带，也是园中一景。庭园东侧为茶室，有一腰门可通园中。由于组织得当，虽仅此二三幢建筑，却给人们留下无尽的空间感。

在竖向上，镂空的花墙随地形而起伏，将原本散落于山坡上的几组建筑有机地结合在一起，拱门、茶室、前后楼宇渐次升起，错落其间。扫叶楼楼高不过二层，却因其突兀崖际，凭借地势，不失高敞，登临远眺，风光无限。

1992年，扫叶楼被列入南京市文物保护单位。

2000年初，扫叶楼被改造成龚贤纪念馆，对外开放。（图6-36）

图6-36　扫叶楼

第五节

乌 龙 潭

清凉山下的乌龙潭,曾是清凉寺的放生池,也是全国有影响的放生池之一。

乌龙潭为古代江河演变而成,是运渎与潮沟纵横交汇进入长江的地方,史书载:"乌龙一潭,实众流归江储蓄之所。"

相传晋时,池中有四泉眼,终年喷涌不息。某年六月十九日,有四条乌龙现身于此水中,嬉水于四泉周围。后来每年这一天,四条龙准时再现。此处因此被人们称为"乌龙潭"。若干年后,四泉眼相继匿迹,乌龙也不再出现,但此处依旧风光优美。唐代以后,长江改道北移,乌龙潭为湖泊,上游与金陵城内的珍珠河、青溪相通。因沿岸多垂柳,水中遍植莲,故又名"芙蓉池"。池中莲花皆白,又称"白莲池"。

唐代名相、诗人李德裕有《白芙蓉赋并序》:

> 金陵城西池有白芙蓉,素萼盈尺,皎若霜雪。江南梅雨麦秋后,风景甚清,漾舟绿潭,不觉隆暑。与嘉客泛玩,终夕忘疲。古人惟赋红蕖,未有斯作,因以抒思,庶得其仿佛焉。

颜真卿与金陵有着特殊关系,金陵是他又一"故乡"。这里是他十三世先祖颜含及其以后七代先祖为官、生活过的地方。他们死后多葬于金陵郊外。唐代中叶,颜真卿与乌龙潭结下了不解之缘。也正是他,选择了乌龙潭为放生池,并使之成为当时全国最大的有重要影响的放生池。

颜真卿（709—784），字清臣，祖籍山东临沂，生于京兆万年（今陕西西安）。少年时刻苦读书，26岁时进士及第。

唐乾元元年（758），江宁（南京）府郡改制为升州。次年，颜真卿被皇帝从饶州刺史调任为升州刺史，并兼军使，掌管江宁地区的军政事务。

一次，颜真卿巡查到乌龙潭，眼前一片泽国，发水灾了。颜真卿想到必须治理水患，经过疏沟渠、护堤坡、挖湖泥，让乌龙潭通往长江的水道畅通，既能防雨涝，又能蓄水灌溉农田。

图6-37　颜真卿《乞御书题天下放生池碑额表》（部分）

当时，佛教盛行，佛教思想对颜真卿也有影响。他看到治理后的乌龙潭潭影寂清、花草幽香的景致，想到应把这里建成放生池。他给唐肃宗李亨写了《乞御书题天下放生池碑额表》（图6-37），他以"帝王之德莫大于生成"之意，帛本上奏，请求建制放生池，但这一次的上奏并未引起唐肃宗的重视。那时唐肃宗正在一手抓平定安史之乱，扭转衰败局面，一手要安抚平民百姓，使百姓生活生产走上正轨。颜真卿不见皇帝准建放生池，他又一次给皇帝写奏，并直接写了《天下放生池碑铭并序》。他写道："以至圣之姿，属艰虞之运，无少康一旅之众，当禄山强暴之初，乾巩劳谦，励精为理，推诚而万方胥悦，克己而天下归仁。"唐肃宗看了奏书及这篇文序，为颜真卿的所言所感动，大加赞赏，采纳了颜真卿的建议。唐肃宗亲笔给颜真卿题写了《答颜真卿乞书天下放生池碑额批》：

敕：朕以中孚及物，亭育为心，凡在覆载之中，毕登仁寿之域。四灵是畜，一气同和，江汉为池，鱼鳖咸若。卿慎徽盛典，润色大猷，能以懿文，用刊乐石，体含飞动，韵合铿锵，成不朽之立言，纪好生之上德。唱而必和，自古有之，情发于中，予嘉乃意。所请者依。

由此，颜真卿奉诏"始于洋州之兴道、泊山南、剑南、黔中、荆南、岭南、江西、浙西诸道,迄于升州之江宁秦淮太平桥,临江带郭,上下五里,各置放生池,凡八十一所,盖所以宣皇明而广慈爱也"。全国各地81处放生池,乌龙潭为其中的一处,也是当时最大的一处放生池。如此大规模地设置放生池,这实为史无前例。

当颜真卿主持第一次放生活动时,江宁民众闻讯而来,看到颜真卿双手将龟、鱼放入潭中,都拍手叫好,称颂皇帝和颜刺史的善举美德。

颜真卿76岁时,被叛军害死。后人因敬仰颜真卿为官清廉、不屈权贵的品质,唐元和年间(806—820)在乌龙潭边建了放生庵,设鲁公神位,以祭祀鲁公(颜真卿的封号)。这是当时全国最大的一处放生庵。

据《上元县志》载:"放生庵又名护生庵,在龙蟠里,庵前为乌龙潭。"因乌龙潭与清凉寺为近邻,乌龙潭也成了清凉寺僧人及信众开展放生的地方。

南唐升元元年(937),烈祖李昪在乌龙潭边放生庵避暑纳凉。后主李煜在夏日从皇宫出来"泛舟珍珠桥,入清凉避暑宫,以此(乌龙)潭深水静,鱼鸟嬉游",从这里登岸,上清凉寺。他称赞颜鲁公把乌龙潭作为放生池,是做了一件积福行善的好事。

乌龙潭作为放生池,"自唐迄明,相沿弗替",在民众中一直影响较大。明人孙应岳在《金陵选胜》中描写该潭"波光摇荡,鲂鲤潜游。花树茏葱,禽鸟栖咏",因此"泛月临风,大是佳境"。

明代有一县官,名钱炳。他后来辞官修行,每天诵持《金刚经》。年老临终时,他命左右取清凉水来喝。左右问他:"清凉水在哪里?"他回答说:"就是放生池里的水。"水取来喝了后,合掌说:"我以佛力,直接往生净土了。"说完,欣然坐逝。

佛门认为,放生,物命可以得到长生的果报。"放生"的观念依附了因果报应的思想,这对民间习俗产生了重大的影响。上至帝王,下至百姓,都有意识地放生一些鱼鸟等,以积"功德"。

放生,大约起于南朝梁武帝、梁元帝之际。梁武帝奉佛戒杀,当时谢微曾写有《放生文》。梁元帝时,在湖北荆州设有放生亭碑。大规模的放生是在隋代以后,特别是唐代唐肃宗下令在全国设立放生地81处。宋天禧(1017—1021)中,王钦若上奏,请以杭州西湖为祝圣放生池。

唐末宋初,法眼宗第三世祖永明延寿在年轻时,曾任余杭县库吏。他常常因救急,用库钱买鱼虾等放生,后因监守自盗罪被判死刑。刑前,他态度从容面不改色。吴越文穆王很奇怪，就问他为何。延寿明确告诉国王："我因为放生，救活的生命数以千万，趁此功德，正好往西方极乐世界。怎能不欢乐呢！"吴越文穆王听后，很敬重他的德行，便免他一死，释放了他。

1924年，高僧印光大师来南京，应邀到愚园说法。印光法师在南京三汊河设有放生池，当时一些慈善家也请愚园主人在园内设放生池。后来愚园内水塘旁竖起了一块石碑，刻有《愚园养生池记》，要求后代子孙保护愚园养生池中的鱼，不能随便捞取，"使天地好生之德，如来度生之门，得以大畅"。

在我国民间，一些寺庙建有放生池。人们在烧香拜佛时，也往往带着自养或临时购买的鱼、鸟等动物来放生。这种放生习俗一直沿袭至今。

二

乌龙潭是著名的公众放生场所，更是人们心向善、戒杀生的精神体现。清代以后的地方官员大都较重视乌龙潭的疏浚，多次立碑，以申保护。

清顺治十三年（1656），两江总督、兵部尚书马鸣佩撰有《乌龙潭永远放生碑记》。

清康熙十年（1671），礼部侍郎方苞撰有《乌龙潭放生举本记》，地方文人汪涛撰有《金陵乌龙潭放生池始末说》。

清康熙二十六年（1687），兵部右侍郎王新命撰《乌龙潭放生记》并制碑。

清乾隆十年（1745），江宁巡抚陈大受撰有《重修颜鲁公放生池庵碑记》。

清同治七年（1868），江宁知府涂宗瀛根据民众要求纪念颜鲁公的意愿，将放生庵改为祠，名曰"颜鲁公祠"，建屋三进二十二间，还撰写了《颜鲁公祠记》。祠内有一口"放生池太平井"。颜鲁公祠也仍称放生庵，由僧人住持，此井为庵内寺僧生活用水井。

清同治年间，乌龙潭边住家增多，官府派人在潭旁山上开荒种植，又有流民在山上挖土取沙，渐渐潭边杂草丛生，泥沙淤积，泄洪沟被堵。一有雨水连绵，潭水漫溢，民房被淹，道路不通。年复一年，潭面积缩小，甚至被居民筑堤、堰分割成若干小塘。

那时，居住在乌龙潭边薛庐、惜阴书院山长薛时雨见此状况十分心忧，他向时任两江总督刘坤一、江宁知府赵佑宸反映，力言疏浚乌龙潭。同时，他又向率部驻防在清凉山的清军将领朱淮森求援，朱淮森慨然允诺。光绪七年（1881），朱淮森率兵三千，对乌龙潭进行了大规模的疏浚治理。他们分段开挖，中筑长堤，截为上、下两潭，清除杂草，挑挖泥沙，疏通渠道排淤泄水。知府赵佑宸在潭边树立禁止碑，严禁流民等开山取土。秦继唐《重浚乌龙潭记》记载了这次疏浚，其中写道："凡十五日而竣，于两堤遍栽杨柳，渠通道平，行路相贺。"

这是乌龙潭有史以来第一次有记载的大规模疏浚。两江总督刘坤一在潭中建一座凉亭，取名"宛在"（又名肥月亭）。亭为两层，有梯可登，尽览全潭风光，且可眺望清凉山诸景。（图6-38）

由于坚持对乌龙潭的疏浚与保护，当时乌龙潭成为南京一大风景。游人自龙蟠里入，拜谒颜鲁公祠，周览放生遗迹，临水观鱼，天光云影，其乐融融。

图6-38　20世纪30年代乌龙潭亭影

相传江苏巡抚陶澍曾与知名学者魏源荡一叶轻舟，在乌龙潭上赏月，明月当空，水平如镜，树影婆娑，万籁俱寂。陶澍不禁脱口赞道："有此妙处，何必西湖。"自此，乌龙潭又有了"小西湖"的美誉。

清末民初，政府疏于管理，乌龙潭水道淤塞，池水常浸泛四周民居。祠宇庵堂年久失修，既有不法劣徒践踏古迹，更有地痞霸占产业，捕盗池中之鱼，景象不堪入目，与放生本义背道而驰。

1923年，以冯煦（1842—1927）为首的南京放生会向当时的江苏督军和省长呈文，要求发布禁令，对乌龙潭加以保护。很快这篇呈文得到批复，政府出资治理。江苏督军还亲撰并书《重修金陵龙蟠里颜鲁公祠庙暨乌龙潭放生池碑记》，并以督军和省长名义颁发了《唐颜鲁公放生池布告》。

那时，乌龙潭四周山林丘壑环绕，风景优美，古迹逸闻颇多。

乌龙潭边龙蟠里中段有清代初年方苞建的方氏教忠祠，还有方氏后人居住。乌龙潭南面，龙蟠里东头有一座古老的妙意庵。妙意庵的西面是当过四品官的清末民初知名诗人顾云居所，离顾云居所不远处为知名教育家薛时雨的"薛庐"。

乌龙潭边接近龙蟠里北头有魏源曾居住的"小卷阿"。对面有惜阴书院旧址、国立图书馆。"小卷阿"北面即为颜鲁公祠。乌龙潭东边，紧靠蛇山山坡，有古色古香的一座道观驻马庵。当年乌龙潭水面较大，与随家仓南的水塘相连。

岁月沧桑，这些大多留存在人们记忆里了。

日军侵略南京后，乌龙潭祠宇破败。至新中国成立前，潭淤景毁，一片荒凉。到了20世纪50年代，爱国卫生运动兴起，开始清除垃圾，栽植树木，乌龙潭面貌有所改观。"文革"中，乌龙潭又被淤塞，水质恶化。

直到20世纪80年代，市政府批准在乌龙潭建公园，恢复名胜古迹，开展了清淤、植树、砌墙驳岸、埋设排污管道等治理工程。如今，园内波光潋滟，景点设置精巧，建筑典雅工致，花木疏密有度。妙香阁、冷花厅、美蕖斋、肥月亭、比鳞榭等一座座明清风格的建筑错落有致，展现出小面积大含量的江南园林布置格局。

20世纪90年代恢复重修了颜鲁公祠，新建了东厢小山房、放生池井亭、碑廊，疏通放生井、新挖放生池。现在走进乌龙潭公园北大门，右侧便是一组青砖小瓦、砖木结构的祠宇式仿古建筑，共三进十余间，正门上有颜体楷书"颜鲁公祠"四个砖刻大字。祠内还保留着七通珍贵碑刻。有人写诗赞颂颜鲁公祠：

> 颜祠究何在，清凉古寺旁。
> 放生存普济，察隐致休祥。
> 大节钦盘错，法书供摹藏。
> 平原诚不朽，千古益馨香。

在今乌龙潭公园，离放生庵不远，一面60多米长的文化墙以腾飞的乌龙为轮廓，犹如一幅展开的历史长卷。起头的一座雕塑就是以乌龙潭放生为主题，雕塑中颜真卿在孩童的陪伴下在水边放生，名为"举天下为放生池"。（图6-39、图6-40）

图6-39　颜鲁公祠

图6-40　乌龙潭放生塑像

第六章 清凉胜境

风 物 志

一

地处南京城西的清凉山，整体面积不甚大，有得天独厚的自然条件，是人文荟萃之地、风物结晶之山。

清凉风物，既包括山清水秀的自然风光、声扬遐迩的名胜古迹，也包括多姿多彩的岁时风情、风味独特的地方特产等。（图6-41）

图6-41 清凉山

清凉山上植被丰富,林木蓊翳,有不少土特产历来为人们所喜爱、食用。多部历史文献都有记载。

20世纪初徐寿卿《金陵杂志》载:

山楂。产于清凉山麓,用线穿之如数珠式。七月杪地藏会,儿童竞购食之。

20世纪40年代,张通之《白门食谱》载:

清凉山后韭黄。清凉山后,西北多山,冬日风少,地亦较暖。一般种菜人家,皆于韭畦上堆积芦灰甚厚,亦极齐整。予由农校回城南,喜走清凉故道,见而问之曰:此积灰何故?圃中人答曰:此内即韭黄也。韭在灰中生长,故色黄而嫩……外来之薤黄,冒称南京韭黄,无此香焉。

石城老北瓜。金陵石城,系以山为城也,其地势高。城下园圃所种之北瓜,与他处所产特异。江北人称为南瓜,或以此焉。是瓜,上中人多不食,似不足登大雅之堂。然某岁一学生,赠予一瓜,谓煮食,其味如栗,最为可啖,幸勿以为寻常而轻视之。予如其言,煮而食之。适来二显客,举箸同尝食,以为佳品,一巨碗立尽。予笑曰:昔见人画青菜与萝卜而题曰"士大夫不可不尝此味",吾今亦云然也。客曰:不然。吾昔居乡间,亦曾食此,不如此佳也。石城之瓜,宜著名焉。

清凉山刺栗。清凉山栗树甚多,每到仲秋,大江南北人来此山进香者,昼夜不息。山中人以此刺栗,用竹签插入二三枚,或四五枚不等。其栗刺包,以刀劈开,留而不去。人欲食之,置地上,以足踏之,其栗即出。去其壳而食,既嫩且甜,甚觉有味。持归以糖煮熟食之,比莲子尤嫩,亦美味也。

四山雷菌。每春季第一次大雷之后,山间多有乡人俯而拾之,入市出售素菜馆,以嫩蚕豆合煮而食,非常鲜美。昔以彩霞街一素菜馆所治为最佳。

第六章　清凉胜境

历史文献中记载的清凉山土特产,不仅很有名气,而且与清凉寺的佛事活动多有关联。

清凉山种有成片的栗树。每年入秋后,栗子成熟,种植户采摘刺栗以后,就把栗子堆放在山坡或上山的路边。香客到清凉寺、地藏寺等寺庙朝山拜佛后,总要买一些带回家。也有的香客会与种植户协商,去现采、现剥、现买,价钱比市场上要便宜,而且栗子格外新鲜。有些清凉山的山民将刺栗用刀劈开,毛刺壳子并不去掉,然后用竹签穿起二三枚或三四枚栗子,进香的市民喜爱买几串带回去给孩子吃。这种栗子围有密刺,其壳坚硬,很多外地人不知道剥食的方法。清凉山刺栗的剥食方法为:先放在地上用脚踏来踏去,壳破栗出。再用开水一泡,很容易去皮。食用时用冰糖煮食,香甜嫩三者兼有,其味远胜于北方产的栗子。有新闻报道:"清凉山种的板栗,以质脆肉酥闻名。"

清凉山中也有一些山楂树。当山楂成熟后,人们采摘下来,往往用线穿起红色的山楂果,似一串佛珠。上山进香者大多爱买上几串,挂在孩子的脖子上。孩子吃起来也很方便,酸香可口。

清凉山产的老北瓜,清凉寺、善庆寺、地藏寺的僧人在山坡上都有种植,常与面粉一起夹成疙瘩煮着吃。因为清凉山产的老北瓜肉质肥厚,甜而糯,既可煮也可蒸还可烧,是僧人及平民缺粮时,不可替代的食物。

清凉山山体不高,坡平缓,生长有许多野蔬。常见的有野蒜、荠菜、地皮菜、马齿苋、枸杞头、马兰头、木枸头、蒲公英等。(图6-42)

野蒜,又称石蒜、小蒜,春季长于山坡及树根处,茎细而长,根圆而小,味同家蒜,但鲜香浓郁。从山地挖来以后,洗净淋干,切成碎段,用盐腌数日后,调以香油,可作下饭小菜。

荠菜,山坡地甚多,生命力很强,其幼

图6-42　清凉山山地野菜

苗及嫩茎叶可食用。可炒食、拌食，也可作点心的馅心。

地皮菜，也称地苔皮，薄而透明，呈淡绿色，夏日雨后多生长于树木和山坡之上，雨后拣来洗尽泥沙，可炒食，也可凉拌、烧汤。

马齿苋，生长于山地田间。采摘鲜嫩茎叶，煮后晒干，用之烧菜，别有风味，也可凉拌、包饺子用。

枸杞头，生长在山坡上、田埂边，秋季结红果，是一味中药，春季摘其嫩叶，可拌食，水焯后淋干切碎，用糖（或盐）、香油等调拌，也可炒食。

马兰头，野生的一种小草，叶宽，柄微红，春季用其幼苗或摘其嫩头，用开水焯后，淋干切碎，加糖或盐、香油调拌。

木枸头，生长于山坡田野的一种小草，开小红花，农家多用作绿肥，春季摘其嫩头，焯水后，加调料拌食。

蒲公英，食用其嫩苗和嫩叶，可凉拌、炒食和煮绿豆汤用。

以上种种野蔬，清凉山到处可见，既可充饥果腹，也当药，人们摘其食用，可品尝山野的滋味。当代文化学者薛冰曾回忆道：

我自七八岁起，逢到春暖花开的周末，也曾提着小竹篮，跟随邻家的哥哥姐姐们去清凉山挑野菜。

其时清凉山南麓，山下有清凉寺，东有小九华寺，西有善庆寺，信众云集，香火兴旺。而挑野菜须至遍布坟头的北坡，有的坟前立着石碑，有的就剩小土堆，有的已夷为平地，几乎看不出痕迹。就是这些坟堆上下，荒草野菜生得特别茂盛。

....

直到上世纪八十年代初，南京城里，山坡水涯，仍遍布生机蓬勃的野生花草，墙边路旁长出荠菜、马齿苋，不足为奇。夏日有人腹泻，随手从墙角揪一把马齿苋煮水喝，立马见效。

清代，清凉山中还有一种名为"诸葛菜"的蔬菜。此菜在虎踞关驻马坡一带长势最盛。诸葛菜，学名蔓青，金陵人俗称大头芥，根多肉可食。相传因诸葛亮行军所至即种蔓青，以充军粮，所以四川人称此菜为诸葛菜。相传诸葛亮曾到过驻

马坡,并盛赞金陵形胜,为表怀念之意,种菜人在驻马坡一带广种此菜。清末南京文人陈作霖《减字木兰花》词一首咏颂此菜:

> 将星落后,留得大名垂宇宙。老圃春深,传出英雄尽瘁心。
> 浓青浅翠,驻马坡前无隙地。此味能知,臣本江南一布衣。

同为一"布衣",借咏诸葛菜,表达了南京文人对诸葛亮的认同与崇敬。

清凉山上那茂盛的野菜,在清末民初还滋生了一个"挑菜节"。这源于号称"石城七子"之一的顾云。顾云,当时著名的史学家,著《盋山志》,此书是记载清凉山历史的最主要的一本书。顾云家就住在清凉山下龙蟠里。中年的顾云,曾居东北,光绪二十四年(1898)归来居住于龙蟠里。他每年春季都要盛邀宾朋,广结名士,游历清凉山,在他家里用野蔬作宴,名谓"挑菜节",这为一时韵事。

清人狄葆贤写道:

> 顾石公居于金陵西门内之盋山薛庐之侧,冈峦拱抱,林木森蔚,远城市之嚣,具岩壑之趣,诚处士之幽栖也。石公每逢人日,辄剪园蔬挑野菜,以荐春盘,延嘉客,谓之"挑菜会"。

当时知名文人陈三立是挑菜节的座上客,他有多首诗写到挑菜节,其中写道:

> 连岁偷为挑菜会,万灵初接据梧歌。
> 墙花气压杯盘静,林鸟声传笑语和。

顾云逝世后,少有人提议办挑菜节了,陈三立写诗感叹此事:"岁岁今辰挑菜节,盋山诗老相要遮。……摘蔬剪韭映鼎碗,……城中好事今谁耶。"

二

历史上,清凉山的梅花和茶树也很有名。

明代,来自皖南的巨商鲍山常陪其母到清凉寺烧香拜佛。某秋,其母亲"梦梅而生,其梅即萎","迨母卒,则梅擢五新干",鲍山"见梅下拜,谓母之魂归于梅,因建拜梅庵于寺中"。

到了清代,南京赏梅主要有两个去处,一是城东灵谷寺的梅花坞,一是城西清凉山。清凉山有三处赏梅点:一为清凉山下的隐仙庵,庵中有六朝古梅;一为袁枚小仓山随园中的"小香雪海";再一个是盋山园,也就是四松庵。清凉山地区的梅树颇为壮观,给清代著名文人龚自珍留有很深印象。他写了一篇《病梅馆记》,此文写得优美深刻,被选入《古文观止》等。这篇文章开头即写道:"江宁之龙蟠,苏州之邓尉,杭州之西溪,皆产梅。"龚自珍将清凉山下龙蟠里的梅花,放在与苏州邓尉香雪梅林、杭州西溪连绵数里的梅花林同等的位置,可见对其评价之高。

作为清凉山一部分的盋山(与乌龙潭隔一条街坊,即菠萝山),在清道光年间,曾有"江梅百株"。金陵乡贤张通之写道:"江南好,高阁丽余霞,一石嶙峋蹲虎豹,四松蜿蜒化龙蛇,百本种梅花。"那时,盋山下的梅树长势茂盛,枝叶葱葱,到了梅花盛开时,灿若云霞,非常美丽。

到了20世纪20年代,盋山下为部队辎重车队驻地,梅树林被砍除。抗战时,蛇山一带被日军作为通信兵司令部和训鸽场,古梅被毁坏殆尽。自此,清凉山一带梅林胜景不复存在了。

清凉山北虎踞关有一座道观名隐仙庵,史载"庵有古梅,六朝故物"。这里也是金陵城西赏梅胜地。清代中期秀才、文人郁长裕住在清凉山下,多次到隐仙庵赏梅。他常去庵里访"四友",这四友即是庵内的玉蝶梅、檀香梅、绿萼梅、覆蕊梅四种梅花。他还写了《隐仙庵四友诗》组诗。

《玉蝶梅》诗云:"仙人有老妻,廋骨何盘崛。"用宋人诗"梅妻鹤子"典故,将此梅比作"仙人老妻"。

《檀香梅》诗云:"高士卧空山,美人倚石壁。""我欲拜为师,悟彻波罗蜜。"将梅比作高士、美人,欲以此梅为师,仿佛隐仙庵就是一座拜梅庵。

《绿萼梅》诗云:"花开占春先,幽香怡我情。""呼竹为乃弟,呼松为乃兄。"诗用俏皮口吻,突出梅花名列岁寒三友的高洁品格。

《覆蕊梅》诗云:"君宜与之盟,芬尊相永乐。"此诗点明梅花宜为友。

隐仙庵的梅花很有特点,但可惜的是在清道光年间,忽然凋萎枯死。

清代,清凉山一带制作的盆梅称誉江南。同治《上江两县志》载:"五台山民善植梅……皆以名其业。"以梅树为业,说明栽培的是盆梅,也说明清凉山一带的乡民以产销盆梅为主业。盆梅制作讲究造型,人为地用棕绳铁索强行盘曲梅枝,使之有形。清凉山的盆梅直接触发了龚自珍的灵感,使之写出了《病梅馆记》。

历史上,清凉山还产茶。

清代乾隆《江南通志》载:

> 江宁府茶。江宁天阙山茶,香气俱绝。城内清凉山茶,上元东乡摄山茶,味皆香甘。

这里把清凉山、牛首山和栖霞山产的茶并列为江宁三大名茶。

清代金陵名儒陈作霖《金陵物产风土志》载:

> 城西五台山茶树,本不高而叶茂,同治初,江宁涂太守宗瀛所种。

吴敬梓《儒林外史》第五十五回里也写到清凉山灌园的于老者种茶一事,来客品饮后,称这茶色香味都好。

清代金鳌《金陵待征录》载:

> (乌龙潭)灵应观侧有茶肆,榜曰何必西湖。

那时,不止清凉山的茶好,而且沏茶的水也好,清凉寺的那口"还阳泉"水,水质甘醇清冽,用来沏茶后茶水清香可口。这口井为南唐时僧人所挖,相传老僧饮用此水年迈不衰,须发犹黑,故有"还阳井"美名。因清凉山上生有野何首乌,其药汁渗入井水中,故有"还阳之功效"。

这口井又称"应潮井",井深,逢天旱也不枯涸。此井水源充沛,清凉寺僧人用此井水沏茶饮用。清末文人陈三立《散原精舍诗文集》中说到"寺僧以此泉饷客"。

清代文人姜灵等人重阳登清凉山,与清凉寺僧品茗共话,"煮茗幸与名僧话,扫尽尘缘付莫愁""新诗吟罢清茶熟,一杵钟声月中天"。老僧也写诗回赠这些文人:"饮逢仗履过禅房,品茗清泉韵味长。"

一些文人雅士初到清凉寺时,还只有俗人之感。而当与寺僧品茗共话,在这不染纤尘的佛门之地,于品茶净思中,便有了更深的感悟。有的写道:"花开见佛悟无生,自寄清凉妙果成。我欲登临寻古迹,与君扫叶汲泉烹。"这位文人心里已品味到了"花开见佛"的真正禅趣,以及企盼"与君扫叶汲泉烹"的静趣,此刻参禅的意境和品茶的韵致沟通一体,茶道与参禅相融合一。

清凉山扫叶楼僧人做的素面,风味独绝,名声很响。张通之写道:

予每次游此,和尚必食予以素面。食时,予辄食尽,诚美不胜言。尝窃问道人曰:此面之制法若何?道人曰:出家茹素,无非笋尖豆汁作汤而已。

曾经有人怀疑素面里是否用了荤汤,担任扫叶楼主厨的那位寺僧赶快地回答:"罪过,罪过,出家人那里有什么荤汤?"这里的素面之所以鲜香,是因为汤头是用笋尖和豆汁精心调制的。因为扫叶楼寺僧善于做素食,上海有人来请之到上海去协助开素面馆子。南京文人和居士中的一些人,听说心悟和尚与寺僧为上海一家开素面馆,还专门到上海去这家素食馆品尝。有一次,南京文人学者张通之、仇述庵、郑雨三到上海办事,每天早上必到素面馆食素面,他们感到这儿的素面果然还是南京扫叶楼素面的味道。

20世纪五六十年代,扫叶楼善庆寺居住的是比丘尼,但善制面的名声依然很响。僧尼做素面的浇头洁净细致。下的面入口有韧劲,软而不烂,汤汁鲜亮,香气扑鼻。素浇头更有诱人的美味。当时信众去烧香拜佛后,总要吃上一碗面才回去。那时素面价格为二角二分一大碗,若要另添五角钱,可以加素鹅、素百叶卷等。

第七章　名人踪迹(上)

第一节

唐五代十国

相传诸葛亮来清凉山察看地形，发出"钟山龙盘，石城虎踞，此帝王之宅"的感慨，孙权曾在此建造石头城。以后六朝更迭，世事变迁，其繁华与衰败都宛如过眼烟云，后人流连这里时，心中难免五味杂陈。这里留给后人的是盛极又衰极的形象，是最具有兴亡历史感的地方，容易唤起人们对历史沧桑巨变的沉痛伤感。

唐代时石头城已是一片孤寂荒芜了，但坚固的石头城墙还在，唐代众多文人墨客来到这里睹物生情，为这里的盛极而衰感慨，写出了许多感伤怀古的诗文。

唐代的政治中心在长安，著名的文人士大夫多聚集于长安。初唐统治者推行抑低金陵的方针，使其政治地位低下。在地理位置上，隋代开辟运河后，金陵也不在这条交通线上，因此许多南来北往的文士名人，常与金陵失之交臂。

即便如此，清代编纂的《全唐诗》中，歌咏金陵的诗就有三百多篇。其中写到石头城的就有三十多篇。这说明最少有近三十位诗人文士曾踏访过石头城。在这些人中，有不少是著名文人。

其中就有：孙逖、李白、刘禹锡、贾岛、张祜、罗邺、罗隐等。五代十国时，更有一代君主、著名词王李煜在此建避暑宫。

孙　逖

初唐诗人孙逖（696—761），自幼能文，才思敏捷。官拜左拾遗、中书舍人、太子詹事。他重视人才，曾选拔颜真卿等俊才。他来到金陵，登石头城后，写了一首抒吊古伤今之情的诗《丹阳行》：

> 丹阳古郡洞庭阴，落日扁舟此路寻。
> 传是东南旧都处，金陵中断碧江深。
> 在昔风尘起，京都乱如毁。
> 双阙戎房间，千门战场里。
> 传闻一马化为龙，南渡衣冠亦愿从。
> 石头横帝里，京口拒戎锋。
> 青枫林下回天眸，杜若洲前转国容。
> 都门不见河阳树，辇道唯闻建业钟。

这些诗句是整首诗的前半部分。诗人一开始就交代了自己的行踪，驾着一叶小舟，在寻找过去的丹阳郡（即金陵）。可是，相传是东南各朝建都之地的丹阳郡，现在已经湮没无闻了，只有那被金陵山阻隔着的深深的大江，依旧在悠悠地流淌。一个"寻"字，透出无限的悲凉。一个"传"字，又透出无限的感慨，眼前所见的景象，与自己心目中原有的印象是多么的不相称啊。诗人来到了石头城，自然而然地想到了金陵演变的历史。往昔永嘉之乱，风尘四起，京都一片骚乱，千万座宫殿变成了战场。晋元帝司马睿南渡来到石头城，在建康建立了东晋。在士族们的拥戴下，凭着石头山以及京口（镇江）的险要地形，建立了国家政权。从此，在国都的门口石头城上再也见不到河阳树（指洛阳）了，听到的只有建康的钟声。

诗的下半部分写到"昔年王气今何在，并向长安就尧白"。到了隋灭陈后，过去传说的金陵王气，却全部跑到长安去了。诗人最后写道：

暮来山水登临遍，览古愁吟泪如霰。
唯有空城多白云，春风淡荡无人见。

　　昔日雄伟的石头城、繁荣的金陵城，现在失去了生气。金粉繁华，转瞬即逝。缅怀古事，诗人流下伤心的泪水，在金陵这块土地上，在六朝的兴衰消歇中，有多少历史教训值得去研究和深思啊。但是现在的统治者，争夺依旧，享乐依旧，谁也不愿去关心历史。只有金陵空城上的白云，在无奈地观望，只有吹拂的春风，在发出凄凉的叹息。诗人身临石头城，伤感的情绪弥漫于诗的字里行间。

李　白

　　李白（701—762），字太白，号青莲居士，唐代大诗人，被后人称为"诗仙"。他多次来到金陵。唐开元十三年（725），李白第一次来金陵就兴致勃勃地登石头城，登凤凰台，写下了《月夜金陵怀古》《金陵酒肆留别》等诗。在金陵约逗留了半年时间，临行前，金陵友人为他践行，他赋诗道："请君试问东流水，别意与之谁短长？"充分流露出他对金陵的依依之情。李白第二次来金陵，是天宝六年（747），与上次相隔22年之久，李白47岁了，已经是名满天下的大诗人。（图7-1）

图7-1　李白画像

　　一天晚上，李白先在横塘（今莫愁湖）边孙楚酒楼喝酒赏月，到了半夜，与朋友一起乘船去石头城找崔四侍御。酒喝多了些，衣衫穿得有些零乱，李白颇有《世说新语》里王子猷雪夜乘舟访戴安道之味，兴之所至，任情而为。岸边的人看李白微醉的样子，都会心地笑了。快到石头城下，岸边站着一位姑娘，她对李白说："听说你来金陵，我不顾羞怯，在月下见你，只要求你陪我喝三杯酒。"李白满心欢喜，与姑娘同饮。姑娘还唱歌给他听，分别时，又写了诗给李白。李白看了诗后,激动地说:"字字都像劲风,吹去了我的愁情。"并把姑娘的诗珍藏,日后常诵读,寄托相思。李白用诗记下了这件事的经过。这就是《玩月金陵城西孙楚酒楼》。李白在这个题目下,还写有"达曙歌吹日晚乘醉着紫绮裘乌纱巾与酒客数人棹歌秦淮往石头访崔四侍御"等字样:

昨玩西城月,青天垂玉钩。
朝沽金陵酒,歌吹孙楚楼。
忽忆绣衣人,乘船往石头。
草裹乌纱巾,倒披紫绮裘。
两岸拍手笑,疑是王子猷。
酒客十数公,崩腾醉中流。
谑浪棹海客,喧呼傲阳侯。
半道逢吴姬,卷帘出揶揄。
我忆君到此,不知狂与羞。
一月一见君,三杯便回桡。
舍舟共连袂,行上南渡桥。
兴发歌绿水,秦客为之摇。
鸡鸣复相招,清宴逸云霄。
赠我数百字,字字凌风飙。
系之衣裘上,相忆每长谣。

这首诗中写到的"绣衣人",就是李白的好友,家住石头城的崔四侍御。夜深了,李白还要乘船到石头城去拜访挚友,说明他们之间的友情多么深厚。

李白多次来金陵,他还有多首抒写这座城市感怀的诗篇,特别是涉及石头城的。在《金陵歌送别范宣》中,李白以"石头巉岩如虎踞,凌波欲过沧江去。钟山龙盘走势来,秀色横分历阳树"开篇,从石头山的奇险,到钟山似龙一般的走势,以虎跃龙腾之姿,写活了"龙蟠虎踞"的典故,继而回顾"金陵昔时何壮哉,席卷英豪天下来"的辉煌。他写有《金陵三首》,其中有两首写到长江和石头城。

其一

晋家南渡日,此地旧长安。
地即帝王宅,山为龙虎盘。
金陵空壮观,天堑净波澜。
醉客回桡去,吴歌且自欢。

其二

地拥金陵势,城回江水流。
当时百万户,夹道起朱楼。
亡国生春草,离宫没古丘。
空余后湖月,波上对江洲。

这两首写到金陵当年"晋家南渡日,此地旧长安。地即帝王宅,山为龙虎盘""地拥金陵势,城回江水流。当时百万户,夹道起朱楼"的山川形胜、古城气势与昔日的繁盛景象,又写到他眼前所见,对"金陵空壮观""亡国生春草"的六代兴亡、人事不常的叹息感慨。

李白后来遭谗言被斥离开长安,又一次来到金陵,写了《金陵城西楼月下吟》。诗写道:

金陵夜寂凉风发,独上高楼望吴越。
白云映水摇空城,白露垂珠滴秋月。
月下沉吟久不归,古来相接眼中稀。
解道澄江净如练,令人长忆谢玄晖。

诗的一、二、五、六句直抒胸臆,三、四、七、八句描绘景物并赞美谢朓(谢玄晖),全诗脉络分明,浑然一体。李白登金陵城西高楼,所见金陵城西石头城山川景致,着力渲染石头城上月光之皎洁、云天之渺茫、秦淮水之明净,极写金陵古城之夜,空旷静寂。感慨自己不遇明主,缺少知音,从而流露出孤寂难耐的情感。

李白在离开金陵登船时,写了一首《挂席江上待月有怀》:

待月月未出,望江江自流。

倏忽城西郭,青天悬玉钩。

素华虽可揽,清景不同游。

耿耿金波里,空瞻鸤鹊楼。

诗题中"挂席",即指船帆已挂上桅杆但未张开,船将行而未行时。"城西郭",指城西江边石头城一带。李白诗中分别用了三位六朝诗人写金陵诗句之典,有鲍照"始见西南楼,纤纤如玉钩"、陆机"照之有余晖,揽之不盈手"、谢朓"卢龙霜气冷,鸤鹊月光寒"的诗句,写出了月夜在金陵城西江上观景,表现出诗人对金陵城的不舍之情。

张 祜

中唐诗人张祜(约785—约849),清河(今河北邢台)人,长年浪迹江湖,未沾朝廷寸禄,以布衣终身。工诗,多纪游题咏之作。他曾来到石头城下金陵渡口,凭吊了石头城遗址,写有数首诗以记。

张祜《过石头城》,直接写到石头城遗址:

累累墟墓葬西原,六代同归蔓草根。

唯是岁华流尽处,石头城下水千痕。

这首诗不说石头城形势如何险要,也不写风景如何优美,诗人在石头城所见到的竟然是"累累墟墓",而且这些荒冢大都是"六代"的遗留。六代繁华,以及在这里演出过一幕幕英雄史剧的人们,其归宿却无一例外地付与了郊原蔓草。抚今思昔,怎不令人生起沧桑之感。诗人独立江边,望着石头城遗址的石头而无声地叹息。往事已成空,只是在年华随着江水而飞逝的地方,在石头城的石头上,留下了无数水痕。诗人把石头城的"水千痕",视为历史演化的标志,在诗中隐含对历史无情的浩叹。

罗邺

罗邺,唐末余杭人,屡举进士不第,后长期游幕于池州等地,长于七言诗。他游历石头城后,写下了《春望梁石头城》:

柳碧桑黄破国春,残阳微雨望归人。
江山不改兴亡地,冠盖自为前后尘。
帆势挂风轻若翅,浪声吹岸叠如鳞。
六朝无限悲愁事,欲下荒城回首频。

诗人写了石头城春天的景色后,即进入怀古。历史上一个一个的朝代灭亡了,一个一个的达官贵人不见了,城依然是这座城,却人事全非,世事沧桑,是多么难以预料啊。站在石头城上,远望是"帆势挂风轻若翅",近看是"浪声吹岸叠如鳞",诗人感叹了,想到六朝无限悲愁的往事,再联想到现在唐王朝颓败的局势,表达了深切的忧国心情。

罗隐

晚唐另外一位诗人罗隐(约833—约909),杭州新城人,屡试不第,晚年依吴越王钱镠,历任给事中等职。擅长咏史,尤工七律,时与宗人罗邺、罗虬,俱以格律著称,号称"三罗"。罗隐来金陵写有多首怀古诗,在一首名为《建康》的诗中写道:

潮平远岸草侵沙,东晋衰来最可嗟。
庾舅已能窥帝室,王都还是预人家。
山寒老树啼风曲,泉暖枯骸动芷牙。
欲起九原看一遍,秦淮声急日西斜。

抒写出一片萧瑟的景象。还写有《春日登上元石头故城》:

> 万里伤心极目春，东南王气只逡巡。
> 野花相笑落满地，山鸟自惊啼傍人。
> 谩道城池须险阻，可知豪杰亦埃尘。
> 太平寺主惟轻薄，欲把三公与贼臣。

诗人晚年于暮春登临上元县（即金陵）石头城，所见所感，作此诗。诗的开头即借古讽今，指出南朝偏安江左，未能逾越长江一步，慨叹金陵王气的逡巡不前。诗人借用杜甫的"感时花溅泪，恨别鸟惊心"诗句，突出了南朝历代统治者之无能可笑，感叹南朝历代朝不保夕、惊魂不定的可悲。诗人还进一步指出南朝历代统治者只是侈谈如何加强防卫，而偏安意识已是积重难返，即使豪杰也成了微不足道的尘埃。而号称太平寺主的梁武帝竟轻率地将反复无常的叛将侯景封为河南王，梁朝终于在侯景之乱中灭亡。诗人生在晚唐，仕途坎坷，目睹国事难为，遂借古喻今，为残唐的晚景慨叹不已。

以上多位唐代诗人，咏史怀古是他们诗作中广泛采用的题材，以"金陵怀古"为题更为突出，其中又以"石头城怀古"最为有名。这也吸引了更多的诗人文士来到石头城。继唐代以后，宋、元、明、清更多的诗人文士在石头城留下了他们的足迹。

李　煜

图7-2　李煜塑像

李煜是南唐一代君主，但是父辈留给他的是残破的时局，他对纸醉金迷生活的流连及对佛教的崇尚，构成了他一生生活的两大主题，即声色犬马的冶游与寻章觅句痴迷翰墨。而李煜最喜欢去的地方，莫过于宫城西面的清凉寺了。

李煜（937—978），字重光，本名从嘉。（图7-2）李煜出生于其祖父忙于代吴建南唐那年的七夕。他相貌不凡，两眼炯炯有神。自幼就得祖父的喜爱和父亲的钟爱,但也因此遭到其兄的妒忌。

李煜从懂事起,为避免大祸临头,就将功名利禄视为身外之物。他要远离权欲熏心的宫廷纷争,终日遨游在书法、绘画、诗词、音乐的天地里。

954年,18岁的李煜同南唐重臣周宗之女娥皇(大周后)结婚。娥皇容貌出众,并且通史书、善歌舞,尤擅长谱曲和弹奏琵琶,搜寻五代时已失传的《霓裳羽衣曲》,改订为新曲。

李煜与娥皇结合后,不仅找到了生活上的知己,也找到了艺术上的知音,终日偕同娥皇悠游宴乐,通宵达旦,沉湎于杯光斛影之中。

春暖花开时,李煜与娥皇上清凉山翠微亭,赏景、弹琴、作词。站在亭上,观赏春色,一面是山下江河水,一面是繁华城阙景,他咏《望江南》:

闲梦远,南国正芳春。
船上管弦江面绿,满城飞絮辊轻尘。
忙杀看花人。

这首词写南国的芳春,江上是绿水盈盈,彩帆穿梭,城里则红尘柳絮,宝马香车,一派江南热闹的风景。

盛夏之时,李煜与娥皇常出皇宫,乘舟航行至乌龙潭上岸,登上清凉山。李煜与娥皇在清凉寺清幽凉爽的环境中消夏避暑,浅酌低吟。李煜作《浣溪沙》词:

红日已高三丈透,金炉次第添香兽。红锦地衣随步皱。
佳人舞点金钗溜,酒恶时拈花蕊嗅。别殿遥闻箫鼓奏。

这首词从太阳升得很高说起,末了又从"别殿遥闻箫鼓奏"收束,给人通宵达旦纵情逸乐的印象。

这些词写得风流缱绻,表现的却是于温馨香软之中妄图寻求一种精神慰藉,寻求自己在政治生涯中被严重扭曲了的自我意识。

李煜"酷信释氏",即位后,更为崇信佛教。他以佛教信徒自居,自号钟隐、钟山隐士、钟峰隐者、钟峰隐居、钟峰白莲居士、莲峰居士等,表达了他厌世向佛的思想。

李煜广延僧侣于金陵,弘扬佛法。智明禅师,住金陵清凉禅院,与他交往甚密。缘德禅师,习禅法有名,李煜将他召入内道场安置,后又让他去罗汉院。行言禅师,李煜建报慈院,命行言大阐宗法。智筠禅师,李煜建净德院,延请智筠住持。清凛禅师,李煜先请他居光睦院,后又让他入澄心堂,编《诸方语要》,达十年之久。对法眼清凉文益及其弟子更是关爱有加。除前述的行言、智筠禅师外,还有匡逸、道钦、法安、文遂等禅师,李煜不仅把他们奉为上宾,而且常从之聆教听法。

李煜还于金陵大修佛寺,《十国春秋》在记载中感叹道:"都城建塔创寺几满。"至今,南京尚有多处南唐佛教的遗址。

清凉寺是南唐君主的避暑宫,又是后主常去拜佛的场所,更为受到重视。德庆堂的建造便是李煜崇佛与清凉寺结下的缘分。

德庆堂是李煜在清凉寺修建的避暑宫,其匾额就是由他亲自题写。为了求得佛的保佑,李煜在这里听寺僧讲《楞严经》《圆觉经》。他还常戴着僧帽,穿着袈裟与僧人一起诵经敬佛、拜跪行礼。坐行之间,手都要摆出佛教"结印"的姿态。李煜与小周后在寺里烧香拜佛、吟诗作词,有时就留宿在德庆堂。

李煜从德庆堂后上山,登上山顶,有一种豁然开朗的感觉。他在其父曾建的清凉台基础上,建了一座八角重檐的亭子,即翠微亭。亭中设有石桌石凳,八面来风,视野开阔。在此远眺皇城宫阙,以至长江皆历历在目。小周后常在翠微亭弹琵琶给李煜听。李煜对这里旖旎的风光格外痴迷,每一次登临,都让他暂时忘了帝王特有的烦恼。清代张汝南《江南好辞》写道:"江南好,亭古翠偏微。望里江光都到槛,坐来岚气欲沾衣,日夕憺忘归。"

李煜居德庆堂,登翠微亭,由小周后相伴,这是他心情最为痛快的日子。清凉山给了李煜尘世生活中少有的清静,清凉的氛围又展现出了他那词人的本质:任其慷慨,任其缠绵。

李煜好藏书、通音律、精书画。

他用心藏书,数量众多。宋太祖平定江南时,从金陵馆阁得书十万余卷,且校勘精细,编纂完备。这在那兵荒马乱年代是十分难得的。

李煜善书法。柳公权、欧阳询、颜真卿的字,他都临摹学习过,并结合所有,自创了"金错刀"字体,风格瘦硬。

他写大字的时候常弃笔不用,而以卷帛书之,上下左右皆如人意。宋代陶穀《清异录》说:"后主善书,作颤笔樛曲之状,遒劲如寒松霜竹,谓之金错刀。"李煜题写的"德庆堂"匾额,就是"撮襟书"。宋代《邵氏闻见后录》载:有宋人曾亲见李煜书法真迹,"予曾见南唐李侯撮襟书,宫人庆奴扇云,'风情渐老见春羞,到处销魂赶旧游。多谢长条似相识,强垂烟态佛人头'。"南宋陆游在游历清凉寺时,也见到过李煜题写的德庆堂匾额。他写道:"清凉广惠寺……坏于兵火,旧有德庆堂在,法堂前,堂榜乃后主撮襟书,石刻尚存。"

南唐后主时,清凉寺藏有中主李璟八分书。《佩文斋书画谱》记载:"钟陵清凉寺有元宗八分题名,李萧远草书,董羽画海水,谓之三绝。"董羽,毗陵(常州)人,他擅长画龙鱼,而且精于对龙鱼生活的环境——大海的描绘。李煜久闻董羽画龙鱼大名,便把他请到画院,授翰林待诏。董羽为皇宫内李后主的卧室倾心创作了一幅屏画《香花阁图屏》。李煜在清凉寺建避暑宫,他找来董羽,说:"听说你画海水水势逼人,在炎热夏天看了也会感到寒冷战栗,你就在壁上绘一幅《海水图》吧。"董羽领旨后即投入创作,数月后完工,李煜来过目,只见画面上海浪翻腾,气势浩大,生动逼真,凉意顿生。李煜惊叹不已,当场以他那浑厚遒劲的书体挥毫题名,又令李萧远草书题诗,这是一次君臣之间愉快的合作。可惜这些精美的艺术作品没能流传下来。南宋时,这些艺术作品还有碑、有刻石存。明代孙应岳《金陵选胜》载:

> 董羽画龙,李后主草书,李萧远八分书,称为三绝,勒之碑。又有后主撮襟书德庆堂榜,宋僧昙月刻石在寺。

李煜是一位生不逢时的君主。他继承其父李璟残留的半壁江山,是"无可奈何花落去"的颓败国运。他在961年继位后,也曾采取种种政策来治理国家,包括减赋息役等措施。975年,北宋灭南唐。

据《江南别录》载:"城陷,后主(李煜)欲自杀,左右泣涕固谏得止。"北宋围城,金陵缺粮断炊,将士壮烈殉国时,李煜求死未成,最后才肉袒请降。李煜结束了15年的帝王生涯,也断送了立国39年的南唐江山。

李煜被宋军押赴汴京(开封),他与族人行至石头城下的渡口,仰望清凉山郁郁葱葱,清凉寺庄严依旧,他百感交集。船行驶江中时,他仍然向清凉寺方向张望,吟诵了一首《渡中江望石城泣下》:

> 江南江北旧家乡,三十年来梦一场。
> 吴苑宫闱今冷落,广陵台殿已荒凉。
> 云笼远岫愁千片,雨打归舟泪万行。
> 兄弟四人三百口,不堪闲坐细思量。

李煜需要冷静思索一番的东西委实太多了。南唐国破的因由,以及归为臣虏后的生活,都是李煜需要思索的题目。

李煜被押送到汴京后,又写下了思念金陵之作《望江南》:

> 多少恨,昨夜梦魂中。
> 还似旧时游上苑,车如流水马如龙。花月正春风。

在李煜那朦胧的泪眼里,那些金陵繁华的街市、清静的清凉寺、相爱过的嫔妃等,从记忆的深藏中涌现,使他幽禁中的生活更加难熬,心里更为痛苦。

南唐灭国以后,因为李煜曾经的垂青,清凉山遂成为无数文人来此凭吊的胜地。一个朝代的逝去,在清凉山留给后人的不仅是清凉古寺、还阳井,还有在这里发生的故事,在这里留下的华丽清新、严谨灵秀的诗词,仿佛都在沧海桑田的历史中诉说着曾经的良辰美景、曾经的繁花似锦。

第二节

宋　代

中国古代史上，宋代是文化比较发达的朝代，它孕育了一批学者型的文化人，形成了崇尚博学广识的风气。但是宋代内忧外患重重，冗兵冗官制度和统治阶级的享乐生活给人民带来难以忍受的经济重负。

具有忧国忧民情怀的文人们一面关注着国事和民生，一面寻求拯时救世的途径。王安石变法就是这种心态的反映。然而，中央集权制度的加强、皇室的昏聩和党派倾轧的残酷，无情地伤害着文人们的进取之心，使他们在仕与隐、进与退的矛盾中更偏向后者。但是他们并不偏激，他们真正学会了超越执着、抑制悲哀、进退由天，在与佛教禅宗寺院的僧人交往中寻找生命的价值和心灵的慰藉。王安石、苏轼就是这一类文人。

南宋时民族矛盾尖锐，为华夏文明中英雄人格意识注入了新的时代内涵，许多文人都是爱国主义者，他们为民族文化增添了一笔悲壮的色彩。陆游就是其中之一。

王安石、苏轼、陆游都曾游历过清凉寺，都与寺僧成为朋友，写下了在历史上有影响的诗文。

北宋时，还有一位才华横溢，在禅宗思想史上有重要地位的惠洪诗僧曾来金陵住持清凉寺。

王安石

王安石(1019—1086),字介甫,号半山,抚州临川人。宋仁宗宝元元年(1038)其父王益为江宁通判,王安石随父亲来到金陵。庆历二年(1042)时进京应试,以第四名中进士,进入仕途。他曾三次担任江宁府尹,两次做宰相,力举新政。后因保守派的反对,新法难以实施,变法失败。加上长子病故,王安石辞去宰相职务,判江宁府退居金陵。熙宁十年(1077)又辞去判江宁府而居金陵半山园。(图7-3)王安石与金陵结下不解之缘,他一生在金陵居住生活20年之久,死后亦安葬于此。

图7-3 南京半山园王安石故居

纵情山林、寻山问水是王安石一生的喜好。晚年居住金陵后,他去得最多的地方是钟山。该山有一座定林寺,寺里有一间僧房是他的读书处,晚了回不了半山园,就住在定林寺。

金陵的历朝遗迹,王安石几乎都去过。对清凉山一带的自然风光、人文历史,他也非常关注,几乎年年都要来到这里。他说过"许我年年一度来",甚至在睡梦中还念叨这里。一年年老去,头发都白了,趁着能走动的时光,要多跑跑看看。他写道:"青灯照我梦城西,坐上传觞把菊枝。忽忽觉来头更白,隔墙闻语趁朝时。"(《试院中》)

他经常骑驴出游,或坐松石之下,或憩田园农家,或入寺庙休憩。春日时光,他来到清凉山间,看到一派春季的田园风光:"金陵陈迹老莓苔,南北游人自往来。最忆春风石城坞,家家桃杏过墙开。"(《金陵》)"桃李石城坞,饷田三月时。柴荆常自闲,花发少人知。"(《杂咏》)道出了清凉山的环境幽美可人。他在这里静心地体味,悠然自得。

深秋季节,王安石来到清凉山,写下了著名的《桂枝香.金陵怀古》。上半阕写道:

登临送目，正故国晚秋，天气初肃。千里澄江似练，翠峰如簇。归帆去棹残阳里，背西风，酒旗斜矗。彩舟云淡，星河鹭起，画图难足。

王安石登清凉山顶远眺，只见一片秋日萧瑟景象。千里江面，波光闪亮，似一条白练。远方青翠的山峰像箭头般峭拔。在夕阳残照下，往来船只交错而过，岸边人家的酒旗飘扬。船只消失在视线里，像进入云中，而一群群白鹭在江面上盘旋。这清丽的景色就是丹青妙笔也难描画。在王安石笔下，各种景物不仅形象生动，而且绚丽多彩，使人目不暇接。表达了他对这里山川的热爱和由衷的赞美之情。

王安石来清凉山，必访清凉寺。他在《清凉寺白云庵》中写道：

庵云作顶峭无邻，衣月为衿静称身。
木落冈峦因自献，水归洲渚得横陈。

像白云庵的名称那样，天上白云飘浮在寺庙上空。寺庙与山峭为邻，山岗的树林与寺庙做伴，一条河水在不远处流过，这里是多么清静，真是出家为僧的好地方啊！王安石羡慕僧人隐居山林念佛坐禅的生活。

王安石来清凉寺，还写有一首抒发吊古伤今的诗《和金陵怀古》：

怀乡访古事悠悠，独上江城满目秋。
一鸟带烟来别渚，数帆和雨下归舟。
萧萧暮吹惊红叶，惨惨塞云压旧楼。
故国凄凉谁与问，人心无复更风流。

王安石从眼前的萧瑟秋景，联系今日宋朝的时局，发出了"故国凄凉谁与同，人心无复更风流"的感慨。

王安石是一个感情丰富、至情至性的人。与朋友相往来，是他晚年生活的重要内容。他与朋友道义相交，视之为知己，引之为同道，待之如手足。北宋时，石头城下不远处，依然是进出金陵的重要水路码头。清凉寺便成了王安石迎送朋友的接待、休憩之地。

耿天骘是王安石挚友,每次来金陵,王安石都要与他相叙,有一次,两人同游清凉寺,晚上住宿于此。王安石《与天骘宿清凉广惠僧舍》:

> 故人不惜马虺隤,许我年年一度来。
> 野馆萧条无准拟,与君对植浪山梅。

王安石对朋友说:你不在乎骑的马生病了,还常来金陵看我,让我想到你曾赠予的许浪山的千叶梅。王安石曾有诗云:"闻有名花即漫栽,殷勤准拟故人来。故人岁岁相逢晚,知复同看几度开。"(《耿天骘许浪山千叶梅见寄》)因此,王安石在《与天骘宿清凉广惠僧舍》诗里又提到了"浪山梅"。耿天骘离开金陵,王安石送他到石头城下水码头。王安石《送耿天骘至渡口》:

> 雪云江上语依依,不比寻常恨有违。
> 四十余年心莫逆,故人如我与君稀。

王安石与耿天骘这样知心的挚友,有四十多年的交往友情,人将离别,但情难离啊。

王安石与朋友的这种难别难离的友情,在与黄吉父的交往中也反映出来。相交至深的好友黄吉父要去外地上任了,王安石《送黄吉父入京题清凉寺壁》:

> 薰风洲渚济花繁,看上征鞍立寺门。
> 投老难堪与君别,倚江从此望远辕。

王安石《送黄吉父将赴南康官归金溪三首其一》:

> 岁晚相逢喜且悲,莫占风日恨归迟。
> 我如逆旅当去客,复会有无那得知。

与朋友相别,写了两首诗相送。何时与朋友能再相见呢,王安石发出了"后会有无那得知"的感叹。王安石在清凉寺山门口看到黄吉父骑上马即将远行,"难堪与君别",不忍心与友人离别。"倚江从此望远辕",等候好友早日回来啊。

王安石《送黄吉甫入京题清凉寺壁》这首诗是题写在清凉寺墙壁上的。王安石对寺院感情深厚、与住持交往密切,他才随心随意地把诗题写在寺院的墙壁上,既表现了对友人真挚的友情,也反映了他与清凉寺及僧人亲密的关系。

王安石对挚友是如此,对与政见不同的人,也友好相处。苏轼曾与王安石在政见上不同,但后来苏轼去钟山访他,王安石仍热情相见,相谈甚欢。王安石与郑侠在清凉山相遇也是如此。

郑侠(1041—1119),其父监江宁府酒税,便随父来金陵,在清凉寺旁一间小屋闭门读书,一年之中只有冬至和元旦两日去看望父亲。当时王安石因母亲去世,归葬钟山而在金陵。大郑侠20多岁的王安石已负有盛名,他听说郑侠在清凉寺苦读的事,很佩服。其时有位江西人杨骥求学于王安石,王安石就对他说:"郑监税有一个儿子,名叫郑侠,在清凉读书阁,其人好学,可与相就。"杨骥听了王安石的话,就去清凉山会郑侠。时至正月,下雪,郑侠读书至夜,才喊杨骥一起喝酒,然后一同登清凉寺一高处"瑞相阁"。郑侠写有一首诗:"浓雪暴寒斋,寒斋岂怕哉。漏随书卷尽,春逐酒瓶开。"不久,杨骥将诗读给王安石听,王安石十分赞赏后两句,并说"真好学也"。

后来,郑侠考中进士,任职。王安石也当政,身居要职。当王安石推行新法后,两人关系发生变化。两人政见不同,郑侠激烈反对王安石变法。王安石罢相回金陵后,郑侠也因罪被外放,后也回到金陵。王安石不计前嫌,郑侠也尊重王安石,两人又成了朋友。

北宋时,有位文学家、佛学家杨杰,是苏轼、王安石的好友,也与清凉寺长老相识。杨杰画有阿弥陀像,随身携带。苏轼诗曰:"在家头陀无为子,久与青山为弟昆。"苏轼称杨杰为"在家头陀"。杨杰曾与王安石及清凉长老,在清凉寺有次愉快的相聚。

有一次,杨杰乘船途经秦淮,"忽尔狂风动地,白浪滔天。至此片帆难以寸进,又恐是石头老子把定要津,不肯放过。今者食时已及,香积未充,更不敢遣化菩萨去午烦。若是灵利人,必已会得了也"。杨杰乘船在石头城下因风受阻,这时已到了吃饭的时候,肚子很饿了。他想到能到清凉寺吃口斋饭多好啊。但他碍于脸面,不好意思,他想这时若清凉长老主动邀请,真是幸事。当时王安石正在清凉寺,他见到杨杰写来的《因舟次秦淮寄清凉长老》,对清凉长老说:"清凉应是推辞不得。"清凉长老的确没有推辞,立即让寺僧去接杨杰来清凉寺。此事亦说明王安石常去清凉寺,与长老十分熟悉。杨杰因乘船风阻,与王安石在清凉寺一道与清凉长老用斋,愉快团聚,是后来人们津津乐道的一件轶事。

王安石晚年,对佛教的理解更多偏向于"万事皆空"即"出离尘世"的一面,比较契合佛教解脱学的本意。王安石在《梦》中写道:

知世如梦无所求,无所求心普空寂。
还似梦中随梦境,成就河沙梦功德。

王安石认为人生扰扰,恰是大梦一场,万事皆空,因此他退隐后,并没有太多的伤感,早就抱定了当退则退的人生哲学。他是一个性格坚强的人,不愿意将失意消极的情感随便流露。在与朋友交往,迎来送往中往往表现一种豁达状态。

王安石与好友王彦鲁的相别就表现出这种达观的姿态。他们两人来到清凉寺,与寺僧说佛论禅。王安石写了《清凉寺送王彦鲁》:

空怀谁与论?梦境偶相值。
莫将漱流齿,欲挂功名事。

人世间聚散不定,至亲不能常相守,好友不能常相见。王安石在诗中写道"空怀""梦境",他悟出万事皆空,诸缘如梦,不可有执著。至亲至友是这样,"功名"也是如此,世间一切皆无可留恋。王安石在清凉寺写的诗句,反映了他坦然的心理。

王安石还写了一首《送王彦鲁》:

北客怜同姓,南流感似人。
相分岂相忘,临路更情亲。

同姓王的一对好友要分别了,怎么会相忘呢,分别的路上,我们已结下更深的情谊。没有了伤感,有的是乐观的情绪。

王安石以一种达观超越的心态看待别离,产生一种新的意境,这或许与当时禅宗兴盛,王安石习禅,自觉不自觉地将禅宗的精神应用于别离之际不无关系。

清凉寺是王安石与寺僧说佛论禅、迎送挚友、写诗作词的重要平台,王安石在这里结下了深厚的佛缘。

苏　轼

苏轼(1037—1101),字子瞻,号东坡居士,今四川眉山人。宋仁宗嘉祐二年(1057)进士,嘉祐六年开始了他的仕宦生涯。与王安石之间在"变法"上存在分歧,苏轼被贬外任。宋神宗熙宁四年(1071)至元丰二年(1079),相继在杭州、密州、徐州、湖州等地任职,后被贬为黄州团练副使。在黄州期间他自号东坡居士,终日游历于山水之间。宋哲宗继位,一度废除新法,苏轼回京。后因权力斗争,离京。先后出任杭州、颍州、扬州、定州的地方官。在朝廷打击"旧党"的风波中,他又被远放岭南、海南岛。在反复的政治斗争和权力倾轧过程中,苏轼体验了官场的险恶、阴暗,感受到人生的变幻无常。

苏轼虽然仕途跌宕,但他对于个人的进退得失是很达观的,这与他领悟佛禅之境是分不开的。(图7-4)

图7-4　苏轼画像

苏轼的佛学修养有家学渊源,父亲苏洵于佛教涉足颇深,与当时的名僧有很深交往。其母也笃信佛教。苏轼曾对人谈起:"我八九岁时,曾经梦到我的前世也是位僧人。还有我的母亲刚怀孕时,曾梦到一跛足僧人前来托宿,僧人风姿挺秀,一只眼失明。"苏轼的父母故世后,他把他们的爱物施给佛寺,以荐冥福。

苏轼像他的父亲苏洵那样,身在宦海,好与名僧结交。苏轼曾说:"吴越名僧与余善者十九。"他每到一地,都去拜访高僧,或与之吟游,或与之谈经论道,留下了许多趣闻佳话。

苏轼每次上任,途经金陵,必访当地高僧。有一次,他在金陵钟山与清泉禅师对话。清泉号佛慧,俗姓时,博极群书,过目成诵。苏轼问清泉禅师:"如何是智海之灯？"清泉以偈一首回答他："指出明明是什么，举头鹞子传过去，从来这碗最稀奇，解问灯人有几个。"清泉以偈告诉苏轼，禅法是变动不居，并无定观，是不可以言说的，不能执著，要自心清净，深入去悟。清泉禅师的回答使苏轼十分叹服。

苏轼与金陵清凉寺的佛缘，要从他的妻子说起。

苏轼第一任妻子王弗病故后，娶王弗的堂妹王闰之为妻。王闰之知书达理，在与苏轼的共同生活中，每当苏轼外出游玩，闰之耐心候之；苏轼生气动怒，闰之好言慰之；苏轼邀人游赏，闰之斗酒馈之；苏轼酒后胡言，闰之提而醒之。一个妇道人家应该做到的，闰之都做得无可挑剔。闰之跟随苏轼，历经杭州、密州、徐州、湖州官任，又共同遭受谪居黄州的生涯，后又从朝廷到州郡，再由州郡到朝廷，几起几落，颠沛流离，闰之始终尽力担好作为妻子、母亲的责任。

王闰之崇佛诵经，常买鱼放生。1084年，王闰之随苏轼离开黄州去常州居住，七月路经金陵。苏轼在金陵盘桓数日，几乎天天去拜访退职闲居的前宰相王安石。史载："元丰间，王文公（王安石）在金陵。东坡自黄州北迁，日与公游，尽论古昔文字，间亦俱味禅悦。"苏轼也曾记道："某到此时见荆公，甚喜，时诵诗、说佛也。"苏轼日日与王安石话叙，王闰之则去了清凉寺。

清凉寺位于城西幽静之处，为禅宗法眼宗祖庭。王闰之来到这里，看到庄严辉煌的祖庭道场，有着十分亲近的感触。她听到寺里敲击幽冥钟，发出的代施主超度亡灵的悠悠钟声，心中十分震撼。寺院住持热情的接待、贴心的开示，给她有一种到家里的温暖。听说乌龙潭是放生池，她又想到了买鱼放生。王闰之喜欢上了这个地方。

回到住处，王闰之又教育孩子要常为佛陀进香礼拜。她还对苏轼说："如果有一天我往生了，你要教三个孩子画一幅阿弥陀像，把佛像供奉到金陵清凉寺去。"

元祐八年（1093）八月一日，与苏轼共同生活25年后，王闰之不幸病逝，享年46岁。这令苏轼极度悲痛。王闰之心地善良，不仅像母亲一样带好了前妻的儿子，还带大了自己生的两个孩子。在苏轼遭迫害蹲大狱与贬居黄州时体贴入微，给他莫大的精神鼓励。如果说第一位妻子王弗陪伴苏轼的都是少年时光，而王闰之与他度过的则是整个中年时期的患难时光。

绍圣元年（1094），苏轼原任定州（河北定县）知州。但还没来得及上任，这年的六月初五又被贬为宁远军节度副使到惠州（今广东惠州）安置。苏轼在贬谪去惠州的途中,于六月初九带上三个儿子来到金陵。

苏轼共有四子,长子苏迈,次子苏迨,三子苏过,四子苏遁。苏迈是苏轼前妻所生,次子和三子都是妻子王闰之所生,四子由妾所生,早夭。苏轼带着三个儿子来到清凉寺。三个儿子遵其母王闰之遗命,带上他们亲手绘制的阿弥陀佛接引像,奉安在清凉寺内。

苏轼为此专门作了《清凉寺阿弥陀佛赞》:

> 苏轼之妻王氏,名闰之,字季章,年四十六。元祐八年八月一日,卒于京师。归终之夕,遗言舍所受用使其子迈、迨、过,为画阿弥陀像。绍圣元年六月九日,像成,奉安于金陵清凉寺。
>
> 赞曰:
>
> 佛子在时百忧绕,临行一念何由了。
> 口诵南无阿弥陀,如日出地万国晓。
> 何况自舍所受用,画此圆满天日表。
>
> 见闻随喜悉成佛,不择人天与虫鸟。
> 但当常作平等观,本无忧喜与寿夭。
> 丈六金身不为大,方寸千佛夫岂小。
> 此心平处是西方,闭眼便到无魔娆。

苏轼精心撰写的赞,既称颂了"口诵南无阿弥陀,如日出地万国晓",又赞扬了其妻"何况自舍所受用,画此圆满天日表",倾注了对佛的崇敬、对妻的缅怀之情。

苏轼来清凉寺,受到住持和长老的热情接待,并使之顺利完成了其妻奉安阿弥陀像的心愿。苏轼在与和长老说佛论道中,也得到了领悟。他写下了《赠清凉寺和长老》:

> 代北初辞没马尘,江南来见卧云人。
> 问禅不契前三语,施佛空留丈六身。
> 老去山林徒梦想,雨余钟鼓自清新。
> 会须一洗黄茅瘴,未用深藏白氎巾。

苏轼把清凉寺住持和长老称为"卧云人",即是远离尘世的长老,表达了对和长老的敬重和称颂。诗里用了"前三语"的典故,更是将和长老比作"文殊"。

"前三语"指唐代文喜禅师到五台山华严寺,见一老翁牵牛而行。文喜上前问:此处有多少僧众?老翁回答他:前三三,后三三。文喜无法应对,后来文喜知道此老翁就是文殊。

"问禅不契前三语,施佛空留丈六身",苏轼感叹和长老道法高深,自己不能领悟其禅语,现在三个孩子又精心绘了佛像,此时像成,安放在清凉寺中,但若还不明禅理,那还只是"空留"啊。苏轼决心要深入学习佛理。"会须一洗黄茅瘴,未用深藏白氎巾",当南方六七月间茅草枯黄瘴气流布,有朝一日我若从岭南北归时,要再来清凉寺。表达了与和长老再次相逢的愿望。

"黄茅瘴",我国岭南在秋季草木黄落时的瘴气,中瘴气者发尽脱,故有"黄茅瘴,不死成和尚"的说法。"白氎巾",棉花所织成,以其白洁,僧人常用。苏轼在这首诗中流露了累遭贬谪,倦于仕途之意。但在他心里还很矛盾,所以又说"老去山林徒梦想","未用深藏白氎巾",即归隐还只是梦想,削发还未必可行。这时他心绪万端,无可排遣。

这次苏轼来清凉寺的前两天,即六月七日,他收到钟山泉公(即清泉禅师)遣人送来相邀的书信。泉公请苏轼去相见叙语、吃素斋。苏轼写了《赴岭表过金陵蒋山泉老召食阻雨不及往》(又名《六月七日泊金陵,阻风,得钟山泉公书,寄诗为谢》)。苏轼因迫于谪官罪臣赴岭南的期限,又因遇风雨天气,还要去清凉寺供奉阿弥陀像,实在没有时间应邀而往。但泉公美意,岂可不答呢。于是写诗为谢:

> 今日江头天色恶,炮车云起风雨作。
> 独望钟山唤宝公,云间白塔如孤鹤。
> 宝公骨冷唤不闻,却有老泉来唤人。
> 电眸虎齿霹雳舌,为余吹散千峰云。
> 南行万里亦何事,一酌曹溪知水味。
> 他年若画蒋山图,为作泉公唤居士。

苏轼在诗里写道,当时天气不佳,霎时雷鸣电闪,乌云翻滚,风雨大作。独望钟山之巅,已被乌云笼罩。但那六朝因高僧宝志葬处而建的宝公白塔,如孤鹤凭空,还算醒目。宝公早已作古,诗人虽不能唤醒沉睡的古人,但却得到了僧友泉公的热情邀请。恰此时电雷方去,泉公真是佛法广大,能使风雨天气瞬间变得一片晴朗,使之更好地观赏晴日钟山之美。

苏轼在诗的最后写道"南行万里亦何事,一酌曹溪知水味。他年若画蒋山图,为作泉公唤居士"。曹溪是禅宗六祖慧能居此大兴佛法之地。苏轼说此行也像是寻访当年慧能的胜迹。言外之意,绝不是贬官万里被迫去荒蛮之地受苦受罪,而是文人寻幽探胜的雅事。将来如果画一幅钟山图,就要把泉公招邀居士(苏轼自称)的事画入图中。

这首诗充分反映了苏轼旷达的胸怀、幽默的情趣,也体现了苏轼与金陵高僧的亲密情谊。

1100年,宋徽宗即位,苏轼遇赦北归。苏轼北归途中,于建中靖国元年(1101)五月一日,又一次来到清凉寺。这时,苏轼对佛理的认识又深了一步,到了自己的晚年,他再次能见到清凉寺住持和长老,非常高兴。继上次来清凉寺写诗《赠清凉寺和长老》,这次来,又写了一首《次韵赠清凉长老》:

> 过淮入洛地多尘,举扇西风欲污人。
> 但怪云山不改色,岂知江月解分身。
> 安心有道年颜好,遇物无情句法新。
> 送我长芦舟一叶,笑看雪浪满衣巾。

在这首诗里,苏轼尖锐地指出了当时政治的黑暗,腐朽的政治、奸险的党争就像那"多尘""污人"。而他与清凉寺和长老谈佛论禅后,对禅理有了更深的参悟,他称叹清凉长老"云山不改色""安心有道",乞清凉长老赐一叶"长芦舟"助自己渡过彼岸。苏轼有着独特的思维和人格,体现的是进取、正直、慈悲与旷达的精神。这在他诗中使用的词语都有所反映。"分身",佛家语,是说诸佛菩萨以神通方便之力,分身十方世界示现种种相,普度众生。"安心",也为佛家语,是说心意安然于一点,寂然不动。"无情",同为佛家语,无凡俗之情感、意念的牵动。在诗的最后,他欣喜地对和长老说:"送我长芦舟一叶,笑看雪浪满衣巾。"当年达摩就是用一苇渡江,传播禅法,现在和长老的禅语,就像是给了我"长芦舟一叶",使之"笑看雪浪满衣巾"。苏轼的幽默表现了他的情趣和才识,显示了他健康向上的精神状态。

苏轼的词,被称作是豪放派的代表,而这首诗,特别是"笑看雪浪满衣巾"一句,也充满了豪迈气概。这种豪迈的由来,与佛教精神的影响密不可分。一生尝尽坎坷的苏轼在生命的最后时段才得以重回中原,除了喜悦的心情之外,"安心""无情"都透露出他在佛教思想影响下,此时的心境已是格外得淡泊、超脱,因其无住于物而显示出别样的豪迈。

晚年时,苏轼随行无他物,唯有一轴阿弥陀佛像不离身边,说:"此吾往生公案也。"临终前他还嘱咐家人在他死后要以僧人之礼葬之。建中靖国元年(1101)七月,苏轼病逝。次年四月,苏轼与王闰之合葬一处。

陆　游

陆游(1125—1210),字务观,号放翁,山阴(浙江绍兴)人。出身于名门望族,少时即能诗文,年轻时曾二度赴临安应试而不第,直到34岁时方被授福州宁德县主簿一职。任职期满,他以举荐入京,任敕令所删定官。绍兴三十二年(1162),宋孝宗赏识陆游才气,赐他进士出身。(图7-5)

陆游曾三次来到当时称为建康的金陵。第一次、第三次分别游城东定林寺和城南赏心亭。第二次游历面较广,游历了城南、城西的寺庙,并重游了城东的定林寺。这次游历,他到了清凉寺。他以日记体写成的游记《入蜀记》中,为后人留下了宋时以及南唐时清凉寺的珍贵史料。

图7-5　陆游画像

陆游主张北伐抗金,不料在乾道元年(1165)夏天,他却从镇江府通判调到远离抗金前线的江西隆兴任通判。这在陆游看来,无疑是一种打击。他上任途

第七章 名人踪迹（上）

经金陵，雄踞城外的钟山吸引了他，冒雨游览了定林寺后，怀着惆怅的心情匆匆登程了。到任不久，就被朝廷投降派加上"鼓唱是非，力说用兵"的罪名，罢职还乡闲居。

乾道六年（1170），陆游得以出任夔州通判，在赴任途中又过金陵。他乘船航行在长江上，过了龙湾（今下关三汊河）时，看到了清凉山一带的雄伟气势，不胜感慨。在《入蜀记》中写道：

> 过龙湾，浪涌如山。望石头山不甚高，然峭立江中，缭绕如垣墙，凡舟皆由此下至建康。故江左有变，必先固守石头，真控扼要地也。

他在石头城水码头上岸后，游览了太平兴国寺（灵谷寺前身）、保宁寺、戒坛寺（城南凤凰台）、天庆观（朝天宫）。从天庆观出来后，经西门（汉西门一带）徒步上了清凉山，到了清凉寺。

陆游《入蜀记》，详细记载了游历清凉寺的情况：

> 出西门，游清凉广慧寺。寺距城里许，据石头城，下临大江。南直牛头山，气象甚雄，然坏于兵火。旧有德庆堂，在法堂前，堂榜乃南唐后主撮襟书，石刻尚存，而堂徙于西偏矣。又有祭悟空禅师文，曰"保大九年，岁次辛亥九月，皇帝以香茶乳药之奠，致祭于右街清凉寺悟空禅师"。按南唐元宗以癸卯岁嗣位，改元保大，当晋出帝之天福八年，至辛亥，实保大九年，当周太祖之广顺元年。则祭悟空者，元宗也。《建康志》以为后主，非是。长老宝余，楚州人，留食，赠德庆堂榜墨本。食已，同登石头。西望宣化渡及历阳诸山，真形胜之地。若异时定都建康，则石头仍为关要。或以为今都城徙而南，石头虽守无益，盖未之思也。惟城既南徙，秦淮乃横贯城中，六朝立栅断航之类，缓急不可复施。然大江天险，都城临之，金汤之势，比六朝为胜，岂必以淮为固邪？

陆游来到清凉寺，看到的已不是南唐时的盛况，是历经了战火被毁的清凉残寺。但令陆游欣慰的是，南唐清凉寺的一些重要文物并没有被毁掉，清凉寺旧观还依稀可见。最吸引他注意的南唐遗迹，一是南唐中主李璟于保大九年（951）书写的《祭悟空禅师》碑文,一是南唐后主李煜用撮襟书(用帛卷起来写字)题写的"德庆堂"堂榜石刻。

清凉寺长老宝余禅师,知道陆游的人品和诗才,见陆游对南唐君主的字这么感兴趣,就送给他一张李煜的"德庆堂"榜的墨本,陆游非常高兴,激动不已,也激发了他对南唐史事的关注、研究的兴趣。

陆游在清凉寺吃了斋饭,宝余禅师陪同一起登上了沿山而筑的石头城城墙。他站在荒草萋萋的城头极目四望,感慨这里真是形胜之地,"若异时定都建康,则石头仍为关要","大江天险,都城临之,金汤之势,比六朝为胜"。他想到了曾在临安上书建议临安和建康同为临时都城,以便将来从容在建康建都立国,但被当时南宋朝廷否定,倡议成了泡影。陆游站在石头城墙上,不只是欣赏风景,他念念不忘的是何时才能同意迁都建康,他想到的是北伐中原的抗金救国大业。他思绪万千,心头难以平静。

陆游怀着恋恋不舍的心情走下石头城城墙,离开了清凉寺。

陆游的清凉寺一游中,有两件事给他后半生很大影响。

一是不忘迁都建康的建议。1178年陆游第三次来到金陵,在《登赏心亭》诗中写道:"孤臣老抱忧时意,欲请迁都涕已流。"在赏心亭上,回想起曾向朝廷提出迁都的建议,都置之不理。朝廷软弱避战,后果不堪。如今念及迁都之事,不禁涕泪纵流,不能自已。

二是陆游陆续对南唐史事的关注。陆游晚年以史家笔调著成《南唐书》。以苛责著称的清代出版的《四库总目提要》,对陆游的《南唐书》评价甚高,称赞他的十八卷本的《南唐书》"简赅有法"。有趣的是,陆游在他的《南唐书·昭惠传》里记述了大小周后嫁给后主李煜的风流事,写的趣味盎然。这与陆游游历清凉寺看到李煜书写的"德庆堂"以及得到的墨本,引发他对南唐事的兴趣有一定关系。

陆游一生对佛教的信仰较为虔诚,在他的9000多首诗歌创作中,有相当一部分是佛教题材的诗歌。如《冬日斋中即事》:

读书虽有乐,置之固亦佳。烧香袖手坐,自足纾幽怀。
我生本从人,岂愿终不谐。其如定命何,生死一茆斋。

惠 洪

宋代,产生了一位才华横溢,性格直率,在禅、诗、文、史皆有建树,在文学史、禅宗思想史上有着重要历史地位的高僧,他就是惠洪。

惠洪(1070—1128),一名德洪,自号寂音尊者,筠州新昌县(今江西宜丰县)人。一生经历宋神宗、哲宗、徽宗、钦宗、高宗五朝,主要活动在哲、徽、钦三朝。惠洪工诗善文,精熟内外典籍,为宋代文字禅集大成者。惠洪因文字而名显于世,不遗余力弘扬文字禅,本无机心,乃其才情与性情使然,反遭世嫌,招致祸端。

惠洪一生遭遇坎坷曲折,14岁时在一个月内父母双亡。他一生尝尽颠沛之苦,两度入狱,两度被剥夺僧籍,其坎坷波折的人生际遇在历代僧人中并不多见,可谓千锤百炼,历经磨难。他第一次入狱就是在金陵,自大观三年(1109)八月至次年八月,前后一年时间。

宋徽宗崇宁年间(1102—1106),惠洪应邀,开法于江西抚州北禅寺。两年后,离开北禅寺,游历金陵,应当时漕运使的邀请,住持清凉寺。入寺还未及半年,即被诬入狱。自此开始了他的流亡之旅。后因宰相张商英、太尉郭天信保奏,才得以出狱。但一年后又遭入狱。40多岁才得出狱,要求恢复僧籍,一直没有结果。直到1127年,他58岁时,才恢复僧籍。次年,圆寂于宜丰。

惠洪虽一生多遭不幸,但才华横溢,著述颇丰,如《僧宝传》三十卷、《高僧传》十二卷、《石门文字禅》三十卷、《冷斋夜话》十卷等。他精通佛学,长于诗文,尤以《冷斋夜话》最著名。成语"满城风雨""脱胎换骨""大笑喷饭""痴人说梦"等典故均出于此书中。

惠洪赞赏文益禅师创立的法眼宗思想。惠洪生活的年代,有些禅人沉溺于语言技巧,脱离了禅宗最初的力求了脱生死、回归清净本心的旨趣,而是陷入一种语言游戏中。惠洪对此现象深恶痛绝,他引用文益禅师语录来阐述自己的看法,他说:"一切文字语言,学者嗜着,是名壅蔽,自心光明。"他说:"清凉以文字语言为壅蔽者,盖治病之疾也。"指出当年文益禅师所治之病正是文字滥觞之弊病。惠洪还以法眼宗三世永明延寿为榜样,欲提持纲宗,融通禅教,穷其毕生精力,身体力行地贯彻禅教一致的理念。惠洪在《冷斋夜话》中,还曾称赞文益禅师写的《牡丹》诗。惠洪在《李后主亡国偈》一文中说:"法眼禅师观牡丹于大内,因作偈讽之曰:'拥毳对芳丛,由来趣不同。发从今日白,花是去年红。艳冶随朝露,馨香逐晚风。何须待零落,然后始知空。'中主不省,王师旋渡江。"

惠洪于1109年初任清凉寺住持,在此期间,江西的僧友来看望他。送僧友返回江西时,惠洪写了一首诗,反映了其在清凉寺弘法及修行生活的一些情况。惠洪的诗写道:

古寺闲门聊作夏,秋来归思漫迢迢。
枕中柔橹惊乡梦,门外秦淮涨夜潮。
想见旧房生薜荔,不堪疏雨滴芭蕉。
何时却理缘云策,同上峰头看石桥。

这首诗写夏天惠洪送僧友回家乡前的心情。第二天,要送僧友回家乡了,晚上睡梦中似乎听到了回乡乘船的摇橹声,实际上听到的是离清凉寺不远处秦淮河的涨潮声。第二天与僧友分别,想到了家乡僧房那沿墙壁生长的藤蔓以及雨水打过的芭蕉。惠洪满怀诗情地对僧友说:什么时候我也能回去,持一根手杖,我们一同攀登家乡的山峰,看那熟悉的石桥。

惠洪这首诗写得很动情,其孤寂情怀、凄凉心境也隐含字里行间。写作这首诗不久,惠洪即被诬告入狱了。

第三节

元　代

　　元朝是蒙古族建立的王朝，蒙古族人数在全社会的构成中并不算多数。汉民族对于元代民风民俗的形成，无疑起着重要的作用。在民族交融中，向少数民族传播先进文化以及接受兄弟民族文化中的优秀因素，这是塑造整个中华民族文化所不可缺少的。

　　萨都剌是蒙古族人，张翥是汉族人，他们都长期居住在金陵，在朝廷中任较小的官，他们都喜爱中华文化中的诗词创作。他们常来清凉寺，与寺院长老交往密切，所写的诗词反映了他们与寺僧之间的交往，记录了他们在清凉寺的踪迹。

萨都剌

　　萨都剌（约1272—1355），字天锡，其先祖为西域人，随蒙古东征军东来。（图7-6）萨都剌年轻时在南方经商，主要活动在长江下游至中游，其间曾到过南京。他第一次来南京时，尽管天上下着细雨，但他愉悦的心情未受影响。他在《金陵道中》记录了当时的见闻和感受："平生梦想金陵道，此日偶然身自来。应是山云喜诗客，野花满路雨中开。""梦想江南今日

图7-6　萨都剌塑像

到,肩舆过处落花风。行人五月金陵道,石竹花开白雨中。"他50多岁时考取进士。曾于元文宗至顺三年(1332),元顺帝至正六年(1346)至至正八年(1348)两度在南京任职,任江南诸道行御史台掾史(监察机构的僚属)。

萨都剌在金陵期间,常游访清凉山、清凉寺,写清凉山一带风光、人文的诗有近30篇,其中多首写到参访清凉寺住持珪白岩长老。

至顺三年(1332)的秋天,萨都剌在雨中访清凉寺,遗憾没能遇见珪白岩长老。他在一首诗中写了所见的景象和对长老的关切与思念。石头城上浓雾弥漫而昏暗不清,秋天了,红叶纷纷落下。清凉山上的路因浓雾而看不清,只听见林中传来清凉寺的钟磬声。到了寺里,却没能见到珪白岩长老,非常遗憾。他不舍地离开后还想着长老,天气一天天寒冷了,长老又要忙着缝补袈裟了。反映了他对长老的关切。《秋日雨中登石头城访长老珪白岩不遇》就是写的这次登访:

石头城上去,红叶雨纷纷。
半日不见路,四山都是云。
鱼龙随水上,钟磬隔江闻。
遥想南庄叟,天寒补衲裙。

萨都剌还曾与清凉寺长老有诗唱和,写有《次和清凉寺长老韵》诗:

缁衣送酒一壶冰,霜蒂悬香九月橙。
酌酒破橙天色晚,桂花树下出银灯。

一年的夏天,萨都剌来清凉山中避暑,曾写诗一首寄赠珪白岩长老:

偕赵逢吉避暑石头城,日暮余归,逢吉留宿山中,次日寄逢吉并长老珪白岩。

竹下一僧坐,城头独客还。
星河下平地,风露满空山。
犬吠松林外,灯明石壁间。
故人借禅榻,心共白云闲。

诗里描绘清凉寺的环境,"星河下平地""灯明石壁间",朋友赵逢吉在此境况下,"故人借禅榻,心共白云闲",心境也有所澄明了。

萨都剌还有一首《未归》:

> 白岩老子城中去,骢马游人寺里来。
> 城外风流城里少,岩花落尽野花开。

这一次萨都剌来清凉寺也没能见到住持珪白岩,但礼拜寺庙的信众却不少。

萨都剌在写金陵的两首诗中,还写到清凉寺的钟声:

望金陵

> 行人雨霁金陵去,萧寺钟声又远听。
> 五月潮声方汹涌,六朝文物已凋零。
> 春风玉树留歌韵,暮日青山立画屏。
> 千古兴亡堪一笑,买花载酒赏山亭。

送友之金陵

> 江城积雨开新霁,行李萧萧去远坰。
> 千古风光鬓边白,六朝山色马头青。
> 秦淮月出潮初上,萧寺钟声酒半醒。
> 莫唱当时后庭曲,殿台衰草自飞萤。

萨都剌《和韵题石城峭壁》反映了与清凉寺长老的亲密交往:

> 离宫长蓬蒿,画栋落花彩。
> 翠华不复游,空余石城在。
> 马蹄踏云霞,鸟声隔烟霭。
> 老僧喜客来,山中深似海。

萨都剌到清凉寺次数多了,对清凉境界有了自己的感触。他在《偶题清凉境界》中写道:

> 今日清凉境,明朝剑水心。酒堪消客况,泉可洗尘襟。
> 佛古荒苔藓,林深繁绿阴。樵歌山路晚,余兴付归禽。

萨都剌对石头城的人文和自然风景很感兴趣,多次登临题诗。萨都剌《秋日登石头城》:

> 登临未惜马蹄遥,古寺秋高万木凋。
> 废馆尚传陈后主,断碑犹载晋南朝。
> 年深辇路埋花径,雨坏山墙出翠翘。
> 六代兴亡在何许,石头依旧打寒潮。

这首诗中,萨都剌于深秋登临石头城上,举目四望,万木凋零。来到清凉寺中,见到的是断壁残垣,一片荒凉。不禁联想到六朝兴亡的历史,因而挥毫赋诗,感慨系之。全诗意到笔随,情景交融,寓意深刻。诗中用"废馆""断碑""路埋"等词,形象地反映了当时清凉寺已趋于衰败荒凉的景象。

萨都剌于某年的重阳日写《九日登石头城》:

> 九日吟鞭聚石头,翠微高处倚晴秋。
> 西风不定雁初度,落木无边江自流。
> 两眼欲穷天地观,一杯深护古今愁。
> 乌台宾主黄华宴,未必龙山是胜游。

萨都剌还写有《中秋月夜泛舟于金陵石头城》诗道:

> 秦淮流水西复东,倒涵天影磨青铜。
> 飞廉扫空出海月,明珠飞入琉璃宫。
>
> 著我扁舟二三友,江上雪槎泛牛斗。
> 笑语人间两岸灯,进君江上一尊酒。
>
> 醉来起舞听浩歌,宛如玉树春风和。

> 世间乐事古来少,天下月明今夕多。
>
> 六代江山自潇洒,潮落潮生石城下。
> 人生得意当欢游,此月此水年年秋。

萨都剌在金陵期间,还曾写了一组金陵怀古词。在《满江红·金陵怀古》中写道:"六代豪华,春去也,更无消息。空怅望,山川形胜,已非畴昔……听夜深,寂寞打孤城,春潮急。"他写几经繁荣更迭的六朝古都,而今山川形胜,萧条寂寞,毫无生气,令人怅惘。

萨都剌是元代诗坛上一位出色的英才,是我国历史上为数不多的用汉语写作,取得非凡成就的少数民族诗人。其作品关注现实,风格独特。萨都剌有着远大的抱负,然而,他的官职一直很低,只是一个位卑言微的小官。他的想法无法施展,他始终处于"自笑江南无用客,一春无事只题诗"的窘境。他以诗歌反映时事,希望自己的声音能传入宫廷,为改变社会现实尽一分力,然而社会现实的残酷和百姓生活的艰辛却使他大失所望。他在南京期间,六朝古都的江山胜迹、沧桑经历激发孕育了他的灵感、情思,写出了著名的《念奴娇·登石头城》:

> 石头城上,望天低吴楚,眼空无物。指点六朝形胜地,惟有青山如壁。蔽日旌旗,连云樯橹,白骨纷如雪。一江南北,消磨多少豪杰。
>
> 寂寞避暑离宫,东风辇路,芳草年年发。落日无人松径里,鬼火高低明灭。歌舞尊前,繁华镜里,暗换青青发。伤心千古,秦淮一片明月。

这首词与《金陵怀古》同为吊古之作。此词的上阕,前三句,写在石头城上,极目远眺,无边无际。接下两句,写六朝在此壮美之地,建都立业,而今只有青山壁立,其繁华早已消逝。继而"蔽日"以下五句,想象昔日战况,旌旗遮天蔽日,高大的战船插入云霄,大江南北,尸骨遍野,消磨了多少英雄豪杰。下半阕前三句,写在清凉寺看到当年南唐避暑行宫,现已冷落寂寞。君主经过的车道,也长满了蒿莱野芦。接着"落日"以下两句,写夜间阴森恐怖的气氛。无人过往的松间小路,凄清幽古。继而"歌舞"以下三句,写年华易逝。最后两句,写面对明月无限伤感。引发了词人的人生感喟,"伤心千古,秦淮一片明月",感叹世事和人生无常,唯有秦淮河上的明月属于过去。

　　这首词通过登金陵石头城遗址的所见所感,对于历代王朝的盛衰成败抒发思古之幽情,对封建统治者争夺政权的战争残酷性有所揭露,同时也流露出对世事难料与人生无常的伤感。全词采用苏轼《念奴娇·赤壁怀古》的原韵,却未受其拘束,毫无捉襟见肘之感,既依其韵,又得其神,是一次穿越时空的超级唱和。这首词中萨都剌思路开阔,才情横溢,文笔流畅中见奇峭,语境宽广中含精微,泼墨渲染与工笔描绘兼而有之,此词是其浑然天成的豪放派代表作。

张 翥

　　张翥(1287—1368),字仲举,元代末期时任国子助教,参修宋、辽、金史,旅居金陵,对金陵的自然、人文景致很是喜爱。他在一首词中写道:"一曲吴歌酒半酣,声声字字是江南。"他依萨都剌五言律诗的原韵,写了一首《游石头城清凉寺用天锡题壁诗韵》:

　　　　扪萝上绝顶,岚气湿缤纷。日色不到地,树荫浑似云。
　　　　僧归过岭见,樵唱逆风闻。更待诗人醉,狂书白练裙。

　　诗人顺着陡峭的山坡上的藤蔓攀援而上,直达山顶,山中浓湿的雾气氤氲缭绕,山上树荫浓密如厚厚的云层笼罩,阳光竟不能射到地面。张翥的诗句告诉人们,当时清凉山上的林木是多么茂盛。清凉寺僧越过山岭时方才现出身影,逆着风可听见樵夫的歌声,相距不远,但不见樵夫身影。山深、林茂、樵唱、僧归,构成了一幅清幽而又独特的风俗画。

　　诗人被这眼前怡人的美景所陶醉,不禁诗兴大发,忍不住挥笔狂书。优美的景色与山岭上出现的寺僧、听到的樵夫的歌声浑融一体,展示了强烈的生命意识。

第八章  名人踪迹（下）

第一节

明　代

朱元璋于洪武元年(1368)在南京建立明王朝。曾经作为六朝都城的金陵,第一次成为全国统一王朝的都城。

朱棣于永乐十九年(1421)迁都北京后,南京作为留都,仍然保留一套中央行政机构。明代南京是全国特别是江南地区的政治、经济、文化中心。这里汇聚了全国各地的文化精英,又有本土生长的才子文人。一批批硕学鸿儒和各色人才以南京为舞台,在哲学、文艺、工技等领域成绩卓著,大放异彩。

清凉山深厚的文化底蕴、优美景色,吸引了许多宦官、文人前来游览、咏怀。明开国皇帝朱元璋就曾登临清凉山。

洪武间,周王(朱橚)重建(清凉寺),改额清凉陟寺。重修后的清凉寺的庄严气象,更是吸引了众多名士前来拜佛问禅。其中有著名思想家王阳明,金陵知名才子顾璘、陈沂、焦竑、顾起元,著名学者朱之蕃、汤显祖、葛寅亮、谭元春等人。

明末,著名高僧观衡(颛愚)大师住持清凉寺。

朱元璋

朱元璋(1328—1398),明太祖,出生于安徽凤阳。明朝开国皇帝朱元璋建都

图8-1 朱元璋画像

南京以后，常带着臣僚来清凉山观山川形胜，探风水奥秘。(图8-1)

朱元璋建立大明王朝后，十分重视祭祀礼仪。祭祀的对象既有天神、地祇、祖宗、先贤，也有山川、日月、风云雷电，甚至井、灶、旗杆等。据《明实录》载，明初规定祭宗庙、社稷、朝日、夕月、先农为大祀。朱元璋对天上的一轮明月特别钟情，他曾写有一副对联："佳水佳山佳风佳月，千秋佳地；痴声痴色痴情痴梦，几辈痴人。"他曾对一位大臣写的对联"乾坤一统归洪武；日月双轮照大明"非常赞赏。古人把帝、后比喻为日、月，这首对联既颂扬了朱元璋，还颂扬了马皇后，朱元璋当然十分高兴。

清凉山是南京城西最高处，登上山顶可看见一线长江，朱元璋把这里确定为举行拜月礼仪的场所。每逢八月十五中秋节，朱元璋率一队官员及祭祀人员来到清凉山，登上山头，进入事先搭好的帷幕，具服整齐，然后进入拜月场所。首先迎月，接着行礼、献供品、上香，然后读祝官手捧祝版，跪读祝文。读完后跪呈给皇帝，再交由祝官至燎所燔烧，表示把祝文告知明月。有一年在举行拜月礼仪前，一位官员献给朱元璋一匹良马，全身雪白，毛色发亮。进献的这匹良马，刚出宫门，就如踩在云端一般飞奔而驰。明代张怡《玉光剑气集》记载："一尘不起，上（朱元璋）大悦，赐名飞越峰，命绘形藏焉。学士濂为之赞。"有了这匹好马，这天明月又很皎洁，朱元璋在清凉山拜月更为高兴。

朱元璋曾写有一首《思游寺》：

雨落黄梅麦已秋，日思精舍梦还游。
晨昏几度经钟听，岩壑云深生野楼。

诗中的"精舍"，即佛舍。朱元璋年轻时曾入佛门，当上皇帝后，他有过梦回精舍、晨昏几度听经钟的思绪，还有些思念他当年所经历过的佛寺时光。

朱元璋在没任皇帝、还在各地征战时，见到寺院，喜欢进寺去看看。有一次，征战到安徽颍上县，发现有座清凉寺，他进得寺内，问："可清凉否？"言毕，即自我感受到确有股股凉意,连蚊蝇都没见到,他感叹道:"真乃清凉寺也。"当他在南京建立大明王朝后,常到城西的清凉寺,感受这里清新凉爽的环境。据传,他还为金陵清凉古寺题额"清凉禅寺"。

王阳明

明代南京汇聚各地而来的文化精英,不少人在清凉寺留下了踪迹,王阳明则是其中之一。

王阳明(1472—1529),名守仁,浙江余姚人。曾经筑室故乡阳明洞中,世称阳明先生。(图8-2)

王阳明自幼研读儒家经典,科举入仕,曾在南京刑部、太仆寺、鸿胪寺任职。1521

图8-2　王阳明塑像

年,明世宗朱厚熜继位,王阳明官至南京兵部尚书,后又加封为新建伯,世袭。除儒家经典外,王阳明年轻时即醉心佛道,他曾自述:"吾亦自幼笃志二氏(佛道)……大抵二氏之学,其妙与圣人只有毫厘之间。"正因为他深通佛道,他所创立的"阳明心学",佛道的色彩很浓厚,他既吸收了禅宗的思辨方法和修炼途径,也吸收了道家的内丹学说和内丹修炼法,主张通过静坐、居敬、慎独、戒慎恐惧来达到"致良知""知行合一",提出了一套有着浓厚佛道色彩的"正人心"的办法,即致知格物、诚意正心的存养工夫,去除私欲,时时为善去恶,使心灵归于廓然大公的干净清明境界。王阳明创立的"阳明心学",被世人称为"圣学"。他的心学理论如一道亮光照亮了明代中后期中国文人的心灵,使其意识到重视自我心灵、自我个性的重要。王阳明是明代最著名的思想家。

王阳明在南京时,南京为留都,官职级别和北京一样,但实权远不如北京同级别,较为清闲。王阳明喜欢登山临水,游赏名胜。他多次来到清凉寺,特别赞赏这方清幽、清静、净心之地。有一次,他来到这里,游览清凉寺周围清幽的美景,与清凉寺僧谈论禅佛之理,更坚定宣扬他的"阳明心学"的志向和决心。他游览清凉

寺后,写了三首同韵的《游清凉寺三首》:

春寻载酒本无期,乘兴还嫌马足迟。
古寺共怜春草没,远山偏与夕阳宜。
雨晴涧竹消苍粉,风暖岩花落紫蕤。
昏黑更须凌绝顶,高怀想见少陵诗。

积雨山行已后期,更堪多病益迟迟。
风尘渐觉初心负,丘壑真与野性宜。
绿树阴层新作盖,紫兰香细尚余蕤。
辋川图画能如许,绝是无声亦有诗。

不顾尚书此日期,欲为花外板舆迟。
繁丝急管人人醉,竹径松堂处处宜。
双树暗芳春寂寞,五峰晴秀晚羲蕤。
暮钟杳杳催归骑,惆怅烟光不尽诗。

王阳明在诗中写到眼前所见的景物:涧竹、岩花、绿树阴层、紫兰香细,又写到了远处的远山、夕阳。而这些"天地万物与人原是一体啊",他在诗中写道:"古寺共怜春草没,远山偏与夕阳宜","风尘渐觉初心负,丘壑真与野性宜"。正像他在阳明心学理论中指出的"盖天地万物与人原是一体,其发窍之最精处,是人心一点灵明。风雨露雷、日月星辰、禽兽草木、山川土石与人原只一体",他认为天地万物都是因心的感知而存在。他在这几首诗中分别想到了杜甫和王维。天已近黄昏了,他还要登上山顶,像杜甫那样"会当凌绝顶,一览众山小"。如果诗人王维这时来到这里,看到此处的美景,也一定会写出一首首无声的诗,诗中有画、画中有诗。

顾璘、陈沂、焦竑、顾起元

明代一些金陵土生土长的才子文人热衷于清凉寺这块清静之地,其中有:
顾璘(1476—1545),字华玉,号东桥居士,金陵人,任南京刑部尚书,著有《息园集》《息园存稿》等。

陈沂(1469—1538),字宗鲁,号石亭居士,金陵人,考中进士,任翰林侍讲,著有《金陵古今图考》《金陵世纪》等。

焦竑(1540—1620),字弱侯,号澹园居士,金陵人,状元,任翰林院修撰,还出任过皇长子讲官,著有《澹园集》等。(图8-3)

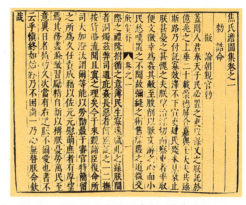

图8-3 明万历刻本焦竑《澹园集》书影

顾起元(1565—1628),字太初,号遁园居士,金陵人,官至吏部左侍郎,著有《说略》《客座赘语》等。

以上几位名士文人,都多次到清凉寺,留下了咏叹的诗文。

顾璘诗文成就列当时金陵之首,史称他与同时期的陈沂、王书为"金陵三俊"。前人评价他的诗文"为文不事险刻,而铸词发藻必古人为师"。他著作丰富,传世极多,但他突出的著作还是诗歌,其诗清丽新颖,文辞雅致。如,他有一首五绝《云归庵》为人所称道:

松林有茅宇,白云往还来。
山僧爱云好,柴门夜长开。

顾璘是清凉寺的常客,他在《登清凉寺后西塞山亭》诗中写道:

晚上高亭对落晖,万山寒翠湿秋衣。
江流一道杯中泻,云树千门鸟外微。
古寺频来僧尽老,重阳欲近蟹争肥。
霜枫恶作萧条色,故弄残红绕客飞。

"古寺频来僧尽老",是顾璘述说自己与清凉寺僧来往之勤、过从之密,对清凉寺的感情之深。"重阳欲近蟹争肥",写出了在升平景象中士大夫们的优游闲适情趣和审美追求。他还惊喜地发现,经霜的枫叶不仅有彩霞般的艳丽,装点着清凉寺，而且即使是落叶残红，也不甘凋零，仍在散发它生命最后的余晖，迎逗着来访者。秋天的清凉寺充满了生机勃勃的景象，如此的自然形胜，怎不叫人"古寺频来"呢！

陈沂的先祖是浙江宁波人。到陈沂时，他们家已是三代世居南京了，因此陈沂算得上是南京人。他早年喜欢苏东坡，自号"小坡"，颇具文才。尤其留心南京的乡邦文献，热心于纂修地方文献，著名的有《金陵古今图考》《献花岩志》《金陵世纪》。在《金陵世纪》中，记载了石头山、清凉寺、翠微亭等历史，还记载了清凉山一带不为人知的史料。如记载南朝时梁武帝一处放生地："梁长命洲，在石头城前，梁武帝放生之所，帝日市鹅鸭鸡豚之属，放于此，置户十家，以谷粟喂养，以洲为长命洲。"记载六朝时石头城有一高楼："晋入汉楼，在石头城。义熙八年，于石头城南起高楼数丈，入于云霄，连堞带于积水，故名。"记载三国吴时石头城粮仓："龙首仓，古石头津，仓所贮五十万。"从这些记载可以看出，陈沂的《金陵世纪》有着较高的文献史料价值。

陈沂有一年夏天来到清凉寺，他在《夏日杂兴（其二）》中写道：

> 野寺清凉旧有名，空廊还傍石头城。
> 侵阶竹荫差差转，入座荷香细细生。
> 西府山前车辇路，南唐宫里辘轳声。
> 冰浆玉碗传瓜处，想像君臣万古情。

他夏日避暑来到清凉古寺，由眼前景——台阶上慢慢迁移的竹影，在现实和历史中来回穿越，从金陵最早奠基的石头城，联想到昔日南唐宫殿的辉煌与风流；从眼前这寺是野寺，城是空城，联想到御路的喧嚣，皇都的繁华；从独处幽居的自我，联想到那曾经风云变幻的君臣际遇。诗紧扣一个"夏"字，突出一个"兴"，而这"兴"又似乎很"杂"——历史的兴亡之感、人生的穷通之慨、君臣的际遇之情，一齐涌到心头，实际都总括到人生际遇上。陈沂的这次游览清凉寺，令他想得很多，深沉厚重，而诗的意境又显得异常得深远博大。这正是清凉寺深厚历史底蕴的魅力。

焦竑这位明代著名的学者，对清凉山更为熟悉。他能考中状元，是勤奋好学的结果。他师从耿定向,在清凉山上的崇正书院读书。耿定向去世后,焦竑为追悼先师,将书院改为祠堂,题记"耿定向先生讲学处"。焦竑也常到清凉寺,他曾写道:"回首人间热恼林,等闲翻出清凉地。""滞绪梦难理,灵芽味自长。殷勤就君语,一酌得清凉。"这里也常常成为焦竑迎送远方客人的接待之地。有一次,一位来自南粤的朋友离南京,焦竑在这里送客。

他在一首词里写道:"草色茫茫,一杯送,天涯行客。还自惜,社莲冷落,岂堪轻别。……百粤溪边千叠浪,清凉山上三更月。叹等闲万里路漫漫,长相忆。"

焦竑还曾与友人唱和金陵名胜清凉山,他在《和余学士金陵登览诗·清凉山》中写道:

> 精舍何年筑?高台袅袅孤。
> 烟岚收紫极,气色览黄图。
> 飞鸟还哀郢,吞江讵赋吴。
> 只应游息地,流恨满平芜。

顾起元是与焦竑同时代的著名金陵学者。他常常游历金陵的诸寺,他说:"余性好山寺,每一游历,意则欣然,尤于荒凉岑寂之区,倍为延伫。"他评价南京可登临处"在城内则有六","在城外近郊则有十四"。城中的六处是:清凉山的清凉寺、鸡笼山的鸡鸣寺、谢公墩的永庆寺、冶城、马鞍山的金陵寺和狮子山的卢龙观。他精选南京城中六处美景,把清凉寺居于首位。他还写《清凉寺》赞之:

> 翠微山倚石头傍,径转峰回接上方。
> 宫井辘轳滋藓碧,讲坛瓴甋翳苔苍。
> 窗明洞雪经春冷,门掩崖松驻月长。
> 避暑漫言河朔会,茶瓜堪借已公房。

这首诗既写了清凉寺的环境、景致,又点出了南唐避暑宫的历史、遗存,意境深邃。

顾起元在文史研究中还曾关注禅宗五家衰落的原因,他在《遁园漫稿》中对此有过深刻的评论:"是以衣钵之传,自迦叶以至曹溪,三十六世,如出一姓。曹洞、沩仰、临济、法眼、云门五宗之派，亦世世相续，沿流溯源。(到了明末)向使不思传法，第以门户相矜，禅律之攻，南北之争，此其作俑，何事空取其派系分而析之，如后世竞门第、夸地望，饰谱牒之纷纷为哉。"

顾起元分析了禅宗宗派的衰落，认为其中一个重要原因，是与其"门户相矜"的传法弊端分不开。

朱之蕃

朱之蕃（1548—1624），字元介，原籍山东聊城，后长期生活在南京。明万历二十三年（1595）考中状元，官至吏部侍郎，曾出使朝鲜，是南京历史上著名的状元之一。朱之蕃在南京有两处住宅，一处在城南朱状元巷，一处位于清凉山东北麓。清末顾云《盋山志》载："朱少宗伯园，明南京礼部侍郎朱之蕃园也。其园藏书画极多，过小桃源者，往往睹所未睹。今堙。"清末民初陈诒绂《金陵园墅志》载："小桃源在谢公墩北，上元朱元介侍郎之蕃别墅，藏书极富。过是园者，往往睹所未睹。堂前有玉兰数株，一名玉树堂，相近有伏挺泉，南朝古井也。"当年的小桃源即位于清凉山东北麓，即今上海路附近。朱之蕃在清凉山麓的别墅小桃源，圮颓不存，迹无考。

朱之蕃与焦竑、顾起元等人是同时代好友，经常一起游历金陵胜迹，诗词唱和。朱之蕃有位好友余梦麟写有 20 首金陵风景诗，有钟山、牛首山、清凉山、莫愁湖等。后来，余梦麟约好友焦竑、朱之蕃、顾起元三人同为这 20 景赋诗唱和，并将其汇总成《雅游篇》，每个景名下都写有小引，简明扼要地记载了景点位置、主要景观及其来历。《雅游篇》的刊行，成为轰动一时的盛事。

二十多年后，朱之蕃再次见到余梦麟家藏《雅游篇》刻本时，余梦麟、焦竑已在数年前去世，他感慨系之，决意将盛事延续，以此纪念旧友。因自己年老患病，难以亲身探寻，遂通过搜捡文献的方式，觅得金陵美景 40 处。他请年轻画家逐一描摹景点。朱之蕃为每幅图写记赋诗，编为"景各为图，图各为记，记各为诗"的《金陵四十景图咏》一书。与《雅游篇》相比，《金陵四十景图咏》中的风景图有了质的提升，且景名统一为诗意化的四字，如钟山为"钟阜晴云"，清凉山为"清凉环翠"。《金陵四十景图咏》是朱之蕃对金陵景观文化的巨大贡献,也是金陵历代风景组图中最完美的组图,后来"金陵四十八景"实是"金陵四十景"的补充。

朱之蕃《金陵四十景图咏》第二景就是"石城霁雪"。朱之蕃为"石城霁雪"美景赋诗一首(图8-4):

图8-4 "石城霁雪"

城乌啼彻晓光新,
延伫千林皓彩匀。
虎踞苍崖增白额,
龙蟠金阙换银鳞。
江天顿改寻常色,
庐井都无一点尘。
八表晶莹疑合璧,
翩跹鹤驭集群真。

朱之蕃还为"清凉环翠"美景赋诗(图8-5):

图8-5 "清凉环翠"

几度探奇历翠微,
四山环列锦屏围。
吟风乔木堪祛暑,
浴日晴江远借辉。
殿址久湮滋径藓,
斋厨新供采山薇。
观空自识清凉意,
一片闲云伴鹤飞。

朱之蕃不仅喜爱清凉山的"石城霁雪""清凉环翠"美景,他还钟情清凉寺幽静的环境,他写了这首很有意境的《清凉寺》诗:

高亭四望占清嘉,览胜逃禅思共赊。
谢客思狂同野鹿,远公香供足胡麻。
霞迎落照三千果,烟锁环城十万家。
宝地阳和回自早,枫林醉眼眩春花。

汤显祖

汤显祖(1550—1616),江西临川人,文学家、思想家。《牡丹亭》是其代表作。汤显祖于明万历四年(1576)、五年、八年三次游学南京国子监。万历十一年中进士,十二年官至南京太常寺博士,十七年迁南京礼部祠祭司主事,二十一年移浙江遂昌县令。汤显祖在南京生活、工作十多年。他写诗道"才情偏爱六朝诗",好友来信,愿意通融提拔他去北京吏部做官,但他回答不能离开南京,这里有他的亲朋好友和难忘的山水美景,他把一生中最宝贵的青壮年时期留在了南京。清凉山、牛首山、大报恩寺是他常去的地方。

清凉山的自然、人文风光深深地吸引了汤显祖,他写这里的景色,抒写了一首《江东歌》:"三山江上翠崔峨,草绿风烟春气和。天宫缭绕金陵麓,人家映带秦淮河。……"这里充满古韵的胜景,引发他抒写了《戊子春》:"南都昔佳丽,大学曾纡轸。士女接游春,清郎陪胜引。俱称石城乐,未问长安近。"朱元璋曾在石城门外建有接待宾客的酒楼,汤显祖也曾路过这里,写有《重过石城堞》:"石城二十四花楼,江南置酒飞花愁。在处胭脂久零落,不知冠盖能风流。拾翠江边犹记否,含笑含颦送君酒。满目秋光无尽时,自折莲塘花下藕。"清凉山一带是文人名士怀古之地,汤显祖生活在南京,他在清凉山写下的怀古感伤也别有一番滋味。在《金陵歌送张幼于兼问伯起》写道:"金陵花开散江空,可怜六代多离宫。潮来潮去都应月,花开花落等随风。"

汤显祖在南京生活、工作期间,创立于江苏的泰州学派对他的思想有深刻影响。泰州学派是明初著名思想家王阳明的学生王艮在泰州创立的,主张从日常生活中寻求真理,提出"百姓日用即道"学说。汤显祖同该学派三传弟子罗汝芳有着终生师生情谊,汤显祖受罗汝芳的心学及"率性所行,纯任自然"思想影响很大。汤显祖曾在清凉山崇正书院课堂上讲授泰州学派思想。万历二十六年(1598),汤显祖回家乡后设帐讲学,并仿崇正书院创办了一所"崇儒书院",影响当地深远。

汤显祖在南京时,还与当时高僧紫柏达观禅师为友,常在佛学经藏中寻求慰藉。他说:"如惟德先生者(汝芳),时在吾心眼中矣。见以可上人(紫柏)之雄,听以李百泉(贽)之杰,寻其吐属,如获美剑。"他曾诗道:"数滴瓶泉花小红,丝丝禅供翠盘中。秋光坐对蒲塘晚,一种香清到色空。"诗的佛教色彩很浓。据传,汤显祖30岁时,曾在清凉寺"登坛说法"。

葛寅亮

葛寅亮(1570—1646),浙江钱塘(今杭州)人。万历二十八年(1600),中浙江乡试第一。次年,中进士,授南京礼部仪制司主事,不久任南守礼部祠祭司郎中。

葛寅亮在任职期间,十分热衷于表彰历史上的忠贞贤良之士。原来在南京青溪之东,有一座先贤祠,祭祀上自泰伯、范蠡,下至南宋朱熹等41人,后祠毁。万历三十五年(1607),葛寅亮重建先贤祠于普德寺后山,每年"春秋祀之"。

当时青溪鹫峰寺后面有口大塘,相传为唐朝颜真卿在乌龙潭设放生池外,南京另一处放生池,岁久湮没。明代,此地为太监所占。葛寅亮敬仰颜真卿不畏强暴、忠贞刚烈,坚决要求收回此地。经努力,恢复了放生池旧景,并专门建起了一座祠堂,祭祀颜真卿。

葛寅亮以儒学安身立命,由科举而入仕。但他对佛教等宗教却抱包容的态度,意在兼收并蓄。明代万历后期,南京佛寺制度涣散,寺田流失,佛寺萧条。

他任南京礼部郎中,着意改革。他将具备规模的佛寺按照"就近"原则,分为大、次大、中、小几种类型,以大寺统次大寺、中寺,次大寺、中寺统小寺,实行严格统属管理。他还主持订立了佛寺各项制度。为了巩固和记录改革成果,他着手编集了《金陵梵刹志》。

《金陵梵刹志》详细记载了明代南京各佛寺的历史沿革、殿堂分布、房田公产、山水古迹、名僧事迹等,是一部十分难得的明代佛教史著作。

他亲自上清凉山,踏访了解清凉寺及翠微亭的情况,收集寺院提供的有关资料。在《金陵梵刹志》卷十九记录了《石头山清凉寺》。

葛寅亮尽管把清凉寺只列为"中刹"等级,但称之"古刹、敕赐"。除记载清凉寺的地址、方位、历史、殿堂情况,还记载了有关清凉寺的重要历史文章。有宋代苏轼《清凉寺阿弥陀佛赞》、陆游《游清凉广慧寺记》(节录),明代云间钱溥《重修清凉寺碑记》、乔宇《游清凉山记略》;有文益禅师、悟空禅师、法灯禅师、文遂禅师传略;有唐代李白、温庭筠,宋代王安石、苏轼,明代李东阳、王阳明等名人写石头山、清凉寺的14首诗词。记录了清凉寺统属的小刹伽蓝庵的地址及殿堂情况。另外,还附录了一幅完整的《清凉寺全景》地图。

葛寅亮《金陵梵刹志》对研究明代南京佛教史具有重要历史价值。他在该著作中记载的《石头山清凉寺》,通过广征博考,搜罗经史之文,考订清凉寺的历史变迁、典故、名僧、艺文,为后人了解研究清凉寺提供了便利。2010年,清凉寺考古发掘一处古寺遗址。正是有了《金陵梵刹志》对清凉寺的详细记载,才能准确地知晓发掘出的建筑是何殿堂,真实可信。这对当今清凉寺遗址保护及新大殿的重建都有重要价值,富于现实意义。(图8-6)

图8-6 《金陵梵刹志》中《清凉寺全景图》

谭元春

谭元春(1586—1637),湖广竟陵(今湖北天门县)人,明末文学流派竟陵派的领导者和代表人物。谭元春与同乡钟惺是忘年知己。钟惺在南京做官,曾任南京礼部主事、仪制郎中。因此，谭元春也得以常居南京。在南京居住时，谭元春还常得到钟惺推介，与在南京的一些性情相近的文人学士交游酬唱。谭元春生性达观，他到南京后，特别喜欢这座古城的情调，这里的秦淮河、清凉山、玄武湖等风景名胜，常是他与朋友们的游览之所，而每有所游，谭元春便有诗文记趣。特别是南京城西风景幽静的清凉山与乌龙潭，他更是对此情有独钟，曾多次到这里游玩，并先后创作了多首诗篇。他在《清凉寺访谢少连》诗中写道："稍窥竹外竹，忽睹山上山。"特别欣赏清凉寺旁的竹林。他《登清凉台》诗写道：

　　台与夕阳平，同来趁晚晴。
　　隔江山欲动，半壑树无声。
　　艇子归遥浦，庵僧近掩荆。
　　烟岚处处合，残兴尚能清。

诗前写动，后写静，前为近景，后为远景，动静相交，展现在人们面前的画面生动传神，表达了他对此地优美景致的赞叹。

谭元春于1619年夏天，第二次来南京，曾与好友先后五游乌龙潭，共写有三篇游记。这五次雅集，规模很小，也不是一般意义上的文人雅集，可偏偏成为流传至今的明末文人雅事，其声名不低于规模隆重的一些雅集，其原因之一，就是谭元春的三篇乌龙潭游记，实为晚明散文的代表作，流传开来，自然受人瞩目。

谭元春第一次游乌龙潭，写下《初游乌龙潭记》，主要写友人在潭边的建筑及其周围环境。最后由看到邻家舟游水上，引起了制筏游潭的兴致。

第二次再游的时候，时逢下雨。那天邀请了七位客人，还有六位歌姬同乘竹筏。这天是七夕，本是最宜游览的日子，但天气突变风起，大雨骤降，让众人在竹筏上措手不及，歌姬惊慌失措，但谭元春倒显得无所畏惧，领略了一次狂风暴雨的风采。上岸后，把在竹筏上的酒席搬到岸上的亭轩中，雅兴不止。对于这次游历，谭元春在《再游乌龙潭记》中有精彩描绘：

　　客乃移席新轩，坐未定，雨飞自林端，盘旋不去。声落水上，不尽入潭而如与潭击。雷忽震,姬人皆掩耳,欲匿至深处。电与雷相后先,电尤奇幻,光煜煜入水中,深入丈尺,而吸其波光以上于雨,作金银珠贝影,良久乃已。潭龙窟宅之内,危疑未释。是时风物倏忽,耳不及于谈笑,视不及于阴森,咫尺相乱。而客之有致者,反以为极畅,乃张灯行酒,稍敌风雨雷电之气……

虽然是在最适宜的时候游览,却突遭风雨,但却让谭元春一行人见到一次难得奇景,多了一点诗意,多了一些情趣。

谭元春的第三篇《三游乌龙潭记》,其最后一段文字的景色点染尤为出色。正当作者对山岗景色流连难舍之际,他又看到使之目眩神摇的另一幅奇景:

是时残阳接月,晚霞四起,朱光下射,水地霞天。始犹红洲边,已而潭左方红,已而红在莲叶下起,已而尽潭皆赪。明霞作底,五色忽复杂之。下冈寻筏,月已待我半潭。乃回篙泊新亭柳下,看月浮波际,金光数十道,如七夕电影。柳丝垂垂拜月,无论明宵,诸君试思前番风雨乎?相与上阁,周望不去。适有灯起荟蔚中,殊可爱。或曰:此渔灯也。

此段种种描摹,用的是逐层点染,把残阳晚霞映照下潭中潭边景物渐次染红的过程层递写出,范围依次扩展。

前几句点出"红"字,使人感到一片灿烂,目不暇接。进而又写明霞,给画面涂上了五色间杂、变幻不定的奇光异彩,而变幻不定的奇光异彩,使潭上景色更显绚烂瑰丽、摇曳多姿。

随着残阳落山,明月升空,作者又顺势描绘乌龙潭的月色,"月已待我半潭","柳丝垂垂拜月",既是景语,又是情语,皓月、垂柳都显得有情有意。最后写游客们"相与上阁,周望不去",此文应结束了,但作者又起妙笔,点出起于"荟蔚中"的一盏渔灯,随即便戛然而止,收束全文。末尾这一笔,写得空灵而饶有情致,留下了袅袅不尽的余韵。

《三游乌龙潭记》整篇文章,如散文诗,如风景画,诗情画意充盈,读之令人赏心悦目。

谭元春写的初游、再游、三游乌龙潭记,篇篇写得精彩,在各记中从不同角度,取不同场景,用不同笔法,分别展现出了那多姿多彩的风貌,都是不同凡响的佳作,成为后人阅读古散文的经典。(图8-7)

图8-7　乌龙潭

观　衡

观衡(1579—1646),号颛愚,俗姓赵,河北霸州人。年十二持素,14岁出家,后依五台山空印大师,随侍三年,得法为嗣。

出外游方,先后参拜真可、道盛、袾宏等同代宗师,深得赏识。赴曹溪,礼憨山德清大师,深相投契。后来朝南岳遇毒,养病修习,长达二十年,自号病僧。明崇祯十年(1637)住持江西云居山真如禅寺,大开法筵,常住僧众达千人。他每次坐禅于大伞下,自署为"伞居和尚"。

明崇祯十七年(1644)初,观衡大师从江西沿水道来金陵,居石头城下秦淮河船上,相会友人。一些居士知大师来到,纷纷上船聆听开示,大师为一些居士题写了开示诗。大师在船上,离清凉寺很近,遂有人敬请大师到清凉寺,并任住持。

观衡大师住持清凉寺时,突遇崇祯皇帝崩。观衡大师十分悲痛,他即在清凉寺设报国道场,追念殉国的崇祯皇帝及帝后诸臣。

有一天，他见金陵城北有一处古木翕郁、紫竹环绕之地，他遂在此购地建寺，建禅堂、殿寮、静室等，自题"紫竹林"。

清军南下，顺治二年（1645）五月，豫亲王多铎进金陵，他命迎观衡大师讲法，大师以疾推辞。顺治三年（1646）四月，观衡大师赴水求死，未得。不久圆寂。

观衡大师圆寂后，金陵紫竹林与江西云居山皆欲葬观衡灵骸，争执甚烈。当时，曾与观衡为同代高僧的道盛（觉浪）大师一言九鼎，使观衡归葬云居，紫竹林立衣冠冢，并亲撰观衡大师塔铭。

紫竹林在历史上历经磨难，太平天国后仅余茅屋三间。民国十八年（1929）住持圆修将寺院部分土地卖给别人建私人别墅，用此钱重建了紫竹林。1937年，南京沦陷时，寺房被日军占为军用仓库。1947年，紫竹林住持为融通法师。20世纪50年代初，融通曾任"南京佛教革新委员会"主任，是当时南京佛教组织的领导者。（图8-8）

图8-8　现存相传观衡衣冠冢石塔

第二节

清　代

清代，清凉山中有多座庙宇、书院、文人隐舍等建筑兴起，汇聚了大量的佛寺僧人，文化性的隐修、隐居者。这里一方面是知识高地、佛教圣地，另一方面又是世俗与佛教交往交流的场所。清凉寺佛教文化磁场效应，扩散影响着常来寺院问禅的知识人士，也吸引着外来的游历者到清凉寺与寺僧交流。

清初，这里出现了著名画家龚贤，聚结了一些对明朝有情结的名士。后来这里还曾聚集了一批对国势衰弱、为国分忧的名士文人。

到了清末，爆发了中国历史上重大事件——鸦片战争，中国历史由此开始了由封建社会向半殖民地半封建社会的转变，这一巨大转变，对人们的思想产生重大影响。一些名人志士来到清凉山，在思索国家前途时，对传统中华文化十分依恋，这里的忧国情思叠加了一层又一层，这里也成为名士文人思想情结聚集的地方。

这里留下了他们的诗文、故事。其中有画家龚贤、石涛，著名作家、学者孔尚任、王士禛、余怀、杜浚、姚鼐、管同、梅曾亮、刘智、袁枚、蒋士诠、赵翼、吴敬梓、魏源、汤濂、陈三立、陈作霖、薛时雨、顾云等人。

清朝皇帝乾隆，清代朝廷官员熊赐履、曹寅、方苞、方观承、曾国藩等人也在清凉寺留下了他们的踪迹。

龚 贤

龚贤(1618—1689),字半千,号野遗,别号柴丈人,杰出画家。康熙六年(1667),龚贤全家迁于清凉山东北麓虎踞关,将自家草堂名为半亩园。从这里往西数百步可登清凉台揽胜,可访清凉寺僧人;往东南数百步可临乌龙潭观鱼,龚贤在这里开始过隐士生活。龚贤曾请当时的名画家王翚为他画半亩园图,他在这幅图上这样介绍自己的家园:

> 余家草堂之南,余地半亩,稍有花竹,因以名之,不足称园也。清凉山有台,亦名清凉台。登台而观,大江横于前,钟阜枕于后。左有莫愁,勺水如镜。右有狮岭,撮土若眉。余地即在此台之下。转身东北,引客指视,则柴门吠犬,仿佛见之。

图8-9　龚贤塑像

当时,虎踞关一带冷僻寂寥。龚贤曾写道:"直到村边才有邻,归途寂寂不逢人。野鸦饥向斜阳噪,小菊寒依塌冢新。"龚贤隐居半亩园后,寂掩柴门,足不履市井。他感故国沧桑如梦幻,将一腔愁绪倾注于笔端,书画创作进入巅峰状态,作品炉火纯真,佳作迭出。(图8-9)

龚贤写了一首《西江月》词,抒写他安居半亩园的感受:"新结临溪水栈,旧支架壁山楼。何须门外去寻秋,几日霜林染就。影乱夕阳楚舞,声翻夜月吴讴。山中布褐傲王侯,自举一觞称寿。"开头写居所的建造,尽得山水之乐。又以楚人之舞、吴地之歌形容夕照和月夜。"布褐傲王侯",虽然过着布衣短褐的清苦生活,却在此自得其乐。这首词表现了作者隐居山间流连自然的情趣,亦可见其鄙弃尘俗、厌恶官场的傲骨。

定居清凉山后,龚贤与南京七位有影响的画家樊圻、高岑、邹喆、吴宏、叶欣、胡慥、谢荪等人常有交往。虽然他们之间的绘画风格各有所异,但相似的生活境遇和相近的艺术观点,使他们常在一起切磋画艺,交流情感,被后人誉为"金陵八家"。龚贤为"金陵八家"之首。同时代的名士学者屈大均、杜浚、周亮工、孔尚任、方文等,或敬慕龚贤的气节,或欣赏龚贤的书画,时相过从,诗酒相聚。

龚贤定居南京时,清王朝凭借文治武功统一了全国,昔日的反清志士仁人,只能化胸中的疾愤为遗恨,为灭亡的明王朝暗唱挽歌了。龚贤以节操自励,胸怀郁塞地投入大自然的怀抱,以其笔墨,发其心声,外化成诗、词、书、画。(图8-10)

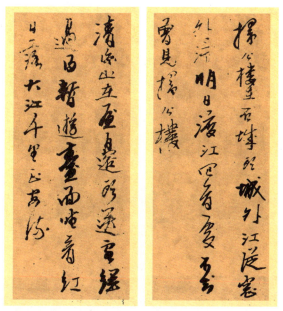

图8-10 龚贤书法

龚贤常登清凉台远眺,用一首首诗抒发胸中郁愤,在迷茫的旷远世界里,得到一丝心灵的慰藉。如《登眺伤心处》:

> 登眺伤心处,台城与石城。
> 雄关迷虎踞,破寺入鸡鸣。
> 一夕金茄引,无边秋草生。
> 橐驼尔何物,驱入汉家营。

登高远眺,触景生悲。一个"伤心",为全诗笼罩着一层感伤的悲凉氛围。《又登》:

> 谁凿石头城,城空人断行。
> 边秋多白草,晋室是东京。
> 老马当关卧,慌鸡上陇鸣。
> 长江流不尽,落日最伤情。

今日挽救明朝的壮志难酬,希望破灭,一腔愁绪,恰似江流。边秋落日,悄怆凄凉。《再登》:

> 开尽桃花冷似铁,晚风吹我上城头。
> 齐梁梦醒啼鹃在,吴楚地连江水流。
> 千古恩仇看短剑,一生勋业付虚舟。
> 东南西北无安宅,谁道王孙不可留。

在齐梁梦醒、杜鹃啼血的凄凉情景中,又加上一层国仇未雪、一生蹉跎的悲怆色彩,唯有隐居山林一路可走了。龚贤用一首首诗歌反映出社会现实和人生的理想。

龚贤结庐清凉山,走上隐遁之路,时常到清凉寺去,与僧人问道谈禅,以得心灵的解脱。他写有多首《清凉寺》诗。

清 凉 寺

> 闻道清凉寺,前朝避暑宫。松深三殿绿,佛古一灯红。
> 石径藏幽魅,荒苔吟细虫。感怀兴废寺,坐到日曈昽。

清 凉 寺

> 废寺留荒井,径行秋雨过。台松摧自古,山果赤无多。
> 时警风喧寂,如闻鬼啸歌。六朝灰劫尽,碑碣独难磨。

访王赐于清凉寺

> 怜君伤寂寞,随雨过青山。古寺有谁到,幽扉正未关。
> 烟平涨林樾,风止辨潺湲。虚阁闻钟罢,高僧相对闲。

龚贤面对时世现实,产生整个人生空幻。欲要生存,只有疏放隐遁,自甘孤独,尚有抚慰受伤的心灵。他的这种心境,也反映到抒写清凉寺的诗篇中。他在清凉寺与"高僧相对间",只能是"感怀兴废寺,坐到月朦胧"了。

龚贤隐遁清凉山,对其山其景的情怀也反映在所绘的画中。如《清凉台图》(美国加州柏克莱大学高居翰藏),龚贤以圆笔勾出清凉山的概略轮廓,山下树木、山中屋宇,则用方笔描绘,城外大江帆影,格外虚渺。(图8-11)

图8-11 《清凉台图》

《清凉环翠图》(故宫博物院藏)中的清凉山为古城环隔,城外一片开阔,即大江。山势偏于平缓,而山巅的清凉台明显突出。画左下角设有草堂,即半亩园。整体墨浓色重,淡墨和植绿大片渲染,画面显得格外葱葱郁郁。(图8-12)

图8-12 《清凉环翠图》

龚贤对山水、故土的情感,倾注在他的笔墨中。他画中浓重的墨韵所溢放出来的浓烈气息,正是他浓厚的感情的升华。他在一幅山水画上题诗道:"千山万壑一人家,白石为粮酿紫霞。尚尔尧舜犹未出,避秦若个向云涯。"他摆脱清统治者,遁迹山林的精神支柱,在于对自己国土的深厚的爱。他爱一草一木,白石和紫霞都是他的精神食粮。他观察极细心,描绘极透彻,他寄情于此,把自己的爱倾注其中。

尽管龚贤沉于隐居,但他的好友钦佩其思想及才智,仍频频造访。在龚贤的好友中,到半亩园造访,并同登扫叶楼,同往清凉寺者有:

方文(1612—1669),安徽桐城人,著名文人。龚贤刚刚移居半亩园时,方文即来祝贺,并写五言古诗《喜龚半千还金陵》《虎踞关访半千新居有赠》。方文还与龚贤一起上扫叶楼礼拜僧人,方文《同龚半千访扫叶上人》《寒食日宿扫公房》都有描述。康熙四年(1665)方文与龚贤一起参拜扫叶上人,写了七绝《同龚半千访扫叶上人》:"乍睹丰姿山泽臞,徐看题咏雪霜铺。不知付拂开堂者,曾道斯人半句无。"

施闰章(1619—1683),安徽宣城人,顺治六年(1649)进士。康熙十八年(1679),官至翰林院侍讲,著名诗人。施闰章也是半亩园的常客,他写有《半亩园诗赠柴丈》《寄题龚野遗半亩园》《寄半字》《龚半千赞》等诗。其中写道,半亩园是"南望清凉巅,北枕清凉尾。高斋木叶疏,四山茅屋里"。龚贤的日常生活是"斋居迤递帝城西,径满苔痕嫩杖藜","看残见叶亲茶灶,馔美葵羹就菜畦",称赞龚贤是"小筑江城地,幽栖物外心","惟应嵇阮辈,来往得相寻"。

龚贤的画业,为当时一些好友推崇和资助,给他帮助最大的是周亮工。周亮工(1612—1672),号栎园,河南开封人,清初著名学者。他多次到半亩园访龚贤,写有《步韵酬龚半千,予北上时,半千出慰舟次》《过半亩园赠半千》等诗。周亮工和龚贤交往长达30多年,从某种意义上说,没有周亮工的帮助就难有龚贤的成功。1650年,龚贤在扬州出版失利,正在扬州当官的周亮工帮助龚贤度过了经济难关。1665年,龚贤回到金陵,以卖画为生,却难以维持正常生活。因为他卖画和常人不同,只卖给他想卖的人。有的官员来买画,他不卖。有的权贵出重金,他不画。对于朋友,即使不要,他也以画相赠。龚贤几次搬家,无钱买房,是周亮工出资相助,最后在清凉山买了三间半房,即"半亩园"。周亮工对龚贤评价极高,称赞龚贤是"前无古人,后无来者"。

龚贤隐居半亩园时,与之往来的还有杜浚(字于皇,号茶村)、汤燕生(号岩夫,篆刻名家)、屈大均(字翁山、介子,广东番禺人,明末清初著名诗人)、费密(字此度,号燕峰,四川新繁人,著名诗人)等。

龚贤一位友人龚翔麟曾在《摸鱼子——访半千清凉山下》词中,生动地描述了主客吟绘畅叙的过程:

柳坊西、苔铺径软,开门满地红雨。清凉山色为屏障,只少溪流环住。邀笛步。问曲甃、危亭得似团蕉否?主人觅句。笑藤角银钩,吟情还剩,补入砑绡去。

宜和粉、不入画师新谱,乱零醉墨如许。竹春过也泥根迸,荷插挑鞭寒圃。勤种树。从未识、青鞋误踏沾香土。三霜两暑。惜枉度华年,今朝才认,杜甫草堂路。

这首词写访龚贤半亩园幽居,开头就写一路幽景,以清凉山色为屏障,只是缺少了一点流水。当步于半亩园内,就见到有水井危亭和圆形的草屋。主客相见,对吟诗词,龚贤兴之所至,在宣纸上泼墨作画。客人称赞主人的新作,挥洒自如。半亩园内有菜地农具,说明主人平时很勤劳,栽花、种菜、植树。最后写了访问半亩园的感受,有相见恨晚之意。

孔尚任

与龚贤交往的朋友中,有一位相交甚迟,时间不长,但一见如故,视为知己。这就是著名的戏曲家孔尚任。

孔尚任(1648—1718),山东曲阜人,为孔子第六十四代孙。早年科试不第,康熙二十二年(1683),玄烨至曲阜祭孔,孔尚任因讲经而受赏识,被破格升为国子监博士。

孔尚任早就有写作《桃花扇》的打算,《桃花扇》的背景是南京,以真实的历史为依据,揭示断送南明王朝的统治者的昏庸腐朽、宦官的得势专权,表现复社文人以及史可法等英雄崇高的爱国精神。《桃花扇》刚写成一个轮廓,孔尚任被朝廷委任疏浚河道到了扬州。

康熙二十六年(1687)春夏之交,年近古稀的龚贤应邀赴扬州,参加春江社雅集。那一年,孔尚任奉命赴扬州江淮治水,是他主持了这场春江社诗会,也是他邀请龚贤前来参会。这是龚贤第一次见到孔尚任。龚贤与孔尚任,心神皆系故国,于诗文艺术也相互倾慕,虽乍遇,即成忘年知己,相见恨晚,促膝长谈,"所话朝皆换",秘而不为"门外人道"。一向不愿向人赠画的龚贤,专门向孔尚任赠送一幅画作,还题了诗。孔尚任也写了《喜晤龚半千兼谢见遗书画》诗以答谢:

  野遗自是古灵光,文采风流老更强。
  幅幅江山临北苑,年年笔砚选中唐。
  短歌肯赠将归操,长纸还书急就章。
  萍水逢君非偶事,扁舟一夜聚维扬。

两年后(1689)孔尚任来南京,专程到清凉山拜访龚贤。

孔尚任在前往清凉山的道上,想到了两年前与龚贤在扬州相见的情景,想到那时龚贤已体弱有病,曾写了一首诗《龚半千抱病回金陵叠前韵赋送》:

  古寺新秋步月光,知君旅病体初强。
  何年饱愿求书画,同坐虚心论宋唐。
  乌巷废来苔半亩,钟山佳处木千章。
  归帆爽快听涛去,翻使骊歌调不扬。

孔尚任来到半亩园,见到身体欠佳的龚贤,心里十分伤感。而龚贤异常激动,他大概也知道自己的日子不多了,有许多话想要对孔尚任说。他抱病陪孔尚任上扫叶楼,到清凉寺,谈这里的历史,谈他与寺僧的交往。后来孔尚任在《虎踞关访龚野遗草堂》诗中写道:

  虎踞古雄关,狰狞如猛兽。天子气已消,关门亦非旧。
  簇簇余村墟,竹修林更茂。时有高蹈人,卜居灌园囿。
  晚看烟满城,早看云满岫。往来领略深,得与精神辏。
  一写复一吟,造物相师授。久之风俗移,淳朴还宇宙。
  我来访衡山,其年已老寿。坐我古树阴,饱我羹一豆。
  娓娓闻前言,所嗟生最后。落日下西林,秋冷橘与柚。
  驾彼巾柴车,欲别仍把袖。艰难吾道稀,张琴成独奏。

在清凉山,坐在大树荫下,龚贤请孔尚任吃羹,向他谈往事。龚贤诉说了自己坎坷的一生和他经历的南明弘光小朝廷在南京那段时期的旧事,也细说了他与之交往的那些东林志士和复社名流,说到伤心处,声泪俱下,直说到"落日下西林"。一次次长谈,对于着手搜集素材,酝酿创作不朽传奇《桃花扇》的孔尚任来说,启发甚大。特别是龚贤向孔尚任讲述了杨龙友的一些故事。杨龙友与龚贤、马士英同为大画师董其昌的学生,龚贤曾写诗道:"晚年酷爱两贵州,笔声墨态能歌舞。""两贵州"就是指杨龙友、马士英,他们都是贵州人。龚贤与杨龙友来往较多,从他那儿知晓许多东林党和复社成员与政敌不屈不挠斗争的故事。龚贤一一对孔尚任细说了往事。后来孔尚任在《桃花扇》中就写道:"下官约同龙友,移樽赏心亭,邀俺贵州师相,饮酒看雪"等情节。

龚贤晚年,体趋衰老,境况贫寒。后来因遭权贵者豪横索书,欺凌迫害,而一病不起,溘然长逝。正在南京的孔尚任听到龚贤病故的消息,急忙赶到清凉山龚贤住所。"入门泪如雨"的孔尚任来到龚贤床前,面对老友展开了一柄折扇,并慢慢把它烧毁。扇面上有孔尚任题写赠龚贤的诗《虎踞关访龚野遗草堂》。这首诗是孔尚任准备送来给龚贤的。诗末两句为"艰难吾道稀,张琴成独奏"。写好后他思来想去觉得最后一句有点不吉利,准备修改后重新书写再送来。没想到龚贤竟在这之前就这么撒手归西了。孔尚任想到自己的诗句不幸竟成谶语,如今痛失知音,只留下自己"成独奏",他悔恨不已,泪雨纷洒,哀痛至极。

孔尚任悲痛地连写了四首《哭龚半千》悼诗。其中一首写道:

相逢无以赠,团扇为却尘。

惜也扇头语,不及博一哂。

今日向君展,纷纷泪俱溟。

张琴成独奏,谶语何其真。

如今不再鼓,聊以谢故人。

孔尚任还在另一首悼诗中写道:"柴丈许我石门图,落墨未完抽身死。山灵写照厌俗工,从此无人敢拂纸。"

哀悼拜别后,孔尚任亲自料理老友的后事,收集龚贤的遗书诗稿,安排抚养照顾龚贤的孤子,并护送灵柩回龚贤老家昆山渡桥镇安葬。处理完龚贤的后事,孔

尚任回到南京,他在《冶城山北望》诗中写道:

> 在山未觉山,宫阙连楼榭。
> 路出万木尖,人烟仍在下。
> 烟白木苍苍,长江此中泻。
> 客帆如浮云,帝城亦传舍。
> 每于凭眺时,旷然轻王霸。

他向清凉山方向眺望,"烟白木苍苍,长江此中泻",友人离去了,眼前一片苍茫,江上的客船来来去去,就像旅店里经常换住旅客一样。对景兴怀,感慨甚深。

孔尚任比龚贤小30岁,两人相识也只在两年多前,他们结成忘年知己,缘自有着相同的思想感情、爱国情操和文化修养。他忘不了龚贤对他倾诉的南明小朝廷的种种往事。

孔尚任早年就有意以戏剧形式表现明末、特别是南明一代的兴亡故事。他有感于官员当权的无能,耽于宴乐。孔尚任遂趁在南京、扬州一带办事的机会寻访南明故地,结交前朝遗民,搜集了丰富的创作素材,也更为准确地把握了明末清初文人遗老的精神状态。在龚贤逝世十年后,清康熙三十八年(1699),孔尚任完成了他的文学巨著《桃花扇》,奠定了他在中国文学史上一代大师的地位。

孔尚任自己曾一再强调《桃花扇》是"南都信史",借剧中人物之口说《桃花扇》"就是明朝末年南京近事。借离合之情,写兴亡之感,实事实人,有凭有据"。在《桃花扇》"凡例"中也说:"朝政得失,文人聚散,皆确考时地,全无假借。至于儿女钟情,宾客解嘲,虽稍有点染,亦非乌有子虚之比。"

孔尚任的辉煌,得力于龚贤等人的相助,也是对这位忘年知己的最好告慰。(图8-13)

图8-13 《桃花扇》

王士禛

王士禛(1634—1711),号阮亭,自号渔洋山人,山东新城(今桓台)人。清顺治年间进士,官至刑部尚书。王士禛为清初文坛上的领袖人物,在中国历史上颇为少见,既能在官场上叱咤风云,又能在诗词创作上成就卓著。

王士禛与南京颇有因缘,一生中来金陵有五次之多,遍访金陵胜迹,有《白门集》《金陵游记》等。清顺治十七年(1660)他第一次来金陵时,名士余怀寄赠《金陵咏怀古迹》诗,王士禛即写了一首作答。诗中将余怀比作历史上的庾信,庾信曾写《哀江南赋》。王士禛对余怀思念故国之情非常推崇,他写道:"千古秦淮水,东流绕旧京。江南戎马后,愁煞庾兰成。"秦淮河水围绕金陵流淌,流了上千年,每一次战争与改朝换代,总能看到庾兰成(庾信)那样的哀愁人士。

第二年(1661)王士禛在扬州为官,他有公事再度来金陵。那天过长江是从浦口乘船下水,过江后入秦淮河即看到清凉山。清凉寺是他一直想拜访的寺院,下了船就上了清凉寺。在竹林深处的小径上他没有看见香客,只听见寺院僧人诵经的声音从大殿里传飘出来,在林间上空缭绕。他写《清凉寺》诗:

> 朝日出浦口,遥见清凉寺。
> 深竹不逢人,经声在空翠。

王士禛在明代度过了童年,其祖父和父亲都是明朝遗老,入清后闭门隐居。王士禛虽不同于长辈,但他在清初的仕途并不很顺,他心情复杂,写了"年来肠断秣陵舟,梦绕秦淮水上楼"等诗句,并想在金陵城西山水间散散心,以慰藉心灵。

王士禛还写有一首《南唐后主祠》:

> 佞佛终何事,秦淮旧恨长。
> 空山遗甃在,犹自说南唐。

李后主性情所致,他沉迷佛事,甚至在清凉寺建避暑宫。王士禛来到清凉寺,看到南唐时建在山林里的寺院还在,感慨道:江南的南唐在哪里呢。

他离开清凉寺,又来到乌龙潭。他见水波轻烟,垂柳映潭,令之心旷神怡,特别羡慕乌龙潭周围曾有许多文人名士在此隐居。他认为这里是远离嘈杂喧嚣的好地方,写了赞美乌龙潭的一首诗:

> 杖策陵岑椒,空潭暂游目。
> 四山积空翠,一水沈寒渌。
> 秋色淡杨柳,映波如膏沐。
> 轻飘悴苩苩,散作回塘绿。
> 谭南多隐居,苧茨带水木。
> 罙悤吹落花,蟏蛸网新竹。
> 云景翳林园,钟磬閟幽独。
> 干生畏城市,蓬藋思空谷。
> 倘遂一邱心,讵羡八州督。

这次王士禛来金陵,离开清凉寺、乌龙潭后,又赴灵谷寺、瓦官寺、高座寺、长干寺等处探幽访古。游历瓦官寺,写下著名的散文《游瓦官寺记》,其中写道:"六朝时,名僧支道林、法汰之流,皆居此。顾虎头(顾恺之)、伏曼容(南朝宋时学者)宅正在寺侧,风流弘长,于古为最,殊恨古人不我见也。"反映了他对六朝金陵风尚,人文风情的赞赏。

要离开金陵了,在一个秋雨潇潇的早晨,王士禛登上一条船,从石头城下码头出发,眼见庄严的清凉寺渐行渐远,笼罩在烟雨中,心里漫过一丝惆怅,写了这首《石头城早发》:

> 晓云飞不定,又过石头城。
> 林杪连墙影,江城杂雨声。
> 醉醒吾自领,甘苦向谁倾。
> 渐远家山路,茫茫莫问程。

多年以后,王士禛在《送马生归金陵》一诗中写道:"随身钵袋与军持,惭负年年白社期。君到献花岩畔去,为予一谢懒融师。"可见其对金陵感情之深。

熊赐履

乾隆六下江南，前三次曾访清凉寺，登山顶翠微亭。而他的祖父康熙南巡六次，一次都没有游清凉山。但是，康熙对住在清凉山的重臣熊赐履却非常关注。

熊赐履（1635—1709），字敬修，生于湖北孝感。入清后，他当了两朝皇帝的老师。他曾冒生命之险，向少年的康熙进呈一本《万言疏》，痛陈当时朝政种种弊端，矛头直指鳌拜等朝廷辅臣，明确提出"根本切要，端在皇上"。后来康熙消除鳌拜集团，熊赐履是有功之臣。

因工作出现大的失误，康熙十五年（1676），熊赐履被革职，来到金陵。在江宁织造曹玺帮助下，买下城中莲花桥一处宅院为全家居所。五年后，因房屋破败，移居到进香河西居安里。不久，购得清凉山东麓，邻近乌龙潭一处清幽之地，建成"朴园"，定居于此。熊赐履很喜欢这里的山林环境，他把自己的别号称为"清凉履"，自己的著作也明示写于"石城精舍"。

清代金鳌《金陵待征录》载："朴园，熊孝感别墅。亭曰洗心、曰寻孔颜乐处；斋曰藏密、曰深造；室曰潜窟、曰学易。韩慕庐记以为有武陵柴桑之胜，其居宅在居安里。朱安斋得而葺治之，则名尔园，有通觉晨钟、晚香梅萼、画舫书声、清流映月、古洞纳凉、层楼远眺、平台望雪、一叶垂钓、接桂秋香、钟山雪声十景。"清代韩菼《朴园记》载：

> 朴园者，孝感熊敬修先生别墅也，在石城清凉山侧。中有修竹千竿、老梅数十本。风景幽僻，林森蓓茂，隐然丘壑也。
>
> 园后即四望亭，登高远眺，莫愁、二水数名胜，如在几案间。即江北诸山，屏列如画，都仿佛望见焉。去乌龙潭仅数十武，夏月荷袭人，蛙鼓喧阗可听。园之左右人家，篱落萧疏，有武陵柴桑之致。
>
> 先生读书论学其中，扁其亭曰洗心，曰寻孔颜乐处；其斋曰藏密、曰深造；其室曰潜窟，曰学易。学者多从之游，时人比之武夷精舍云。

清末民初陈诒绂《金陵园墅志》亦载："朴园在清凉山侧，孝感熊文端赐履居金陵时所拓者。"今已不存。

熊赐履居清凉山中,常去拜访清凉寺、一拂祠,登翠微亭。一次,游访一拂祠后写了一首《一拂祠》诗:

> 荆国当权日,谁能上殿争?
> 万言规执政,一拂见生平。
> 寝庙凌云古,松枫带雪清。
> 流亡图不尽,遗恨尚吞声。

康熙二十三年(1684),康熙首次南巡到金陵,在江宁织造府接见了熊赐履,并为他的书斋亲笔题写了"经义斋"匾额,熊赐履将题字勒于石上。

康熙三十一年(1692),皇帝又起用他,在北京任礼部尚书。69岁时退休,带着康熙御赐"寿老"题字,回金陵清凉山养老。康熙四十六年(1707)第六次南巡,在江宁织造府又接见了熊赐履。这是康熙六次南巡中,第三次接见他。

康熙在北京,对远在清凉山养老的熊赐履非常关注,要求江宁织造曹寅照顾好他的生活。

康熙四十八年(1709)三月,康熙在曹寅的奏折上批语,问:"熊赐履近日如何?"曹寅调查后上报奏折,说:"打听得熊赐履在家,不曾远出。其同城名官有司往拜者,并不接见。近日,与江宁秀才陈武循、张纯及鸡鸣寺僧,看花作诗,有小桃园杂咏二十四首。此其刊刻流布在外者,谨呈御览。"

康熙四十八年八月,熊赐履在清凉山寓所病故。曹寅即奏报此消息。康熙在奏折上说:"再打听用何医药,临终曾有甚言语,儿子如何?尔还送些礼去,才是。"曹寅经查后,即奏报:"探得熊赐履临终时,感激圣恩。"并汇报了何名医开药,两个儿子情况。康熙在奏折上批:"闻得他家甚贫,果是真否?"曹寅打听后,又奏报了熊赐履家产及家人子女生活情况。康熙在奏折上又批:"熊赐履遗本系改过的,他真稿可曾有无?打听得实,尔面奏。"曹寅了解后,亲自上北京面奏了。

曹寅的奏折,10厘米宽,20厘米高,这奏折从金陵到北京,骑马传送要20多天。但通过这渠道,康熙对一些地方实情"明察秋毫"。

从康熙与曹寅往来奏报批复内容,看出了当年皇帝与忠臣之间微妙的关系。

熊赐履对金陵文化作出很大贡献。他在金陵期间,潜心修学,撰有《学统》

《朴园迩语》等著作。他还是金陵一代大藏书家,经多年搜求,他藏书达10万余卷,其宋元版本就达1万余卷。现在,南京多处还留有他的笔迹。下马坊一石壁上刻有他手书"水晶屏",(图8-14)署名为"清凉履题"。燕子矶弘济寺峭壁上刻有"悬崖撒手"题字,落款也为"清凉履"。康熙为熊赐履题写"经义斋"碑刻也流传至今,现藏于南京市博物馆。熊赐履死后安葬,一说在江宁淳化,一说在清凉山,现在墓葬已不知所踪。

图8-14　熊赐履书法

当年康熙南巡时,乘坐的龙船有三层楼台。巡视到金陵是从长江、秦淮河进出城。石头城雄伟气势、西门街上繁忙景象都给康熙留下了深刻印象。南京鼓楼立着的圣谕碑上有明确记载:"圣驾出石城门御龙舟,天颜甚豫。民人数十万,夹岸持香呼送,直达七里洲。"康熙第二次南巡后,下诏画工绘制《康熙南巡图》,描绘康熙南巡离开京师后沿途所经过的山川城池、名胜古迹的盛况,共有12卷,其中有两卷是康熙在金陵的写实。在第11卷上就依次标有:报恩寺、水西门、旱西门、石头城、弘济寺、观音山等地。

康熙乘坐的龙船航行到石头城下,站在龙船楼台,他能看到郁郁葱葱的清凉山。当年熊赐履还在清凉山养老,康熙这时可能想到了住在清凉山的老臣,想到熊赐履正在与家人颐养天年。

曹　寅

《红楼梦》是中国古典文学最为著名的长篇小说,其作者曹雪芹(1715—1763),金陵人。

康熙年间,曹雪芹曾祖父、祖父、父亲三代世袭"江宁织造"。雍正初年,被革职抄家,其父下狱治罪。此时,曹雪芹随全家从金陵迁居北京。

曹雪芹的童年、少年是在金陵度过的,他离开南京时已约14岁。相传他中年时曾南下又来过金陵。

由于历史原因,曹雪芹生平资料匮乏,没有直接资料证明他造访过清凉寺。但从他在《红楼梦》中写到"石头城""六朝遗迹",写到出自清凉寺的典故"解铃还须系铃人",甚至曾将《红楼梦》书名称之《石头记》等来分析,曹雪芹是很有可能来过石头城,访过清凉寺。

《红楼梦》第二回中贾雨村道:"去岁我到金陵时,因欲游览六朝遗迹,那日进了石头城。"这里写到了石头城的六朝遗迹。

《红楼梦》原书名为《石头记》。六朝以来,"石头"就是金陵石头城的简称、代称。乾隆时,有人评《红楼梦》时就指出:"开卷云说此《石头记》一书者,盖金陵城吴名石头城,两字双关。"民国时,也有学者指出:"其称石头者,大抵为记石头城之事。"

《红楼梦》第九十回写了黛玉窃听到雪雁与紫鹃的谈话,说什么王大爷已经给宝玉说了亲,便心灰意冷,顿时病势沉重,后来知是误会,病也就逐渐减退。书中写道"心病终须心药治,解铃还是系铃人"。"解铃还须系铃人"相传正是出自南唐清凉寺泰钦禅师之口,被《红楼梦》引用。

曹雪芹是否来过清凉寺,暂无法考证,但是他的祖父曹寅是清凉寺的常客,却是有史记载的。

曹寅(1658—1712),字子清,号楝亭,任江宁织造,是康熙皇帝的宠臣,学识渊博,为人平和。曹寅著有《楝亭集》等。他与诸多文人雅士交往密切,同时与寺僧也有不少交往。曹寅《楝亭集》中涉及的僧人有四人,而关系最密切的是梦庵。

梦庵,俗姓丁,法名"超格",号"梦庵",安徽芜湖人。年28岁时投金陵清凉寺落发。梦庵为禅门正脉,所化众多,后入北京柏林寺住持。梦庵与曹寅往来诗词十多首。最早的一首作于康熙四十二年(1703),即《步月·癸未新秋即席赠曹荔轩司农》:

怀栋亭西，瑞萱堂北，风回微裛幽轩。

碧梧阴里，香暗透疏帘。

正人倚、藤床竹几，恰照返、花楹蕉椽。

茶初罢，凉生冰簟，静对入枯禅。

流连。朝共夕，还招来旧侣，墨泼云烟。

毫端缥缈，错认是龙眠。

才谭深，人依瘦石，又梦惺、月印平川。

归去也，一声长啸落青峦。

梦庵禅师这首词写于江宁织造府。在词中，梦庵禅师称曹寅"茶初罢，凉生冰簟，静对入枯禅"，由此可知，曹寅不仅与僧人交往，其思想也受到佛教文化的浸染，对禅宗有兴趣，且有修禅的举动。曹寅在家中招揽宾客旧友，且当众作画，"招来旧侣，墨泼云烟"。梦庵禅师称赞他的画作水平高，"毫端缥缈，错认是龙眠"。龙眠是指北宋著名画家李公麟，号龙眠居士，擅画马、人物，以白描著名。梦庵称赞曹寅的画作风格，即如李公麟一样，善于白描。从曹寅与梦庵禅师的关系看，他们一起到过清凉寺。曹寅与梦庵禅师的交往，已是他晚年时光，而曹寅在年轻时即到过清凉寺。

康熙十七年（1678），21岁的曹寅在北京任侍卫。这年奉命南下江浙。曹寅《九月十五夜与阿蒙、朴仙、啸亭酌月大醉，兼送朴仙明日渡江，用少陵韵》写道：

紫薇花下漏声清，月气东来乌鹊惊。

脱帽宁输他夕醉，劝君休抱不平鸣。

樽前流水期吾辈，天上浮云寄别情。

若到故园秋草在，寒潮应念石头城。

这一年曹寅来到江宁，与好友酒宴，有位好友将暂别，他告诉友人"若到故园秋草在，寒潮应念石头城"，不要忘了老朋友，不要忘了壮观的石头城。

比曹寅长40余岁的明代遗老杜芥（些山）曾是曹寅父亲曹玺的朋友，曹寅幼时与之相识。杜芥知道了曹寅来金陵的消息，即邀请曹寅一同去清凉山赏梅。

曹寅一生多病，肺不太好，经常咳嗽。"樱笋怜微病"（《雨夜有感兼寄江南诸子二首》），为此他常忧愁。"悠悠石头城，不见旌旗浮……茫茫鸿蒙开，排荡万古愁。"（《江行》），"难将一掬泪，洒作万年青"（《栋亭留别》）。他常为身上的病请教清凉寺住持西村师。他曾写《西村师教予导引却病戏成二诗，时师将归清凉》：

> 旷泽张弮逐兽蹄，华轩闲置伲鸦鹈。
> 清闲是病医无药，赢秀何能仙漫跻。
> 通夜琴心三叠舞，中年函谷一九泥。
> 思量饱吃桃花饭，也待黄粱熟几棑。
>
> 堂策萧萧一衲温，鱼山清梵许同论。
> 宦情真比衔书鹿，世事浑如接手猿。
> 头没怀中方大笑，身栖当下久无言。
> 晴洲曝嘴城张锦，蜡屐经春忆后园。

此诗用了不少典故，但字里行间仍蕴含了高僧西村师对他的关怀指教。曹寅与西村师交谈时，将体弱多病的苦恼向高僧倾诉，西村师则教导他一些导引之术以保养身体。

西村师既指点了要"通夜琴心"，即要有平静的闲心，又要"思量饱吃桃花饭"，即多煮粥食，更指点要看清"世事浑如接手猿"，要看开、通透、愉快些。曹寅诗中说"堂策萧萧一衲温，鱼山清梵许同论"，衲，指僧衣，鱼山清梵，是用魏晋时的一个典故，曹植"尝登鱼山，闻岩岫有诵经声，即效而则之"。曹寅借用此典，赞扬西村师对他的教诲。

曹寅思想有些释怀后，他也开始享受饮食和交友的乐趣，还有游山玩水的情趣。面对朋友、景色和物事，他的心情相对平静祥和。

康熙三十一年（1692）十一月，曹寅奉旨到金陵任江宁织造。回到了八年前离开后魂萦梦绕的织造署旧地，真正成了他父亲事业的继承者。初春，花园里梅花开放，曹寅邀请友人在织造署花园同赏梅花。他追忆起件件赏梅往事，特别忆及杜芥邀请他清凉山赏梅。他写了《集余园看梅同人限字赋诗追忆昔游有感而作》。其中写道：

邓尉西谿不可名，清凉几树独关情。

他回忆起当年与杜芥在清凉山赏梅：

云山不改诗常在，草木同归物未齐。
寺忆听经张净馔，人疑发瓮检前题。
午天一梦空花碎，处处飞鸿印爪泥。

曹寅在诗中还自注："昔年曾与些山（杜芥）初明游清凉看此花。"

这年杜芥已77岁，年老体衰病中，没能到织造署花园一道赏梅。但曹寅仍念念不忘老友，不忘那次清凉山看梅花。

杜芥于康熙三十二年（1693）七月辞世。腊月又到梅花开放时，曹寅又想到刚去世的杜芥，他想再去清凉山。于是邀约了友人朴仙同游清凉山，并写了《二十八日偕朴仙看梅清凉山同赋长句》：

一冬无雪雨亦好，连晨江雾梅开早。
水曹寒官封印来，避债何嫌拉诗老。
空山蛮蛮花寂寞，园丁得意先除扫。
似与繁英送小年，转怜炙背当晴昊。
阳和尔我同闲适，春色人情破懊恼。
休辞洗盏劝红香，苦笑尘颜加粉澡。
漫漫桃李东风事，孟婆合皂谁能保。
飞来翠羽正啁啾，冉冉斜阳坐衰草。

从"连晨江雾梅开早"到"冉冉斜阳坐衰草"，一整天都在清凉山中。从观赏梅花想到友人，想到江宁织造的重任，诗中倾诉了自己的境遇和心态。既隐喻对友人杜芥的怀念，更是他自己人格、真实灵魂的艺术写照。尽管身处渐趋安定繁荣的康熙盛世，但他内心压抑着"魁垒郁勃"之气。他徜徉山水，洗盏喝酒，纵意啸傲。

后人评价、称谓曹寅，是一件"尴尬"的事。曹寅与康熙关系密切，但没能改变"包衣奴仆"的身份；曹寅担任江宁织造，兼管江淮盐务，但"江宁织造"官位并不高；曹寅擅长诗与词、创作戏曲，但挤不入一流文学家队伍；介绍曹寅，总是列孙子名后，称"曹雪芹的祖父"。尽管这样，世人记住了他，感激他，因为他孙子曹雪芹创作出了《红楼梦》。

曹雪芹流淌着先辈的血液，同他祖父曹寅一样，也非常喜欢梅花。

梅花是《红楼梦》重写的花卉之一。第5回写道："因东边宁府中花园内梅花盛开，曹珍之妻尤氏乃治酒，请贾母、邢夫人、王夫人等赏花。"第49回写宝玉"走至山坡上，顺着山脚刚转过去，已闻得一股寒香指鼻。回头一看，恰是妙玉门前栊翠庵中有十数株红梅如胭脂一般，映着雪色，分外显得精神，好不有趣。"第50回还列出了邢岫烟、李纹和薛宝琴的吟红梅花诗。宝玉"访妙玉乞红梅"后，也写了一首。

须知，北方冬天严寒，露天开放的红梅是没有的。据考，江宁织造署内的家庙万寿庵，是为迎接康熙南巡建的，极可能是《红楼梦》中栊翠庵的原型。曹寅在万寿庵种植了梅花，曹雪芹儿时可能去看过。所以，曹雪芹《红楼梦》里的梅花写得那么光彩。

余　怀

余怀（1616—约1697），字澹心，原籍福建莆田，长期寓居南京，因而常自称江宁余怀。

他的思想中有对明朝文化氛围的深深眷念，对明朝灭亡怀有无限悲痛。他常有这种思想，多次来到石头城、乌龙潭、清凉寺，所经之处都留下了诗作。他写了一组《咏怀古迹》，第一首即是《石头城》："西望石头城可怜，降旗犹见水连天。百年春草无情绿，夜深野鸟秋郊哭。"在他笔下，雄浑的龙盘虎踞，尽化为可怜之叹。他写《虎踞关》："软草如茵花满蹊，隔林山鸟尽情啼。遥知虎踞关前路，酒旗招人日已西。"他写《乌龙潭》："一衾镜水泻清泉，万点花飞古塔边。右接石城左钟阜，旌阳留碣待神仙。"清凉山一带风物都吸引着余怀。他写《清凉山》：

> 竹里笙歌成世界,云间鸡犬半仙家。
> 与君更上高台望,不是桃源无此花。

诗中毫不掩饰他的亡国之痛。站在清凉山顶,看到的已不是明朝那熟悉的景象了。

杜 浚

杜浚(1610—1686),字于皇,号茶村,湖北黄冈人,居南京鸡鸣寺山旁,明末清初文人。杜浚常到清凉寺、扫叶楼,与扫叶上人等寺僧关系密切。他写《清凉寺逢僧号扫叶者赠之以诗》:

> 尘中方憯憯,回首见幽涯。
> 山色张寒锦,川光倚断霞。
> 寻僧逢扫叶,绕树当看花。
> 好记清凉路,明朝来出家。

反映了杜浚与寺僧的友谊。杜浚还以同样的诗题写了另一首:

> 扫叶几时尽,秋风秋雨多。
> 四山声不断,一树寂如何。
> 定日闲同帚,霜天静养柯。
> 翻嫌丈室里,花事恼维摩。

杜浚更愿意与扫叶上人一起扫秋叶。

石 涛

石涛(约1642—1707),广西全州人,本名朱若极,字石涛,别号苦瓜和尚,大涤子。明朝灭亡,他为了躲避明清易帜动乱而浪迹四方。他后来流落南京,居城

图8-15　石涛自画像

南长干寺即大报恩寺内。他寓居在寺里一间叫"一枝阁"的陋室,局促期间,过着"为佛茶一瓯,清冷犹未极。灯残借余月,钵空且忘食"的日子。在长干寺期间,石涛除了讲经论法,就是作画题诗。他的足迹踏遍南京的雨花台、玄武湖、钟山、幕府山、朝天宫、莫愁湖、清凉山等名胜佳境。这座明朝故都虽然山河依旧,但已江山易色。他抚今思昔,联想到自己抱负难伸,内心百感交集。(图8-15)

他多次来清凉山,头脑里弥漫着一股强烈炽热的缅怀故国家乡的情怀,他绘了《清凉台图》和《清凉远眺图》。

这两幅山水画既再现了古韵悠悠的金陵清凉胜境,又是他观照世间的内心真实感受。他在《清凉台图》这幅画上慨然诗咏：

薄暮平台独上游,可怜春色静南州。
陵松但见阴云合,江水犹涵白日流。
故垒鸦归宵寂寂,废园花发思悠悠。
兴亡自古成惆怅,莫遣歌声到岭头。

石涛的《清凉台图》及题款的七律诗,给人一种物是人非的伤感、凄美情愫,既是他对故国山河之爱的由衷宣泄,也是对昔日江山风光的真情描绘。此作在老辣纵横中寓以历史的感伤,金陵的历史文化风貌定格于画中及诗句里。

石涛的《清凉台图》设色立轴,款题"清湘遗人极",为石涛晚年之作,是石涛生平最感人的作品之一。此画现藏于南京博物院。(图8-16)

清凉山麓有一名胜地"丛霄道院"。晚清时,

图8-16　《清凉台图》

顾云《盋山志》载："丛霄道院在虎踞关旁，旧有老桂二，相传数百年物，今圮。"甘熙《白下琐言》载："丛霄道院在冶城西北，地颇幽僻。"

石涛居金陵时，有一位挚友周京，字向山，江宁人，工诗，比石涛年长，为丛霄道院的道士。当石涛听说友人周向山想隐居丛霄道院时，他写道："山边水边与友交结，尽枝栖再歇也。向山翁追随时节，往别行一路也。谁与他非金刚心菩萨蛮，原是英雄识英雄也。"石涛在这里以大乘佛理，说道佛通行，圣凡不异。周向山隐居丛霄道院后，石涛即是常客。石涛绘《丛霄道院》，并在画上题诗：（图8-17）

图8-17 《丛霄道院》

> 鸡鸣月未落，钟散寒潮清。
> 结伴丛霄游，问舟秋水行。
> 江空塔孤见，树开峰远晴。
> 幽意一林静，起我长松情。

方　苞　方观承

清康乾盛世年间，人们称赞"天下文章其在桐城乎"！这是对桐城派文章的赞誉。桐城派，又称桐城文派，桐城古文派。因其主要人物方苞、姚鼐均系安徽桐城人，故名。

方苞（1668—1749），生于南京六合，祖籍安庆桐城。康熙年间进士。曾因戴名世《南山集》文字狱案牵连入狱。（图8-18）

戴名世为翰林院编修，桐城人，是一位很有才识的人。他因才识高，对官修《明史》有所不

图8-18 方苞塑像

满,想独立撰一部《明史》,但还没来得及着手,就被人参劾其所著《南山集》"语多狂悖",康熙帝命"严查审明具奏",最后刑部判决,戴名世被处死,家族俱被屠戮。《南山集》的序文为方苞所写,为《南山集》写序、刊刻以至贩卖者均以律治罪。方苞亦因受牵连而入狱,后得赦免。

方苞入狱获赦免后,于雍正二年(1724)回南京。因刚被赦免卜兆未定,没有敢回家居住,就暂住在清凉寺。与寺庙住持中州法师相从密切。当时清凉寺刚遭遇过一场火灾,仅西北隅小屋三四间得存。中州法师下决心重建清凉寺,对方苞说:"造物者盖以新之责老僧也。候其成,公必记之。"方苞心想寺庙重建谈何容易,也就随口答应,待寺庙重建成功,一定写记。

中州法师以重建清凉寺为己任,四处募捐,兴工建造,至乾隆初年,重建的清凉寺规模如前,山门题额恢复为"清凉禅寺"。

乾隆七年(1742)四月,75岁的方苞退休回到金陵,他喜欢城西清凉山和乌龙潭的山光水色,便在幽静宜人的龙蟠里筑宅住下,同时在宅旁营建教忠祠。相传乾隆皇帝对建教忠祠甚为赞扬,还亲笔题写了"方氏教忠祠"蓝底金字匾额。方苞回金陵后,见当年被火烧尽的清凉寺庙已经赫然重建,焕然一新。原来中州法师博学、工诗赋,交往广泛,缙绅、富商纷纷与之唱和。因此,筹钱兴建寺庙也就容易多了。遗憾的是,中州法师已圆寂了。其弟子烛渊、纬林继承师父之志,守清凉寺,且好诗文。他们见到方苞,谈起方苞以前与师父的对话,索方苞写《重修清凉寺记》。虽然以前曾有承诺,但方苞因身体不好,就拖了下来。

乾隆十一年(1746)的一天夜里,方苞想到了中州法师及清凉寺,又想起他先兄方百川说过的话:"自明中叶,儒者多潜遁于释,而释者又为通相之说以就之,于是儒释之道混然。而儒遁于释者,多猖狂妄行,释而慕乎儒者,多温雅可近。"哥哥的意思是,儒者遁入空门,都是不怎么样的人,而和尚学习儒家,温文尔雅的占了多数。方苞以后行走天下,要以哥哥的话辨儒释,以此考虑其人是否可交。

次日凌晨,方苞起床,以毛笔记下哥哥说的话。同时,以释诺责,完成了二十年多前对中州法师的许诺,写成《重修清凉寺记》。

方苞在《重修清凉寺记》中写道:

> 雍正二年请假归葬，卜兆未定，不敢即私室，寓北山僧舍，会黄山老僧中州率其徒来居清凉寺，数与往还。中州之来，逾月而寺火，惟存西北隅小屋三四间，尝谓余曰："造物者盖以新之责老僧也，俟其成，公必记之。"
>
> 及乾隆七年，余归里，更往观焉，则尽复其故而焕然新。中州博学，工诗赋，所至荐绅富商争凑之，故兴之如此其易也。其徒烛渊、纬林嗣守之，亦以文学为学佛者倡，每相见必举前语索记。
>
> 又五年丙寅夏六月望后五日，余疾作，夜不能寐，偶忆先兄语，晨起而记之，以释诺责，且以示学儒者，慎毋阴遁于释。独宜念其能笃信师说，以兴作艰重为己任，而卒以有成，吾侪对之，宜有愧色也。其肇工落成之日月，用材之凡数，乐输者之姓名，二僧自记之，以列碑阴可矣。

方苞在记中赞扬了中州法师以重修清凉寺为己任，最终取得成功。同时抒发了与中州法师相比，方苞几十年里未专心于一事，徒增愧色了。

方苞写记时，不知道重修清凉寺肇工落成日月，也不知道用材多少、捐资者的姓名等，就空缺了。但方苞想，好在中州法师的两个弟子可以补写，也可刻在碑阴。

方观承（1698—1768），方苞族侄。方观承父亲亦因《南山集》案被发配到东北黑龙江戍边。方观承没显达时，常年为救父南北奔走，生活困顿，曾在大雪天冻僵在古寺外，幸为寺僧所救。清凉寺住持中州法师常常给以照顾帮助，他深为感激，写诗赠中州法师，有句云："须知世上逃名易，只有城中乞食难。"后来，方观承当上高官，资助中州法师重建清凉寺。这一举动，后来袁枚《随园诗话》中诗赞："细读纱笼数首诗，尚书（指方观承）回首忆前期。英雄第一心开事，挥手千金报德时。"1748年，方观承51岁时任浙江巡抚。

方苞将整理好的《方苞文集》托人带给方观承，请其为自己的文集写序，并请当地人刻本。接到方观承几封回信后，九月二十九日，方苞又写了一信给方观承："连得手札，久久始作答，衰疲可知。《清凉寺碑记》未知有暇为书否？"冬日，方观承回了方苞一信，问《清凉寺碑记》用行书好还是楷书好。方苞回信说："《清凉寺碑记》，行、楷一听择便。江宁刻工甚拙，若得好手，于浙中刻之，一水易达也。"抄录碑记，一般以楷书为宜，但方观承公务忙，所以方苞同意可行书、可楷书,浙江产石材,料好,刻工也精,方苞要求在当地完成此碑。

由方苞写文,方观承书写,高级刻工镌刻的《重修清凉寺记》碑竖立在清凉寺内,后来清凉寺遭战火,此碑不知去向,甚为惋惜。

方苞当年在乌龙潭边建"方氏教忠祠",有四进十二间,九架梁,青砖小瓦,占地约六亩。中室祀方氏五世祖,西室祀五世祖以下,东室祀方氏世祖的子孙。祠堂两侧另建房屋二十余间,供贫寒而好学的方氏子弟居住,方苞曾亲自为他们讲课教读。方苞病故以后,教忠祠仍存,到了清光绪年间始有损坏,直至1949年时还留有不少房屋,为方氏后人居住。20世纪末,在教忠祠原址盖起了公寓大楼,一代名祠瓦砾全无。(图8-19)

图8-19 方氏教忠祠

姚 鼐

姚鼐(1731—1815),清代乾嘉时期人,与方苞一样,都是桐城派古文大家。曾参与编修《四库全书》。晚年,弃官归里,在南京任钟山书院院长,直至病逝。

20岁那年,姚鼐来到南京参加江南乡试。正当年少气锐之时,在南京频频登高赋怀。一次在长江边的山上,俯瞰江流猛浪若奔,很有感慨地写道:"凭槛碧云飞鸟外,夕阳天压广陵涛。"他乡试中举,准备离开南京时,一首《金陵晓发》表露了他的心情:"湖海茫茫晓未分,风烟漠漠棹还闻。连宵雪压横江水,半壁山腾建业云。春气卧龙将跋浪,寒天断雁不成群。乘潮鼓楫离淮口,击剑悲歌下海濆。"这幅早发金陵的冬景也预示着他前路迷茫,风波险恶。最后两句又以昂扬进取之气作结,是他即将走上新人生,面对得失难期的仕宦之旅的心情写照。

待他是两鬓白发的花甲老人时,暴虐无道的统治王朝将他实现仁政的治国理想击得粉碎,辞官来到南京,接掌钟山书院教鞭。好山乐水的他经常流连于南京的名胜古迹之间。清凉寺、扫叶楼、崇正书院、翠微亭等是他常来之处。他在《游故崇正书院记》中写道：

> 石头城内清凉山巅有翠微亭，南唐暑风亭址也。亭下稍西有僧寺，南唐所为清凉寺也。寺之左，明户部尚书耿定向为御史督南畿学时，建正谊书院于此。迨张江陵柄国，毁书院，江宁诸生改为祠，祀定向，至国朝祠亦颇弊矣。今释展西居之，饬修其祠宇具完，因建前后屋以奉佛居僧，而俗犹因故名呼曰"崇正书院"。

姚鼐有多首诗抒怀到这里游历后的心情。

扫叶楼

碧云垂下大江流，坐倚江城古石头。
丹嶂欲平犹作嵌，青枫未落已成秋。
三山夕照新林渚，万里西风扫叶楼。
虎踞地形犹在眼，清凉深院发鸣虬。

暑风亭旧址

虎踞关前一径斜，僧楼西上瞰江崖。
窗间夕照横全楚，谷底长风散落霞。
荒砌昔经雕玉辇，讲堂又变梵王家。
人寰何处非桑海，倚槛春阑未尽花。

翠微亭

兰若门中山迳清，攀跻几折与云平。
排空叠嶂穿城入，铺地横江隔树明。
天运九秋如有怨，人思万古到无生。
奇文腐草要同尽，何用登高作赋名。

这些诗，充满了人到晚年时的身世之悲和兴亡之叹，也可见姚鼐对一切都释然了，几乎达到自在超脱之境。

姚鼐对清凉寺怀有很深的感情，他对南唐清凉寺、文益禅师创立法眼宗及文益所写的禅诗都很了解和熟悉。

他写有《南唐》诗：

> 小朝偃蹇大江东，烟月流连六代风。
> 建业文房收宝笈，清凉法眼启琳宫。
> 帝都执玉才嫌后，天堑浮桥已架空。
> 一听大梁春夜雨，最思花是去年红。

这首七律包含了较多的清凉寺史实。如"建业文房"，澄心堂是南唐先主李昪宴请之居所，这里藏有的书里，都有建业文房印记。"清凉法眼"，指文益禅师在清凉山的清凉院创立了法眼宗。"天堑浮桥"，指宋太祖架浮桥渡长江，然后活捉后主李煜。"夜雨思花"，李后主有词"帘外雨潺潺""落花流水春去也"。"花是去年红"，文益禅师有诗给中主李璟"发从今日白，花是去年红"。

姚鼐这首诗内容丰富，南唐的历史，清凉寺、法眼宗都在诗中给予揭示。

清凉山下，离随园不远，有隐仙庵。隐仙庵，相传为南朝处士、文学家陶弘景故居。陶公后来隐居于茅山，但梁武帝萧衍遇到社稷要事，仍然常去山中向他请教，故人称之为"山中宰相"。后来感念其高迈逸气，于此设庵祀怀。隐仙庵内植有一株六朝古梅、两株宋代老桂等名木。"秋日金粟盈庭，游人蚁集。"

姚鼐到清凉寺，登翠微亭后，往往和朋友去隐仙庵，在那儿春赏牡丹，秋赏桂花，还在那儿用素食。他写有《三月九日于隐仙庵看牡丹》《重游隐仙庵》《登清凉山翠微亭下重入隐仙庵看桂》《游隐仙庵二首》等。

随园主人，著名文人袁枚（简斋）是姚鼐的知心朋友。姚鼐写《毛俟园倩朴山道人设素食于隐仙庵见邀同袁简斋……》：

> 野蔌烹香进旧醅，鹤仪道士住蓬莱。
> 青山曲曲藏修竹，红叶茎茎映碧苔。
> 虬盖蔽空双立桂，龙腰偃地半枯梅。
> 清风又引群贤会，何必花时逐众来。

姚鼐与袁枚等人既赏桂花又品美味素食,可见感情之深。清凉山的隐仙庵是他们经常活动聚会的一个地方。

同时代的吴敬梓在《儒林外史》中提到清凉山有一座姚园,相传是姚鼐在南京的故园。

姚鼐负责撰修《江宁府志》,对弘扬金陵文化作出了不可磨灭的贡献。《江宁府志》自从康熙七年(1668)有人修过以后,历时百余年一直没能重修,而这期间,人情风物都已发生了极大的变迁,亟需重新编修府志。嘉庆十六年(1811),年届八旬的姚鼐挑起重担,负责总修。经过艰苦工作,最终成书五十六卷。《(嘉庆)新修江宁府志》基本廓清了自古历清江宁的人物、地理、风俗、制度等各方面的情况,尤其是对于康熙到嘉庆这一百年来江宁的历史状况,尽量做到详尽备实,言之有据。时人评价为"观是书者,考览山川,稽求故实,以及名公巨卿之佳行,方土物产之精英,鉴古证今,粗可凭信,差足备大邦之文献矣"!

以方苞、姚鼐等为主帅的桐城派是中国文学史上较大的一个文学流派,历史长,作者多,成果丰,影响大。姚鼐的两个学生管同、梅曾亮也很知名,他们描写的清凉山的文字,甚至成为后人学习作文的范本。

管　同

管同(1780—1831),字异之,金陵人。从小聪颖,19岁时,入钟山书院,随姚鼐读书,成为姚鼐的大弟子。后来,管同小有名气,有亲戚请他教授学生,老师姚鼐也非常赏识管同才华。那些年,管同大部分时间是在江宁度过的。读书、教授学生,闲暇时则与朋友一道游玩。管同曾同朋友登石头城怀古。嘉庆六年(1801),他和朋友一起登清凉山扫叶楼。他家就住在清凉山东南麓菠萝山脚下。但很奇怪,越是离家近的反而去得很少。这一次,管同与友人登扫叶楼,他才发现这里有不可多得的美,于是写了《登扫叶楼记》,这篇文章使管同名声大振。

《登扫叶楼记》文字不长,但写得高雅素洁,着墨不多而意味深蕴:

自予归江宁,爱其山川奇胜,间尝与客登石头,历钟阜,泛舟于后湖,南极芙蓉、天阙诸峰,而北攀燕子矶,以俯观江流之猛壮。以为江宁奇胜,尽于是矣。或有邀予登览者,辄厌倦,思舍是而他游。

　　而四望有扫叶楼,去吾家不一里,乃未始一至焉。辛酉秋,金坛王中子访予于家,语及,因相携以往。是楼起于岑山之巅,土石秀洁,而旁多大树,山风西来,落木齐下,堆黄叠青,艳若绮绣。及其上登,则近接城市,远挹江岛,烟村云舍,沙鸟风帆,幽旷瑰奇,毕呈于几席。虽向之所谓奇胜,何以加此?

　　凡人之情,骛远而遗近。盖远则其至必难,视之先重,虽无得而不暇知矣;近则其至必易,视之先轻,虽有得而亦不暇知矣。予之见,每自谓差远流俗,顾不知奇境即在半里外,至厌倦思欲远游,则其生平行事之类乎是者,可胜计哉!虽然,得王君而予不终误矣,此古人之所以贵益友与。

　　管同一开头就说自己已历游江宁,甚至以为"江宁奇胜,尽于是矣",接着笔锋一转写到扫叶楼离家不过一里,却从未去游过。

　　当他来到扫叶楼,写了没有登楼时的所见,"是楼起于岑山之巅,土石秀洁,而旁多大树"。他不铺陈该楼如何建置,而是写楼之环境,造出氛围,使人想见其地点设置之精巧雅致。接着三句写山风西来落叶之妙景:"落木齐下,堆黄叠青,艳若绮绣",好一幅萧疏清朗的秋景。紧扣了此楼命名的由来及特点。接着写登楼后远眺四周所见,"近接城市,远挹江岛,烟村云舍,沙鸟风帆",一幅渺远、淡雅的金陵山水写意图画被创造出来。管同面对如此美景,发出了感慨:"凡人之情,骛远而遗近"。远的难以达到,就先重视远。近的容易达到,就不去重视。殊不知美好的奇境以及正确有益的东西就在眼前,我们不能忽视啊。最后作者庆幸有好友邀他去扫叶楼,亦使他早日醒悟,以说明登扫叶楼的收益而写下了这篇文章,充分表达了管同对清凉山扫叶楼的喜爱。

　　嘉庆九年(1804)秋,管同离开江宁,开始了长达六七年的流浪生活。嘉庆十四年(1809)秋,管同回到江宁。他在住的屋后建了一个小亭子,命名"抱膝轩",取诸葛亮"抱膝而吟梁甫"和陶渊明"容膝易安"之意。嘉庆二十二年(1817)九月,朋友招约名士20多人,结诗会于清凉山之盋山,管同参加了这次诗会。会上见到了多年没遇的朋友,朋友见管同两鬓斑白,时年才38岁,非常叹息。道光五年(1825),管同考中举人,对于姗姗来迟的功名,管同已感受不到欣喜。

道光六年(1826)安徽巡抚邓廷桢请管同教授他儿子。道光十一年(1831),管同陪同邓廷桢儿子赴京途中,卒于江苏宿迁,终年52岁,英年早逝,令人叹惋。

梅曾亮

梅曾亮(1786—1856),字伯言,金陵人,36岁时考中进士,后来到北京任户部侍郎。他也是姚鼐的弟子,是姚鼐之后桐城派的领袖。他写有多篇描绘家乡金陵自然风景的文章。其文字洗练传神,无一长语浮词,富有文采。有一次,他到朋友陶子静读书处余霞阁去,此地在清凉山一山头处。

梅曾亮《钵山余霞阁记》写道:

俯视花木,皆环拱升降;草径曲折可念;行人若飞鸟度柯叶上。西面城,淮水萦之。江自西而东,青黄分明,界画天地。又若大圆镜,平置林表,莫愁湖也。其东南万屋沉沉,炊烟如人立,各有所企,微风绕之,左引右抱,绵绵缙缙,上浮市声,近寂而远闻。

梅曾亮与朋友一起在余霞阁,因其阁乃"因山之高下为屋,而阁于其巅",所以适合俯视远眺,能见清凉山下的花木、行人、江水乃至炊烟等美丽的景致。也正是在如此情景下,引起了与梅曾亮一起同游的陶子静、管同的高论,《钵山余霞阁记》写道:

子静曰:"文章之事,如山出云,江河之下水,非凿石而引之,决版而导之者也,故善为者有所待。"曾亮曰:"文在天地,如云物烟景焉,一俯仰之间,而遁乎万里之外,故善为文者,无失其机。"管君异之曰:"陶子之论高矣,后说者,如斯阁亦有当焉。"遂书为之记。

梅曾亮所论是触景生论,他把深刻的创作道理托诸山水自然的变化之中。强调"适乎境""无失其机",借具体环境之势,表达出个性的认识。梅曾亮这篇文章,动静配合,声色相应,穷形尽态。语言净洁,比喻拟人穿插运用,难言之景如在眼前。清凉山四周的景致,在梅曾亮、管同、陶子静这三位朋友眼里,是有生气的,其佳景如画,给他们留下深刻印象,也留下了美好的文章。

清咸丰三年(1853),太平军攻破金陵城时,梅曾亮被困城中,三月,梅曾亮举家避难至江宁南乡王墅村,全家生活艰辛。咸丰五年(1855),在朋友帮助下,逃难至淮安,靠朋友资助度日。咸丰六年(1856),病逝于淮安。

刘　智

清代康熙年间,清凉山出现了一位著名的伊斯兰教学者刘智,驻这里著述十年。这充分说明了佛教的包容以及佛教伊斯兰教之间的融洽交流。

康熙十七年(1679),康熙在河北巡视时,看到一座清真阁藏有伊斯兰教的经典,他很感兴趣,"徘徊不忍去,诏寺人能讲经者来,无应诏者。二十一年秋,西域国臣以天经进,上谕部传京师内外诏能讲者来,皇上登景山以待。及诏至,乃领教之能诵而不能讲者"。只能诵经而不能讲解伊斯兰教教义,康熙很是不满。这个记载,一方面反映了康熙想了解伊斯兰教经典的迫切心情,另一方面也看出,当时伊斯兰教内人士学养匮乏,有真才实学者太少。

二十多年后,在清凉山扫叶楼出现了刘智这位伊斯兰教学者,他为人们详尽解读了伊斯兰教经典,康熙当年无人解读古兰经的状况,可以改变了。因此,伊斯兰教徒也崇敬扫叶楼的胜境。

刘智(1669—1735),字介廉,别号一斋,南京人,回族。年少时受宗教熏陶,刻苦学习阿拉伯文,专心致志于读伊斯兰经。后来又广泛阅读,凡儒家的经、佛家的《释藏》、道家的《道藏》,对其潜心学习。刘智学有所成后,30岁时,只身离家,在清凉寺长老的支持下,寓居扫叶楼,闭门读书,著书立说。也正是在这里,刘智坚定了译注伊斯兰教经典的志向。

史载:当时刘智"键户清凉山中,十经寒暑,翻阅既多,著作益富。见中华天方之人,两相遇而不能两相通,因慨然曰:译其文而解其义,俾中外翕然同风,是殆余之责也夫"。在那个年代,解读伊斯兰教经典并非易事,当年有人评之:"著书岂易易哉。犹有难者,生无同志,业无同事,即族属亲友,且以予不治生产为不祥……人心之反复,世道之崎岖,尘纷之抢攘,毁誉之凌渎,日无宁晷,心无宁刻。"刘智的性格又是"居其僻,交寡俦,故都邑不闻其人,乡里不知其学,戚友皆不识其所作做。至于家庭骨肉,厌其不治生产,且以为不祥,而介廉(刘智)弗愠亦弗顾,澹如也"。刘智即为一个落落难合之人。

刘智在读书中拾取了无限的乐趣。他"八年膏晷,而儒者之经史子集及杂家之书籍遍。又六年读天方经。又三年阅《释藏》竟。又一年阅《道藏》竟。继而阅西洋书一百三十七种,会通诸家而折中于天方之学"。他读书之丰富,恐怕那个年代超过他的人不会很多。

刘智在扫叶楼,常有机会与寺僧交流,了解佛学。从佛学发展史,刘智看到:东晋以后佛教在中国传播,隋唐以后,佛文化被中华文化吸收,出现了中国化的佛教宗派,佛教文化逐步成为中国文化不可分割的组成部分。在这个融合过程中,佛教文化没有丢弃原则,儒学文化也没有丧失根本。刘智从佛教文化的发展受到启发,决心进行"伊斯兰教中国化"的理论探讨。

刘智在扫叶楼十多年潜心著述,著译《天方性理》《天方典礼》。初稿完成,一度离开清凉山,携稿出游,征询意见。后又回到扫叶楼,又写成《天方至圣实录》。书成后,他在清凉寺扫叶楼这里的清风明月中度过晚年的宁静时光。清人撰刘智墓志铭载:

> (刘智)晚归金陵,居清凉山之扫叶楼,登山临水,百感苍茫,慨然有慕乎龚半千之为人。洁身物外,未尝与人世往还。而一时名流硕彦,无不知撒页(扫叶)楼有刘居士者。

因刘智居于扫叶楼,有一段时期人们甚至把扫叶楼称为有伊斯兰教特征的"撒页楼"了。

清凉寺所在地的扫叶楼是善庆寺的一部分,乃佛教清静之地,但以宽广、包容之心欢迎、供给刘智这样的伊斯兰教思想家在此长期居住著述。寺院僧人对刘智日常生活精心照料，刘智与僧人相处融洽，成为挚友。

两百多年来，常有伊斯兰教人士到扫叶楼凭吊怀念刘智，赞颂他的伟绩。1922年民国陆军上将、西北著名人士马福祥来这里，并写了一副对联：

楼开万里眸，看绿树浓荫，秀比前贤图画；
山耸一支笔，展青天作纸，书成大块文章。

刘智出色地将伊斯兰教教义和中国传统思想文化巧妙结合，成为伊斯兰教中国化的一位大师，在中国哲学思想文化史上占有重要地位。刘智取得这些辉煌成绩，无疑是清凉山扫叶楼为他提供了很好的平台。

乾　隆

乾隆（1711—1799），继皇位后，效仿其祖父康熙，于乾隆十六年（1751）首次南巡。乾隆巡视到金陵，遍游各处名胜古迹，吟诗作赋，广题额联。（图8-20）

这年三月，乾隆从石头城下水码头上岸，石头城临江，气象雄伟，他写了三首诗。

图8-20　乾隆画像

石头城

石城倚壁复临江，地利诚云险绝双。
何事南朝诸帝子，竖幡每见举宗降。

石头城

建安徙治已成城，石壁曾经几战争。
周颛戴渊均往事，底缘袁粲独传名。

石城歌

依岩捍江据地利，建置缅怀吴大帝。
舟师风利不得停，一片降幡遂由出。

宋吞齐并相割争，石城几阅凡与荆。

袁粲虽死固未死，褚渊伪生何谓生。

省方偶此经层巘，百雉埤堄犹完善。

孝陵缔构想当年，金川门开瞥转眼。

风雨中，晦明苑，右顾兴慧应不免。

吁嗟德险守鉴兹，及其守兹则已晚。

以上三首关于石头城的诗，写到了石头城临江的险姿及经历过的战争史实。《石城歌》的最后四句，概写守江山的不易。乾隆作为当政者，他体会到：要想守住江山，须施行仁政、慧政，免得到时候悔之晚矣。

乾隆来到清凉山下，问前来迎驾的官员这叫什么山。在得知山上有清凉古寺，曾是南唐君主的避暑之地时，颇感兴趣。乾隆看了清凉寺这方清净境地，想到大清皇朝的承德避暑山庄。他顺口吟诵了一联：

波心似镜留明月，松韵如篁振午风。

这则对联写道：清凉山前有秦淮河，水波不兴，有如明镜。入夜，明月印在如镜的秦淮河水上，午夜的松风竹韵越发悠扬，这是一个美丽清新宁静而富有诗情画意的清凉境界，充满了禅意。

这是乾隆写得上好的对联之一。虽只短短十四个字，却通过对水中月色和山间松竹的生动描述，将清凉山及清凉寺周围的景色描绘得淋漓尽致、楚楚动人。

上联是远景、静景。远望碧水如镜，明月倒映在水中央，一片静谧安宁。下联是近景、动景。松韵如篁，篁是竹子，松竹不分你我。午风，即南风，相传为虞舜所作的古代乐曲。月色树声，组成一幅动静结合、有声有色的画图；耳闻目睹，令人如进入一种清幽高雅的仙境之中。特别是下联的一个"振"字，将风吹动山间松竹的声响描摹得活灵活现，好像南风的古乐曲声，真的从松竹林中飞出传到人的耳边，形象逼真而又生动。

乾隆还写了两首以《清凉寺》为题的诗。

清凉寺

何山不清凉,而此山独占。
五台亦有之,新旧原易勘。
然胥同幻名,久近何须验。
山名既属幻,寺名益觞滥。
而在兹言兹,云林喜苍淡。
静室小憩坐,藉用消尘念。

清凉寺

清凉山上清凉寺,缩地五台为建康。
立字安名曷有定,春风秋月自其常。
禅枝笼宇布新叶,慧草当阶发古香。
左市右江都入揽,不堪前代论兴亡。

乾隆从清凉寺来到山头的翠微亭,登高远眺,风光秀丽,不禁感慨地吟诵了《清凉山》诗：

笔翠层峦接碧空,清凉襟袖拂天风。
石头城一西临望,千古兴亡慨叹中。

下了山,到了扫叶楼前,乾隆问随行官员这楼为何叫扫叶楼。没有得到明确回答,他有点遗憾,作《清凉山》一首：

宛转溪流仄径长,青云五里夹松篁。
凌虚全览秣陵景,过刻刚消贝叶香。
城枕石头低野色,渡连桃叶澹烟光。
征名无实兼名泯,参到清凉意亦忘。

乾隆二十二年(1757),早春二月,乾隆再次来到清凉山,又一次进清凉寺,上翠微亭。作五言律诗《游清凉寺》：

> 石城礼香界,此路旧曾经。
> 净业真称白,好山不改青。
> 欲寻辛未句,因上翠微亭。
> 触景成新会,清机悦性灵。

乾隆抒发了再次来到这里的欣喜心理,以及对此处的风光、氛围的欢喜和赞赏。这里浓厚的礼佛氛围让人更感到清凉,此山也显得更为青翠。登上翠微亭看四周风光,甚感"清机悦性灵"。

这次来访,乾隆也没有忘记扫叶楼。他站在扫叶楼前,望着"扫叶楼"几个大字,吟出一首《遥题扫叶楼》:

> 隔岫谁家扫叶楼,清标占断石城秋。
> 分明郑谷诗中景,逸兴遄飞那上头。

乾隆把这里比喻为唐代诗人郑谷诗中常咏叹的山景,因为郑谷多有写景咏物之作,往往表现出闲情逸致。乾隆再次问随员:隔着这座山峰的楼,为何叫扫叶楼?还是没有得到明确的解释。

乾隆二十七年(1762),他第三次南巡时,又来到清凉山扫叶楼。这座楼比乾隆上次来所见,显得有些残败。他再次问随行官员:"我曾两次问此楼何缘由来。现在你们地方官员可知道了?告诉我。"官员赶忙回话:"卑职实在不知。"其实地方官员很清楚此楼名的由来。知道龚贤常来此楼,而龚贤是反清复明斗士,地方官员惧怕当时的文字狱,生怕语言有失,为了明哲保身,不敢向乾隆介绍龚贤这样的人物。这次,乾隆还是很扫兴。之后,写了《寄题扫叶楼叠旧作韵》《寄题扫叶楼再叠旧作韵》两首诗:

> 寄题忆昔咏高楼,楼上春风飒似秋。
> 安得携书万卷坐,删繁存实校从头。
>
> 清凉寺里望书楼,拥帚遗风万古秋。
> 不辨题名自谁氏,诗中郑陆忖从头。

乾隆在诗的注中还写道:"志书不载,问之地方官,亦称莫考。"

清代的文字狱,使地方官员非常惧怕,他们不向乾隆皇帝说明扫叶楼名来由,也就可以理解了。明代时,虽然也有文字狱,但发生的次数少,涉及的面也比较窄。而清代的文字狱不仅频繁,而且往往波及无辜。据统计,雍正时期发生过十多起(他在位只有十三年),乾隆时期则有百余起,著名的有三十多起。从中可见当时人们所能享受的言论自由、思想自由的情况。康、雍、乾时期实施着严酷的文化专制。在文字狱大行其道的年代,曹雪芹写《红楼梦》都用"假语村言"敷衍故事,而将"真事"暗"隐"其中。地方官员当着乾隆皇帝的面,怎敢说出扫叶楼名得来的原因呢?

乾隆在扫叶楼前有些扫兴,但他游览清凉寺的兴致颇高。他写了两首《游清凉寺》:

其一

去岁曾礼清凉山,今朝乃谒清凉寺。
既曰清凉应一真,吾所知者已有二。
其不知者想更多,旋于苏文悟其义。
譬如凿井因得泉,不可谓水专在是(叶)。
井同泉水无不同,妄分彼此真儿戏。
调御丈夫如是云,是谓清凉无上谛。

其二

山寺夷塽俯石头,行春得暇偶来游。
入幽已自清尘念,造极还堪纵远眸。
禁苑昔年何帝宅,长江千古客人舟。
便莲宇亦时兴废,一切有为孰久留?

他继续登山游览。见翠微亭已毁坏,即命两江总督尹继善复建此亭。后来,尹继善奉命在山巅复建了翠微亭。亭中立一石碑,碑面四周雕刻龙纹,碑心刊刻乾隆第二次南巡时所作五言律诗。翠微亭又被称为御碑亭。

袁 枚

袁枚(1716—1798),号简斋,浙江钱塘人,历任溧水、江浦、江宁诸县县令。30多岁时,即辞官,在金陵建随园,过隐居生活,人们称他为随园先生。(图8-21)

随园在小仓山一带,是清凉山的余脉。袁枚《随园记》自我介绍时,写道:

> 金陵自北门桥西行二里,得小仓山。山自清凉胚胎,分两岭而下,尽桥而止,蜿蜒狭长,中有清池水田,俗号干河沿。河未干时,清凉山为南唐避暑所,盛可想也。

相传,随园园基一部分是东晋谢安终老之地谢公墩。唐代李白曾说:因悦其景想终老于此。宋代王安石也曾游历赞叹此处。明末文人吴应箕在乌龙潭畔建吴氏园。入清后,吴氏园被江宁织造曹家看中,将吴氏园向东北拓展,成为曹家花园。清雍正时期,这里为江宁织造隋赫德所有,称之"隋园",后来隋家败落,隋园荒芜。袁枚在任江宁县令时,见隋园破败,一时恻然而悲,他以一个月的俸禄购得此地。

图8-21 袁枚画像

袁枚是文人,又是一位退隐官员,文人的独特审美能力,加上曾经从宦带来的财富积累,使他对园林有较高的要求。袁枚所建园林,充分表现了他的艺术个性、人格倾向与人生追求。他建园林,随其自然,因地制宜,根据地形高低随势造景,"随其高为置江楼,随其下为置溪亭,随其夹涧为之桥,随其湍流为之舟"。他于此把隋园改名为"随园"。

随园有二十四景,如仓山云舍、小眠斋、双湖、绿晓阁、柳谷、柏亭、竹请客、澄碧泉、小栖霞等。他主张"四时之景不同,而赏心乐事者亦与之无穷矣"。

除自然景点,袁枚还建有人文景观。水世界,为收藏当时名贤投赠的诗词之所;南楼,为读书之处;金石藏,为书法篆刻印章收藏展示之地。还建有"书仓",今随家仓即当年书仓所在地,其意是指书为精神食粮,袁枚有诗云:"聚书如聚谷,仓储苦不足。""为问藏书者,几时君尽读。"

随园面积近300亩,不建围墙,不扎篱垣,人们可以随意进出。随园以自然山水为依托,再添置人文景观,二者浑然一体。自然山水清幽迷人,人文景观典雅怡神。

袁枚在随园复归自然,但又没有完全远离城市,他以随园为楔,诗文为引,广结四方,在仕与隐两者中自由游走。

时任两江总督尹继善,是袁枚的好友。随园建成后,尹继善光临随园,由袁枚陪同,遍览随园佳境,赞叹随园布局精巧,袁枚治园有方。他赞叹说:"此地占清凉山一角,真如世外桃源。"袁枚跟尹继善开玩笑地说:"先生如果肯仕途抽身,枚情愿拱手相让此园。"尹继善听罢,也调侃说:"好一个虚假人情,你给我好生收拾此园,来日等我来接管。"两个人又登上随园最高楼,此楼名绿晓阁,近可看随园全景,远可望金陵四周风光。袁枚命人摆上菜肴,两人边观景边叙谈。袁枚曾写《绿晓阁》诗:"清凉山色酒杯边,身在斜阳小雪天。"阁外的清凉山的绿色扑入眉宇间,所以这里名为"绿晓阁"。

随园与清凉寺紧邻,袁枚是清凉寺的常客。

一天傍晚时分,袁枚来清凉寺拜访寺僧,但没有遇见,于是登亭远眺,饱赏山景。他在《晚登清凉山》中写道:

> 上山访僧僧寺锁,孤亭荒荒红日堕。
> 万家炊烟直复斜,几行雁字右复左。
> 长江半向树梢出,石骴尽教落叶裹。
> 怪他啼鸟尽惊飞,唯有白云不让我。

第八章 名人踪迹(下)

全诗意境清凉幽旷,辞浅而意深。袁枚因来寺没遇住持,便站在寺门外观看风景,一幅江天夕照、万家炊烟图映入眼帘。结尾两句写啼鸟不知何故惊飞,白云却能非常自在。白云忘"我",而我又很实在。闲适心境从诗句中流出,风趣可爱。

有一次,袁枚带堂弟袁树、外甥陆建游览清凉山。每游览一处古迹,袁枚都尽其所知向他们讲有关的典实、诗文。他们还攀登清凉山顶,那还是乍暖还寒时节,山上几乎不见人影,显得有些清寂。当到山顶时,却见七八个青年人正准备下山。但他们一见到袁枚,立即停住脚步,纷纷拱手作揖,有的称"袁大人",有的称"袁先生",十分恭敬。原来这几位是袁枚在江宁任县令时的朋友、当年门生,今日见到旧长官和老师,都喜出望外。(图8-22)

图8-22　清代袁树《莫愁湖图》背景清凉山

几位青年人陪袁枚一行游览清凉山巅风景后,簇拥着袁枚到另一山头一酒楼。众人一边喝酒,一边述说袁枚当年在江宁的种种政绩,感叹着百姓至今还惦念着袁县令这位"民爹"与"民母"。其中一位年纪较长的对袁树、陆建说:"袁大人为人堪称当代楷模,二位在袁大人身边受教,实在是三生有幸,令我等羡慕不已。"这次游览,袁树、陆建在袁枚身边,受到了深刻的教育。

袁枚所建的随园名传遐迩,是一座山水清幽、趣意盎然、处于诗意画境中的园林,是当时江南首屈一指的园林。

袁枚的朋友,在京城任翰林院编修的程晋芳说:"随园那个地方相当不错,水石林竹,清深幽静,令人陶醉其中,忘了世上之事,想跟随先生永久住下去。"

随园少不了当政官员前来游览。除两江总督尹继善外,乾隆十八年(1753)鄂容安任两江总督时,也曾来过。那年,鄂容安上清凉寺拈香,路过随园,即入游览。袁枚《随园诗话》卷九记载:"鄂公拈香清凉山,过随园","指示人曰:'风景殊佳。'"

乾隆六次巡行江南。最后一次南巡,乾隆已是74岁高龄的老人。回程时,他再一次来到江宁。乾隆听说有一座很好的园林随园,他要得宠的权臣和珅派画工

去随园绘画,画一张随园图。袁枚有一首诗提到这件异乎寻常的事情:

买得青山号小仓,一丘一壑自平章。
梅花绕屋香成海,修竹排云绿过墙。
嵌壁玻璃添世界,张灯星斗落地塘。
上公误听园林好,来画庐鸿归草堂。

袁枚在这首诗的自注中说:"甲辰春,圣驾南巡。和致斋相公遣人来画随园图。"在袁枚看来,随园的景色虽然秀丽,哪里值得"上公"如此垂青,难道拥有四十景的圆明园还抵不上小仓山巅的风光,难道小家碧玉的玲珑剔透更胜过雍容华贵的北京紫光豪气?乾隆让和珅派画工来绘随园图,这个举动不管是出自和珅的主意,还是乾隆的旨意,都不能排除隐含着不可明喻的目的。

袁枚为了全身远祸,毅然避走广东。以后数年又多次南下,浪迹山川湖海之间。看似袁枚是尽情嬉游,实际上隐藏在内心的是一种难言的苦衷。

袁枚是当时文坛领袖,其作品在抒发灵性中创造出含蓄蕴藉的意境。他在文章中表达了不信佛禅之意,他的学子也说"先生平生不好佛"。但是,他又与佛门交往频繁,常与寺僧诗文酬唱。在他的文章中,也不时反映出接近佛禅思想的润泽。所以,他的文友蒋士铨称袁枚为"诗佛",他的弟子梅冲更为他作了一首《诗佛歌》,其中写道:"小仓山居大自在一吟一咏生云烟。有时披出红袈裟南天门边缚夜叉。"在袁枚《随园诗话》卷十六,评《咏溪钟》诗句"是声来枕畔?抑耳到声边","颇近禅理"。

这里袁枚的评论正是源于文益禅师的一则公案。"文益指竹问僧,竹来眼底?眼到竹边?"袁枚所引《咏溪钟》诗中的思索与文益禅师的提示出于同一思维方式,袁枚说"颇近禅理",说明袁枚是学习了文益的法眼思想,受其启发。

蒋士铨

乾隆后期,诗坛有"江右三大家"之说。此三大家为袁枚、蒋士铨、赵翼,在当时都名扬天下。

蒋士铨(1725—1785),乾隆二十二年(1757)进士,官翰林院编修。蒋士铨为人耿介刚直,仕途并不顺利,对此有些厌倦。他母亲虑其性刚,难免招灾惹祸,于是乾隆二十九年(1764),母亲、蒋士铨及妻子南归。因为想与袁枚相聚,故决定暂居南京,住在鸡鸣山下,离随园不远。蒋士铨安顿好居所,就前往随园拜访袁枚。此年袁枚49岁,蒋士铨40岁,陆续都走上了先仕后隐的同一条路。两人有了更多的共同语言。蒋士铨曾有一首《扫叶楼》诗,反映了他当时的思想感情:

落叶扫不尽,几年存此楼。
天空群木老,寺古一山秋。
壁垒移江渚,功名指石头。
输他尘外客,缚帚坐林陬。

此诗写居住山林胜境里的快乐。放眼望去,苍茫的天空无一物,万木萧条,树木已老,清凉古寺在满山秋色之中,更显出冷寂。但蒋士铨对深居于此的清凉寺僧却不胜羡慕之至。他指出历来于石头城建功成名者,比起"缚帚坐林陬"之尘外客终是输他一等,诗人的看法在诗里昭然而出。世间争名夺利者不过是些追胜逐臭之辈,唯独像清凉寺僧这样超然世外者才是志节凛凛的圣贤。

有一次袁枚、蒋士铨同游清凉山。蒋士铨告诉袁枚,因欣赏袁枚诗文,在梦中得一诗句"三春花鸟空陈迹,六代江山两寓公"。

袁枚对这句诗颇为欣赏,即把蒋士铨这句梦中诗意引用到自己诗中,并改为"如何六代江山大,梦里空存二鸟吟"。

蒋士铨见袁枚如此喜爱自己梦中诗句,又写了一首《偕袁简斋前辈登清凉山》赠袁枚:

文字无灵粉黛空,销魂延伫石城东。
三春花鸟多陈迹,六代江山两寓公。
载酒船依宫树绿,踏青人爱画楼红。
秦中雏下苍茫极,古帝王州大抵同。

蒋士铨将梦中诗句嵌入这首七律中,只是将"空"改为"多"字。

赵 翼

赵翼（1727—1814），字云崧，号瓯北，江苏常州人。乾隆二十六年（1761）中进士，授翰林院编修，后任广西镇安、广州等地知府。

赵翼善作诗，他有一首脍炙人口的七绝《论诗》：

> 李杜诗篇万口传，至今已觉不新鲜。
> 江山代有才人出，各领风骚数百年。

认为应鼓励英才脱颖而出，艺术的繁荣有赖于代代有志者去开拓进取、锐意创新。

1752年秋，赵翼来南京拜访两江总督尹继善，在那儿读到袁枚诗册，并题诗数首。其中一首写道：

> 八扇天门迭荡开，行间字字走风雷。
> 子才果是真才子，我要分他一斗来。

诗以诙谐风趣之笔，写出了对袁枚才情的羡慕之情。后来袁枚读到赵翼的题诗，大有知己之感，又惋惜当年不在随园，未得相见。但他写了给赵翼的赠诗，当赵翼看到袁枚的诗后，即酬作一首，其尾句为："何当一访随园去，鸿爪双双迹互标。"袁枚后来在杭州、常州等地与赵翼相见。赵翼有一首《西湖晤袁子才》记了两人相会于杭州之事：

> 不曾识面早相知，良会真诚意外奇。
> 才可必传能有几，老犹得见未嫌迟。
> 苏堤二月如春水，杜牧三生鬓有丝。
> 一个西湖一才子，此来端不枉游资。

赵翼游随园已是乾隆五十六年（1791）了。袁枚陪同赵翼游览随园，并游览了清凉寺、石头城遗址风光。当时正是梅花盛开时节，红梅凝丹，白梅似雪，空气中弥漫着淡雅的幽香。不论是随园的梅花,还是清凉山的梅花,都给赵翼留下很深印象。而石头城的历史遗迹更令他难忘,他写有一诗,其中写道:

千秋形胜从三国,一样江山陋六朝。

赵翼诗句是从大处着笔,发出感慨。他指出金陵雄伟险要的地势,自孙权定都(建业)起,有六个朝代以此为江山,但都是偏安一隅,颇有些辜负了这龙盘虎踞的帝王州。

赵翼有一次在山间漫步,周围景致令他深有感触,他写《野步》道:

峭寒催换木棉裘,倚仗郊原作近游。
最是秋风管闲事,红他枫叶白人头。

料峭的寒风让人有些寒意,穿上厚厚的衣服避寒。尽管有寒意,还是愿意到离城很近的山中游玩,因为这里有喜欢的秋景。一入秋,有了寒意,枫叶就会泛红。诗人写到美丽的秋景,却又联想到自己步入晚年,头发也白了。赵翼以细腻的笔触写出了不一样的山中秋景。

吴敬梓

与袁枚同时代,南京还有一位名人,即《儒林外史》的作者吴敬梓。

吴敬梓(1701—1754),字敏轩,自称"秦淮寓客",晚年又称文木老人。吴敬梓出生在安徽全椒,31岁那年,父亲去世,他因"性耽挥霍",田地卖光,遭到乡里豪绅的厌恶。于是他满怀愤懑,1733年移家南京。南京这个东南第一都会浓厚的文化氛围,使他决心终老于此。(图8-23)

吴敬梓的一生大部分时间在南京度过。他熟悉南京的六朝风貌,曾写道:"金陵佳丽,黄旗

图8-23 吴敬梓塑像

紫气,虎踞龙盘,川流山峙。"吴敬梓写有一首词《买陂塘》,其中写道:"石头城,寒潮来去,壮怀何处淘洗。酒旗飘扬神鸦散,休间猁儿狮子。南北史,有几许兴亡,转眼成虚垒。三山二水……"

吴敬梓在词中抒发了石头城"寒潮来去",淘洗不掉胸中奔涌的激情。"壮怀"二字,表明了他登临石头城遗址时怀古的悲壮情怀。怀古时想到了"猁儿狮子"即孙策这样的英雄豪杰。他感叹像孙策这样的一些英雄豪杰一去不复返了。祠已废,祭事已过,有谁还会问及他们呢?又一次感叹"壮怀何处淘洗"。南北朝,一个个小朝廷都像走马灯一样迅疾地过去了,霸业转眼成空,唯剩"三山二水"而已,这是对"壮怀何处淘洗"的再次感叹。

吴敬梓把对南京的深情,倾注在《儒林外史》这部长篇小说里。他日夜潜心创作,"闲居日对钟山坐,赢得《儒林外史》详"。

吴敬梓笔下,倾注了对金陵城的深情。他写道:

> 这南京乃是太祖皇帝建都的所在,里城门十三,外城门十八,穿城四十里,沿城一转足有一百二十多里。城里几十条大街,几百条小巷,都是人烟凑集,金粉楼台。城里一道河,东水关到西水关,足有十里,便是秦淮河。水满的时候,画船箫鼓,昼夜不绝。城里城外,琳宫梵宇,碧瓦朱甍,在六朝时是四百八十寺,到如今,何止四千八百寺!大街小巷,合共起来,大小酒楼有六七百座,茶社有一千余处。不论你走到一个僻巷里面,总有一个地方悬着灯笼卖茶,插着时鲜花朵,烹着上好的雨水,茶社里坐满了吃茶的人。到晚来,两边酒楼上明角灯,每条街上足有数千盏,照耀如同白日,走路人并不带灯笼。

吴敬梓对清凉山、石头城的山、城、水、寺情有独钟,在《儒林外史》中有多处描写。

吴敬梓笔下写清凉山地藏会的盛况:

> 转眼长夏已过,又是新秋,清风戒寒,那秦淮河另是一番景致。满城的人都叫了船,请了大和尚在船上悬挂佛像,铺设经坛,从西水关起,一

第八章 名人踪迹(下)

路施食到进香河,十里之内,降真香烧的有如烟雾溟蒙。那鼓钹梵呗之声,不绝于耳。到晚,做得极精致的莲花灯点起来,浮在水面上。又有极大的法船,照依佛家中元地狱赦罪之说,超度这些孤魂升天,把一个南京秦淮河变作西域天竺国。

到七月二十九日,清凉山地藏胜会。人都说地藏菩萨一年到头都把眼闭着,只有这一夜才睁开眼,若见满城都摆的香花、灯烛,他就只当是一年到头都是如此,就欢喜这些人好善,就肯保佑人。所以这一夜,南京人各家门户都搭起两张桌子来,两枝通宵风烛,一座香斗,从大中桥到清凉山,一条街有七八里路,点得像一条银龙,一夜的亮,香烟不绝,大风也吹不熄。倾城士女,都出来烧香、看会。

吴敬梓《儒林外史》中塑造的人物,大都有真人真事为背景,其中的正面人物杜少卿即有吴敬梓本人的影子。小说中的杜少卿生活在八股考试风靡天下的社会里,出身于贵族之家,但他却极端蔑视科举功名。在士人普遍追逐名利的现实社会里,杜少卿把"逍遥自在"作为人生的价值,以"独善其身"的方式来对抗迷恋"功名富贵"的社会,他宁愿"逍遥自在,做些自己的事",如携妻游清凉山。《儒林外史》第33回中写道:

娘子因初到南京,要到外面去看看景致。杜少卿道:这个使得。当下叫了几乘轿子,约姚奶奶做陪客。两三个家人,婆娘都坐了轿子跟着。厨子挑了酒席,借清凉山一个姚园。这姚园是个极大的园子。

进去一座篱门。篱门内是鹅卵石砌成的路,一路朱红栏杆,两边绿柳掩映。过去三间厅,便是他卖酒的所在,那日把酒桌子都搬了。过厅便是一路山径,上到山顶,便是一个八角亭子。席摆在亭子上。娘子和姚奶奶一班人上了亭子,观看景致。一边是清凉山,高高下下的竹树;一边是灵隐观,绿树丛中,露出红墙来,十分好看。坐了一会,杜少卿也坐轿子来了。轿里带了一只赤金杯子,摆在桌上,斟起酒来,拿在手内,趁着这春光融融,和风习习,凭在栏杆上,留连痛饮。这日杜少卿大醉了,竟携着娘子的手,出了园门,一手拿着金杯,大笑着,在清凉山冈上走了

图8-24 吴敬梓《儒林外史》

一里多路。背后三四个妇女嘻嘻笑笑跟着,两边看的人目眩神摇,不敢仰视。

吴敬梓描写的这一段,清凉山自然景色春日气息与怡然自得的夫妻之乐融合了,"竟携着娘子的手"一路走去,自然忘形。这么具体细致的描写,说明吴敬梓经常来到清凉山,拜访清凉寺,很熟悉这里的环境。(图8-24)

《儒林外史》第35回写另外的人物庄绍光夫妇,进一步映衬了杜少卿夫妇这种自由、自然的生活方式的态度:

一日(庄绍光)同娘子凭栏看水,笑着道:"你看这些湖光山色都是我们的了,我们日日可以游玩,不像杜少卿要把尊壶带到清凉山去看花。"

闲着无事,又斟酌一樽酒,叫娘子坐在旁边,把杜少卿做的《诗说》,念与她听。念到有趣处,吃一大杯,彼此大笑。

这位庄绍光夫妇生活在皇上所赐的玄武湖上,他们并没有感恩戴德的奴才相,而对杜少卿的生活态度非常赞赏,心安理得。尽管像杜少卿、庄绍光这样思想的人,在当时社会并不多见,但反映了吴敬梓所要描绘的理想世界。

吴敬梓在《儒林外史》第55回又写到了清凉山。他写道:旧有的"南京的名士都渐渐消磨尽了","那知市井中间,又出现了几个奇人"。

吴敬梓描写的四位市井奇人是王太、荆元、季遐年和盖宽。

王太家住三牌楼,他每天到清凉山虎踞关一带卖火纸筒。一日他来到乌龙潭畔的妙相庵看几位道貌岸然的官人下棋。众人吹捧下棋的是天下的大国手。王太挤到前面看棋,众人因见他穿着破衣烂裳的,将他推开不许他看。后来他看了一会,不禁微微笑出声。众人见他敢笑话官员,想叫王太出丑,让他与"大国手"马先生下棋。王太很轻松地与马先生下了几着,姓马的觉得王太出手不凡,下了半盘,站起来说:"这棋我输了半子。"众人大惊,要拉着王太一道去吃酒,王太说:"天下最快意之事莫过于杀矢棋,我今杀了矢棋痛快已极,那里还顾得上吃酒哩。"

王太说毕哈哈大笑，径自去了。

吴敬梓还写了荆元琴振清凉山。荆元在三山街开一裁缝铺，在做生意之余，弹琴写字并能作诗。一日饭后无事，荆元独自踱到清凉山来看他的朋友于老者。这于老者率领五个儿子在这里种菜，菜园有二三十亩地的面积，中间有几间茅屋，在隙地上种了许多花草，还堆上几叠假山，几株又高又大的梧桐遮掩着烈日。于老坐在树下，一面品茶，一面观赏满园新绿，心中无限惬意。荆元刚跨进园门，于老一眼看见，笑着迎上说："多日不见，老爹可好？"荆元答道："刚忙过一阵子，今日稍闲，特来看望你老人家。"于老斟了一杯新茶递过去，荆元尝了一口道："这茶香色味俱佳，不知在哪里取来的好水？"于老道："这里到处都是井泉，有的是甘冽的好水。"荆元道："古人常说桃源避世，我想那里要什么桃源，就像老爹这样清闲自在住在这山林之区，就是活神仙了。"彼此闲活一番，约好次日荆元诗琴携来，为于老演奏一曲。次日，荆元抱琴而至，于老焚上一炉好香，沏上一杯新茶。荆元和了琴弦，铿铿锵锵地弹了起来，声振林木，那些鸟雀闻之，都息在枝上窃听，弹了一会，忽作变徵之音，凄清婉转，于老听到深微之处，不觉凄然泪下。

吴敬梓写的裁缝等四人，均是下层民众，凭一技之长，借以谋生，不稀罕功名富贵。正因为他们从事勤勉的劳作，才能领略生活之美，不需要非做"雅人雅事"不可。裁缝那位清凉山的老友，偏偏在清静的园中能欣赏"园中的新绿"，这正是吴敬梓期望中的理想人物。

吴敬梓把携娘子自由游玩的地点放在清凉山，写裁缝的朋友在清凉山品茶看绿的情节，这都反映了作者对清凉山景致的喜爱之情。

吴敬梓生活的年代，正是康乾盛世。他在南京生活20多年，对南京清凉山等处十分熟悉，充满深情，所以他对清凉山景色描绘得精彩纷呈，人物勾画得栩栩如生。吴敬梓描写的王太、荆元、季遐年和盖宽四位市井奇人，大多实有其人，实际上都是吴敬梓的熟人和朋友，都是他日常所尊敬的人。《江宁府志》载："吴官心名九思，以字行，上元人，善弹琴，游公卿间，一语不合，即拂袖去之，结庐清凉山下，四壁萧然，古琴一张而已。"荆元的真实姓名谓吴哼，字荆园，隐于衣工，善八分书，能诗，《金陵诗征》收其诗。《金陵诗征·西城三老》诗注："西城有三老，梁叟魏今善弈，天下之冠也。城南周春来亦善弈，逊二子，终身莫能及。吴叟官心善琴……陶叟善吹洞箫,每月下发声,闻三四里。三叟居相近,亦作'清凉三隐'。"吴敬梓以小说写法,将所敬之人,隐其姓名,摄取其事迹,写入书中。

吴敬梓与袁枚为同时代人,又同生活在南京,但两人不和。吴敬梓《儒林外史》第41回写到的江宁知县的原型即是袁枚,有所贬。袁枚曾写道:"儒林文苑古无界,谁欤划开成两戒。"还写道:"儒林与文苑,古无鸿沟界,一史偶作俑,千秋竟分派。"袁枚的态度更引得吴敬梓不快,两人老死不相往来。但两人的各自朋友,大都与两人相处较好。其中有一位朱卉,初名灏,字草衣,安徽芜湖人。他是一个看轻财物、重友情的性情中人。吴敬梓移家南京不久,就结识了朱草衣夫妇,两家住处相距不远,交往比较频繁。吴敬梓有一次旧病复发,向朱草衣回首自己多年的坎坷际遇,曾写《秋病》诗:"女兰细香掩窗纱,白袷单衣病里加。一缕药烟当水槛,寒蝉声断夕阳斜。"朱草衣读了此诗,即和一首,劝慰吴敬梓:"月影初临树影加,茶烟将断篆烟斜。闲凭曲泉阑干立,一架秋风扁豆花。"还有一次,吴敬梓深夜不能入睡,写下了《寒夜坐月示草衣》诗,希望此时能与朱草衣对酒和诗,"斟酌月明时"。可见他们是诚挚的朋友。吴敬梓还以朱草衣为形象,写入《儒林外史》中(《儒林外史》中牛布衣的原型)。朱草衣,与袁枚也是好友。朱草衣病逝后,葬于清凉山中,其墓碑即为袁枚题写"清故诗人朱草衣先生之墓"。吴敬梓与袁枚同为发扬中国传统文化作出贡献之名人,而两人同在一城,不相来往交流,是文坛上一桩憾事。

魏 源

图8-25 魏源塑像

魏源(1794—1857),湖南邵阳人。(图8-25)1825年,魏源32岁时受江苏布政使贺长龄邀请,主编《皇朝经世文编》,来到南京。经过努力,两年完成了任务。

1832年,魏源应两江总督陶澍之邀,来南京筹办盐务。魏源这次来南京后,对这座城市十分喜爱。为了安置家里的二十几口人,他遂在清凉山下、乌龙潭畔置屋定居。共五进,有房9

间,另有门房、厢房5间,建筑面积约600平方米。(图8-26、图8-27)因临乌龙潭旁,称为"湖干草堂",为新居门额亲题为"小卷阿",并作诗《卜居金陵买湖干草堂》三首:

图8-26　原魏源故居

图8-27　魏源故居新貌

巢由原不买山居,敢效知章乞鉴湖。
底事草堂钱十倍,只因门外水云租。

山村城市少兼全,心远由来地自偏。
断尽红尘闲尽屐,湖光清到卧床前。

春风绿尽一池山,闭户文章败叶删。
不是老僧来送笋,如何倒屐出柴关。

魏源在诗里写"草堂钱十倍",买这里的房子比别处要贵,是因为包含了乌龙潭的水色云光美景。他在诗中写"断尽红尘闲尽屐",流露了断尽红尘、身心超脱尘世、进入清净无虑的心境。诗里还写到"老僧来送笋",说明魏源与寺院僧人往来较多,日常生活中都有老僧送笋来了。

　　生活安定下来了,他也不时到清凉山、秦淮河、雨花台游历怀古,写有多首《金陵怀古》诗。其中有"一桁青山六代宫,沧桑都在水声中","照残今古秦淮水,磨灭英雄晋石头","故国潮来秋不老,六朝人去雪无声"等诗句。这些都反映出他游览清凉山、石头城等处后的感慨。他在小卷阿的生活较惬意,常常诗兴大发,甚至还邀约两江总督陶澍来乌龙潭泛舟赏月,诗云:

风响一池荷,穿香面面过。

直穷荷尽处,空水受光多。

面对如此美景,陶澍感慨说:"乌龙美景,秀色可餐。"魏源答道:"有此妙处,何必西湖。"乌龙潭有了"小西湖"的雅称,后人还曾在潭里建"何必西湖"牌坊。

1833年,林则徐调任江苏巡抚,魏源与他过从甚密,常至林幕代其阅卷,从此两人结下莫逆之交。鸦片战争后,林则徐被遣戍新疆,魏源赶到镇江与其话别。林则徐将自己多年收藏的《四洲志》等珍贵资料交给魏源,并嘱其撰写《海国图志》。魏源受好友重托,回到乌龙潭边小卷阿后,潜心著述,初成《海国图志》50卷,以后又批阅十载,不断增补至100卷(90万字)。

《海国图志》书中,征引了中外古今近百种资料,系统地介绍了西方各国的地理、历史、政治状况、文化习俗和许多先进科学技术。这本书不但让国人看到了西方的诸多新鲜事物,甚至还是中国谈世界历史地理的开山之作。魏源在书中指出:"有用之物,即奇技而非淫巧","善师四夷者,能制四夷。"他告诫国人要有宽广的胸怀,不要将域外文明视为洪水猛兽,要潜下心来学习。《海国图志》,让国人放眼世界,学习西方所长,对国人起到了振聋发聩的作用。魏源也成为近代中国第一批"开眼看世界"的人。《海国图志》这一伟大著作,使魏源名垂青史。(图8-28)

图8-28 《海国图志》

魏源晚年辞官,当时时局动荡,他写作禅诗增多了,如"暮归烟霭深,忘却门前树","忽闻落叶音,知有山僧路"等,突出了一个"忘"字,一个"知"字,他在乱麻的迷茫中苦苦地思索,以使内心世界在一种更高境界实现某种恬静与和谐。

有一年秋天,一场暴雨过后,天气转凉,魏源静心于清凉山下,写了组诗《乌龙潭夜坐》:

有一首为:

> 断云浓不去,青到短篱边。书枕山为牖,茶烹雨作泉。
> 谁知修竹外,即是众峰巅。童报当门洞,冰消水似前。

还有一首为：

> 林阴横满地,夜影忽过墙。忘却月已转,翻凝树易长。
> 积雨有余气,老荷终自香。空林如积水,清夜意难忘。

诗里反映了魏源闲居在乌龙潭边,枕着书籍,以书为伴,透过窗户远眺,清凉山、乌龙潭的美景尽收眼底,仿佛一幅秀丽的山水画,把雨水作为山泉来烹茶,享受沁人心脾的香茗。这些都体现了魏源居住在这里的惬意自在、闲适恬淡的生活。

魏源曾入两江总督裕谦幕府,并直接参加浙东的抗英斗争。因朝廷昏庸,他辞归南京,到乌龙潭居住。清秋之夜的乌龙潭有树影、月色、荷香等美景,但他的心绪"空林如积水,清夜意难忘"。这里"意"的指代没有明确说,含义朦胧,但纸短情长,人们还是能从诗缝中读到他那爱国的赤子之情。《乌龙潭夜坐》共有六首,反映了他当时的心境。其二：

> 溪山平远处,何必起楼台。近水月先到,矮窗山四来。
> 潭留云影住,巷隔市声回。此际无言子,微吟伴碧苔。
>
> 晨兴寻古寺,径转翠成围。客病花偏好,家贫草更肥。
> 鹿蹊群壑静,鱼国万泉归。著我真图画,不嫌无钓矶。

魏源晚年时,看到清政府腐败无能,对外妥协投降,于是心灰意冷,他曾说："自归不与人事,惟手订生平著述,终日静坐,户不闻声。"他只将精神寄托于佛国经典之中,晚年皈依佛门,法名"承贯",自称"菩萨戒弟子魏承贯"。1856年秋,他"游杭州,寄僧舍,闭目澄心,危坐如山"。次年春病逝,终年64岁。

汤　濂

与魏源同时代的汤濂(1792—?),比魏源年长一岁,他是南京本土文人,自号金陵诗疯子。

太平天国时举家远徙,漂泊在外13年。同治三年(1864)湘军克复南京后,他率全家回到南京。他因是南京本土人,乡情较深,在外长期漂泊,一回南京,更是热爱这方故土,他经常吟咏城西的清凉山一带,写有多首诗。

虎踞关

在德亦在险,观形足用兵。
曾年曾驻马,如见武侯心。

吴大帝庙

山色清凉在,英雄事业荒。
有人望江水,帆影乱斜阳。

一拂祠

家空余一拂,益仰郑公图。
安石真惭愧,何尝善读书。

这些诗大体前两句描写名胜,后两句做一些点染,发一些议论,有些议论颇有精警,足以发人深思。

汤濂为《金陵四十八景》题咏,有"清凉问佛"和"石城霁雪"二景。

"清凉问佛",寺在石城内,吴名兴教寺,今改。

清凉问佛

佛从何处问,共见清凉山。
即此是妙谛,山在云中间。

"石城霁雪",石头城在府治西南,诸葛亮驻军于此。

石城霁雪

雪后登石城,霁色开明镜。
上视天光清,下视江流静。

这些题咏诗,写得清新拔俗,也为这些景点留下了资料。

《清凉问佛》抒写了上清凉寺去,诚心地问佛、研习禅修。心向佛,就有了佛,"即此是妙谛,山在云中间",有了佛,便能与之对话。作者还特别告诉人们:清凉问佛,寺在石城内清凉山,原来名是兴教寺。

《石城霁雪》抒写了清凉山下石头城上的雪景。冬天,皓白的雪覆满红色的岩石,别有一番韵味。眼前洁白的雪似乎与洁清的天光相连,静极的大雪与不远处泛白的江水相映。

自明代起到清代,有多位名士描绘过石城霁雪景致,但"霁雪"的状景,不同时期有所变化。

元末明初画家史谨绘《金陵八景》,其中即有"石城霁雪",还有题咏:"石露苔痕雪渐稀,晨光相映晃朝衣。千章橘树为幢列,一路彤云映日飞。陈影度壕鸦散墨,女墙开冻玉生辉。忽乘瘦蹇寻梅过,多少人家尚掩扉。"

后来,明代金陵画家绘《金陵八景图卷》,明代朱之蕃编《金陵四十景图像诗咏》,以及清初高岑的《金陵四十景图》中都有"石城霁雪"一景。

明代万历年间,南京状元朱之蕃写诗道:"江天顿改寻常色,庐井都无一点尘。"说的是雪后天晴,登临石头城眺望长江以及江滩上村落人家的景象,石头城驻高临下,江渚平野一望无际,冬阳照雪,雪映天光,可谓寻常看不到的景象。

到了清代乾隆年间,《金陵四十八景》"石城霁雪"题记:"在府治西南,吴孙权于江岸必争之地筑城,因石头山堑凿之,陡绝壁立。当时大江环绕其趾,今河流之外,平衍如砥,居民繁密,十数里始达江岸。陵谷之变迁,可征验已。"这段题记只说了山川之变迁,少了霁雪的景致。

到了晚清,汤濂写的"石城霁雪",又突出了石城上冬日霁雪景致的特点。这在清人邹喆绘《石城霁雪》画面上也有了表现。

邹喆《石城霁雪》图,为绢本,设色,纵167.5厘米,横51厘米。(此画现藏上海博物馆)

此画以俯视角度,用等分斜线将画面划分为城镇、水泊、江村、雪山等景域,并用繁简、浓淡不同的笔法和墨色描绘危崖、寒树和雪山,绘出石城霁雪凝寒清旷气

氛。此画突出的山上霁雪景致与汤濂诗里写的石城霁雪相行对照,相映成趣。(图8-29)

陈作霖

陈作霖(1837—1920),字雨生,号伯雨,晚年又号可园老人,清末民初一位有名望的地方志学家,是南京近代史上著名学者。(图8-30)他一生的主要精力用于修史治学,并在书院培养人才,撰写了《金陵通纪》《金陵通传》《金陵琐志》等南京地方史志书。

近代,像陈作霖这样以毕生精力专注于乡邦文献的采集、整理、编纂,工作之勤奋,成绩之巨大,实不多见。他著述前,大都要实地考察,亲自访问,然后与文献资料相对照,精耕细作,究源流,辑遗闻,一一落实。

他居住在朝天宫附近红土桥,离清凉山不远,了解清凉山的环境和历史,在他的著述中,有多处记载清凉山。

陈作霖在《金陵物产风土志》《炳烛里谈》等著作中,介绍了清凉山的土特产及民俗风情。他写道:

> 清凉山北,多竹与桂。竹笋宜食,品桂则穿为球,以助妆饰,干乃售诸糕饼之肆。
>
> 七月杪地藏会,清凉山麓辄采茅栗,或线穿山楂果,如数珠式,儿童竞购食之。
>
> 七月晦日,清凉山有地藏会,则舁诸小庵之神佛像,集于大庵,标其名曰朝山进香,沿途设茗以供香客,张挂灯彩名曰茶棚。

陈作霖还写有多首描述清凉寺周围景致的词。如

图8-29　清代邹喆绘《石城霁雪》

图8-30　陈作霖像

《临江仙·月夜绕乌龙潭,人境俱寂,遥望清凉山寺,顿触古怀,倚成此解》:

久向四松庵畔住,钟声送到匡床,起来步屧绕回塘。树摇筛月碎,水近助风凉。

老去填词聊自遣,满腔古事难忘,离宫辇路草全荒。暑风亭尚在,小令唱南唐。

西地锦·城画秋望

风掠乌龙潭水,蹴鳞鳞波起。
残荷弱柳,红消绿瘦,有三分秋意。
拜佛清凉山寺,看游人如蚁。
查梨枣栗,容侬饱啖,是儿时情事。

陈作霖把对龚贤仰慕的心情全部安放在扫叶楼上,在他的心中,扫叶楼就是龚贤的故居。光绪四年(1878),诸多名流来到扫叶楼,纷纷当筵题赞那幅《僧人扫叶图》。陈作霖作《扫叶楼僧像赞》:

谓为老衲之流耶,而其发鬅鬙;谓为俗子之辈耶,而其骨峻嶒。既遁迹于世外,而高不字之贞,则天下之尘氛,安能尽涤。亦姑借拥篲以为名,试登楼而一望,百端交集。岂徒伤草木摇落,无复松柏之长青。然非空抱宋玉悲怀,负元龙豪气者,又谁知清凉山麓,有隐居扫叶楼之高僧?

陈作霖不仅作题赞,而且还向人们介绍组织名流题赞的缘由。他说:

前明遗老龚半千,自号扫叶僧,筑扫叶楼于清凉山南。世每不知其为何人,至有谓为昭明太子遗迹者。适龚明三(肇新)得扫叶僧画像,乃令住僧悬诸楼上,予乃题赞于像额,以述其缘起,并撰句为联云:危楼高百丈,落叶空满山。庶后人不致再误矣。

正因为陈作霖对龚贤及扫叶楼的全力推赞,自此以后,游览的人,酷暑招凉,严寒赏雪,流连风景,或咏或觞,没有不敬仰龚贤其人的。也正是陈作霖的题赞及说明,扫叶楼被后人误认为是龚贤故居。但实际上,扫叶楼是否为龚贤故居已不重要了,重要的是龚贤其人其精神得以相传。

陈作霖还写词写诗赞龚贤,有《疏影·蒋绍由自皖归,招集扫叶楼时庚子重阳前四日》《扫叶楼怀龚半千》等。其中写道:"有时做僧装,自缚扫叶楼。秋风日以凄,清凉独消受。为间今日楼,遗址是焉否。即此仰高踪,敬酹一杯酒。"他又作一联:"满山落叶无根树,胜国遗民有发僧。"

1920年,陈作霖病逝于南京,终年84岁,葬于清凉山古井庵后,名流纷纷著文悼念。抗战胜利后,国民政府当局在附近建国立音乐学院,有迁坟之议,因对其历史贡献的尊重,此议遭众人的反对,墓得以保留。1955年,其墓迁至迈皋桥,与其子陈诒绂合墓一处。

陈作霖之子陈诒绂继承了治学的家风,也是一位卓有成就的地方史学者。陈诒绂著有《石城山志》《金陵园墅志》等,其中《石城山志》书成于1917年。石城山,又名石头山,即清凉山。这本书以石城山为中心,分山北路、山南路、山东路三个部分。山北路至狮子山段城墙而至,山南路至新街口而止,山东路至干河沿而至,西面明城墙为界。陈诒绂仿照《水经注》一书的体例,详细叙说了清凉山这一区域的名胜古迹和风土人情。

陈三立

陈三立(1853—1937),字伯严,号散原,江西修水县人,清末民初的著名名士,与谭嗣同、丁惠康、吴保初一起誉称"清末四公子",皆是名门之后,学术俊秀。陈三金48岁时来南京定居,在清溪边上盖了十间房,取名"散原精舍",一住就是30多年,深深地爱上了南京,称南京为"吾乡"。

陈三立敬仰龚贤,喜爱清凉山的山林,曾十多次踏访这里,写有多首诗篇。如《集扫叶楼遂同登翠微亭》《登清凉山望台城》《同登扫叶楼题示星悟上人》《登扫叶楼看雨》《游扫叶楼还过乌龙潭望薛庐》《游金陵清凉山》《赴清凉山扫叶楼登高》等。

陈三立在《雪后访伯沆图书馆不遇,遂登扫叶楼作,兼示星悟上人》一首中写道(节选):

> 上人经营改架构,久叹澄观始到此。
> 扶窗破壁嵌玻璃,晨曦夜月收案几。
> 别扫精庐亦虚旷,卧枕看山违尺咫。
> 茗罢为伤八指禅,老牵世法沦幽燕。
> 未如上人趺铁脚,手挥画纸销残年。
> 去折枯枝做黎杖,再过酌我还阳泉。

诗中反映了当年惺悟上人已用玻璃等新材料装修扫叶楼了,也写了他们一同咏诗交流,同到还阳泉边品茗。

1933年,陈三立与友人最后一次上清凉山,当年他已81岁了,这时清凉山上到处是驻军,清凉寺与扫叶楼有其名而无其实了。有60多位文人名士在清凉山扫叶楼聚集,寺庙住持带来了龚贤一幅画的原作,供大家欣赏。这次雅会,人们心情沉重,是一次怀念龚贤的精神上的聚集了。后来,陈三立不忘这里的往事,不忘清凉寺那口还阳井的清冽。他曾写道:"寺僧以此泉饷客。"(图8-31、图8-32)

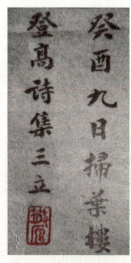

图8-31 陈三立题署《扫叶楼登高诗集》

图8-32 扫叶楼登高雅会诗人合影

陈三立被后人称为"晚清奇人"。他曾步入官场,又对官位冷眼旁观。清光绪八年(1882),他参加乡试,因厌恶八股,竟以散文形式作答,幸得主考陈宝琛识才,破例录为举人。光绪十五年(1889),参加殿试,进士及第,授吏部主事,不久辞去。他回家乡到父亲陈宝箴湖北布政使任所。中日甲午战争后,陈三立闻听《马关条约》签订,即与友人一道,为台湾守军筹饷,希图支援台湾抗日。戊戌变法失败后,陈三立因与谭嗣同交好,立罪被革职,同父亲一起回江西南昌西山(又名散原山),以后陈三立即以"散原"为号。

陈三立又被称为"中国最后一位古典诗人",曾有"吏部诗名满海内"之誉。1924年4月,印度诗人泰戈尔来华,因慕陈三立诗名,专访了他。泰戈尔以印度诗坛代表的身份,赠自己的诗集一部,并希望陈三立也以中国诗坛代表的身份,回赠他一部自己的诗集。此事足见陈三立在泰戈尔眼中的地位。

陈三立定居金陵后,虽常常表示不再插手政治,但他对社会兴利之事极为热心。他在家办学堂,还协助友人也办学堂。1918年,陈三立与章太炎、欧阳竟无在金陵刻经处筹建支那内学院。

1937年七七事变爆发,陈三立居住在北京,目睹山河沦亡,不胜悲愤,以85岁高龄,绝食五日而逝,晚节可重,以生命捍卫中华民族气节与尊严。

曾国藩

晚清时,比陈作霖、陈三立年长的曾国藩因镇压太平天国而显赫历史。他也曾在清凉寺留下足迹。

曾国藩(1811—1872),字伯涵,号涤生,湖南湘乡人。1864年曾国藩率领湘军攻陷了太平天国首都天京,太平天国亡。在多年战火中,金陵建筑多已焚于一炬。

曾国藩两任两江总督,对战后的金陵重建多有谋划。有一次,他与幕僚们一起踏访已废圮的清凉寺,然后登上清凉山顶,察看四周景致。他感叹明代建的南京城实在是阔大壮丽,现在战后城内很多地方荒芜,他想,能否把城缩小呢?"城实在太大,西北闲地荒田太多,若将城缩小,由鸡鸣山起至鼓楼,迤南至小仓山,顺蛇山之脊以至汉西门,当不满十里。"他经与幕僚商议后,发现这样一来,城的气势、防卫会有困难,"神策、金川、仪凤、定淮、清凉五门均割截于城外,局势当稍紧耳"。此缩小城池的议题作罢。

曾国藩从清凉山下来,又来到已毁的清凉寺,希望想方设法早日恢复寺庙。他又来到乌龙潭畔的惜阴书院。此书院也被毁,曾国藩同样要求尽快恢复,使之成为儒学重要教学阵地。

曾国藩在金陵当政时,做了几件抚民安治之举,其中有恢复乡试、江南贡院,修葺书院、修复秦淮河坊等。石城桥(今凤凰桥)下码头,是外地人从水路来南京上岸的大码头,凤凰桥东头越过城墙是龙蟠里及清凉山,这里有崇正书院、惜阴书院等。曾国藩派人在凤凰桥头建了一塔一亭,即惜字塔、敬字亭。

塔为六面三层,顶层六面开有券顶,长透窗。中间层墙面偏上处有圆孔,孔上方有烟熏痕迹,应是出烟口。一层塔墙中央有一竖洞。此为功能塔,人不能入内。此塔名惜字塔,即惜字炉,为文人墨客及考生焚烧习字作文废用纸张的地方。自古有"敬惜字纸"传统,惜字,即意为爱护文字书籍、下笔惜字如金、不能亵渎废纸。安徽来南京应试的人,多从水路沿江而下,进秦淮河,入汉西门进城。二月预试,八月秋闱,两次考试间隔半年之长,考生多住在城西一带。此塔即可为他们所用。

敬字亭为四方攒尖顶,高3米多,边长2米左右。此亭为祭奉的"神殿",祈求三教合一的各路护法神的庇护,其功能很似离凤凰桥不远处,清凉门外城墙上的数块"礼佛碑"。(图8-33)

图8-33　惜字塔　敬字亭

曾国藩1872年3月病逝于两江总督官署。朝廷加谥"文正",并在江南各地建立专祠。史载,曾国藩死后,清廷"诏天下凡公尝所立功行省,皆建祠祀之"。

清同治十一年(1872),在清凉山下龙蟠里建"曾文公祠"。光绪三年(1877)

又在乌龙潭畔、蛇山南麓建"曾文公遗爱坊"。在龙蟠里建的曾文公祠是当年全国所建同类祠中最为雄伟的。祠建成后，原曾国藩旧部名将丁日昌撰有一联："风雪记横江，别时握手悲号，三日流过抵千古；功名真盖世，天专一麈瞻仰，中心诚服复何人？"曾国藩生前好友郭嵩焘也为曾文公祠撰有一联："伟烈佐中兴，廿季整顿乾坤，有戡乱武功，经邦文学；大名垂不朽，千载馨香俎豆，仰通侯阀阅，丞相祠堂。"

曾国藩既是朝廷重臣，又是一位学者。他利用自己的高官显位，广揽幕府，网罗人才于身边，大多为桐城派学者、作家，形成以曾国藩为首的桐城派别支湘乡派。曾国藩的文论出于桐城派，但又不受其陈规制约。他说："欲学为文，则当扫荡一副旧习，赤地新立。"他还借鉴早期改良主义者提出的"经世致用"的号召，不墨守桐城派的道统、义理之说。曾国藩的著作较多，有文集、诗集、日记、奏议、家训、家书等。

曾国藩的历史功过，自有后人评述。

今南京熙园西北角有一块"勋高柱石"石碑，即是同治皇帝为表彰他而建立的。历史上，莫愁湖胜棋楼前建有"曾公阁"，后毁不存。

薛时雨

同治四年（1865），在曾国藩的主持下，修复并建成规模更大的惜阴书院。（图8-34）同治八年（1869），惜阴书院聘请原杭州知府，著名教育家薛时雨为书院山长。

图8-34　惜阴书院旧址

薛时雨（1818—1885），字慰农，晚号桑根老人，安徽全椒人。薛时雨应邀任惜阴书院山长后，直至终老，共16年。清光绪十年（1884）冬，他突染风寒，精神衰颓，延至翌年正月，卒于南京，享年68岁，安葬于安徽全椒卧龙寺。

薛时雨爱护学生，学生和社会贤达也很尊重他。光绪六年（1880），考虑到薛时雨来南京已10年有余,仍居无定所,门下弟子合力集资,在乌龙潭畔,惜阴书院对面的窬园旧址,为他新建了一座宅院。后来薛时雨将这个宅子扩大成了别墅,名为薛庐。(图8-35)

图8-35 老明信片里的薛庐

薛庐内设有藤香馆、冬荣春妍室、双登瀛堂、吴砖书屋、夕好轩、小方壶亭、仰山楼、半壁池桥等,临乌龙潭设有叟堂,方便诗酒宴游。光绪七年(1881),两江总督刘坤一又在潭中小岛上为薛时雨建宛在亭,有长堤通岸边,堤上有牌坊,题"何必西湖"。

薛时雨居住在清凉山下以后,常去山中,感受清幽的景致。他写《台城路 题随园图次陈实庵太史元鼎韵》:"钟山云冷骚坛寂,亭台废兴谁主。地拓清凉,天开画稿,点缀夕阳蔬圃……"他还有首《中秋夕循清凉山步月》:"薄醉御凉飔,缓步入山麓。月出山蔽之,疏影动林木。须臾升中天,一色静如沐。清气动乾坤,好景豁心目……"

清凉寺、扫叶楼是薛时雨带领学生经常去游玩并讲学的地方。那时金陵文坛活跃一批青年才俊,陈作霖、顾云等七人是其佼佼者,他们结成诗社,被称为"石城七子"。他们先后受教于薛时雨。他们的诗社活动、唱和酬作也往往安排在扫叶楼、清凉寺,在空灵幽清的氛围中去领略灵心慧性。

薛时雨是写楹联的高手,在清凉寺,他感受到清凉寺历经沧桑,见证了1000多年多个皇朝政权的变迁史。于是他写了《清凉寺》联:

> 四百八十寺过眼成墟,幸岚影江光,犹有天然好图画;
> 三万六千场回头是梦,问善男信女,可知此地最清凉。

上联写景,下联抒情,物境相生,情景交融。上联从杜牧诗句"南朝四百八十寺"借来,佛寺再多,终有一天会成为废墟,只有山中雾气与霞光,才是天然的美好图画。下联借用苏轼词"百年里,浑教是醉,三万六千场",人生百年,不过是三万六千场睡梦,不如来享受清凉山中的清凉,才是百年人生中的一件快事。希望善男信女,从梦中清醒过来,好好享受大自然恩赐的良辰美景。薛时雨在这副联中,感叹时光流逝,赞叹了清凉山的靓丽,唯有清凉寺那不败的独特风景,使人流连忘返。

薛时雨还爱登临清凉山顶,赏金陵风光。一年重阳日,他登山顶翠微亭,抒写了所见,抒发了古城的沧桑。

> 九日登清凉山翠微亭,用少陵登高韵
> 长啸一声天地哀,惊涛东下雁南回。
> 九秋风物重阳胜,六代河山百战来。
> 草尽已无狐兔窟,云荒何处凤凰台。
> 登临多少苍茫感,待吸长江作酒杯。

薛时雨还有一首登临翠微亭的诗《西岩杂咏同赵季梅教授翠微亭》:

> 清凉名胜地,空翠锁郊坰。
> 一线江光白,万家烟火青。
> 废兴更八代,寂寞此孤亭。
> 欲共山僧话,松关入暮扃。

这首诗写了翠微亭的风光特色,雄踞山巅,视野开阔,既可见长江一线,又可见烟火万家。薛时雨在诗中还发出与众不同的兴亡感慨。他这首诗自注,明确指出:"六朝,为唐人语。今合南唐、前明,宜称八代。"

薛时雨还写有《翠微亭》联:

> 大地何须热,名山自清凉。

薛时雨游清凉山中,往往去寺院憩息,并与寺院住持相叙。一年的新春,他独游清凉寺,与住持心岩禅师议禅。他用苏轼当年赠和长老诗韵,写了一首《留赠心岩禅师》:

> 冰丝消尽路无尘,行到峰腰不见人。
> 世界清凉真觉岸,老杯空洞悟前身。
> 春寒未解梅花瘦,灰劫才苏竹树新。
> 除却此山多热恼,莫教红雨点缁巾。

薛时雨还去崇正书院云巢庵小憩,拜见可曾禅师,写了《留赠可曾禅师》:

> 佛火销沈佛亦哀,累年行脚度云回。
> 林边孤鹤逢迎熟,槛外群山拱揖来。
> 断碣尚题崇正院,遥岚平峙雨花台。
> 结邻我喜招提近,闲访宗风学渡怀。

在游览扫叶楼时,写有一首五律:

> 芳草碧无际,夕阳红满楼。
> 地偏僧学圃,山静夏如秋。
> 无复咏觞侣,聊偕麋鹿游。
> 校书怀忘迹,弥望绿荫稠。

以上赠给心岩禅师、可曾禅师及游览扫叶楼的诗,反映了薛时雨与寺僧的亲密关系。他居龙蟠里,离清凉寺、云巢庵、扫叶楼很近。他引以为豪,所以他写道"结邻我喜招提近,闲访宗风学渡怀""世界清凉真觉岸,老怀空洞悟前身"。在惜阴书院教书写书之余,更受到清凉山中,"校书怀忘迹,弥望绿荫稠"。

"薛庐",晚清时期一度是金陵文士诗酒宴游之处。汪士铎、左宗棠等名流俊彦曾作诗文,咏赞"薛庐"及其主人薛时雨。

薛时雨不仅在惜阴书院尽心尽力培养学子,而且十分关注清凉山、乌龙潭的人文历史遗迹的保护。他见乌龙潭潭水日益污浊,水患严重,便多次向当政官员反映、呼吁治理。经过治理,乌龙潭恢复了清秀面貌,以及放生池的应有作用。

相传的诸葛亮武侯驻马坡地址有两个说法,一说在石头城,一说在乌龙潭西。薛时雨居住地,离乌龙潭西不远。清光绪七年(1881)的一天,薛时雨与曾任台湾巡抚刘铭传等人谈说诸葛亮挽缰驻马、畅论山川形势的故事。薛时雨感慨地说:"以侯之精忠浩气,有遗迹于此,而春秋享礼阙如,其何以昭忠孝?"于是,他提议大家一起努力,建一座武侯祠。此祠建在相传的故址乌龙潭西(蛇山南部,今汉中门地铁出口附近),祠名为"诸葛武侯驻马庵"。驻马庵有前殿、大殿、厢房及山门,还栽种了黄杨树木。薛时雨为驻马庵撰联:

水如碧玉山如黛,凤有高梧鹤有松。

一百多年来,"薛庐"历经风雨,早已面目全非,在1990年7月的城市改造时全部被拆除。现仅有当年汪士铎为"薛庐"所撰的两块刻石,藏于颜鲁公祠内。

顾　云

顾云(1845—1906),江苏上元(南京)人,字子鹏,号石公,室名深柳读书堂。曾应聘为吉林省通志局纂修,协助修编《吉林通志》。后回江苏,到常州宜兴教书。

薛时雨应邀任惜阴书院山长,顾云即来此,师从薛时雨。

有一次,顾云见老师薛时雨写了诗,就提出请老师再为扫叶楼写副楹联。薛时雨摆摆手,说:"我写得太多了,该你一显身手了。"老师让顾云写,顾云即从命。顾云沉思瞬间高声吟道:

江山留胜迹,西北有高楼。

"好!"薛时雨称赞道,"楹联虽是酬应之作,但也能镕经铸史,雅擅风骚。"

第八章 名人踪迹（下）

当时已破败不堪的清凉山驻马坡的"武侯祠"，由薛时雨与顾云一起倡议修复，当落成之际，顾云集句一联：

荐公一掬建业水，听我三终梁父吟。

顾云后来协助薛时雨讲学惜阴书院。薛时雨掌教惜明书院，名教儒林，四方来访之士络绎不绝。他们来到这里，无不为此处浓厚的学术氛围所感染，很想了解清凉山一带的掌故，但不好意思问薛时雨，就纷纷向顾云请教。顾云不胜其烦，在老师薛时雨的授意下，他编了一本《盋山志》的小册子，来惜阴书院的人人手一册，以备指南。这本书一出，顿时好评如潮，文坛震动。本是应时之文，竟成不朽之作。（图8-36）

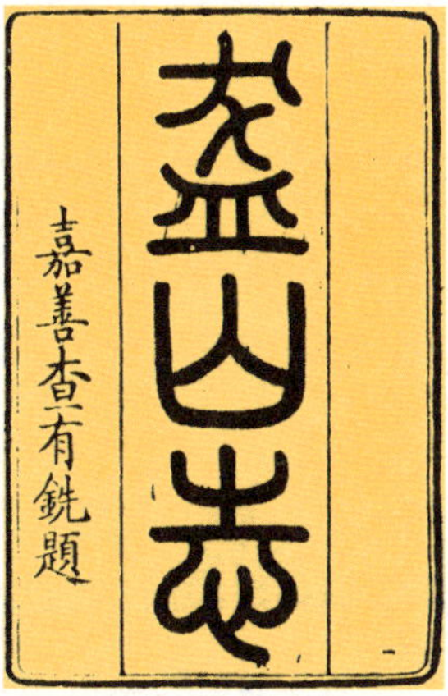

图8-36 《盋山志》书影

《盋山志》跳出一般方志的程式，围绕清凉山做文章，涉及清凉山的人和事，详之又详，否则，简之又简，略而又略，乃至弃而不采。如吴大帝孙权、南唐后主李煜，前史有传，故不载。而与清凉山相关的历代道德楷模、学术精英，乃至民族脊梁、国家功臣，都留下了深刻的印迹。

这部志以清凉山形胜开篇，祠庙继之，记述了园墅60多处，人物70余人，艺文篇幅最大，占全书一半以上。

这部志于光绪九年（1883）初印刷发行，当时有人评价这部志"文字高简，落枝扫叶，若魏晋人语，尤可贵也"。

顾云家居龙蟠里，常邀同门诸子聚会家中，以饮酒赋诗为乐事，被人称以竹林之会。顾云嗜饮酒，且酒量惊人，友人聚会不胜其量者又拗不过顾云之劝，常有逃席之人。后来顾云于每年春季以办挑菜会的形式盛邀宾朋，广结名士。即邀请众人品尝春季清凉山盛产的山间野蔬，这亦成为当时金陵文坛春季里的一件韵事。

第三节

现 当 代

清末、民国至1949年,是中国历史上最富变动性的时期之一。遇帝制倾覆、日寇入侵、国内战争、中华人民共和国成立。在这个时期,南京由于特殊的政治地位,聚集了众多的文化名士。

清末及民国时期由于局势动荡,清凉寺扫叶楼不如明代、清代盛世时那么辉煌。但是石头城历史底蕴深厚,清凉山色美景还存,寺院仍有僧人住持,因此不时有名僧游走寺院,一批又一批名人志士来这里游历,留下了不少故事、诗文。

他们那忧国忧民的情愫,在清凉寺、扫叶楼,在明末遗老龚贤那里找到拨动心弦的音符。易顺鼎、潘宗鼎、曹经沅、张通之、萧娴、卢前、方济川、朱偰等文人,敬安、心悟、太虚、寄龛、茗山等僧人,吴梅、黄侃、胡小石等学者,张恨水、张爱玲、马元烈、朱自清、泰戈尔、黄裳等作家,以至实业家张謇和赵朴初等名人都曾在此留下踪迹。

释寄禅

释寄禅(1851—1912),俗姓黄,湖南湘潭人。他出家后,法名敬安,字寄禅,曾赴宁波阿育王寺前礼拜,燃了二指供佛,故称"八指头陀"。他遍参江南名寺。辛亥革命后,他约集江浙大寺代表组织"中华佛教总会",被推为会长,并到南京会

晤孙中山,请求临时政府保护寺产。(图8-37)

敬安禅师是著名的诗僧。他说自己"得句曾鸣夜半钟,一生心血在诗中",感慨"结习唯余文字存,每凭定力摄诗魂"。凭借这种禅语的定力驾驭着灵感,使其诗达到了诗禅合一的境界,既有意境的空明,更有禅心的空明。他爱写梅花,如《白梅》诗:"寒雪一以霁,浮尘了不生。偶从溪上过,忽见竹边明。花冷方能洁,香多不损清。谁堪宣净理,应感道人情。"诗中描写静谧的境界,茫茫世界,雪霁天晴,万阒俱寂,全无浮尘,竹边白梅,分外亮眼。而"花冷方能洁,香多不损清",以梅花之品格托自己之心志,言浅意深,韵味悠长。

图8-37　敬安(释寄禅)像

他曾多次来到清凉寺,1889年,敬安禅师39岁,他夜游清凉寺,写有《夜游清凉寺登扫叶楼》:

　　一磬堕暝翠,高楼倚月明。
　　天空怜雁度,山静觉寒生。
　　云气迷钟阜,秋潮撼石城。
　　时闻清梵发,还似读书声。

敬安禅师在暮色渐浓时,独自登上扫叶楼,既静心,又尽兴。耳边是从清凉寺传来的悠扬的磬声,眼前是朦胧翠绿的山色。他又听到从清凉寺传来依稀的诵经声,产生了怀旧的联想,抒写了内心的感想。

敬安禅师除了39岁那年来南京,后来,他于53岁、56岁、58岁、60岁都来过南京。每次来南京,总要上清凉山,到清凉寺、扫叶楼。

1903年夏天,他53岁了,从宁波天童寺到南京,先居清凉寺,又访龙蟠里顾云家,还与友人游玄武湖,参访毗卢寺。这次南京之行,写了近十首诗,其中在清凉山活动的诗就占了一半。如《重过石头城登扫叶楼》《与俞恪士观察重登扫叶楼》《过顾石公居》《将归天童别刘赢洲》等。1910年,他60岁时,正月和九月重阳分别来南京，主要活动地依然是清凉山扫叶楼，从几首诗题可看出他经历的活动：《江南重晤李梅庵学使两首并约九日扫叶楼登高》《重阳日梦与王悟生户曹李梅庵俞恪士两学使萧稚泉少尉登扫叶楼分韵赋诗余拈得楼字立成七律一首觉而不忘录以纪异并志梦痕》《重阳前三日登扫叶楼有感》《残腊登扫叶楼次去年九日原韵》。

敬安禅师在清凉寺、扫叶楼，常常感慨岁月飞逝，催促人老："高楼矗立水云间，尔与重登鬓已斑。""三年重到石头城，衰鬓更逾前度白。""今日重逢俱老矣，春风两鬓雪飘萧。""十年俱老矣，两鬓各苍茫。"

敬安禅师毕竟是参禅用功极深的人，他来到清凉寺、扫叶楼，不只是享用这里的静趣，更是"应爱枯禅至，清言惬素襟"（《约九日扫叶楼登高》诗句），品味到真正的禅趣。

他在诗中写道"寥寥寒夜定中僧，一点琴音动不曾"，"聊作偈颂扬真风，永资觉道于无穷"，抒写了内心体验，表现那种入定后的心境。

他写清凉寺是"寒烟古寺钟初度，落日中原鸟倦归"，"一样清凉旧山色，佛灯犹照夜禅明"。写出了清凉寺那空明凝净的意境。他还写道"悯举世兮炎热，系独余兮清凉"，"一个蒲团忘甲子，被人唤作六朝僧"，表现了他在清凉山中心情的淡然。

敬安禅师又是一位富有爱国心的高僧。他当时生活的年代，国家患难、民生疾苦。1901年，《辛丑条约》签订后，清政府要赔付多达近十亿两白银，敬安禅师痛心疾首，他写诗道："天上玉楼传诏夜，人间金币议和年。哀时哭友无穷泪，夜雨江南应未眠。"面对内忧外患，他居清凉寺、扫叶楼的日子里忧国忧民，《正月二十日夜登扫叶楼作示星悟禅弟》写道："金陵不到忽三载，访古重踏清凉门。道人观世犹浮云，古今变幻何纷纷。"他还在一首诗中写道："访旧江南听春雨，回首人间万事哀。"都表现了对满目河山破碎、时局似残棋的深沉的感喟。同时，他又在《二月一日金陵对雪》中写道："金陵城头暮云飞，重衾一夜冷如铁。志禅忧世畏年荒，咏絮元心苦民疾。"表现了他对民众疾苦的深切同情，让人们看到敬安禅师不仅有佛教的慈悲无畏之心，还有着忧国愤时的赤子之情。

心 悟

敬安禅师在扫叶楼,受到住持心悟上人热情接待。心悟上人与不少文人名士有诗词唱和,敬安对其非常赞赏。史载,敬安对心悟上人"一时名流与之唱和,八指头陀尤称素契"。

心悟(星悟),湖南人,也称"六一头陀"。心悟工于诗作,擅长画兰,曾住持扬州平山堂,留有石刻二方。光绪末年,来到扫叶楼善庆寺任住持。

有一次,心悟在扫叶楼画了一幅墨兰,并自己题写一首诗:

空山片石老僧家,寂寞芝兰亦自花。
欲采幽芳入云去,香风吹动旧袈裟。

这首诗既写得畅适恬然,又有悠远缥缈之境,佛家情怀十分动人。一些文人很羡慕心悟上人的才华,敬重他那坚定的佛门慧思,纷纷写诗与之唱和。一位叫"超然"的写道:

无忧无虑羡僧家,高卧云山阅岁华。
愧我尘缘犹未了,何时立地着袈裟。

还有一位名为"张元群"的和诗道:

翠微深处几人家,输与诗僧玩岁华。
岭畔白云添作被,晚霞片片缀袈裟。

心悟上人的一位朋友郭赤公写《登扫叶楼赠六一头陀》:

客隐名山下,僧栖处士楼。身闲空幻境,性冷堕清流。
昏鸟日斜倦,疏烟江外浮。纷纷林叶落,扫尽到深秋。

心悟上人常招邀文士来扫叶楼品茗题诗,诗赞清凉景色,心往清凉境界。文人雅士诗云:

古寺清凉借一椽,十朝龙战送流年。
西风淮上啼雄鬼,落叶山中寄逸贤。

人间炎热避无地,世外清凉赢此楼。
却老井泉须饱漱,霜华催换壮年头。

清凉古寺小楼台,此日登临怀抱开。
树荫四围疑翠滴,湖光一片过城来。

不趋炎热逐清凉,萧寺楼台夏景长。
多少六朝兴废事,僧寮论茗话沧桑。

心悟上人工于诗作,善于画兰。2015年新发现了一件题为"扫叶上人"的《山崖墨兰》画,此画落款:"甲戌仲秋,扫叶上人。"甲戌年为清同治十三年(1874),从时间上看,此扫叶上人应与心悟上人是同时代的,此扫叶上人也爱画兰,但此人与心悟上人是一人,还是另有其人,待考。此扫叶上人在《山崖墨兰》画上自题诗:

乳芽香劈麝,细叶色分螺。
我欲纫为佩,春山风露多。

画中山石陡峭,细叶扶疏,幼兰如星。题字古朴,苍劲见功力。
心悟于民国初年圆寂,扫叶楼善庆寺住持传其弟子西崖。

张　謇

图8-38　张謇像

张謇(1853—1926),祖籍江苏常熟,出生于江苏南通海门,中国近代著名的实业家。(图8-38)

张謇与清凉山很有缘分。1874年,他21岁,从南通来金陵求学,报考了钟山书院和惜阴书院,都考为第一名被录取。当时,有少数人嫉妒、讽刺他,他心里感到很难受。位于清凉山麓龙蟠里的惜阴书院山长薛时雨赏识人才,让张謇住到书院,以避免外界一些人对他的讥讽。张謇在日记中写道:"薛慰农(时雨)山长招住,且已逢人延向矣。"张謇非常感激老师。

光绪元年(1875)六月,张謇"借住惜阴书院肄业,避之"。这次住了一个多月,即回南通。

第二年(1876)正月,张謇又一次住进书院,他在日记中写道:"借惜阴书院肄业。院在清凉山麓,横列三院,右为薛先生所居,中祀前总督陶文毅公,后楼三楹,故空无人。"张謇住在后楼后,薛时雨又命仆人在窗外种上一棵芭蕉,营造一个更好的学习环境。

薛时雨喜爱清凉山色,常到山中散步。张謇陪老师去清凉山,登临扫叶楼、拜访清凉寺。他在日记中记载进入清凉山所见景色:"山云含雨,草木葱蒨,苍翠之气侵入肌发……"

他写信给友人:"自爱武陵山色好,旁人都说避秦来。"告诉友人,自己在清凉山麓读书,找到一个世外桃源般的读书佳地。

薛时雨是撰写楹联的高手,张謇随老师学习,也常常撰联。薛时雨曾有《清凉寺》一联:

> 四百八十寺过眼成墟,幸岚影江光,犹有天然好图画;
> 三万六千场回头是梦,问善男信女,可知此地最清凉。

张謇很欣赏老师写的这副楹联,他也仿作了一副:

> 百年三万六千场,以慧眼观沧海桑田,如梦幻泡影,如露如电;
> 大藏五千四八卷,有信心者女人男子,能书写诵读,能受能持。

这副联,后来用于张謇家乡南通川至庵藏经楼。

张謇常随薛时雨拜访清凉寺,对佛学有所了解,他还撰写了不少涉及佛教及寺院的对联,如:

> 分来一点曹溪水,坐阅千帆楚客舟。

> 我佛见一切善男信女人,皆当欢喜;
> 是塔具七宝大乘上乘相,何等庄严。

他还题翠微亭一联：

> 不尽千里目，别作一家春。

张謇在惜阴书院读书三年，完成功课。离开书院后，每逢因事来金陵，都要去看望薛时雨。在他日记中多有记载："往惜阴，见薛山长"；"往龙蟠里，坐片时"。

1880年，学生帮助老师薛时雨在惜阴书院旁建居所"薛庐"。居所建成，张謇即写了《金陵小西湖薛庐记》，其中写道："謇尝忆夫林泉水石草木名，始非有巨人长德不轻重于地而能使他因以重者，游咏焉，栖息焉。则亦寻常薪樵网罟之所，而弗能以传。"张謇在文中，表达了对恩师薛时雨的崇敬之情。

薛庐建成后，张謇依然常来拜访老师，一年仲夏八月，张謇在日记中写道："诣薛山长，极承激赏，并见世兄……坐许时，道经四松庵小憩，朱栏映水，碧瓦临山，中为文正公祠……"反映了张謇见到恩师挚友愉悦的心情。

光绪二十年（1894）张謇考中状元。后张謇放弃了高官厚禄，也没走文学创作之路，而是以实业救国为精神追求，在南通创办了大生纱厂等一系列企业，以及港口、学校、博物馆、工艺传习所、慈善机构、市政设施等。他的强烈的忧患意识和对社会的关爱，他的超越常人的家国情怀和以企业带动社会和民生发展的实践行为，展现了他作为中国近代著名实业家的优秀品质。

易顺鼎

易顺鼎（1858—1920），湖南龙阳（今汉寿）人，幼有神童之名，5岁能作对，光绪元年（1875）举人。这年冬天，北上应礼部试，取道江南，骑驴冒雪入南京城，遍访六朝及前朝遗迹。曾任两湖书院经史讲席，后历官广东钦廉道。

宣统元年（1909）六月的一天，易顺鼎游历扫叶楼。心悟上人以衣袍扫墙壁上尘灰，请易顺鼎在墙壁上题诗。易顺鼎思考片刻，挥笔在墙壁上题写：

> 昨从钟阜恣跻攀，今向清凉揽翠鬟。
> 最是江南堪爱处，城中面面有青山。

第八章　名人踪迹(下)

这既是对清凉景色的赞美,也是对心悟上人的仰慕。据清末窦镇《师竹庐联话》记载,善庆寺(扫叶楼)住持心悟上人有一个弟子,已年近六十,虽是冬月还赤着脚。易顺鼎与友人来到扫叶楼,心悟上人见到易顺鼎,即拿出纸笔,向他索要作品。易顺鼎看到心悟上人也光着脚,而且心悟上人的年岁更高些,于是撰写了一幅联语以应心悟上人之请。此联为:

老不白头因水好,冬犹赤脚为师高。

易顺鼎在撰写此联后附记:"心悟上人言此山有还阳井,井旁居民饮此泉,虽老,无一白头者。又尝居庐山九峰寺,其徒年六十,虽冬亦赤脚,梦湘曾见之。己酉六月朔,余与梦湘及山甫六弟游此山,上人出纸索书,因撰此联以赠。易顺鼎书于扫叶楼。"

这则联语俗中有谐趣,意在言外,平实可诵。

太　虚

著名佛学大师太虚(1889—1947),浙江崇德(今浙江桐乡)人。16岁披剃于苏州乡间一小寺,大师曾在佛前求名,得弥勒签"此身已在太虚间",故名太虚。21岁,听说杨仁山居士创祇洹精舍于金陵,欣然从之,与欧阳竟无等人为同学。辛亥革命成功,临时政府成立以后,太虚在南京筹建中国佛教协进会。1928年,在南京开办僧众训练班,并创设"中国佛学会"。1946年春,太虚拟于佛诞日(四月初八)在南京召开中国佛教代表大会,但是太虚因病于3月17日在上海弃世,终年59岁。(图8-39)

图8-39　太虚像

太虚大师在南京期间,不只在金陵刻经处学佛研佛,还去各大寺院弘法。有一次,他来到清凉山,登上扫叶楼,与住持共话。住持拟请太虚大师留下墨宝,最好能题诗于壁上。

太虚大师允诺,写七言律诗一首,并亲自书于墙壁上,诗云:

> 莽莽神州此一楼,凭栏须是最高头。
> 三山隐约窥天外,万里苍茫入眼悠。
> 牛斗已无王气射,禹畴空有乱云浮。
> 登临恍读伤心史,遥对莫愁无限愁。

太虚登临扫叶楼的年代,是风云激荡、战乱频仍、民族危亡的年代。"莽莽神州",历史悠久,地域阔大的祖国,正面临着灾乱。现在登临的是著名的胜地,遥看四周,"三山隐约窥天外",三山隐隐约约,牛首依然可见。此景此情,无限感慨,想到现实的时局,"登临恍读伤心史,要对莫愁无限愁",心中充满了对时局发展的忧虑。

太虚对当时时局的感慨和忧虑,在他于金陵写的一些诗中都有反映。他的《秣陵秋》有两问:"为问石头城下路,夕阳红得近如何?""记有黄金瘗秦世,秣陵佳气竟如何?"他在《金陵怀古》中写道:

> 不堪回首大江东,霸业空余气尚雄。
> 千古废兴归野哭,九州吹息尽雌风。
> 腥膻未许灵波涤,天地终遭毒雾蒙。
> 一片河山残照里,好看无奈不禁红。

抗日战争爆发后,太虚率僧众入蜀,并游历贵州、云南、湖南等地,教示佛教教徒自救救国,并训练僧众在各战区救护,直接服务于抗日战争。抗战胜利后,太虚担任中国佛教会整理委员会主任,他为中国近代佛教发展作出了重要贡献。

潘宗鼎

明末清初著名画家龚贤为清凉山和扫叶楼增加了一笔巨大的文化价值。这个价值的实现是通过清代及民国文人墨客的不断阐述而达成。这种文化价值的累加，主要是以龚贤和扫叶楼为主题的诗文题咏活动为中心持续进行的。通过题咏形成了持续不断，而又不断强化的精神链条。龚贤及其扫叶楼文化符号的意义在这个过程中不断凝结。扫叶楼成了南京文化人的一种情结，三百年间，登临聚会不断，诗、词、文、联酬唱题咏不绝。

民国时期，清凉山上以扫叶楼为中心，有数次令人瞩目的文化盛举。一次是1928年春着手编辑的《扫叶楼集》。还有两次宴集为，己巳年（1929）由潘宗鼎、释寄龛等参与组织的宴集，癸酉年（1933）由曹经沅等人发起组织的扫叶楼登高雅集。

民国时期，南京旧体诗词题咏活动大都选择在扫叶楼。在内忧外患频仍，传统生活秩序被加速破坏的社会进程中，一批以古典文学修养为内在凝聚力的知识分子，从明末清初著名画家龚贤那里找到了拨动心弦的音符。一种洁身自好而又暗藏雄心壮志的内在心理，看似枯淡而又浓烈的内在诉求，从龚贤生活的二三百年前穿透历史时空散发出来，融入民国一批文化遗老的心灵深处。

潘宗鼎（1870—1934），号姜灵，南京人。一度在外做官，民国十五年（1926）始归故里。他十分热爱家乡的历史文化，连自己的雅号姜灵，也是取"江宁"的谐音。

当时的扫叶楼善庆寺住持寄龛法师，幼年曾在潘宗鼎门下就读。1928年春，寄龛想请潘宗鼎编辑《扫叶楼志》。不久前，寄龛法师在韩国钧、郑韶觉的资助下，重修了善庆寺和扫叶楼，紧接着再为扫叶楼编志，进而宣传扫叶楼的文化内涵并扩大影响。但潘宗鼎认为，扫叶楼是属于半亩园内的建筑之一，如果纂修《扫叶楼志》，则喧宾夺主，体例不太恰当，于是以《扫叶楼集》的形式成书，其深层用意在于阐明后人保护古迹的责任，以及保存乡邦文献的意义。

编印《扫叶楼集》是一项大工程，因为清凉寺、扫叶楼和半亩园自古便是南京的文脉之地，琳琅佳作非常多，而散见于浩瀚的文献中，光靠一人之力是难以成事的，所以潘宗鼎和寄龛一同发起当时南京文化界名流，共襄盛举。参与此事的，有王孝煃、金嗣芬、夏仁溥、夏仁沂、仇埰、龚肇斯、甘其发、陈泽、刘封瑞、管祖式、卢重庆、霍锐、陆长康、郑为霖、钟福庆、黄乾等18人，此后陆续还有程先甲、孙浚源、石凌汉、张葆亨等，都是热心于金陵文献的人。

《扫叶楼集》于1928年春着手编辑，初版于1929年秋冬间，全书分八卷：考证、龚半千先生遗诗、半亩园诗、扫叶楼诗、扫叶楼词、扫叶楼文、扫叶楼楹联、半千先生小传。正文前有黄乾、慧山、程先甲等人的题词。书中除了关于扫叶楼的史实和艺文外，还有关于龚贤的大量资料。(图8-40)

《扫叶楼集》出版后，一时间扫叶楼再次成为文化的焦点。当时来扫叶楼游览者，莫不手持一册。1931年夏发行了第二版，1933年春又发行了第三版。

《扫叶楼集》里，民国时南京知名人士如潘宗鼎有诗5首、寄龛7首、孙浚源7首、黄乾5首、仇埰4首、王孝煃5首，这说明他们是清凉寺、扫叶楼的常客，寄龛法师是热情待客的主人。

图8-40 《扫叶楼集》

编辑《扫叶楼集》是把历史上的文化资源加以汇聚和保存，而1929年9月28日(农历八月二十七)的扫叶楼宴集，其意义则在于增添扫叶楼新的文化分量。这一天正是孔子的诞辰，这次活动，宾主17人，合寄龛僧成十八罗汉数，"优游暇日，呼吸清凉"，潘宗鼎(姜灵)"即席赋成七律一章，嘱而和者，凡得九十三首"。这次宴集还有一个重要内容，由王寄沤绘制一幅《扫叶楼秋宴图》，有图还有图序。潘宗鼎、寄龛后来把这次活动中唱和的诗编成《扫叶楼秋宴诗集》，这册诗集也附印于《扫叶楼集》那本书后。

潘宗鼎一生著述颇丰，是当时南京少有的注重搜集、整理乡邦文献的学者之一。他除编著《扫叶楼集》外，还有著作《古林寺志》《金陵岁时记》《金陵识小录》等。

曹经沅

1933年重阳节在扫叶楼又有一次雅集活动，这主要是一次精神的凝聚。当时清凉山上已驻兵，清凉寺、扫叶楼只是有其名而无其胜了。但就在这种环境中，还能有此活动，不能不说是扫叶楼深层的文化内涵所激发的文化共鸣在起作用。

对于有六七十位名流雅士参与的聚会来说,组织工作尤其重要。有多人参与了活动的组织,但所起作用最大的是曹经沅。曹经沅(1891—1946),四川绵竹人。清宣统元年(1909),被选为拔贡,民国时,曾一度担任安徽省政府秘书长、贵州省民政厅厅长。抗战胜利后,还南京。著名文人学者卢前曾称他为"近代诗坛唯一的维系者","海内诗人,他不认得的很少,所有修禊一类的风雅事,没有曹先生便感觉寂寞"。曹经沅以其诗坛维系者的地位,无形中成为诗坛活动的中心人物。1933年的这次扫叶楼登高活动,没有曹经沅的组织和事无巨细的操劳,是不可能成功的。

著名文人陈三立从外地回南京,也赶上了这次活动。对于这次雅集,陈三立是这样记录的:"九月九日,赴曹经沅、邵元冲、昌广生、曾仲鸣、黄睿、陈其采六人清凉山扫叶楼登高之招,李宣龚、柳诒徵、卢前、吴梅、王易、陆曾炜等凡六十余人同集,以龚贤《半亩园诗》分韵赋诗。"在雅集中,除诗词唱和外,住持寄龛法师还为宾客展示了龚贤的书画,并赠送《扫叶楼集》,使这次雅集与编辑《扫叶楼集》、1929年宴集无形中接续起来了。这次重九登高雅集,曹经沅辑成《癸酉九日扫叶楼登高诗集》,卷首附雅集所摄照片一张,陈三立于右下署"癸酉九日扫叶楼胜集阁",照片中有五十余人,前排十人,陈三立居中坐,右手拄握手杖。卷首又附"癸酉九月八十一叟陈三立"。题额之"山楼秋禊图"三幅,分别为陈树人、郦衡叔、何遂所写,各诗以所拈韵编次。1938年,曹经沅作《重九》回忆当年清凉山扫叶楼活动,感慨"故园湖山搅梦思,今年揽涕欲无诗"。1946年,曹经沅病逝于南京,葬于栖霞山。

除了上述几次较大规模的扫叶楼雅集,还有三次规模稍小的雅集活动。白下石城诗社于20世纪30年代的活动,一次在扫叶楼,一次在地藏殿。在扫叶楼活动的诗题是《白下诗友小集扫叶楼黄君辅馨有作同社次其韵一章》。在地藏殿活动的一则诗题文字很长,但从长长的诗题可大致了解雅集的内容:《石城诗社同人清凉山地藏殿秋宴赋得翠微亭南唐后主于清凉山建暑风亭,为山下避暑宫之一角,乾隆游江南就原址改建翠微亭,今废为自来水公司蓄水池得秋字限五言八韵》。1935年乙亥上巳三月三在乌龙潭也有过一场雅集,这场乌龙潭雅集组织者依然是曹经沅。

以上数次规模不等的雅集,实际上是一次次的文化阐释活动,通过题咏,不断将追慕龚贤及憧憬的内容在诗文联句中加以强化,赋予和追加了清凉寺、扫叶楼特殊的文化内涵。龚贤的明代遗民身份和扫叶楼暗藏的"扫天下"的含义,是刺激文人墨客敏感神经的重要方面。(图8-41)

图8-41　20世纪30年代清凉山一角

曹经沅还先后组织了上巳莫愁湖修禊、鸡鸣寺豁蒙楼重九登高、玄武湖上巳修禊等活动。他还于1926年起主持《国闻周报》的"采风录"副刊,刊登南北各省古典诗词第一流之作品。曹经沅一生勤奋,学问渊博,性格爽朗,办事严谨,在当时名士中有较高威望,对维系我国传统文化的传承作出了贡献。

曹经沅不只是诗坛雅集的组织者,而且还致力于个人旧体诗词的创作。他的旧体诗综合唐宋诗的特点,不仅具有审美价值,而且在诗中记载传递出当时的社会状况。1925年他创作了《南京杂诗四首》:

> 门巷枇杷尽不开,画船愈少愈堪哀。
> 复成桥畔盈盈水,曾照宫袍御帽来。
>
> 虎踞龙蟠迹已陈,朱门是处没荆榛。
> 散原老向杭州住,谁与钟山做主人。
>
> 聒耳笙歌夜未央,江楼一夕几回肠。
> 灯前自写南来录,却悔匆匆负建康。
>
> 人豪寂寞胜人奴,浅水寒芦半已枯。
> 日暮胜棋楼下过,惊心此局已全输。

这几首诗反映了社会动荡情形以及南京的市井风情。

张通之

张通之（1875—1948），名葆亨，字通之，南京人。张通之出自书香门第，其父是南京名塾师。张通之于1909年选为拔贡。因母丧，未去河南赴任。此后，一直没入仕途。民国时期，在金陵女子大学等学校任教。

张通之家住水西门仓巷，他常去清凉山，十分知晓清凉山历史及风物。

日军侵华，南京沦陷，张通之在破旧的寓所折纸蘸笔，愤然疾书：

乱叶落庭阶，狂作胡旋舞。

扫至沟壑中，还我干净土。

诗作铿锵有力，借清凉山扫叶楼之景，表现了对日寇的憎恨之情。他身陷危城，设家塾课徒，讲授中国文化。

抗战胜利后，张通之任南京文献委员会编纂，参与整理南京乡邦文献，同时自己撰写乡土诗文。

他生平富交游，喜美食，他曾写道：入室只陈樱和笋，纵谈食谱不谈经。他多处调查、走访，写成《白门食谱》。这是继袁枚《随园食单》后，又一部研究南京饮食文化的珍贵文献。

因为他对清凉山的了解，在这本书中较为详细介绍了清凉山的土特产。如"清凉山后韭黄""石城老北瓜""清凉山刺栗""四山雷菌"及扫叶楼僧人做的素面等。后来，扫叶楼僧人应邀去上海开素食馆，张通之陪几位教授专程赶去上海素食馆品尝，认为还是过去那扫叶楼的味道。

张通之对诗赋、绘画、书法均有所成，时人称他"如今通之诗书画，三绝之美有如此"。张通之撰有《金陵四十八景题咏》，对四十八景均题有诗。

金陵山川人文风光众多，从明朝到清朝，一些文人罗列出具体景数，流传较广的有金陵八景、十景、十六景、十八景、四十景、四十八景等。清初画家"金陵八家"之一高岑绘有金陵四十八处景致。清乾隆年间，画家徐上添画的一组金陵四十八景图影响更大，对金陵众多景点品评体系进行继承和演进，建构了一套富有文化魅力的符号系统,留给后人无数追寻和遐想的空间。张通之的《金陵四十八景题咏》是20世纪50年代前,对此进行系统题咏的最后一位名人,其中就包括《清凉问佛》《石城霁雪》。

清凉问佛

当年我佛身居此,独自潜修事事忘。
宫女同来避暑殿,如何心地得清凉。

石城霁雪

曹瞒昔下荆州日,曾美孙儿坚与权。
不料再传仍不肖,降幡一片石城边。

张通之的诗借三国时孙坚、孙权、孙皓,及南唐李后主等历史人物的史实,反映清凉问佛、石城霁雪景点深厚的历史文化。诗写得清新淡雅,不事雕琢。

张通之也常应约参加文人在扫叶楼的雅集,与友人诗词唱和。他的一首《宝鼎现》的词写道:

秋山雨过,人语林杪,谷空遥应。履崖石,抠衣独上,暗水细流咽水径。天半处,钟声飞杵,林荫和来清磬。看老纳,欢迎游客,到处和光相映。

问丈人何年仙去?又阶前,霜叶清冷,指槛外,荒凉雉堞。只剩湖光如试镜。老木枯,翠微亭都圮。莫数南唐胜景。对今昔,沧桑致慨,逾觉有怀难骋。

长老多情,为名迹,遍征题咏。既杯盘,春暖抽暇,还邀评茗。搏得镇,日俱忘永。归路何嫌暝。访陈迹,重过西州,趁羊昙酒醒。

这首词记述参加雅集,游历清凉山中所见所感。首阕描述秋天的清凉山谷之幽静,耳边飞来清凉寺的钟声,眼前见到和蔼亲切的寺院老僧。次阕感慨山中已是"荒凉雉堞",山头的"翠微亭都圮",更不要去"数南唐胜景"了,诗人感到"有怀难骋"。末阕抒写寺僧盛情邀约聚会,"既杯盘,春暖抽暇,还邀评茗"。难忘的雅集,归去不觉已晚了。这首词反映了诗人非常熟悉清凉山中的自然环境和人文历史,倾诉了对此浓浓的深情。

于右任等南社成员

"南社"是1909年成立的清末民初最大的文学社团。它主要是以文字提倡反清革命,与孙中山成立的"同盟会"互相呼应,在中国新旧文化转型期发挥了重要作用。成员有柳亚子、于右任、宋教仁、朱少屏,以及毛泽东在湖南读书时的校长孔昭绶,朱德在讲武堂时的校长李根源,张闻天读南京河海工程专门学校时的校长许肇南,还有叶圣陶的老师胡石予、钱锺书的老师吴宓、艾思奇的父亲李日垓、赵朴初的父亲赵炜如、成思危的父亲成舍我等,计一千多人。

有不少南社成员都在南京生活过,并且留下了大批以南京为题材的诗文。在这些诗文中,既有清末凭吊明朝遗址时发出的慷慨长啸,也有辛亥革命时期叱咤风云的豪情壮语;既有对反动当局残杀革命志士的恸哭悲吟,也有浏览金陵名胜时的逸兴雅韵。在南社的历史上,就有两次以南京为题材的群集活动。

一次是1910年10月11日(重阳)凭吊明代遗迹的抚时伤今的彼此唱和,后来此诗文被辑为《白门悲秋集》。另一次是1927年7月,柳亚子来南京,组织南社成员反对反动政权的白色恐怖,请人绘制《秣陵悲秋图》,又广征题咏,汇集成册,广为传播。

清凉山、石头城是南社成员多次亲临之地,写有多篇诗文,是他们以南京为题材创作诗文的重要部分。

于右任(1879—1964)曾任南京政府交通部次长、监察院院长。于右任曾写《过南京诗》,其中写道:

> 虎视龙兴一瞬间,鸡鸣不已载愁还。
> 江山冷眼争迎送,人去人来两鬓斑。

1912年元旦,中华民国临时政府在南京举行成立庆典。但是,不久政权即被袁世凯篡夺。1913年于右任来南京,想到一年前开国大典的盛况,发而为诗,用南京形胜"虎踞龙盘",而点化"虎视龙兴一瞬间",抒写无限感慨。

1914年于右任再次路过南京,看到这里的景物,联想到近来的历史事件和政治形势,感慨系之,又作了《再过南京杂诗》:

> 山围故国人安在,泪湿新亭客更多。
> 再造神州吾未老,是非历历指山河。

于右任还曾游览清凉寺,写《清凉山寺题壁》:

> 万千兴会怅登临,得罪苍苍罚苦吟。
> 落叶横飞偏碍眼,高僧时到一论心。
> 手无阔斧开西北,足驻长途哭古今。
> 为问东山人在否?末流为尔一沾巾。

诗里行间,反映了于右任感时忧世之痛,民生疾苦之呼。有一说这首诗是写陕西省三原县鲁桥镇北的清凉寺。

晚年,于右任在台湾。他在临终前写有一首哀歌《望大陆》:"葬我于高山之上兮,望我大陆。大陆不可见兮,只有痛哭!葬我于高山之上兮,望我故乡,故乡不可见兮,永不能忘。天苍苍、野茫茫,山之上,国有殇。"于右任的诗,句句有情,字字含泪,激荡着每一位中华儿女的心。

高旭(1877—1925),中国同盟会江苏支部部长,与柳亚子等一起创立南社。他在《金陵杂诗》中写道:

> 杨柳西风满石城,降旛一片太无情。
> 依然千载秦淮水,尽日东流绕旧京。

姚光(1891—1945),1918年时任南社主任。他在《金陵怀古》中写道:

> 龙盘虎踞郁苍黄,形胜当年百战忙。
> 回首南朝无限恨,绿杨城郭几沧桑。

胡朴安(1878—1947),曾参加《民立报》等工作,文字训诂学者。他在《题白门悲秋集》中写道:

石头城外草连天，秋气苍茫落照前。
陨叶萧萧千片雨，晚炊漠漠万家烟。
烟雨迷离不知过，依稀只认宫前树。
树上饥乌三两声，五百年前帝王住。
风流帝子妙龄君，选舞征歌日夕闻。
剩水残山撑不住，金瓯坐视付他人。
转瞬于今几百年，故宫独有兔狐眠。
凄凉处处含秋意，同赋悲秋诗百篇。

陈去病（1874—1933），曾随孙中山任参议院秘书长。孙中山病危时，提出"予欲葬紫金山也"。一时多人不知紫金山在何处，陈去病即答："即明孝陵所在地钟山也。"后作《紫金山考》，并参与南京勘察墓地。他在《金陵杂诗》中写道：

清凉山色扑眉青，避暑何人降彩軿。
记得年时携手过，低徊曾访翠微亭。

张农（1877—1927），曾在南京造币厂供职。他在《清凉山扫叶楼》诗中写道：

江山如此总茫茫，独倚层楼感夕阳。
莫道南都烦热地，一经到此也清凉。

吴　梅

吴梅（1884—1939），字瞿安，江苏吴县（今苏州）人。他是自学成才的戏曲大师，是将中国戏曲理论和创作引进高等教育的第一人。

吴梅于1922年9月到国立东南大学任教，国立东南大学改制后仍在国立中央大学教授词曲，同时在金陵大学中文系兼课。他鼓励学生填词作曲，1924年他还与学生一起组织文学社团，聚集同好，以文会友。选择社集活动的地方不固定，"或在秦淮河，或在扫叶楼，或在灵谷寺"。

他曾于一年的秋日，组织学生来访清凉寺。写有《桂枝香》词：……妆点晴峦如画,二分秋色,高人去后栏杆冷,笑斜阳,往来如客。……暮寒天,支筇（拐杖）归步,寺僧应识。

吴梅登扫叶楼时,想到了龚贤,感叹"芳园半亩,恨无留迹",又来到清凉寺,因为他经常来,所以当他拄着拐杖时,他说寺僧应该认识我的。不日,吴梅再来扫叶楼,连续写了七首《再登扫叶楼》,他写道:"中岁倦游归,犹抱登临癖。安得素心人,来此同晨夕。"他喜欢这里,有常来登临的嗜好,希望每日与此同晨夕。他还写道:

湿雾束山腰,荡漾成云海。
古寺踞山巅,更在层云外。

地处山间的清凉古寺正笼罩在云雾之中。他又想到了龚贤的山水画:"悟彻画禅天,都在先生目。"龚贤的画曾描绘出这般景色。

吴梅创作词曲严谨,不论是自己创作,还是学生及其他文人之间的唱和之作,他都字斟句酌,加以润改和品评。这在他的日记里都有记载。如1933年的一次雅集:

1933年10月30日,"欲作扫叶楼分韵多字诗,未果"。
1933年11月7日,"早起作扫叶楼分韵诗没成"。
1933年11月9日,"早改冀野诗,又自作《扫叶楼多字韵诗》"。

黄 侃

金陵大学教授黄侃(1886—1935),字季刚,是中国近现代著名国学大师。他喜好清凉景色,多次来游历。他在1928年6月3日日记中写道:"(汪)旭初来,同出,赴乌龙潭图书馆。(王)伯沆取予昨诗稿怀之同行,至扫叶楼久坐。登石头城,从人家麦陇中上,城头杂草……约诸人连句,续成前会予家限成韵诗,饭后始勉强凑成。"1930年6月22日,黄侃与友人同游扫叶楼,当天的日记中写道:"登扫叶楼久坐,雨后无埃,正见三山青翠在天际若可揽,南方诸山则环列如花屏,西门谯楼白盛映日,其下淮流一湾,倏为城堞所隐,帆樯过之,惟露其杪,徐绕石头城,而北楼下竹树蒙密,峭蒨葱青。缀茗临风,悠然有会。旋命酒,饮至薄暝,题诗壁间而去。"诗为《仲夏登扫叶楼留题》:

> 高阁凭城草接天,三山云外转清妍。
> 斜阳正欲依阑角,平野全教落几前。
> 独赖观台供啸咏,不妨花鸟共烽烟。
> 巾车将去仍留恋,假日销忧足渭然。

有一次,黄侃、汪旭初、王晓湘、汪辟疆四位知名教授,相邀结伴来到清凉山,访清凉寺,(图8-42)兴致极高地吟唱连句,以记此游:

频年梵宇几蒿莱	（黄　侃）
古寺偏能避劫灰	（汪辟疆）
留得城西荒寂景	
尽教词客一徘徊	（黄　侃）
佛火青荧照诵经	（黄　侃）
禅关知隔几重扃	（王晓湘）
他生更结鱼山愿	
梵呗从教梦里听	（汪旭初）

图8-42　20世纪30年代清凉山一隅

胡小石

清宣统元年(1909),两江师范学堂(南京大学前身)学生陈中凡、周实舟游清凉山,同登扫叶楼品茗。他们看到扫叶楼墙壁上有人题写的一副对联,仔细一看是同学胡小石题写的:

> 清丝流管浑抛却,来听山中扫叶声。

后来他们学业有成,都成了国立中央大学知名教授,这副对联他们始终不忘。

20世纪60年代初,他们又来到扫叶楼,谈起了这副对联的往事。(图8-43)

图8-43　20世纪30年代胡小石留影

胡小石(1888—1962),名光炜,字小石,号夏庐。早年毕业于两江师范学堂,留校任教。辛亥革命后,两江师范停办。胡小石先后赴长沙、上海、北京、武昌等地从事教学。1924年后,回南京定居,任金陵大学中文系主任。这以后,胡小石过了十多年相对安定的生活。胡小石常邀学生数人,或去城中几家老字号菜馆品尝佳肴,或到夫子庙吃油氽豆腐干,更常去清凉山扫叶楼饮茶品茗。

胡小石晚年依然如此,他的学生,曾任南京博物院院长的曾昭燏《忆胡小石师》写道:"师虽年老,而性忧山水如少年时。逢春秋佳日,常邀弟子二三人出游,余多随侍,相与攀牛首,陟栖霞,探石头城之故迹,揽莫愁湖之盛景。"

胡小石《清凉寺同胡三、陈仲子作》:

扇底江山莽夕烟,斜阳红到石城边。
乌纱对影清凉寺,愿夏伤秋又一年。

胡小石与同事、同学情深,一起多次踏访清凉山,数首诗中写及。他写给陈中凡的一首诗中写道:

平芜漠漠路悠悠,风作清凉雨作愁。
同是旧游君忆否?过江帆影白如鸥。

诗的江南韵味很浓。还有一首《扫叶楼吊卢江陵》:"百尺红阑低暮云,微风钟起万家闻。荒江斜日都依旧,不见当年卢使君。"诗中流露出对友人的怀念之情。1938年,南京沦陷第二年,他写了这首诗:"龙虎开天阙,金汤拥石头。崩腾狂寇入,梦寐一星周。吊楚南公誓,收京杜老讴。寸心与江水,奋激日东流。"诗中的激愤忠爱之情油然而出。上面数首诗,反映了胡小石对石头城、清凉山的深情。

寄 龛

寄龛(1894—1966？),20世纪20年代到50年代任扫叶楼善庆寺住持。

寄龛年轻时,在文人潘宗鼎门下就读。住持扫叶楼善庆寺后,曾得到时任江苏省省长韩国钧及郑韶觉(后任北洋政府交通部次长)的资助,重修了扫叶楼善庆寺。

寄龛重视扫叶楼史料的收集,曾收藏龚贤字画各一帧。他期望有人编撰《扫叶楼志》。1926年至1927年,寄龛的老师潘宗鼎正在编撰《古林寺志》,寄龛遂请潘宗鼎操刀。潘宗鼎认为,扫叶楼不宜编志,"(扫叶)楼属龚半千先生之半亩园,名从主人,又未可喧宾夺主也"。潘宗鼎认为,可编辑扫叶楼诗文,广泛收集龚贤诗文及后人咏叹扫叶楼的诗文。潘宗鼎于1929年编成《扫叶楼集》。寄龛感叹道:"石城一隅,古称名胜,沧桑而后,陈迹都非。寄龛住持扫叶楼,勤募修葺,略复旧观。吾师姜灵(潘宗鼎)先生爱辑《扫叶楼集》,三阅寒暑,始克脱稿,于保存文献之中,即寓保存名胜之心。"

寄龛募资刊行《扫叶楼集》,当时来扫叶楼游览的,莫不手持一册,竞相争睹。

寄龛善作诗、画兰。他住持扫叶楼善庆寺不久,即有《自题楼壁》诗二首:

空桑寄迹又经秋,独坐江楼对石头。
风景依稀仍似旧,河山破碎使人愁。

半亩林园径就荒,楼空人去剩斜阳。
绝怜落叶萧萧里,诉尽秋声枉断肠。

寄龛支持文人来扫叶楼雅集,他参与策划,邀约文人来此品茗赋诗。有一次雅集,来了17位客人,寄龛的老师潘宗鼎戏说此事:"古寺僧来,合作同堂罗汉宾主十七合寄龛僧成十八罗汉之数优游暇日,呼吸清凉。"

寄龛在雅集中为宾客展示收藏的龚贤书画,并赠送《扫叶楼集》。当时有些文人在诗句的小注中写道"寺僧展览半千山水巨幅","住持僧出示半千书画并赠诗集","是日寺僧分赠扫叶楼集"。

寄尘在雅集上还准备了装潢精致的题名册,留备记录。当时有文人写道:"是日,雅集多旧日相识。主人设有题名录,装潢殊精致,与会同人均次第亲书姓名年岁。"

寄尘于雅集中,也与友人诗词唱和。在和福建友人的诗中写道:

> 辞家习禅定,十载住斯楼。
> 爽把三山地,高凌二水洲。
> 烟波生远思,烽火动边愁。
> 安得丈人帚,尘氛扫不留。

《和曹君韵僧》诗写道:

> 自笑虚空无住禅,挑灯话旧总因缘。
> 相逢正是春光好,草绿江南二月天。
>
> 长夜惟将慧剑磨,天高月小众星罗。
> 烹茶打点酬佳句,总觉输君感慨多。

他的老师潘宗鼎写《扫叶楼秋宴即席赋》后,寄尘和诗道:

> 一瓶一钵过昇州,得住清凉处士楼。
> 却笑山僧无逸韵,聊同墨客结良俦。
> 六根含识原为幻,万事空华枉自愁。
> 不是梧桐新叶落,一盦高坐已忘秋。

寄尘的诗,既展现了他与友人之间的情谊,更披露了他当时的心境,以及对国难忧思的情怀。

1937年12月中旬,日寇的枪声在清凉山响起,寄尘备着干粮藏身到寺里砖砌的空心佛台肚子里。听到山上山下不时有枪声传来,他不敢外出,躲了一整天,幸免于难。有人说这正灵验了他的法名"寄尘"。

抗战时期,参加南京保卫战的军人严开运,后来在回忆录中有一段记载了他与寄尘的交往:

七七事变前，部队住清凉山后。一天早晨，我从扫叶楼前经过，他（寄龛）正拿一把扫帚打扫台阶。我问他："你近来有什么新的诗作？"他说："有点新感受，随便打油，谈不上诗。"

他念了一首题为《晨钟》的七绝：

　　袈裟无碍学操戈，佛法慈悲不赦魔。
　　和尚也能供战役，难为只念阿弥陀。

他这首诗充满着同仇敌忾的抗战精神，这个和尚非常有骨气。

1945年日寇投降后，我有一次到扫叶楼看过他。扫叶楼已是一个非常凄凉冷落的地方，寺里只剩他一个孤僧，生活非常困难。我问他："怎么弄得这样？"他很沉静地讲了这么一句："苦点不要紧，总算抗战胜利了。"我要他的诗稿看，他给我看了，其中有一首题为《腊味》的五绝：

　　天寒临岁暮，风雪遍秦淮。
　　持钵城乡客，非人不化斋。

这"非人不化斋"五个字，把一个身在沦陷区的爱国和尚的精神风貌，入木三分地刻画了出来。

1940年寺庙登记时，标为"清凉山19号扫叶楼善庆寺住持寄龛"。1955年登记时，他61岁，据此，他出生于1893年。

萧　娴

著名书法家萧娴（1902—1997），年轻时拜康有为为师，中年遍历西南名山大川，后定居于南京。她亦善诗，但诗名为书名所掩。1936年她登临扫叶楼后，书写了一首《登扫叶楼》诗（图8-44）：

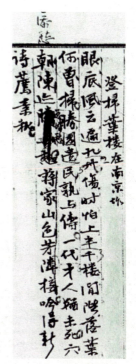

图8-44　萧娴手书诗稿

> 眼底风云遍九州,伤时怕上半千楼。
> 闲阶落叶何曾扫,胜国遗民孰与俦。
> 一代才人犹未死,六朝陈迹总添愁。
> 蒋家山色芳邻接,吟得新诗荐素秋。

萧娴经历乱世,所经所感寄于吟诵,抒写性情。这首诗实属时代之文艺写照,读之如览历史。

萧娴多次登临扫叶楼,有一次,文人俞律随萧娴老人来此,老人命俞律撰一副清凉山对联。俞律从命,思考片刻撰了一联:"饮水医白首,扫叶助闲身。"俞律解释道:山中既有扫叶楼,还有一口还阳井。此联一出,即得到萧娴老人称许。俞律回去后,还就此联写成一首五律:

> 石城幽绝处,十里此逡巡。
> 寺古招骚客,山青慰旧人。
> 饮泉医白首,扫叶助闲身。
> 空美李郎笔,赤心吾不存。

卢　前

民国时期的名人清凉寺游踪,也有不少趣闻逸事。

叶恭绰(1881—1968),一生追随孙中山,参加革命。他既是官场达人,也是著名学者,他曾主持修复栖霞寺舍利塔,捐资帮助创办金陵刻经处的支那内学院。叶恭绰游览过南京众多名胜,但是他却从不登扫叶楼。

1934年曹经沅等发起在扫叶楼举办上巳修禊诗会。叶恭绰接到约函后,回信婉谢。他说:"此会我不便参加。"原来,他因姓叶,此楼名扫"叶",他是不愿意被扫的。只因姓叶,就不来扫叶楼了,这在当时文人中曾被当作一则笑谈。南京地方名人、著名学者卢前在其《笔记杂抄》中就记载了这件事。他写道:"战前,他(指叶恭绰)常来南京,只是不到扫叶楼,为的是楼名扫叶,他是不愿意被扫的。"

第八章　名人踪迹（下）

与叶恭绰相反，卢前很喜爱清凉山一带的人文和自然风景。

卢前（1905—1951），字冀野，自号饮虹，江苏南京人，戏曲史研究专家，散曲专家。曾任金陵大学教授。他系南京籍，清凉山是他常游之地。1933年，卢前应邀参加重阳扫叶楼登高雅集，他在《重九聚扫叶楼上散原丈》中写道：

> 故乡别六年，梦绕盋上右。
> 郁郁山下松，经霜不老瘦。
> 咫尺扫叶楼，半亩留遗构。
> 当窗酒一觥，兀坐至下漏。
> 祭诗与挑菜，胜事已难究。
> 高会集兹日，访古情独厚。

这次聚会，老一辈著名文人陈散原（三立）参加了，卢前这首诗写给散原老人，与之唱和，反映了雅集的诗词在社会交际功能中的作用。

他还写有《扫叶楼》《翠微亭》两篇短文。

他在《扫叶楼》文中写道：

> 清凉山下扫叶楼，余儿时常往游。楼中悬龚半千画像，壁间题诗，张贴两旁，住持僧亦解风雅，今已不复记其名号矣。

他在《翠微亭》文中写道：

> 清凉山上翠微亭，南唐后主避暑宫在焉。亭久荒圮，余儿时往游，尚存亭基，其后并石础而亡之，其址殆已不可踪迹矣。余尝谓有宋一代之文物，所得于李氏者为十国冠，即澄心堂纸、李廷圭墨，亦前此所无，后来所不能及。璟、煜两主，同为词皇，为百代词人之祖。似应就翠微亭原址筑一词皇阁，其下为江南词人祠堂以祀词客。后主画像，阁中应摹刻上石，二主词亦精写一通，镌悬阁壁。余怀此想已久，不知何日始可偿夙愿也。

卢前还有一次来到石头城下秦淮河边，写了一首《秦淮河畔》：

这滚滚去的明波,活生生,困住我。心随潮起落!

一样潮汐逐江流,水油油,心悠悠,心上人知不?

卢前十分熟悉词曲,信手拈来的都是元曲中的常用口语,秦淮河畔的自然景致跃然纸上。这首诗既带有秦淮河岸民间"风"的佻脱泼辣,又运用了新旧两种诗体来表达意趣,含意与民歌或白话情诗接近。

20世纪50年代,卢前的好友任中敏教授从扬州来,卢前邀请好友同游清凉寺扫叶楼。他赠给扬州好友一曲:

风光何必数扬州,一片清凉一片秋。

无事相携扫叶楼,一半斟茶一半酒。

卢前称赞清凉秋色,对扬州朋友说,这儿的风光也不错啊。

张恨水

明初南京建城墙,有13个城门。城西清凉山通秦淮河处,开有清凉门,坐东向西。明洪武六年(1373),置清凉门兵马司驻守。明洪武十二年(1379),清凉门曾名清江门,一直到明万历三年(1575),城门名才恢复为清凉门。据明代徐必达《南京都察院志》记载:"清凉门内接虎踞名关,外控龙江大路,罗汉城佛宇森然,蛤蟆庵泓水不涸。院有积薪而苇崔山积,挑贩日出其途;水接长淮而舟渡纵横,往来络绎不绝。且门枕山岗延亘绵远,僻静居先出入有时启闭,关防不愆时刻。"明代时的清凉门地位十分重要,是南京城西重要交通要冲,不论是陆路,还是门外秦淮河的水路都很热闹。但是到了清初,清凉门被封闭,到清凉山往来交通集中到石城门(汉西门),清凉山一带变得相对僻静了。

20世纪初,清凉山周围的交通还很不方便,到清凉山需要攀登和走山路。那时风光名胜主要集中在山南的清凉寺、扫叶楼、小九华寺,除了每年农历七月"香期"以外,平时偶有驴马驮物,行人樵夫往来。(图8-45)

但是,整个清凉山一带冈峦起伏,松篁夹道,花木扶疏,间以河溪池沼。相对于灯火绚烂、歌舞不断的秦淮繁华景象,这一带尤其清秀幽寂。乌龙潭、龙蟠里又是文人常聚集之处,文人常常追思前贤雅趣,慕名到清凉山中悠然神游。正如清代著名文人梅曾亮寻胜访古,发出过这里"山平地幽,林壑深美"的感慨。走的人多了,慢慢踏出一条清凉古道。(图8-46)

图8-45　清凉山道

图8-46　清凉古道

1928年12月2日,黄侃(字季刚)、汪东(字旭初)、汪国垣(字辟疆)及王易(字晓湘)等四位大学教授,酒后相约一同前往清凉古道,抒发怀古思情。众人一路上诗情豪发,酬唱兴浓,联吟的诗中描绘了这段清凉古道:

城西见说古林幽　(季刚)

暇日招邀作俊游　(旭初)

一片疏林万竿竹　(晓湘)

目成先与释千忧　(辟疆)

……

偶从林壑得天真　(旭初)

胜侣联袂发兴新　(晓湘)

向晚冲寒归路远　(辟疆)

疲骖衢广正无人　(季刚)

随着民国南京城市的建设发展,特别是战乱形势不断,清凉古道逐渐失去了它原有的风貌。张恨水早年客居金陵时曾来此探幽,不胜徘徊。抗战时他到了重庆,回忆这段往事,还感叹:"这次在抗战时期,南京遭受日寇的侵占与洗劫,也不知昔日繁华的南京,又有哪几条大街变成清凉古道了。"

张恨水(1895—1967),原名心远,安徽潜山人,著名作家。20世纪30年代初,他从北平来到南京,创办了《南京人报》,从1936年4月一直办到1937年12月,任社长并主编副刊。他虽然在南京的时间不长,但留下了深刻的印象。他一袭长衫,外套马褂,腰间用布袋兜着小说散文手稿,走在南京街道,边观察风情,边寻觅写作素材。

张恨水笔下的南京,有着自然美景。他在《窥窗山是画》一文中写道:"南京是个城市山林,所以袁子才(袁枚)才有爱住金陵为六朝的句子。若说住金陵为的是六朝那种江南靡靡不振的风气,那我们自然是未敢苟同,但说此地龙蟠虎踞之下,还依然秀丽可爱,却实在还不愧是世界上一名都。"张恨水公允地评价了北京和南京:"北平以人为胜,金陵以天然胜;北平以壮丽胜,金陵以纤秀胜,各有千秋。"张恨水最欣赏南京的清凉古道。

后来他在回忆南京往事时,写了《清凉古道》。他写道:

有人这样估计:东亚的大都市,如上海、汉口、天津、北平、香港、广州、南京、东京、大阪、名古屋、神户,恐怕都要在这次太平洋战争里毁灭。这不是杞忧,趋势难免如此。这就让我们想到这多灾多难的南京,每遇二三百年就要遭回浩劫,真可慨叹。

我居住在南京的时候,常喜欢一个人跑到废墟变成菜园竹林的所在,探寻遗迹。最让人不胜徘徊的,要算是汉中门到仪凤门去的那条清凉古道。这条路经过清凉山下,长约十五华里,始终是静悄悄地躺在人迹稀疏、市尘不到的地方。路两旁有的是乱草遮盖的黄土小山,有的是零落的一丛小树林,还有一片菜园,夹了几丛竹林之间,有几户人家住着矮小得可怜的房舍。这些人家用乱砖堆砌着墙,不抹一点石灰和黄土,充分表现了一种残破的样子。薄薄的瓦盖着屋顶,手可摸到屋檐。屋角上有一口没有圈的井,一棵没有枝叶的老树,挂了些枯藤,陪衬出极端的萧条景象,这就想不到是繁华的首都所在了。三牌楼附近,是较为繁华的一段,街道的后面,簇拥了二三十株大柳树,一条小小的溪水,将新的都市和废墟分开来。在清凉古道上,可以听到中山北路的车马奔驰声,想不到一望之遥,是那样热闹。同时,在中山北路坐着别克小座车的人,他也不会想到,菜圃树林那边,是一片荒凉世界。

是一个冬天,太阳黄黄的,没有风。我为花瓶子里的腊梅、天竹修整完了,曾向这清凉古道走去。鹅卵石铺着的人行古道,两边都是菜圃和浅水池塘,夹着路的是小树和短篱笆,十足的乡村风光。路上有三五个挑鲜菜的农民经过,有一阵菜香迎人。后面稍远,一个白胡老人,骑着一头灰色的小毛驴,嗒嗒而来,驴颈子上一串兜铃响着。他们过去了,又一切归于岑寂。

向南行,到了一丛落了叶的小树林旁,在路边有二三户农家的矮矮的房屋,半掩了门。有个老太婆,坐在屋檐下晒太阳。我想,这是南京的奇迹呵!走过这户,是土山横断了去路,裂口上有个没顶的城门洞的遗址。山岩上有块石碑,大书三个楷书字:"虎踞关。"石碑下有两棵高与人齐的小树,是这里唯一的点缀。我站在这里,真有点怔怔然了。

在明人的笔记上,常看到"虎踞关"这个名字,似乎是当年南都一个南北通衢的锁钥。可以料想当年到这里行人车马的拥挤,也可以遥思到两旁商店的繁华,于今却是被人遗忘的一个角落了。南京另一角落的景象,实在是不能估计的血和泪,而六朝金粉就往往把这血泪冲淡了。

回到开首那几句话,东亚大都市,有许多处要被毁灭,这次在抗战时期,南京遭受日寇的侵占与洗劫,也不知昔日繁华的南京,又有哪几条大街,变成清凉古道了。

清凉古道曾让张恨水醉心,在散文中抒发了怀旧游思。他那有着浓郁生活气息和南京地方特色的文字,为后人留下了宝贵的文化遗产,也唤起后人对清凉古道的追怀向往。

张爱玲

张爱玲(1920—1995),民国时期著名女作家。

1939年4月,张爱玲来到南京。她对《红楼梦》中与南京有关的遗迹很感兴趣。这次来,她去过明孝陵、大行宫利济巷、江宁织造府遗址、曹氏家庙香林寺、万寿庵及随园、乌龙潭等地。

1944年秋,她又一次来到南京。张爱玲对《红楼梦》爱得太深,一到南京就去寻找《红楼梦》有关版本及史料。这天,她在三山街一家旧书店见到寄售的一部清道光初年刊刻的石印版《石头记》,想买但价太贵。她即先留下定金,第二天带余款来取书。第二日在书店见到寄售书的主人。当得知欲购书的是当时知名的青年女性张爱玲时,书主人即同意将书价减半。这令张爱玲很感动,多年以后,她在一篇文章中记述此事,称道南京民风淳厚,南京人厚道、有文化品位。

张爱玲又去清凉山下龙蟠里国学图书馆查找资料。在这里见到朋友魏韬。魏韬是名门之后,清代思想家魏源的曾孙女。张爱玲来到魏韬家茶叙,谈到了《红楼梦》。

魏韬告诉张爱玲,邻居方策是清代桐城派方苞后人,对《红楼梦》颇有研究。张爱玲即要求请方策也来一道茶叙。张爱玲与方策同对《红楼梦》的爱好,使两人相谈甚欢。方策很欣赏张爱玲的才学,即表示愿意将自己珍藏多年的惠泉酒坛相赠。

《红楼梦》第16回即写到惠泉酒。苏州织造李煦给康熙进贡单,江宁织造曹頫给雍正进贡单,都载有惠泉酒。

据方策分析,此酒坛的酒是李煦受曹寅之托,特别安排惠泉酒坊酿制的,因此,这酒十分珍贵。张爱玲收到此物,再三道谢。

1943年,时任汪伪宣传部政务次长的胡兰成读到张爱玲的作品,对张爱玲产生了极大的兴趣,并开始追求她。时年24岁从没谈过恋爱的张爱玲,遇到了年长她14岁的胡兰成。1944年胡兰成抛弃妻妾,与张爱玲订立婚约,1947年两人分手。

张爱玲1944年的南京之行时,与胡兰成还是夫妇关系,但已貌合神离了。

对这段恋情,张爱玲始终难忘。后来,张爱玲学习、借鉴《红楼梦》的意境、语言等表现手法,创作了长篇小说《十八春》。小说的男主人公世钧的家在南京,女主人公曼桢的家在上海,彼此熟悉后,曼桢来南京,两人去清凉寺玩。张爱玲在《十八春》中写道:

> (清凉寺)走不完的破烂残缺的石级,不知什么地方驻着兵,隐隐的喇叭声顺着风吹过来,在那淡淡的下午阳光下听到军营的号声,分外觉得荒凉。
>
> 走进去,几座偏殿里都有人住着,一个褴褛的老婆子坐在破蒲团上剥大蒜,她身边搁着只小风炉,竖着一卷席子。还有小孩子坐在门槛上玩。

小说中还写道:清凉寺正中有一座鼎,曼桢因为脚上冻疮破裂无法走路,只得在青石座基上坐下休息。休息片刻后,世钧和曼桢就坐着黄包车回家了。

张爱玲笔下的描写,反映了那时清凉残寺萧瑟的景象。

当年两人热恋时,胡兰成曾经带张爱玲到"首都"各大景点逛一逛。小说中细腻景物描写说明这对恋人曾到清凉寺流连过,清凉寺见证了胡兰成和张爱玲的那段恋情。

20世纪50年代初,张爱玲离沪赴港,以后又到了美国。她带去了满满两箱旗袍等衣物,还有那部珍本《石头记》和惠泉酒坛。由于她独在异乡,几次辗转迁居,那部《石头记》及惠泉酒坛也不知去向了。

马元烈

20世纪30年代初,作家马元烈来到清凉山,在他的游记《首都名胜》中,较详细地写了当时清凉山一带的胜迹。他写道:

> 由龙蟠里向北而西,至清凉山。当路之冲,而门东向者,曰清凉寺,其南曰善庆寺,其北曰云巢庵。扫叶楼在善庆寺内,为清初龚半千氏

隐居之所，龚托名扫叶楼僧，故名。路之南，有砖砌坡道，道之两旁有栏，亦筑以砖，栏之最下端，为两方柱体，连以铁梗，作虹形，中缀玻璃六角灯，朱书古扫叶楼四字，类商家门灯，置此幽静处，殊不称。循道而登，最外殿祀张睢阳，旁悬联曰："孤军失外援，只留遗庙祀馨香，精忠显赫；名山供坐览，好领取荷浮湖上，叶扫阶前。"为光绪十四年胡兆良撰献。殿左为僧舍，其右即扫叶楼，有南北两门可通。南门闭，张一联曰："欲穷千里目，来看六朝山。"集句颇恰。由北门入，楼下一室题同读画轩，壁悬诗联颇多，且有日本人之作，无甚足观。遂有室后，循阶登楼。楼中偏北，树木屏，屏悬扫叶僧像，作持帚状。上有小额，为扫叶楼三字。后系跋语，盖庚子变后释敬安卓锡于此所倡修也。敬安即文坛所称八指头陀之诗僧寄禅上人，与端匋斋、易实甫、陈散原等均交厚，故楼上下彼等诗联题字甚多，词多不能悉记。寄禅上人手书，予初次见之，虽拙钝如稚子学书，而别饶风趣，一任自然，非斤斤于笔姿结构者所可同语也。像旁有联曰："扫叶人何在，登楼思悄然。"乃旧联为仇涞之君所重书者。继寄禅之后为住持者，名心悟，别号六一头陀，亦能诗。故此间布置较雅，虽亦时售茶点，然与鸡鸣寺、莫愁湖等处比，终觉胜之。

扫叶楼，前凭石头，莫愁湖即在城外，倚栏南眺，全湖在望。雨花山峙其左，大江流其右，较之曾公阁之只见平远者尤胜。清凉山之翠微亭既圮，故兹山之胜，惟厥楼擅之矣。

楼之西南，即清凉门，已堵塞不通。据闻此城即古石头城遗址，以其碌砢特起，有似面具，故俗称曰鬼脸城。

清凉寺，宋清凉广惠禅寺也。在杨吴时为兴国寺，南唐昇元初，改为石头清凉禅寺，后主时复改清凉大道场。寺位清凉山半腰，寺门红墙，掩映绿树丛筱间，饶有画意。闻此寺系同治初重修，已多圮废。寺后山巅，旧有翠微亭，为南唐后主所创建，即避暑宫之暑风亭也。迭经修复，清高宗南巡时，曾立碑于上。惜光复之役，复毁于兵，今胜迹不可按矣。

清凉之东北,一岗耸峙,寺于其椒,是为云巢庵,即所谓小九华也。相传为地藏王肉身坐禅处,故每年七月香火极盛,下旬尤最,盖俗传七月三十日为地藏诞辰故也。寺大殿已圮坏,正在募资重建。登其巅,地势迥旷,高出诸山之上。

虎踞关在清凉山之北,予以武侯之言,特往寻其遗迹。至则寥落数家,除壁间钉虎踞关之地名小牌外,一无形胜足言,遂循原路归。

马元烈此文,曾被编入1934年版《中国游记选》。其纪实性的描述,为清凉山地区的形胜留下了宝贵的资料。

朱自清

朱自清(1898—1948),知名学者、散文家。他多次来南京,称道"南京是值得流连的地方"。他说"逛南京像逛古董铺子,到处都有些时代侵蚀的遗痕"。他逛了清凉山以后,写下切身的感受:

清凉山在一个角落里,似乎人迹不多。扫叶楼的安排与豁蒙楼相仿佛,但窗外的景象不同。这里是滴绿的山环抱着,山下一片滴绿的树,那绿色真是扑到人眉宇上来。若许我再用画来比,这怕像王石谷的手笔了。(坐得久了)在扫叶楼上却不想走。窗外的光景好像满为这座楼而设,一上楼便什么都没有了。夏天确有一股清凉味。这里有素面吃,又可口,又贱。(图8-47)

朱自清的友人中,也有不少喜欢夏天到清凉山。朱自清在《飘零》一文中,就写到在这里见到的友人:"他回国后,有一个热天和我在南京清凉山谈起W的事。"1923年暑期,朱自清在南京

图8-47　20世纪40年代清凉山俯瞰

清凉山邂逅了久别重逢的邓中夏。他们是同学兼诗友,国是融挚情,在山中促膝谈心后依依惜别。不久,朱自清读到邓中夏为革命呐喊的诗,写了《赠A·S》,抒发了对邓中夏的深厚情谊。朱自清在诗中写道:"你的言语如石头,怎能使我忘记呢?你飞渡洞庭湖,你飞渡扬中江,你将为春雷一震,让行尸们惊醒。"

方济川

20世纪30年代,中央大学艺术系主任、画家徐悲鸿,南国诗社创始人、作家田汉,教授谢春康三人同上扫叶楼,为悬挂墙壁上一副对联所吸引。联后署款"太湖驾舟氏方济川"。这副对联内容是:

> 旧地重游,听风雨满城,三径就荒谁扫叶。
> 名山无恙,望东南半壁,万方多难独登楼。

这副对联悬挂在楼内正厅板壁上,看起来十分显眼。此联作者方济川(1877—1940),安徽太湖人,为民国时期一位地方官员,曾任湘西大康县县长,1931年任山东郓城县县长,后因爱护乡民得罪军阀被革职,移居南京四牌楼浮桥。

在南京期间,方济川常登临扫叶楼。民国报界的张恨水、张友鸾早就认识方济川,他们常一起到扫叶楼品茶小聚。1931年九一八事变后,他忧愤时局,整日在家长吁短叹。1934年秋,他又来到常游之地清凉山,踏着深秋的落叶,登临扫叶楼,对眼前国家遭受的灾难更为悲叹,遂请僧人取来笔纸,写下了这副对联。此联气韵苍凉,充满了关注国难时局的深沉情怀。(图8-48)

这副对联上联写景寓情。作者在深秋重游旧地,

图8-48　20世纪30年代扫叶楼内景

耳闻风雨之声,眼见荒芜之象,心中追思故楼主人而今安在呢?铺地落叶,山径莫辨,还有谁来清扫呢?下联感时抒怀。清凉山胜迹处处,作者于名山之中,立于楼头,倚栏远眺东南半壁江山,顾念日寇猖獗,国事危急,万方多难,流溢出郁愤之情。这副对联上半联用龚贤绘扫叶楼图的事,下半联脱化唐代杜甫"花近高楼伤客心,万方多难此登临"的诗句,作者心情与杜甫的爱国情愫融化为一了。

方济川写成这副对联,寄龛法师看了后赞叹不已,即请方济川写成条幅,悬挂在扫叶楼茶社内正厅板壁上,正中则是一赤脚僧人持帚扫叶图。

徐悲鸿、谢春康、田汉三人,在扫叶楼见到此联,对此赞赏有加。他们与寄龛法师品饮清茶时,询问此联作者为何人,现居何处,他们很想去拜访这位联语作者。

此联后为寄龛法师妥善保管,20世纪50年代还悬挂于扫叶楼。"文革"中被焚毁。

前些年,扫叶楼与原善庆寺之间一建筑门上挂有此联,为方济川先生的女婿周志琨所书。

泰戈尔　徐志摩　林徽因

1924年,应梁启超、蔡元培及林徽因父亲林长民等人的邀请,印度著名诗人,亚洲首位诺贝尔文学奖获得者泰戈尔访华。4月12日抵达上海。

泰戈尔这次访华,原计划没有南京这一站。经南京高等师范学校(今东南大学)校长郭秉文极力邀请,于4月20日凌晨乘江轮离开上海,上午9时到达南京。参观游览明孝陵、清凉山等处后,到学校梅庵就餐。下午3点,在学校体育馆向师生演讲。徐志摩、林徽因陪同泰戈尔来南京,徐志摩任翻译。

泰戈尔在南京高等师范学校体育馆的演讲中说道:"我来金陵时,船近金陵,晨光熹微,鸟声杂树,无数帆船,顺风直驶,稳渡中流。又觉得此种光明浩大现象,即将来世界人类经过混沌状态,由牺牲奋斗所得之结果。"

泰戈尔还说道:"亚洲民族,自具可贵之固有的文明,宜发扬而光大之。运用人类之灵魂,发展其想象力,于一切文化事业,为光明正大之组织,是则中印两国之大幸,仰亦是世界之福也。"

六千多位听众目睹了泰戈尔的风采。泰戈尔以诗的语言演说,又强调中印两国人民的友谊,受到听众热烈欢迎。

泰戈尔当天上午到达南京,游览了两三处风景点,其中就有清凉山。

泰戈尔游览了扫叶楼,徐志摩、林徽因两人陪同游览。

泰戈尔年老了,徐志摩、林徽因两人一左一右扶着泰戈尔登上扫叶楼,观看金陵春日秀丽景色。

寄龛法师热情接待了泰戈尔一行,专门从清凉寺还阳泉打来清洌的泉水沏泡香茶。

尽管泰戈尔一行来清凉山扫叶楼行色匆匆,但这里丰厚的文化、秀丽的景致,以及甘洌的泉水、清香的茶,给泰戈尔留下了美好的印象。

朱 偰

虎踞一方的石头城,坚守了数百年的城池,背依清凉山麓,面对秦淮烟柳,城墙逶迤雄峙,石崖耸立诡异,历经多年浩劫,至今巍然不倒。

20世纪50年代,南京遭遇了一场"拆除城墙风潮"。时任江苏省文物局副局长的朱偰挺身而出,保卫了城墙,特别是保住了石头城遗址。(图8-49)

图8-49 朱偰

朱偰(1907—1968),浙江海盐人。1928年毕业于北京大学,次年考取德国柏林大学研究生,1932年获得经济学、哲学博士学位。回国后,任南京中央大学经济学教授、系主任。朱偰对中国历史上的长安、洛阳、南京、北京四大古都作比较以后,说:"此四都中,文学之昌盛,人物之俊彦,山川之灵秀,气象之宏伟,以及与民族患难相关、休戚相关之密切,尤以金陵为最。"

1932年8月,刚从德国回南京,还没正式任职之时,他一生中第三次重览金陵。他说:"钟山龙蟠,石城虎踞,以及六朝遗迹,南明旧墟,至于王侯将相、才士美人、荒冢残碑，无不遍游。"他写成《金陵览古》。其中有"清凉山"一篇。他写道：

> 八月二十四日，驱车访清凉山，山在石头城西石城门内，将抵山麓，树木茏葱，别有清凉之意。所谓清凉环翠，系莫愁八景之一。
>
> 抵山麓，先游清凉禅寺，系光绪时重修，相传系南唐清凉广慧禅寺遗址，入其中，古殿荒芜，蔓草塞途，仅有白石坊一，错落衰草间。更前行，谒佛殿，半频圮倾，而香火犹自不绝。因出寺，登山径，抵半山禅林，颜曰九华圣迹，前有灵官殿，中系观音堂，最后则系如来殿。其左别有玉皇阁，三教并供，释道杂陈，其中香烟氤氲，烛影摇红，朝山进香者络绎不绝。
>
> 如来殿之左，有高阁额曰快览，下悬楹联，词云：六朝金粉风微后，一味清凉月上时。
>
> 阁前后左右，佳木茏葱，推窗而望，则百雉纤余，河流似带。莫愁诸湖，波光明灭。回首东望，则钟山诸峰，夭矫起伏，加以江外群峦，环列似屏，江山万里，尽收眼底，颜曰快览，谁谓不宜？更从此拾级登山巅，旧有翠微亭，今已荡然无存。山顶土作赤色，正在开采，有草屋三楹，亦在构筑中。登此北望，则长江一抹，皎皎如练，江表诸峰，隐现云外。南则长湖浩荡，万屋栉比，东则钟山雄峙，连障叠翠。时乌云盖天而来，高风倐起，摇山撼木，霎时紫金山已不可见，雨花台亦笼罩烟霭间。云从东南来，雨脚已拂过莫愁湖，一时四百楼台，尽在烟雨中矣。回首长江，则皎皎独妍。须臾大雨倾盆而至，避雨茅屋中，阴霾渐开，听渐沥雨声，口占七绝一首：四围山色雨空蒙，多少楼台一望中。明灭湖光堪入画，况兼云外夕阳红。
>
> 下山后，又登古扫叶楼，相传系明末画士龚半千，托名扫叶僧隐居之所，今为佛寺。楼上楹联颇多，其佳者有：四面云山朝古刹，一天风雨送残秋。颇与此时情境相合。又有：楼留扫叶希高节，地号蟠龙起壮图。亦称隽妙。

朱偰的清凉山游记，按游行的路程先后，据景直书，都是他真切的印象，文辞雅丽，足怡人情，有一种逸兴，有一种豪气，是20世纪30年代诸多清凉山游记中最为详尽的一篇，为当时的清凉山诸景点留下了珍贵史料。

1932年后，正值国民政府实行《首都计划》，开始大规模建设，大兴土木，文物破坏严重。朱偰担负起保护文物古迹的责任，他在工作之余，背起照相机，奔走在金陵山水之间，为历史文物留影，为国家护宝。他边摄影、边测量、边考证，做到一景一考，一图一考。在此基础上，编成了《金陵古迹图考》一书，并精选了320幅照片，另印成《金陵古迹名胜影集》。以上两书于1936年出版，引起很大反响。（图8-50）

图8-50 《金陵古迹图考》书影

在《金陵古迹图考》书中有一则为"清凉寺小九华寺善庆寺驻马庵"，对这些古迹逐一进行了考证。朱偰在《金陵古迹名胜影集》书中，刊载了清凉寺、石头城、小九华寺、扫叶楼、乌龙潭近十幅照片。

1936年《金陵古迹图考》出版后，好评如潮，还曾传播到延安，刘伯承将军爱不释手。1951年9月22日，在南京大学担任经济系主任的朱偰，正在上课时接到市政府的通知，说刘伯承、陈毅二人想见他。见面时，儒雅的刘伯承高兴地说："昔日在延安读你书时，很想和作者一见。今日书与作者俱在眼前，可谓如愿以偿。"之后，刘伯承、陈毅二人约朱偰同赴清凉山绝顶眺望和讨论石头城、莫愁湖等处名胜古迹，以求保护之策。

朱偰为南京留下了许多历史古迹的文字和影像资料，除了《金陵古迹图考》《金陵古迹名胜影集》《南京古迹》《郑和》《建康兰陵六朝陵墓图考》外，他还曾写过一部《南京梵刹志略》。《南京梵刹志略》发表在上海编辑出版的《佛教日报》上，以连载的形式刊出。自1937年2月16日刊载第一节《古林寺》起，至当年的3月11日刊登《其他城外诸刹》止，前后20多期，2万字多。其中，涉及南京的寺庙包括清凉寺、小九华寺、善庆寺等80余座。明代葛寅亮的《金陵梵刹志》，清代孙文川撰、陈作霖编的《南朝佛寺志》，是研究金陵佛刹与南朝佛教史的重要文献。而朱偰的《南京梵刹志略》虽然简略，却也为南京的佛刹和佛教史留下了宝贵的资料。

第八章　名人踪迹（下）

1955年，朱偰担任江苏省文物局副局长，主管文物保护等工作。1956年8月，他接到紧急报告，南京市政府有关部门正在拆毁城墙。他立即赶到现场察看。令他十分痛心的是，石头城鬼脸城以北的一段城墙已被拆得面目全非，砌城的条石竟被敲碎用于铺路。他急忙找到当时任南京一把手的柯庆施，当面提出停止毁城的紧急提议。同时，他还为电台写了广播稿，为报纸写稿，对主持拆毁城墙的有关部门提出批评。他还电告国家文化部门，请求制止南京的拆城风潮。朱偰的勇敢举动，终于阻止了拆城风。

第二年，朱偰因反对拆城遭到政治迫害，被革职，"文革"中又遭迫害，1968年他含冤而死。正因为有朱偰在关键时刻置自己身家性命于不顾，挺身而出的保护，人们直至今日才还能看到石头城遗址，看到中华门。朱偰为南京古迹的保护作出了重大贡献。

黄　裳

黄裳（1919—2012），山东益都人，著名记者、散文家。早在1942年，还在上海交大就读的黄裳第一次来南京，用笔记录了沦陷的南京的萧条。1946年、1947年、1949年，他又多次以记者的身份来南京，探访石城古迹，回溯南朝旧事，写下了多篇游记散文。1979年他第五次来到南京，重游了南京山水。以后，2000年、2007年，他又有故地重游。他每次来南京，几乎都要游览清凉山。

黄裳来南京，喜欢带上古代《金陵览古》这类诗书。他说见到这类书"在游览南京和写金陵杂记时，就有更多的知识和更多趣味了"。他对明末清初文人余怀的《咏怀古迹》《味外轩稿》很感兴趣。黄裳在出版他写的《金陵五记》一书时，专门附录了余怀的咏怀诗，其中就有余怀写清凉山的多首诗。（图8-51）

图8-51　《金陵五记》书影

黄裳从古人诗文中吸取营养,写了多篇涉及清凉山的历史游记散文。如《白门秋柳》《访盋山精舍》《绛云书卷美人图》《扫叶楼》等。

1942年,他第一次到南京,在《白门秋柳》中记载了游历清凉山的情况:

车子停在一片山坡的下面。得了车夫的指示,我们跑向一个寺院的旁门。到了门口才知道门是关着的。门口贴了一个什么筹备处的条子。我就不管这些上去敲门了。

谁?门随着开开了。一个穿了黑色袈裟的中年和尚,一只手竖在胸前。二位居士的兴致真好。

我们惊异着在落日孤城里见了这样的人物,就告诉他我们明天就要离开南京了,想用这匆促的时间看看扫叶楼的意思。

我们被导引着从一道孤悬着的楼梯走上去,走进了一间小楼。这时天色已经完全昏黑了,楼里面看不见一点东西。只依稀看见四壁都是白垩了的,还挂着许多木刻的楹联。

我们凭了窗栏下望一片迷蒙的莫愁湖和那一片城堞。从和尚的口里,我们听到了关于石头城的许多故事和胜棋楼也已经倾圮了的消息。他的黯淡的声音,缓慢地述说着一些兴亡的史迹,好像听见了低回地读着的一首挽歌辞。

最后他告诉了我们他的身世,是一个军人半路出家了的。他诉说着寺里的贫苦,全仗春秋两季卖茶的收入维持,而现在却是寒冬,难得看见一次游客。我们捐出了一点钱,他感激的(地)收下了,点上了一个灯碗,引我们到他的禅房里去,在暗黄的浮光里,我们走进了一间森寒黑暗的屋子。他从零乱的壁橱里找出了一册寄售的谈金陵古迹的书相送,还有一幅他自己画的兰草。

1979年,黄裳游览扫叶楼,回想到1942年来这里的情景和今日的变化。他写道:

至今还不能忘记的是一九四二年冬去四川途经南京时的第一次来访。

这一次来,和三十七年以前相比,简直好像是到了一个从未到过的崭新的所在。

进了门以后左折,那条逼仄、孤悬的木扶梯不见了,换上了新砌的平整宽展的石阶,高处有门,上有古扫叶楼四字的填绿石额,是光绪中的旧物,上面还有敕建两字。再走进去,旧楼是连影子也没有了,展现在眼前的是金碧焕彩。楼里设有茶座,我们泡了当地的名产雨花茶吃着,想想龚半千当年,恐怕梦里也不会料到他的故居会被修整得如此阔气。

黄裳在1942年见到的感受到的是满目疮痍、一片萧条沦落的气象,扫叶楼破烂得使人黯然,他怀着悲愤的心情写下了《白门秋柳》。1979年再来扫叶楼,还留下了零碎的前尘梦影,但现在眼前的扫叶楼已是"金碧焕彩"了。

黄裳是文史大家,他写的这些文字,知识渊博,颇有韵味,写出了历史感、苍凉感,有真情实感,写得耐人寻味,以他出彩的文笔抓住了扫叶楼的世事变迁、人间冷暖,发思古之幽叹。他说那些"孕育了巨大能量的古旧的地理名称,在南京到处都是,即使有些已经泯灭了的遗址,名字都还在,不是凄凉不是感慨,是所谓追缅古欢吧,我总不能忘记这些小角落中曾经演出过的历史场面"。黄裳与一些文人不同,他不是匆匆游历者,不是走马观花,而是下马观花。他在南京,在清凉山缓缓移动着步子,以出色的文笔叙写了这里的历史沧桑。

赵朴初

赵朴初先生一生数十次来南京,为佛教的发展倾心倾力。

赵朴初(1907—2000),安徽太湖人。曾任全国政协副主席,中国佛教协会会长,中国佛学院院长等职。

赵朴初与南京渊源深厚。现存的他最早的一首诗即写于南京,题为《宁沪列车中作》。其中写道:"冷意初凝借茗浇,重围袭耳语嘈嘈。空山践约知何日,独向人群味寂寥。"在开往南京的列车上,杂嘈不宁,天气又冷,他只有用茶来驱寒去烦。

1931年4月,中国佛教协会从上海迁到南京名刹毗卢寺。赵朴初任理事,他有一段时间工作生活于此。那时,他不愿结交权贵,更乐于与布衣诗人文士交往。家住浮桥的方济川便是毗卢寺常客。方济川与赵朴初是安徽太湖同乡,两家又是百年世交,方济川的诗才令赵朴初佩服。

方济川常登临清凉山扫叶楼,他忧愤时势,赋诗吟词,曾写了一幅名联。

赵朴初后来去扫叶楼,见到此联。赵朴初乃诗文大家,他品味出方济川楹联的过人才情,又见游人读之,无不称赞,决定要广为宣传。他在上海报刊上发文评价了这副楹联,誉为这副是当时金陵屈指可数的好楹联。自此,这副楹联更广为人知,赵朴初的心灵与前辈布衣诗人方济川是相通的。

1958年,赵朴初随全国政协一参观团来南京。他抽空到龙蟠里去看望前辈诗友、清末民初的金陵名士顾云的遗孀。巧的是,文坛旧交、著名书法家高二适也在顾家,两人相见,分外高兴。

高二适与赵朴初分别已有五年了,他俩见面后,高二适提出去品尝附近清凉山扫叶楼的素食。高二适称那儿的素食尤其是麻油素浇面味极鲜美。两人又拉上顾家长子顾传贤一同去。那天下着沥沥细雨,凉风阵阵,苍郁翠绿的清凉山被笼罩在迷蒙的雨雾里。

"一径风声飞落叶,六朝山色拥重楼",赵朴初边吟诵古人称颂扫叶楼的名句,边走进山门。当他在扫叶楼墙壁上见到方济川的楹联还在,睹物思人,赵朴初感慨万千。

当时,实行粮食统购统销政策,主粮供应勉强果腹,豆类副食品供应较为紧张,因此扫叶楼的素面广受欢迎,一是口味特好,软硬适中,二是分量足,绝不扣克斤两,三是免收粮票,一大碗素面二角二分钱。

三人围桌坐定后,高二适点了四碗素面,八只素馅包子,一盘素鹅。面点和素鹅上桌后,热气腾腾,香气扑鼻,色香俱备。赵朴初夹起一筷子面条入口品尝,连连点头笑说:"味道真好,比上海玉佛寺的斋面还可口。"

1985年深秋,赵朴初来南京参加一个学术活动,抽空看望了林散之等几位老友。赵朴初对清凉山扫叶楼的素食犹念念不忘。一日,他约同来开会的三位友人又来到扫叶楼。

古意盎然的扫叶楼已整修一新,窗明几净。主楼设有茶社,供应瓜子、糖果等。赵朴初等人要了一壶雨花茶,享受着城市山林胜地独有的幽静。据说赵朴初为修复的扫叶楼书写了清代姚鼐的扫叶楼诗,有"万里秋风扫叶楼"句。令赵朴初惋惜的是方济川题写的楹联不见了,不免有些伤感。另外,这里已没有素面供应,稍有扫兴。

这时,茶社一位女服务员说素菜馆子就在山门东侧。时近中午,赵朴初等人即来到此间。这里已不是僧人操作的素菜馆。赵朴初点了素什锦、罗汉观面、素刀鱼等六道菜。他们对素刀鱼很赞赏。三条"鱼"横放在青花瓷盘里,油酥起皮,色泽鲜润。赵朴初告诉友人,此菜是用山药泥捏制而成的,还介绍了素食有宫廷素食、寺院素食、民间素食三大流派。现在品尝的只能归入民间素食了。

赵朴初让服务员请来厨师,夸他手艺不错,做出的素食有些绿柳居的味道。厨师是一位中年胖汉子,告诉赵朴初说曾在南京城北一家素菜馆工作过,有点基础。

"文革"中南京寺庙多被毁或被占。后为了落实政策,恢复和修建寺庙,赵朴初多方奔走,不辞劳苦。仅为恢复金陵刻经处,赵朴初就先后九次来南京协调处理。南京的栖霞寺、灵谷寺、鸡鸣寺等都留下了他的足迹。

赵朴初说:"古寺富文物,护持赖僧侣。"他赞赏已恢复的古寺:"喜今殿宇重开启,稀有因缘好护持。"1985年,赵朴初上清凉山,原僧尼住持的扫叶楼已改为龚贤纪念馆,还留有些文化传统,但清凉寺已毁。清凉寺是法眼祖庭,金陵在历史上曾是佛教活动的中心,怎么能少了清凉寺呢? 他对现状深感遗憾,企盼尽早恢复清凉寺。

赵朴初对文益禅师在清凉寺创建法眼宗甚为崇敬。他写的《中国大百科全书名家文库·中国佛教》一书,其中很精当地介绍了创建于清凉寺的法眼宗。

他写道:

> 中国佛教禅宗之一属南宗青原法系。五代僧人文益(885—958)在金陵(今江苏南京)清凉院创立。他圆寂后,南唐中主李璟谥为"大法眼禅师",后世因称此宗为法眼宗。该宗在五代初极盛,宋中叶衰落。历时不过百年。禅风兼有云门、曹洞两家之长,自成一体。

赵朴初一生数十次来南京,热爱这里的山水城池。1993年1月,他来南京视察佛教名刹，趁空余时间于2月2日游夫子庙。他已63年没到过夫子庙了，感慨"六十三年弹指过，往来多少烟云"？他在当天的词作中写道："虎踞龙蟠千古颂，辉煌更见而今。"称颂金陵的"虎踞龙蟠"雄伟气势。

1994年4月，赵朴初再次来到夫子庙，称赞这里的素食，又一次写到石头城。

图8-52　赵朴初（左）与茗山法师（右）

他写道："珍馐盘助一壶清，冠冕石头城。"

1997年11月，赵朴初又一次来南京，参加多项活动后，写诗道：

六十年前梦屡经，纵横风雨石头城。
今朝喜与良朋对，日丽风和意志新。

诗中再次写到了石头城。

赵朴初多次上扫叶楼，多次在诗中写到石头城，著书介绍了法眼宗，企盼早日恢复清凉寺，这一切都说明赵朴初对虎踞龙蟠、清凉风光怀有浓浓的深情。（图8-52）

茗　山

茗山（1914—2001），当代高僧。曾任中国佛教协会副会长，江苏省佛教协会会长，中国佛学院栖霞山分院常务副院长，镇江焦山定慧寺、无锡灵山祥符寺、句容宝华山隆昌寺等寺院方丈。赵朴初是茗山的挚友。

1947年，中国佛教界在毗卢寺召开全国代表大会，赵朴初、茗山都作为代表参加会议。那时赵朴初41岁，茗山34岁，这是他们的第一次见面，两人一见如故，会上两人都被选为理事，从此开始了两人的交往和友谊。赵朴初说"茗山是佛门难得的一位高僧"，"我与茗山是难得的挚友"。

茗山同赵朴初一样，为落实宗教房产及培养僧才等国家宗教政策，浸润了心血和汗水。

1978年，赵朴初先生访问镇江焦山，与茗山法师畅谈寺院恢复和僧才培养问

题。赵朴初先生留诗一首,题为《焦山壮观亭得句》:

> 生子当如孙仲谋,不缘年少万兜鍪。
> 关心岂限眼前事,启后宜先天下忧。
> 浮玉中流迎北固,真堂隔岸望扬州。
> 壮观二字应无负,第一江山第一楼。

诗中的"眼前事",指寺院恢复;"天下忧",指培养佛教后继人。茗山法师对赵朴初先生此意深表同感,即和诗一首:

> 华严阁上共筹谋,盛宴从来出复鍪。
> 空殿新修宜塑像,慧灯待续实堪忧。
> 六朝胜迹称浮玉,千古江山数润州。
> 指日重兴仗鼎力,再来更上一层楼。

茗山法师深切看到当时寺庙恢复面临的艰难及培养年青僧才的紧迫感。

数年后,在赵朴初先生和茗山法师等人的推动下,一些名山的寺庙陆续恢复,南京也先后恢复了栖霞寺、灵谷寺、鸡鸣寺等寺院。

改革开放以后,赵朴初先生、茗山长老、真慈大和尚等,都期望恢复法眼祖庭南京清凉寺。

经赵朴初先生提议,1982年在栖霞山开办僧伽培训班,由茗山法师负责教务工作。1984年在此基础上,创建中国佛学院栖霞山分院,赵朴初先生任院长,茗山法师为第一副院长,主持教务。僧伽培训班及佛学院培养了众多学僧,遍布全国各地名山大刹,成为当今中国佛教的中坚力量。赵朴初先生与茗山法师于1978年一起商议的培养僧才之事,终于结出硕果。

理海即为中国佛学院栖霞山分院第三届毕业生。他于1996年12月参加中国佛学院栖霞山分院组团赴缅甸护持佛舍利,受到缅甸联邦政府团体嘉奖,回国后,又受到国家宗教事务局的嘉奖。茗山法师在1997年1月17日日记中写道:

(1996年护送佛牙至缅甸瞻礼)很受缅甸政府及人民群众的欢迎,每天有成万人参拜，排队踊跃，盛况空前。但不幸有坏人用花瓶装定时炸弹爆炸，以图破坏。虽死伤了二三人，幸而佛牙未受损坏。守护人员理海、演道坚守佛牙两旁未移动，故未受伤，值得赞扬！（护持佛牙舍利），要为法忘躯，要提高警惕，要加强团结，要忍苦耐劳。

受到茗山法师赞扬的理海法师现已为清凉寺住持、法眼宗传人。

茗山法师在圆寂前曾为尚未恢复的清凉寺撰写了一联：

题南京清凉寺联

人心清静无私念，世界自然现大同。

他称道清凉寺是佛门清静之地，可为和谐人间作贡献，期望早日恢复清凉寺。

可以告慰赵朴初先生、茗山长老二位老人的是，2009年清凉寺恢复开放，终于了却了他们的心愿。

第九章  祖庭重光

第九章 祖庭重光

第一节

走近祖庭的因缘

2008年3月，春光明媚，虽然清凉山公园是免费开放，但由于园内供观赏游览的景点不多，游人稀疏，略显冷清。

此时，有位青年僧人，携几位有缘人，一同走进园内，目睹那葱茏的青山、翠绿的秀竹，在油然而生的丝丝凉意间，却也觉得格外亲切。

走近一座三开间的殿堂，只见绳索围挡，一块木牌上写着："危房请勿靠近！"殿堂墙面明显斑驳，檐口朽坏，屋脊部分开裂、脱落，屋面枯叶、杂草相间，瓦片散乱。殿堂北面两侧，更是垃圾成堆，荒芜不堪。

绕过殿堂，拾级而上，有个圆门，倒也别有风格。穿过门洞，有一小院，一排五间瓦房，白墙青瓦。据说其中三间曾是供儿童参与的陶艺馆，再向后走，有一排玻璃房，取名"兰苑"。

僧人在这里转了一下，心中思量，南唐清凉大道场就是这儿啊！明初周王朱橚曾大兴土木重建了这所寺院，20世纪50年代，还有僧人在此诵经。可是现在，只有一个殿堂和一排瓦房，还是颓垣断壁、一片荒芜，没有了香火，更听不到梵音，僧人的心头升腾无限感慨。这时有风吹过，一片树叶悄然滑下，仿佛都能听到这片树叶轻轻的叹息。

刹那间，僧人的眼前恍然浮现出南唐时文益禅师慈祥的德像，寺庙的存与毁、兴与衰,那一幢幢佛宇庄严的景象,都一一涌现在他的心中。

僧人走到草地上,盘起双腿,闭目静坐。坐禅于僧人来说是坚守修行、增长智慧的一个必不可少的阶梯。他凝心禅坐,感到周围所有的天籁之声都止息了。约一支香时光,身上已有微汗浸出。起坐后,活动了一下筋骨,心中有种说不出的静谧、祥和。再想到,身为出家者,理应肩负"弘法是家务,利生为事业"的使命,隐约感觉这座古寺与其有缘,这里应该是他来弘法利生的地方。

他暗下决心,要直下承担,学习菩萨的大无畏精神,发愿恢复这座千年古刹,延续香火,为大众成就一个"家"的道场,来广结善缘。

这位青年僧人就是缘结清凉寺的现任住持理海法师。

恢复这座千年古寺,不仅仅是理海法师一个人的心愿,早在改革开放后,赵朴初大德、茗山长老、真慈大和尚等,都有此念,只可惜因缘不足,未能实现。

2005年,民进江苏省委、民进南京市委联合提出《整合南京清凉山公园周边历史人文资源的建议》提案,认为"清凉山文化"包含了乌龙潭、诸葛亮驻马坡遗址、纪念唐代大书法家的颜鲁公祠、五代杨吴时所建的清凉寺遗址、明嘉靖年间所建的崇正书院、两江总督陶澍所建的惜阴书院、清末思想家魏源的故居,以及扫叶楼,随园——曹雪芹、袁枚故居遗址等。

这些丰富的历史文化资源,在南京乃至中国文化史上,都占有重要的地位,是中国历史文化的骄傲。

2006年1月17日,省人大代表、鸡鸣寺住持莲华法师等联名提案,将清凉寺遗址交由佛教界恢复重建。

提案中指出:

> 清凉山是中国佛教禅宗中五宗之一的法眼宗发祥地,五代时文益禅师(885—958)应南唐君主之请在此建清凉大道场,开创了法眼宗。法眼宗是中国禅宗重要宗派之一,至今在朝鲜、韩国、日本仍有很大影响。时有该宗传承修习者来此寻根。

2008年12月,南京市鼓楼区文化局与市园林局等相关单位联合举办了首届清凉山文化论坛,进一步使"清凉山文化"从概念转化为文化建设的实践迈出了重要的一步。

2006年以来，有诸多法师奔波于政府、佛教界、文化界之间，阐述心志，征求意见。最终，促成南京市宗教局、南京市佛教协会与南京市园林局、清凉山公园管理处多次协商，并达成一致意见。

本着循序渐进的原则，2009年1月起，原有的一座殿堂及五间瓦房被交由佛教界作为宗教活动场所。

2009年3月12日，南京市人民政府正式批准恢复开放清凉寺。

在省市政府有关部门，特别是宗教局的关心，以及佛教界、文化界人士和园林部门的支持下，清凉寺终于可以恢复了。(图9-1)

清凉寺荒芜了半个多世纪，想要建成弘法利生、方便信众参礼学

图9-1　清凉寺恢复前的大殿

习的道场，有许多细微的工作要重新开始去做。虽然场地不到400平方米，但也应规划建设成符合教规教义、有庄严形象的道场。恢复筹建初期，理海携智海及众多居士，经过认真思考，统筹协调，规划了范围虽不大，却极具江南特色的佛教道场。

原有殿堂一座、瓦房五间，建筑面积为300多平方米，殿堂虽因是市文物单位受到保护，但因年久失修，屋面出现大面积渗雨，屋椽和檐口部分朽坏，屋脊部分脱落，急需抢救性修复。经专家多次实地探查表明，殿堂和五间瓦房建筑的墙基、柱基都基本完好。因此，以最少干预为原则，在不动原有主体建筑基础上，主要进行油漆、粉刷、出新等处理。

原有一段围墙，墙体开裂，墙面剥落。为与大殿和五间瓦房相协调，围墙改建成长长的龙脊波浪形，中间设置了一个圆拱门，门上书写"入不二门"横额。在围墙的一头，利用假山石级作为从大殿连接五间瓦房的通道。在围墙与五间瓦房之间形成一个开放式的小院。小院里放置一张石桌，作简易茶台，便于信众、游客在此畅饮一杯清凉茶。围墙和瓦房墙面都刷成寺院常用的黄色，与四周的绿色树木交织一起，极为雅致、庄严。

大殿修缮一新,重焕新颜。佛祖、菩萨像及大钟也逐步被请进殿堂。

基本必需的硬件在有条不紊地落实。但是,恢复道场远不限于硬件的建设,也包括居士队伍的建设。

法师在栖霞山佛学院教学时,有一些信众曾跟随学佛修行。他们也来到筹建中的清凉寺,作为义工积极参加清理杂草、打扫院落等具体事情。他们把恢复寺院的体力劳作,视作修行的功课来做。

2009年6月20日,清凉寺恢复开放暨佛像开光仪式隆重举行。有深厚佛教文化底蕴的清凉古寺得以恢复,湮没近半个世纪的香火再次点燃了。

自2009年恢复开放以来,清凉寺僧从日常斋饭、香灯烛火,到年度修缮、筹措复建;从诵经禅坐、闻钟洒扫到法会佛事、弘阐流通……种种的因缘成就,使众多信众来此礼佛、修行。

2014年,清凉寺住持回忆2009年寺院恢复以来的变化时,欣喜地说:"清晰记得当年在清凉小院桂花树下迎来第一批二十几位护法居士的情形,如今长期义工已经超过三百人,十多个小组活动井然有序。""从辞旧迎新的清凉钟声,到追先荐亡的梁皇宝忏;从腊八清晨的温暖施粥,到文殊圣诞的学子祈福;从正月开春的迎财纳福,到九九重阳的孝子奉茶……"

清凉寺是法眼宗祖庭,是它的根,根深才能叶茂。重兴祖庭还有很多工作要做,现在的这些才是刚刚起步,祖庭重光,再续法眼,永无止境。(图9-2)

图9-2　清凉寺佛殿

二

经过数年建设,清凉寺不仅得到正常开放,而且成为一所颇具法眼祖庭特点、江南寺院特色的修学道场。

清凉寺的山门,就是清凉山公园的大门。

它是一座牌坊式建筑,三个大门,常年开放左右两旁的门。大门正中上方有"清凉山"三个大字,是清初金陵画派八大家之一龚贤的字迹。两边的侧门分别写有"六朝""胜迹"。(图9-3)

站在山门口,仿佛就像文学巨著《红楼梦》开头写的:"去岁我到金陵时,因欲游览六朝遗迹,那日

图9-3　清凉寺山门

进了石头城。隔着围墙一望,里面厅殿楼阁,树木山石……有葱蔚洇润之气。"

山门左侧不远处,是石头城遗址公园。

这里有千年前的江水直击山岩留下的水迹,山头上还有高高的烽火台,人们可以寻觅到当年的石头津。望着秦淮河雾霭迷蒙的水面,仿佛看到那悠远的六朝烟水气。在这里,可以有繁华之感,也可以有兴衰、交替之叹。

清凉寺沿山势由低到高,走进山门,缓缓斜坡向上,让人视野扩展开去,既有北方寺庙开阔之感,更具江南寺庙清秀之气。

在左右青山的环抱中,矗立一座佛殿,为天王殿。身处此地,让人感受到那牌坊式山门不仅隔开了喧闹的街市与静谧的寺院,也使得世人拥堵的心灵和空寂的寺院形成鲜明的对比。天王殿两侧栽植的银杏、翠竹、红枫及玉兰于清幽中点缀一抹明色。用放空一切的思维观察着周边的声色,会觉得一花一木皆有禅。

天王殿西侧,紧挨殿基立着一块石碑,分行凿刻"南京市文物保护单位清凉寺　南京市人民政府二〇〇六年六月十日公布　南京市人民政府立"等字。

殿前有个小广场。广场西面靠山处有木屋一间,为清凉寺恢复初流通处。广场中置一宝鼎和一香炉。宝鼎为圆攒尖顶,顶上是金色宝珠刹,鼎口外立面饰回字纹一周。鼎顶嵌半球体八枚,珠径约五厘米。鼎腹正面中部横排"清凉大道场"五字,为原中国佛教协会会长传印长老题写。题字两边以及鼎腹背面铸如意、祥云、卷草、波浪等图案,鼎腹左右侧面为如意柄形鼎耳一对,表面回字纹,左侧鼎耳下方有落款:"佛历二五五五年住持理海募造",右侧鼎耳下方,有功德芳

图9-4　清凉宝鼎

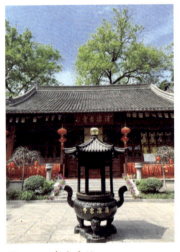

图9-5　清凉香炉

名及公元贰零壹壹年字样。鼎下有狮首形鼎脚三只,相邻鼎脚之间铸如意二朵,八字形分布。宝鼎下面有铜质圆形底座,圭角外表面饰波浪纹一周,下面由六瓣如意围合而成。下枭伏莲一周,束腰较窄,环饰卷草八束。上枭仰莲一周,上面饰莲华、卷草、如意结等图案。底座上截面铸龟背纹和寿龟三只。(图9-4)

宝鼎之前,有一座六角铜香炉。攒尖顶,上竖金色宝珠刹、仰莲刹座。平檐短角,各檐角悬挂风铃一只。檐下作斗拱,回字格挂落。圆柱体檐柱六根,等距离立于鼎口上截面,支撑顶檐。炉口外立面有回字纹一周,炉腹上边有伏莲一周,正面立横排"清凉古寺"四字,亦为传印长老题写。左右侧面有如意柄形鼎耳一对,表面回字纹,背面分行竖排"佛历二五五五年,住持理海募造"、功德芳名及"公元贰零壹壹年"等字。鼎下有狮面兽脚形鼎脚三只,炉之下有底座,高约15厘米,由三块如意形状拼合而成,下面略呈丫字形,上表面正中位置嵌半球体一枚。(图9-5)

天王殿原为天隆极乐寺佛殿,清末建筑风格,原位于城南石子岗玉环山西麓。因城市建设拓宽道路,经南京市人民政府批准,于1992年整体移至清凉山。

此殿为单檐歇山顶,青色小瓦,正脊由小圆瓦和方砖垒砌为五层透空铜钱形状铺排而成。螭首鸱吻,背负宝剑。垂脊有小兽,戗脊檐角主翘。殿宇东、南、西三面有檐廊,回字格挂落。东西檐廊及南檐两端下设美人靠。南面檐廊平柱四楹,东面和西面平柱各三楹,四角柱各一楹。殿基高出地表1.5米,南侧铺设踏道石阶八级。

殿宇面阔三间，深有三进。南面中间开殿门一扇，殿门两侧各开方格雕花木窗一扇。门额悬挂"清凉古寺"木匾，红底金字，行体阴刻。殿宇北面中间开门一扇，两边窗户各一扇。

清凉寺新大殿建成前此殿曾供奉淡彩描金释迦牟尼佛禅定像，身披通肩式袈裟，结跏趺坐于莲台上。佛像右掌置左掌上，掌心向上拇指相触，结禅定印。迦叶、阿难分立两侧。

大佛背面供奉彩绘滴水观音菩萨，善财童子、龙女侍立左右。观音菩萨顶戴阿弥陀佛宝像，身着天衣，腰系罗裙，顶佩璎珞，赤足立于莲花台上。左臂前伸，手握净瓶，手心向上，瓶口向左下方倾斜，作洒水状。右臂上曲，立掌于右胸外侧，掌心外翻，大拇指和中指弯曲，持杨柳状。

殿内东北角供奉彩绘文殊菩萨坐狮座像，文殊菩萨头戴宝冠，身披如意云纹衣，双手持如意，斜置胸前。西北角供奉彩绘普贤菩萨坐像，普贤菩萨头戴金冠，身着如意云纹衣，两手捧一枝金莲花斜置胸前。在佛殿进门的右侧大钟下供奉漆彩地藏菩萨坐像。

走出天王殿的北门，映入眼帘的是一个古典的圆门，龙形的墙脊，门额上有"入不二门"四字，为清凉寺住持理海法师题写，人们将此处看作是当今清凉寺的标志之地。（图9-6）

登石阶数级，穿过圆门，有一庭院，人们称之为"清凉小院"。庭院东西宽约30米，南北深六七米。

庭院偏西有一排五间瓦房，坐北朝南，曾是僧人的临时生活用房。瓦房中间供奉彩绘的西方三圣，背光为透空金色卷草形状，表面散嵌红花。阿弥陀佛居中，身着通肩式袈裟，赤足立于莲台上，左手托金莲台于腹前，右臂下垂，掌心外翻，指尖微曲，作接引状。观音菩萨居弥陀之左侧，身着天衣，配饰璎珞，赤足立于莲台，左手握净瓶

图9-6　清凉小院圆门

图9-7　清凉小院

图9-8　清凉小院

于腹前,掌心朝上,瓶口向斜下方倾斜,右臂上曲,立掌胸前,掌心外翻,中指弯曲与拇指相触,作洒水状。大势至菩萨居右侧,身着天衣,佩戴璎珞,双手捧金莲花,置于胸前。

庭院东头,曾经有一间用塑料布搭的临时房,看似简陋,但整洁雅致。这里摆放有方桌,桌上搭一块简朴桌布放几只茶碗,寺僧常在此沏茶,随缘接待来访诸多善信。整个庭院,郁郁葱葱,别有洞天,春有玉兰,夏有兰花,秋有桂花,冬有腊梅,在这四季交替中,小院都浸透着清凉的香气,花香、茶香、禅香,丝丝缕缕,给人的感受是庄重又不失亲切,营造出的是清静幽深、自然和谐的禅门意境。(图9-7、图9-8)

庭院之后即"还阳泉",为南唐时清凉寺的遗迹。泉上复建重檐六角井亭,亭顶开六角形天窗,直通苍穹。亭内嵌石碑一方,石碑南面刻"还阳泉"三字,是康有为的弟子萧娴题写。石碑北面为还阳泉简介:

还阳泉又名保大井,南唐保大三年(公元九四五年)所掘。原井栏镌刻寺僧广慧所书铭文及保大三年字样,后佚。此泉流量充沛,水味醇美,用以沏茗,清洌爽口。相传常饮之人可白发转乌,年迈不衰,还阳泉即由此得名。

一九八二年秋,经南京工学院建筑研究所精心设计后,重疏此泉,并建井亭。南京市清凉山公园管理处一九八二年十月。

在这块石碑的下方,又有石刻一方,分行凿刻"鼓楼区文物保护单位还阳泉　鼓楼区人民政府二〇一三年十月公布　鼓楼区人民政府立"字样。

清凉寺的天王殿、庭院,以及庭院后面的还阳泉,相对集中在这400平方米的范围内。这一片土地正是南唐清凉大道场所在之处。南唐只有短短39年,作为一个王朝,它无疑是短暂的。它曾经有过繁华,也有过励精图治的君主,但随着政权更迭,朝代交替,在整个南唐建康城现存的南唐遗迹除了"南唐二陵",其余荡然无存。即便时有考古发现,也只是一鳞半爪。现存的这口千年南唐古井就更显珍贵。

得益于文益禅师开启法眼宗,清凉寺名垂千秋,受南唐后主李煜的青睐,清凉寺名满天下。走在这里,处处可见古迹,步步皆有故事。宋代王安石、苏东坡、陆游,清代曹寅、乾隆、袁枚、吴敬梓等人,都曾来这里寻找南唐的史迹。时隔千百年了,他们的经历,雕刻进清凉人文精神中,渗透进清凉的文化脉络里。

今日人们结缘于空灵出尘的大自然,品鉴山寺中那厚重的文化积淀,可以想象当年李后主与小周后在此避暑,建成的避暑宫的模样;可以拿出李煜的词集,与之对话论词;可以翻开文益语录,与之请教禅理。在这里,人们可以唤醒历史的记忆,燃起无尽的思绪,碰撞出新的火花。

再过几年,清理开发还阳泉后,还可以品尝李璟、李煜等君主,文益、泰钦等高僧,王安石、苏轼等文人喝过的清冽的井水滋味。

第二节
弘传法眼宗思想

一

2009年,庄严肃穆的千年古刹清凉寺重新开放,晨钟暮鼓重新回荡在信众心田。

恢复后的清凉寺虽然规模尚小,但是作为在中国佛教禅宗史上有重要影响的寺院,其法眼祖庭的地位依然,法眼宗及其思想继续得以弘传。

这些年,清凉寺在弘传法眼宗思想过程中,坚持佛教中国化的方向,走深、走实、夯实佛教中国化的基础,注重"三进"。

一是国旗、国歌进寺院。

寺院在佛殿前广场竖起了高高的国旗杆,每天都飘扬着鲜艳的国旗。每逢春节、国庆等重大节日,举行庄严的升国旗仪式。在国歌声中,僧众列队整齐,精神饱满,以佛教仪规的形式,合掌注目着国旗冉冉升起,表现出强烈的爱国情操和爱国热情。

国兴则教兴,爱国爱教是佛教的优良传统。清凉寺僧常怀感恩之心,知恩报恩,不仅报三宝恩、父母恩、众生恩,更懂得报国土恩,以弘法利生的实际行动珍惜当下来之不易的繁荣稳定的生活环境。

二是《宪法》和《宗教事务条例》进寺院。

寺院坚持以《宪法》为核心,以《宗教事务条例》为准绳开展弘法事务。国家有关部门新修订的《宗教事务条例》,涉及宗教活动和教务工作的方方面面,是指导开展宗教活动的行为准则。

清凉寺坚持在法规允许的范围内办教。时有社会上的单位来寺,欲请僧人到寺院以外去弘传佛教、参与有关活动,都被拒绝。清凉寺坚决反对将佛教资源上市,为商业活动站台等商业化行为。寺院建大殿,时有企业家欲投资项目,以此为企业宣传,都被婉言谢绝。

三是社会主义核心价值观与传统文化进寺院。

寺院坚持用社会主义核心价值观引领各项活动,用中华优秀传统文化浸润佛教教义。在寺院醒目的地方,用大号字体书写了二十四字的社会主义核心价值观内容。寺院经常组织寺僧信众学习党和国家的重大方针政策,党和国家重要会议精神,不断提高思想觉悟。

在学习中,每年确定一个重点,从2010年起的正信正行、广结善缘、自净其意、直下承担、凝心聚力、和合共进、勤修六度、笑口常开、真诚待人,到2019年的不忘初心,每年的学习都结合国家大政方针和僧众切实思想,重点相对集中,便于僧众相互之间交流学习成果。

"三进"寺院,使寺院充满着正能量,使寺僧把爱国主义精神熔铸于立教兴教、演宗弘法的诸方面和全过程,增进对党、国家、中华民族、中华文化和中国特色社会主义的认同,把寺院建设与国家前途命运紧密结合在一起,自觉与党和政府同心同德、同向同行,努力为实现中华民族伟大复兴贡献自己的智慧和力量。

在学习中,清凉寺住持理海法师当好带头人,做众生师表。他学习卓有成果,常向僧众畅谈学习体会,并在中国佛学院栖霞山分院课堂上向学僧宣讲,还曾被省里推荐到北京参加全国政协组织的有关交流会。在会上,理海法师以"推动佛教中国化应抓住三个关键"为题作了发言。他发言中"以思想建设筑牢佛教中国化之基,以教风建设重塑佛教中国化之形,以人才培养强化佛教中国化之本"的经验介绍,受到全国政协及参会人员的关注和赞赏,发言稿被刊登在当年的《人民政协报》第一版。

寺院围绕政治上靠得住、佛教上有造诣、品德上能服众、关键时刻起作用的寺僧人才目标,培养常住寺僧,特别是青年寺僧人才。清凉寺良好的学习氛围,极大地推动了寺僧特别是青年寺僧学习的自觉性。寺僧在做好日常法务、修禅的同时,认真学习政策法规、传统文化和佛学知识。大多数青年寺僧都报考了佛学院。

至2019年,清凉寺有10多位青年寺僧在读学习,有的读大专,有的读本科,有的读研究生,还有的出国留学。他们都极大地提高了思想觉悟、文化素养,佛学理论水平也得到提升,其中一位青年寺僧在中国佛协组织的2019年全国讲经比赛中荣获第一名。

这些年,清凉寺在弘传法眼宗思想过程中,注重将法眼宗思想中符合时代需求的精髓提炼出来,梳理出法眼宗思想中符合时代和众生修正需求的两大特色。

一是自信和自省。文益禅师在"若论佛法,一切现成"言下得道,进而提出"不著他求,境由心造"的宗旨。文益禅师著有《宗门十规论》,揭举当时禅家十项流弊,痛下针砭,以纠时偏。文益禅师犀利自省的态度及其强调修行目标、匡正修行方法、重申修证精神的思想,于当今佛教界乃至当代社会文化都有非常实际的指导意义。

二是个性和圆融。法眼禅师在接引学人过程中随缘应机,因材施教,有灵活巧妙的教育方法,极富个性色彩,对当今弘法有很大的启示。法眼宗的个性色彩在于兼收各宗之长,以教乘菁英熔铸法眼,弘法"理事不二,贵在圆融"的思想理念,超越了地域和时代,也超越了文化和宗教。圆融的态度与方法是极具智慧的,于当今来说,也是应时所需。

寺院吸取法眼宗思想中符合时代需求的精髓,根据时代需求,探索新时代佛教价值取向和积极作用,对教义教规作出通俗易懂、符合社会主义核心价值观的阐释,推动寺院形成既传承优良传统,又体现时代精神的当代佛教思想文化,正向作用于信众的内心世界和精神生活。在讲经弘法、开示信众等法事活动中引导人们自觉涵养社会公德、职业道德、家庭美德、个人品德,推动提升人们的社会思想觉悟、道德水准和文明素养。

清凉寺恢复以来,坚持每逢初一、十五及佛菩萨圣诞等佛门重要活动日,由寺院住持利用午间向大众作适时、通俗的开示,年终汇集一本《清凉菩提路》,与大众结缘。从2012年到2021年,已汇集了10本。

在开示中,住持向信众说人生、谈工作、谈家庭,聚焦社会主义核心价值观,善巧地阐释佛教文化,引导他们敦伦尽分、爱岗敬业、诚实守信、知足少欲、心灵环保等。同时,重视对信众进行正信正行、学佛做人的教育,如讲授《学佛与做人》《做一个明白的人》《富"有"的人生》《幸福人生》《做个快乐无事的人》《做身心强健的人》《书写自己的人生》《做一个有心的人》等。

他还利用开示的机缘,向信众介绍宣传法眼宗思想中符合时代要求的内容,讲授《有缘相识法眼宗》《禅在理事圆融中》《道在平常日用中》《依止道场的重要》《法眼祖庭新里程》《千年祖塔何处寻》《为祖庭奠基》等。

在开示中,住持还着力宣传清凉寺历史人文精神,如《清凉寺的弥陀缘》《清凉寺的地藏缘》《清凉寺的帝王缘》《幽冥钟的起源》《清凉寺的禅茶缘》《重阳节的清凉缘》等。

二

道场是出家人的家,出家人的家规就是戒律,家教就是威仪,家风就是道风。寺院重视道风建设,并将之作为僧人学修和寺院工作的核心,努力将寺院建设成为道风纯正、法务隆盛的如法道场。

寺院全面贯彻党和国家的宗教工作基本方针,切实落实《宗教事务条例》,牢牢树立"没有法外之地,没有法外之人"的法治意识;坚持不懈地推进内修三学(戒、定、慧),外显三风(严谨律风、端正道风、兴盛学风),坚持"独身、僧装、食素",加强自我约束,严守教规戒律,提升佛教修为,内修僧人素质,外树佛教形象,维护佛教清净庄严的良好形象。

寺院组织僧众学习《宗教事务条例》,提高学法、知法、守法意识,增强明辨是非、应对复杂局面的能力,自觉地在政策法律允许范围内开展宗教活动,确保道场的安全稳定。同时,加强对常住寺僧日常上殿、共修、诵经拜忏、佛事法会等项仪规的规范。

比如寺僧每天要上的早课。寺院里的早课一般都在清晨四五点开始,每当凌晨钟板声响起,一个个寮房里的灯亮了,寂静了一夜的寺院开始有了动静,一个个身着僧装的僧人陆续集结步入大殿。大磬敲响,早课在维那师的领唱声中开始,然后是集体的课诵。在木鱼有序的敲击下,诵读的节奏渐渐加快,一波接着一波,直至结束。

寺僧这种日复一日的功课,不论是寒冷的严冬,还是酷热的夏天,一般都进行一小时左右。一年365天,天天如此,没有恒久的功夫、顽强的毅力是难以坚持下来的。像这样的课诵等仪规是僧人必须要参加的功课。

寺院十分注重制度建设,坚持依制度管理寺务,靠制度开展工作,造就清净庄严、祥和有序的道场。僧众管理方面,严格进单原则,坚守佛门家规;义工管理方面,遵守《义工同心守则》;财务管理方面,规范制度,严格监督;食品安全和消防安全方面,从每个细节上消除隐患;档案及图书管理方面也逐渐规范;等等。

在《宗教事务条例》指导下,清凉寺制定了较完备的丛林管理制度。如《日常管理制度》《财务管理制度》《会议制度》《安全制度》《卫生防疫管理制度》《消防工作管理制度》《客堂制度》《斋堂规约》《库房规约》《禅堂(念佛堂)规约》等。这些制度既继承了传统清规管理的精华,又吸收了现代管理的智慧,且符合寺院目前实际,是弘法活动常规化,以及僧众日常遵循的依据。

为美化寺院环境,建设生态寺院,清凉寺推行文明敬香活动。向进香信众送环保香,杜绝"烧高香""烧大香"等污染环境、破坏道场清净庄严形象的现象。如今,寺院已是宝相庄严、梵音阵阵、古木参天、繁花竞艳的一方净土。

慈悲是佛教的核心。清凉寺秉持佛教"不为自己求安乐,但愿众生得离苦"的慈悲大愿,将佛教的慈悲大爱滋泽人心。寺僧和信众怀着感恩的心一路走来,最大限度地随缘支持了诸多有益世道人心、社会和谐的慈善活动。

首先是在突发自然灾害时,敞开共济的大门,向社会传递佛门慈悲度众的信息。寺僧及信众以各种形式参与救灾,为受灾群众捐赠善款及物资,举办法会,祈福生者,超度亡灵,彰显了佛教的慈悲精神,也显示了寺院在社会慈善活动中发挥的积极作用。

大地震发生、大洪水爆发、龙卷风突发,寺僧和信众都及时捐款捐物;西北地区有的小学缺少图书、缺乏文化学习用品,及时发动寺僧信众捐书、捐物;每年春节前夕,向社区困难群众赠送慰问品和慰问金,并表达诚挚的新春祝福;每年腊八节,到敬老院送上一碗碗腊八粥,慰问老人,送上祝福;等等。

其次是将慈悲精神的培育,深化落实到日常法务活动安排和全年活动计划中,比如每周的医务咨询、每日素斋、茶水结缘、慈悲放生等。

清凉寺积极带领大众参与帮助失学儿童、病困急难、孤寡老人等扶危济困的活动,力所能及地奉行慈善利生的功德。还成立了"清凉慈航"义工团队,致力于临终关怀与助念,切实帮助大众圆满生命的愿行。

由于寺院在慈善领域作出的突出贡献,南京市慈善总会授予清凉寺住持"慈善爱心人士"称号,鼓楼区委区政府也聘其为"慈善大使"。

寺院十分重视文化建设,聚焦社会主义核心价值观,致力于拓展道场对社会大众的教育功能。党的十九大提出"不忘本来、吸收外来、面向未来,更好构筑中国精神、中国价值、中国力量,为人民提供精神指引","讲好中国故事,展现真实、立体、全面的中国,提高国家文化软实力",这激起了清凉寺僧勇于担当的热情。

清凉山见证了南京城的历史文化脉络,清凉寺是清凉山文化的核心。寺院组织僧众认真梳理清凉山有关历史,归纳出清凉山文化中有积极意义的又具独特个性的内容。

一是开创性的特性,清凉山文化开创了多个南京文化乃至全国文化"之最",一个个文化"之最",是历代先贤勤奋创新的结晶。

二是博雅的特性,清凉山文化有人文政治的意味,有心系天下的情怀,有高雅超迈的精神。

三是有圆融的特性,体现在清凉山文化内容多样性及众多学者一部部集大成的学术专著上,也反映在法眼宗圆融思想上。

除提炼出这些丰富的符合当今时代精神的文化特色内容外,还以多样文化活动形式向信众宣传,使文化更接地气,大众更乐于接受。

寺院还积极以传统节日和民俗文化为载体,适时传播中国优秀传统文化,组织"禅意生活·中秋感恩茶会""九九重阳·清凉文化日"等活动,并及时布置、适时更换宣传橱窗,图文并茂,受到大众欢迎。

寺院组织僧众收集、整理相关史料以及涉及文益禅师的法眼宗有关资料,展开讨论和研究。现已取得初步成果,完成著述、出版发行的有《佛教课诵要义辑》

(上下册)、《学佛行仪导读》、《宗门十规论导读》、《禅是什么》。

寺院拟着手编纂的"清凉文丛",预计有《清凉源流》(本书)《清凉文萃》《清凉诗记》《清凉素斋》《文益语录》《文益禅师集辑注》等。目前,编纂工作稳步推进,其中《清凉茶语》已出版。

这些年,清凉寺利用微信、网络等新媒体形式,聚焦社会主义核心价值观、中华优秀传统文化、《宗教事务条例》,善巧地阐释佛教文化,引导大众爱国爱教,以佛教特有的精彩、温度和味道,助力社会主义精神文明建设。在清凉古寺网上开设了有法眼宗特色的"清凉日日禅""清凉茶语""祖语会解"等固定专栏,深入地阐释、宣传法眼宗思想文化。

这些年,清凉寺在弘传法眼宗思想过程中,还密切与海外及国内佛教人士的交流。理海法师到美国、日本、韩国、新加坡、缅甸、泰国、印度、斯里兰卡等国及我国台湾、香港地区学习交流。海外诸多国家的佛教代表团也来清凉寺寻根问祖。

自清凉寺恢复以来,前来寻根、礼祖的有越南、新加坡、日本、美国、泰国、韩国、斯里兰卡等佛教界人士。法国、阿根廷的记者、学者专程来清凉寺采访。国内各地的高僧大德、佛学院学僧以及著名佛教学者也常来清凉寺寻根问祖。清凉寺与他们加强、密切了联系,学习各地建寺弘法的经验以及研究法眼宗的成果,推动了自身寺院的建设发展。(图9-9、图9-10)

图9-9 福建龙岩圆通禅寺住持光胜法师与清凉寺住持理海法师

图9-10 著名佛学专家楼宇烈先生(右一)来访

清凉寺在实践中,将长期稳定的义工组织起来,发挥其各自的专长。根据寺院事务需要及义工的意愿和特长,设置了10多个小组。其中有缘簿、斋堂、流通处、梵呗、医疗、花木以及文宣、接待、财务、后勤、安全等组。

各个小组的义工,既为信众提供念佛参禅、结缘供养、素斋、医疗咨询、茶水供应、迎来送往等服务,又根据不同职责任务,在寺僧指导下参与寺院日常维持。

第三节
重建清凉大道场

清凉寺是法眼宗祖庭。法眼祖庭是文益禅师等祖师大德修行证果、开宗立派、弘法利生、传灯续明的道场。法眼祖庭凝聚着文益禅师等祖师大德的悲智愿行,闪耀着宗风法门的独特光彩,承载着四众弟子的向往尊崇,保存着光辉灿烂的法眼宗思想文化遗产,具有高度的信仰价值、文化价值和学术价值。

历史上清凉寺多次重建又被毁。2009年恢复开放时,仅有一座大殿、五间瓦房。已完全找不到宋代诗人写的"塔庙当年甲一方,千层金碧万缁郎"那种辉煌的景象。人们对历史的印记是深刻的,曾经被世人景仰的祖庭,如今又会是何种景象呢?人们期盼的是有庄严肃穆气势,又能给人带来莫大温馨,与法眼祖庭地位相称的道场。

寺院恢复开放后,诸多仁人志士共同讨论研究了重建祖庭的规划。清凉寺三面皆山,两侧山势缓缓而升,恰如交椅。如此天工,为未来发展预留了无限可能。经分析周边文化环境,吸取历史上的宏伟建筑精华,拟定了远期规划。规划包含现有山门、天王殿,以还阳泉为中心,环绕而筑曲径通幽的具有江南寺宇特色的"清凉小苑"。再向北去,是核心建筑大雄宝殿,两侧建僧寮用房,宝殿之下建多功能厅。

整体建设规划,秉持三条原则:一是加意保护嘉木碧草,俾寺院与园林咸得其宜；二是传承历史文化，使传统与现代各展其长；三是着力构建和谐氛围，供信众与游人共享其妙。

重建祖庭的远期规划，从纸上到实施再到实现，经历了一个漫长的过程。

鉴于清凉古寺的千年历史，以及政府关于"先考古，后用地"的要求，市考古研究所于2013年5月至8月及2014年7月至10月，对还阳泉后面的山谷进行了发掘。发掘表明，发掘区内地层堆积有明代、宋代、五代、南朝、东晋地层。东晋至宋代文化层，明显早于明代的建筑遗存。在清理完厚达1.5米的现代回填土后，即露出建筑基础遗迹，主要有两座建筑基址。

一块是带月台式建筑平面，呈凸字形。由主体建筑及附属建筑的月台，月台两侧道路及排水沟，台地砖台包墙等组成。主体建筑平面为长方形，东西总长20.6米，南北总宽15.3米，为五开间，三进深。发现柱础（含礓墩）17个。(图9-11)

图9-11　考古发现明清时期清凉寺遗址

图9-12　考古发现排水沟

另一块建筑为三开间，柱础有明显明代特征。经与明代葛寅亮《金陵梵刹志》记载的图示对照，前一块为明代大佛殿，另一块为明代法堂。

由于发掘区所在位置在两山脊之间低洼地带，位置偏低，故排水设施和挡土护坡设施较为齐备。发掘区考古发现的排水沟有三条，用砖石砌筑，工艺较为考究，极大地保证了寺院不受水涝之苦。(图9-12)

考古发掘出的建筑遗迹，是清凉寺历史见证。重建法眼祖庭，必须要考虑保护发掘清理出的建筑遗迹，并做好陈列展示。

2017年，南京市人民政府批准清凉寺建设工程即"清凉寺遗址保护及展示工程"立项。

保护，即是要求将考古发现的明清清凉寺遗址保护好，不得损坏文物，更不能破坏文物，不能移动文物原址。要采取科学的、利于文物保护的先进手段，对文物加以保护。另外，还要保护好文物周围的自然、生态环境。

展示，即是要把考古发现的最有历史价值、最有保护价值、最有观赏价值的地面文物予以公开展示。另外，还应考虑到清凉寺的历史价值，充分展示法眼宗祖庭文化。

"清凉寺遗址保护及展示工程"，不同于一般的寺庙建设，是对寺院提出的新的要求，要有新的作为。

新作为不可能像走平坦的路那么容易，面临的难点一个一个接踵而至。

寺院地处清凉山公园内，土地是国家所有，由公园管理。2009年寺院恢复开放时，清凉寺与清凉山公园签订了协议，原属公园的大殿、五间瓦房，交给寺院使用。因当时人们对佛教寺院恢复认知不足，为了能把寺院早日恢复开放，最初对于寺院所用土地，对外宣称系园林单位交还宗教活动场所，但实际上寺院与公园双方先期签订了自2009年至2013年为期5年的协议。寺院每年交纳一定的经济补偿，数额逐年递增。

2013年，5年协议期满，根据国家十部委联合文件的精神，佛教和道教的庙观及所属房产为社会所有，任何单位和个人都不能将寺院作为租赁出让的相关规定，因此再未续签。

遇到困难必须克服，可通过交流、商量寻求解决矛盾可行的途径。双方都抱有沟通的诚意和善意，既积极面对国家有关政策规定，又善于站在对方角度考虑遇到的问题，同时经过上级对此协调，双方原有的鸿沟变成通途。到清凉寺重新恢复开放的第七个年头，即2016年6月27日，在南京市民族宗教事务局和南京市旅游委员会的见证下，由规划局划定了清凉寺使用的土地红线，按国家有关政策规定，清凉寺与园林单位正式签署了清凉寺用地协议。

2017年3月27日，南京市规划局签发了清凉寺建设规划红线图。

2017年4月21日，南京市人民政府批准"清凉寺遗址保护及展示工程"立项。

红线内的土地，寺院如何统一规划？如何按佛教规制设计大殿？这些问题都提上了议程。

这时寺院遇到考古出土的文物场地与寺院规划用地使用的矛盾问题。考古的这处地块，正是清凉寺恢复开放当初远期规划的大雄宝殿、藏经楼所在地。鉴于考古发掘的新情况，要把保护遗迹放在重要地位，大雄宝殿、藏经楼这两个建筑只能整合，并作清凉寺遗址保护暨展示工程。

清凉寺所在的清凉山，最初为石头山。三国吴时，孙权在此建石头城。石头城在历史中逐渐鲜活起来，上演了一曲曲荡气回肠的历史悲歌。

1998年以来，文物考古部门先后四次对石头城遗址展开了考古调查、勘探、发掘。特别是2016—2017年经国家文物局批准进行的考古发掘，发现了孙吴时期石头城的城垣砖铺路面、东晋至南朝夯土城墙和角楼遗址。

石头城考古发掘的成果，引起了政府的高度重视，决定重新规划"石头城大遗址保护工程"，清凉寺重建法眼祖庭的工程被纳入这个总体规划之中，新建大雄宝殿的体量及高度都要与清凉山体相协调，整体建筑标高不宜太高。寺院恢复开放初的远期规划中有"圆通塔"，规划建塔的地方正处于发掘出的石头城遗址附近，圆通塔也不宜建了。

虽然重建法眼祖庭不断遇到新情况、新问题，但僧众的初心没变，信心依存。

二

在各级政府的关心支持下，又有各界贤达的鼎力相助、清凉义工的倾力付出、远近善信的涓滴汇聚，法眼祖庭道场建设进入了新里程。

为编制好"清凉寺遗址保护及展示工程"的具体规划，清凉寺多次邀请南京市住建委、南京市园林设计院、东南大学等单位和建筑设计专家来实地考察、了解情况，为工程规划把脉献策，还多次邀请省市佛教界高僧大德来寺视察，征询诸位大德的意见。

经多方努力，"清凉寺遗址保护及展示工程"规划终于完成，并得到有关部门的批准实施。

2019年11月26日，"清凉寺遗址保护及展示工程"奠基仪式隆重举行。

省、市、区各级领导，佛教界高僧大德，十方善信及各界护法居士千余人共襄盛会，共同见证了清凉寺法眼祖庭向恢复重兴继续迈进的重大历史时刻。（图9-13）

在奠基仪式上，有关领导及高僧大德共同为奠基碑揭幕、培土。奠基石上有理海法师亲笔题写的"太平盛世，祖庭重光，中兴法眼，无上清凉"十六个大字。（图9-14）

2020年4月16日，清凉寺与具体建设单位举行了"清凉寺遗址保护及展示工程建设施工合同签订仪式"，施工单位决心精心施工，打造品牌工程。5月18日，清凉寺举行了僧众盼望已久的"清凉寺遗址保护及展示工程正式破土动工仪式"。（图9-15、图9-16）

通过"清凉寺遗址保护及展示工程"，考古文物将得以妥善保护，并与新建的

图9-13　清凉寺新大殿奠基仪式

图9-14　清凉寺新大殿奠基石

图9-15　"清凉寺遗址保护及展示工程"动工仪式

图9-16　"清凉寺遗址保护及展示工程"破土动工仪式

大殿融为一体,文物保护与宗教文化展示有机结合起来。

地面上的一层,将向信众、游客展现明清清凉寺遗址的一角,那是明清清凉寺精细的排水沟渠建筑风貌,由此可见当年清凉寺的宏伟、庄严。

工程设计中,经两边楼梯可上到一个大平台,此平台将是寺院开展佛事活动的地方。从大平台向前去,为庄严的大雄宝殿,赵朴初先生生前写就的"大雄宝殿"题额引人注目。殿堂内宝像庄严、宁静祥和。墙壁上的五百罗汉,肃穆庄重、栩栩如生,还蕴含着清凉寺历史故事。

大殿东西两厢,错落有致,层层叠进,是供僧人日常生活与居住之地。

清凉寺大殿建筑,采用重檐歇山仿木结构的形态。整个寺院遵循传统的山门、天王殿、大殿中轴对称布局,尽最大可能地突出清凉寺的历史特色和禅宗韵味。

"清凉寺遗址保护及展示工程"中,大殿的建筑不是孤立的。"寺在园中",清凉寺是清凉山公园不可或缺的一部分。寺院周围的山林美景是寺院胜景的一部分,而寺院本身也已融入公园自然风景中,寺院里的古典建筑、井泉、花木、山石、亭榭等本身就有着浓厚的江南园林特色。

名山与寺院在一起构成了一个新的境界,既有山林的雄厚幽雅,又有佛寺的清净庄严,相互叠加在一起更显出大自然的天然灵动。山林的风声,佛乐的清雅、静穆调和在一起,使人进入一种静谧祥和的空灵境界,即使是短暂的感受,也会给人留下永久的思念。

建成的清凉道场是一个"自然开放"的道场,不设围墙、不售门票,以自然开放的胸怀迎接十方善信。

建成的清凉道场是一个"生态环保"的道场,寺院与园林相融入,信众与游人共分享。清凉山具有独特的地理、历史及人文风貌,寺院建设不破坏花草、树木,珍惜山林绿地,保护生态环境,充分体现绿色、低碳、环保等时代共识。

建成的清凉道场是一个"平等共享"的道场,寺院属于十方所有,理应十方建、十方用。寺院建设经费由寺院自筹,远离商业运作,以保证社会大众平等共享清净的宝地,保障寺院清净超越的宗教特色,避免因过多的行政归属、经济契约等世俗压力影响其精神引领的高度与纯度。

建成的清凉道场是一个"和谐圆融"的道场,将佛教传统与现代文明相结合,寺院建设与区域人文景观相融入,最大可能地体现清凉山的佛教文化和历史人文景观的特色,体现人与自然、宗教与社会的和谐,彰显法眼宗"圆融"特色。

法眼祖庭清凉寺,是南京佛教文化、金陵地域文化的重要代表之一,具有深厚的历史价值和文化影响。在新时代,坚持佛教中国化方向,处理好传统与现代、继承与发展的关系,革故鼎新、守正创新,使道场具有鲜明的中国特色、法眼风格、清凉韵致,让清凉寺深厚的历史文化泽被时代与大众,为和谐社会助力,这毫无疑问将是法眼祖庭清凉寺必须扛起的责任和使命。

附 录

一、中国禅宗传承表

1. "东土六祖" 传承简表

初祖菩提达摩
↓
二祖慧可（487—593）
↓
三祖僧璨（？—606）
↓
四祖道信（580—651）
↓
五祖弘忍（602—675）
↓
六祖慧能（638—713）

2. 禅宗主要系、宗、派简表

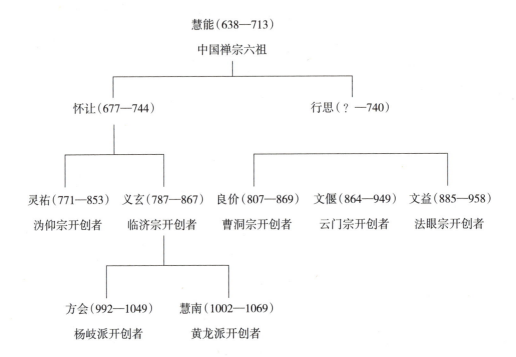

3. 禅宗法眼宗传承简表

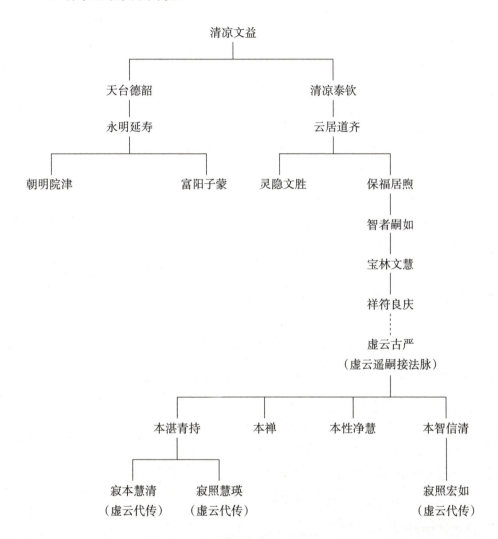

二、南京清凉寺大事记

前333年（周显王三十六年）

楚灭越，筑城石头山，取名"金陵邑"，开创南京设置行政管理机构的先河，亦为南京得名金陵之始。

208年（汉献帝建安十三年）

相传诸葛亮来金陵，向孙权献联合抗击曹操大计。他察看了金陵山川地貌，惊叹道："钟山龙盘，石头虎踞，此乃帝王之宅也。"

212年（汉献帝建安十七年）

孙权于楚金陵邑故址扩大规模建"石头城"。

229年（孙吴黄龙元年）

孙权在武昌称帝，国号为吴，年号黄龙，史称吴大帝。是年九月，迁都建业，这是金陵建都之始，此举也改写了我国历代国都均建在黄河流域的历史。

248年（孙吴赤乌十一年）

孙权为康僧会赐造建初寺及阿育王塔，这是金陵历史上最早的佛寺。

424—453年（南朝宋文帝元嘉年间）

石头城北建有招提寺。

502—519年（南朝梁武帝天监年间）

石头城东北建有永庆寺。

759年（唐肃宗乾元二年）

昇州刺史颜真卿奏请在全国设放生池。唐肃宗准允颜真卿所奏，饬命在全国设放生池81处，金陵乌龙潭设为其中一处。颜真卿作《天下放生池碑铭》。

807年（唐宪宗元和二年）

石头城内建有石头城寺。

乌龙潭南侧,建有妙意庵。清代改为上元节孝祠。

884年(唐僖宗中和四年)

石头山建有先才寺。

921年(杨吴顺义元年,五代后梁龙德元年)

权臣徐温扩建先才寺,名为兴教寺。

937年(南唐昇元元年)

徐知诰代吴自立,初国号大齐,后改为大唐,史称南唐。

扩建兴教寺,更名为"清凉禅院"。

939年(南唐昇元三年)

南唐先主李昇礼请悟空休复禅师入住清凉禅院。

941年(南唐昇元五年)

李昇礼请文益禅师入住金陵报恩禅院,并封文益禅师以净慧之号。

943年(南唐保大元年)

悟空休复禅师圆寂。李璟礼请文益禅师从报恩禅院入住清凉禅院。

945年(南唐保大三年)

僧广慧于石头山七里铺(地名,即今清凉寺所在地)找水,开掘"保大井",称"南唐义井",现名"还阳泉"。

清凉禅院迁入七里铺,更名为"清凉院"。

文益禅师住持清凉院时,门下的玄则禅师任监院。

李璟为父亲李昇建造一口大钟,悬挂于清凉院。

951年(南唐保大九年)

李璟在石头山顶建清凉台,筑暑风楼。

李璟在清凉院建塔祭祀悟空休复禅师,命韩熙载撰《南唐清凉寺悟空禅师碑》。清凉院僧智钊述,僧洪止记《唐右街清凉禅院　故悟空禅师塔志铭并序》。

952年(南唐保大十年)

李璟携其子李煜常到清凉院。他们从宫城沿水路(今干河沿)到乌龙潭码头上岸,上清凉院。乌龙潭为清凉院放生池。

958年（后周显德五年）

文益禅师圆寂,谥大法眼禅师,又谥大智藏大导师。

文益禅师安葬于江宁丹阳乡。中主李景竖塔存放文益遗骸。其塔名无相塔院,命韩熙载撰碑以记。

961年（宋太祖建隆二年）

清凉院更名为"清凉大道场"。是年,文益门下智筠禅师住持清凉大道场。

962年（宋太祖建隆三年）

李煜在清凉台暑风楼址建不受暑亭,又名翠微亭。

963年（宋太祖建隆四年）

李煜礼请文益门下的文遂禅师住持清凉大道场,后又受李煜礼请,住持新建的报慈大道场,后世称其为"江南国师"。

965年（宋太祖建隆三年）

李煜礼请泰钦禅师住持清凉大道场,后人称为"清凉泰钦禅师"。

974年（宋太祖开宝七年）

六月,清凉泰钦禅师圆寂。

七月,僧省乿撰《故唐右街石城清凉大道场法灯禅师墓志铭并序》,安葬清凉泰钦于江宁县凤台乡小菱里。

980年（宋太宗太平兴国五年）

幕府山清凉寺迁至石头山,与原清凉大道场合二为一,名为"清凉广慧禅寺"。

1065年（宋英宗治平二年）

郑侠,人称一拂居士,在清凉寺东面山脚下建茅舍（读书处）,后人改为"一拂祠"。

1076年（宋神宗熙宁九年）

清凉寺旁建有白云庵,名为"清凉寺白云庵"。王安石游览后,写《清凉寺白云庵》诗。

1084年（宋神宗元丰七年）

七月,苏轼之妻王闰之拜佛清凉寺。

1094年（宋哲宗绍圣元年）

和长老住持清凉寺。

苏轼遵其妻王闰之遗命，带三个儿子到清凉寺进香朝拜，并将所绘阿弥陀佛接引像供奉于清凉寺，并撰文《清凉寺阿弥陀佛赞》。数年后，苏轼再次到清凉寺，又受到和长老热情接待。

1108年（宋徽宗大观二年）

惠洪禅师来金陵，应漕运使吴仲正之邀请，住持清凉寺，未及半年入狱，后经历近十年流亡之旅。惠洪禅师为北宋后期著名诗僧。

1164年（宋孝宗隆兴二年）

华药智朋禅师，四明（宁波）人，原住持四明瑞岩寺，1164年居金陵清凉寺后，众人请华药智朋禅师住持，当时郡守亦劝之，但禅师不从，写诗曰："相烦专使入烟霞，灰冷无汤不点茶。寄语甬东贤太守，难教枯木再生花。"

1170年（宋孝宗乾道六年）

宝余长老住持清凉寺。

七月七日，陆游在宝余长老陪同下参访清凉寺并登石头城。

1190—1194年（宋光宗绍熙年间）

复建翠微亭。

1212年（宋宁宗嘉定五年）

长翁如净（1163—1228）禅师住持清凉寺。长翁如净禅师为曹洞宗第十三代传人，后离金陵赴台州净土寺。

1221年（宋宁宗嘉定十四年）

淮西总领商硕立"郑介公祠"于原郑侠读书处，用以祭祀郑侠。

1252年（宋理宗淳祐十二年）

11月，淮西总领陈绮在暑风亭地址，建成规模稍大的翠微亭。

1261年（宋理宗景定二年）

建康知府马光祖重建不受暑亭（翠微亭）。

1262年（宋理宗景定三年）

清凉寺侧建有解空院。

1332年（元宁宗至顺三年）

珪白岩长老住持清凉寺。

萨都剌拜访清凉寺长老。

1370年（明太祖洪武三年）

朱元璋登清凉山顶拜月。

1402年（明惠帝建文四年）

周王朱橚重建清凉寺，明成祖朱棣题额"清凉陟寺"。

1478年（明宪宗成化十四年）

德广法师住持清凉寺。

寺院破损严重，德广法师募资重修清凉寺。

1521年（明武宗正德十六年）

王阳明任南京兵部尚书，多次游历清凉寺，写有同韵的《游清凉寺》三首。

1566年（明世宗嘉靖四十五年）

耿定向任南京督学御史，在清凉山侧，取文天祥"天地有正气"之诗句，推崇正统儒学，取名"崇正书院"。耿定向荐举弟子焦竑住持讲席，并主管书院日常事务。

1580年（明神宗万历八年）

汤显祖在清凉寺及崇正书院说法。

1589年（明神宗万历十七年）

崇正书院被毁，焦竑将此改为祠堂，取名"耿公祠"，题记"耿天台先生讲学处"，并作《先师耿天台祠堂记》。

1604年（明神宗万历三十二年）

十二月，淮西总领商硕重修耿公祠，名为一拂清忠祠，福建籍人叶向高撰写《明万历重修一拂清忠祠记》。

1607年（明神宗万历三十五年）

南京僧录司刊刻葛寅亮编纂《金陵梵刹志》，其卷十九专题记载了《石头山清凉寺》。

1621年（明熹宗天启元年）

清凉山南建有"唯心庵"，东毗清凉寺。

当时官员余大成建济生庵（乌龙潭以南），龙蟠里建有四松庵。

清凉寺周围还有定林庵（距永庆寺二里）、狮子窟（距永庆寺一里）、正觉庵（距永庆寺半里）、伽蓝庵（北去清凉寺半里）。

1644年（明思宗崇祯十七年）

观衡禅师（号颙愚）至南京，住持清凉寺。后来，在城北耆阇寺旧基重建禅堂，自题曰"紫竹林"。

1656年（清世祖顺治十三年）

乌龙潭立"乌龙潭永远放生碑"。两江总督、兵部尚书马鸣佩撰《乌龙潭永远放生碑记》。

1661年（清世祖顺治十八年）

王士祯游访清凉寺，并赋诗。

1667年（清圣祖康熙六年）

龚贤定居清凉山（今虎踞关附近），置地筑房，名为"半亩园"。

龚贤拜访善庆寺，一次见僧宗元在扫叶，绘《寺僧扫叶图》，悬挂寺中，后来，僧宗元被称为"扫叶上人"，善庆寺被称为"扫公房"（扫叶楼）。

1671年（清圣祖康熙十年）

方苞撰《乌龙潭放生举本记》，汪涛撰《金陵放生池始末说》。

1678年（清圣祖康熙十七年）

清凉寺内外植有梅树。曹寅访清凉寺赏梅。

1687年（清圣祖康熙二十六年）

兵部右侍郎兼都察院右副都御史王新命撰《乌龙潭放生记》并制碑，强调要保护好乌龙潭放生池。

1693年（清圣祖康熙三十二年）

西村法师住持清凉寺。

曹寅再访清凉寺赏梅，并拜访住持西村法师。

1699年（清圣祖康熙三十八年）

刘智在寺僧帮助下，从这年起居扫叶楼十多年。在此闭门读书，著书立说，译注伊斯兰教经典，完成《天方性理》《天方典礼》等。刘智遂成为伊斯兰教中国化的一位大师。

1724年（清世宗雍正二年）

中州法师住持清凉寺。

清凉寺遇火灾，仅西北隅小屋三四间得存。清凉寺住持中州法师发愿重建寺院。方苞来寺，应中州之请，答应待寺院重建成功，为之写记以志。

1735年（清高宗乾隆元年）

历经艰辛，中州法师重建的清凉寺规模如前，山门题额复名为"清凉禅寺"。

1745年（清高宗乾隆十年）

重修乌龙潭放生池。江宁巡抚陈大受撰《重修颜鲁公放生池庵碑记》并刻石。

1746年（清高宗乾隆十一年）

方苞撰写《重修清凉寺记》，刻石立碑，记载中州法师重建清凉寺的史事。

1751年（清高宗乾隆十六年）

乾隆南巡，游扫叶楼、清凉寺、翠微亭，御赐匾额对联，御制《清凉寺》诗。

1753年（清高宗乾隆十八年）

时任两江总督鄂容安到清凉寺拜佛、拈香。

1757年（清高宗乾隆二十二年）

乾隆南巡，再次游扫叶楼、清凉寺、翠微亭。御制《游清凉寺》《遥题扫叶楼》诗。两江总督尹继善重建翠微亭，并立乾隆御碑。

1762年（清高宗乾隆二十七年）

乾隆南巡，第三次游历扫叶楼、清凉寺、翠微亭。御制《寄题扫叶楼叠旧作韵》《寄题扫叶楼再叠旧作韵》诗两首。

1796年（清仁宗嘉庆元年）

展西法师募资在崇正书院旧址复建佛堂，对外仍称"崇正书院"，并新建"江天一线楼"。

1826年（清宣宗道光六年）

夏，翠微亭被大雨淋颓，清凉寺大殿也被大水冲倒。

1838年（清宣宗道光十八年）

魏源在乌龙潭畔购地，临湖建住宅落成，取名"湖干草堂"，不久更名为"小卷阿"。魏源在此完成《海国图志》。

1853年（清文宗咸丰三年）

扫叶楼、清凉寺、崇正书院、翠微亭均毁于战火。

熊氏避难于"小卷阿"，三年后引渡佛门，以魏宅部分设庵堂，俗称"皇姑庵"。20世纪50年代初，该庵有尼三人，房七间。

1865年（清穆宗同治四年）

可曾法师募资在崇正书院旧址重建佛寺，名为"小九华寺"，寺内建地藏殿，又称"地藏寺"。

清凉寺重建，翠微亭亦修复。

1868年（清穆宗同治七年）

江宁知府涂宗瀛将放生庵改为祠，名"颜鲁公祠"，并撰写《颜鲁公祠记》刻石，以作纪念。

1870年（清穆宗同治九年）

光岩法师住持清凉寺。

光岩法师对已裂成三块的还阳井圈石加固维护。

1875年（清德宗光绪元年）

建有"二圣殿"（旧清凉山7号）。20世纪50年代初，有尼二人，房八间，地三亩。

建有"延寿庵"（旧清凉山3号）。20世纪50年代初，有尼二人，房十三间。

1877年（清德宗光绪三年）

一拂清忠祠在旧址重建。不久，该祠为福建名人公祠。

1880年（清德宗光绪六年）

心岩禅师住持清凉寺。

薛时雨门下弟子集资，为名士薛时雨在乌龙潭畔建居所，名为"薛庐"。薛时雨常带学生上清凉山游历讲学，并赋诗《留赠心岩禅师》。

1881年（清德宗光绪七年）

清军将领朱春山派军营士兵疏浚乌龙潭，两江总督刘坤一在潭中央建"宛在亭"。薛时雨在乌龙潭东南建"武侯祠"。

1883年（清德宗光绪九年）

薛时雨学子顾云撰《盋山志》。该志记述清凉山四周的形胜、祠庙、园墅、人物、艺文。

1889年（清德宗光绪十五年）

重建扫叶楼，时人在其门额上题"古扫叶楼"。

重建清凉寺。

1898年（清德宗光绪二十四年）

翠微亭及御碑被焚坏，驻军随后重修，规模已小。

1900年（清德宗光绪二十六年）

建有果莲庵（旧清凉山28号）。至20世纪50年代初，有尼一人，房三间，地一亩余。

1901年（清德宗光绪二十七年）

心悟法师住持扫叶楼善庆寺。

释敬安（寄禅），资助心悟法师修缮善庆寺（扫叶楼）。

1910年（清宣统二年）

是年，敬安60岁，最后一次来金陵，登扫叶楼。

1912年（民国元年）

心悟法师圆寂，传弟子西崖住持善庆寺（扫叶楼）。

1915年（民国四年）

李叔同应邀，兼任南京师范高等学校（中央大学前身）图画音乐教员。每月来南京两次授课。他与金石书画界同好，成立"宁社"，不定期在扫叶楼及鸡鸣寺聚会。

1918年（民国七年）

陈作霖指导其子陈诒绂撰《石城山志》，其志分山北路、山南路、山东路三部分。

1919年（民国八年）

建有回香阁（旧清凉山6号）。20世纪50年代初，尚有尼一人，房三间。

1923年（民国十二年）

江宁镇守使、督军齐燮元重修颜鲁公祠，并撰《修饬金陵龙蟠里颜鲁公祠暨乌龙潭放生池碑记》。

三月，知名文人陈三立偕同康有为游清凉寺、扫叶楼。

1924年(民国十三年)

4月,印度诗人泰戈尔由徐志摩、林徽因陪同,参访善庆寺(扫叶楼)、清凉寺,寄龛法师用还阳井水沏茶,接待客人。

寄龛法师在江苏省省长韩国钧资助下,重修善庆寺。

1926年(民国十五年)

明代建的"伽蓝庵",曾属清凉寺所领小刹。尼德昌对其予以重建(旧清凉山3号)。20世纪50年代初,有尼二人,房五间。

1928年(民国十七年)

太虚大师来南京开设僧众训练班,并创设"中国佛学会"。

太虚大师拜访扫叶楼、清凉寺。应住持之请,在扫叶楼墙壁题诗。

1929年(民国十八年)

潘宗鼎、寄龛法师等编辑的《扫叶楼集》出版。

9月28日,潘宗鼎、寄龛法师发起组织扫叶楼宴集,宾主唱和赋诗,后来编成《扫叶楼秋宴诗集》。

1931年(民国二十年)

赵朴初首次拜访善庆寺(扫叶楼)、清凉寺。

1932年(民国二十一年)

虚云大师鉴于当时时局:"此(法眼)宗发源在金陵清凉山,早废。兹时不易恢复。"虚云遥接法眼宗祖师祥符良庆(度)禅师法脉,为法眼宗第八世。自此,式微近千年的法眼法脉得以相传。

1933年(民国二十二年)

首都自来水工程处在翠微亭旧址建成自来水蓄水池。

农历九月,陈三立等文人凡60多人,在善庆寺(扫叶楼)重阳雅集。后来印行《癸酉九日扫叶楼登高诗集》以记。

1934年(民国二十三年)

4月,蒋介石下令将军政部、军委会迁移至古扫叶楼。

1935年(民国二十四年)

蒋介石下令对清凉山(清凉寺)进行维护、修缮。

原在金陵城南卧佛寺的静岩法师到清凉寺任住持。

1936年（民国二十五年）

国民政府组织军队学员在清凉山植树8560株。

市政当局着手筹备清凉山公园。

1937年（民国二十六年）

12月，南京被侵华日军占领，清凉山一带名胜古迹遭到大规模破坏。

1940年（民国二十九年）

清凉山一带寺院陆续恢复，有：清凉山3号延寿庵（住持方提）、清凉山6号回香阁（住持普义）、清凉山7号二圣殿（住持觉道）、清凉山15号九华寺（住持相空）、清凉山18号清凉寺（住持印涛、智宽）、清凉山19号扫叶楼善庆寺（住持寄龛）、清凉山28号果莲庵（住持心定）、清凉山30号伽蓝庵（住持昌德、善清）、清凉山31号地母殿（住持本荣）。

1950年

南京佛教经忏组在善庆寺（扫叶楼）办公。

善庆寺有僧二人，房屋十余间，山地二亩。

清凉寺有僧一人，房屋十间，地六亩。

1951年

9月底，刘伯承、陈毅约朱偰共赴清凉山，访清凉寺、登清凉山，讨论石头城、莫愁湖等名胜古迹保护之策。

1955年

善庆寺（扫叶楼）有尼姑居住。俗称清凉山尼姑庵。

乌龙潭边，建有放生庵，又名护生庵，有僧三人，房三十二间，地一亩余。

1956年

崇正书院被列为江苏省文物保护单位

1957年

宗诚尼住持善庆寺（扫叶楼）。

1958年

赵朴初重游扫叶楼。

1960年

清凉山公园对外开放。

清凉寺泥塑佛像倒塌,寺僧离开。

1963年

疏浚乌龙潭。

1966年

扫叶楼、清凉寺、崇正书院等寺院均遭到毁坏。

1979年

是年及1984年,扫叶楼两度重修,被列为南京市文物保护单位。

1980年

有关部门重建崇正书院。两年后复修告竣,名为"故崇正书院",吴白匋撰写《重建古崇正书院记》。1984年,书院旧址被列为南京市文物保护单位。

1982年

在还阳井原址建六角亭一座,萧娴题写"还阳泉"。

1989年

清浚乌龙潭并进一步修整,乌龙潭公园建成开放。

1991年

重修颜鲁公祠。

1992年

中山南路扩建,经南京市人民政府批准,原天隆极乐寺佛殿迁至清凉山。该佛殿于清同治二年(1863)建,原位于安德门大街西侧石子冈玉环山西麓。

2006年

清凉寺旧址被列为南京市文物保护单位。

2009年

1月1日,南京市宗教局同意将清凉寺旧殿一座平房五间,恢复为宗教活动场所,理海法师住持。

3月12日,南京市人民政府批准恢复清凉寺。

6月20日,清凉寺恢复开放暨佛像开光仪式举行。

2010年

中国佛教协会会长传印长老导引,理海法师赴内蒙古五原普济寺参礼法眼宗十世寂照宏如,续法眼法脉。理海法师为法眼宗第十一代传人。

2013年

南京市文物考古部门对清凉寺遗址进行考古发掘。

2014年

南京市文物考古部门再次对清凉寺遗址进行考古发掘。

2016年

南京市文物考古部门第三次对清凉寺遗址进行考古发掘。

清凉寺与清凉山公园签署清凉山遗址保护及展示工程用地协议。

2017年

南京市政府批准"清凉山遗址保护及展示工程"立项。

2019年

11月26日,"清凉寺遗址保护及展示工程"奠基仪式举行。

2020年

5月18日,"清凉寺遗址保护及展示工程"破土动工仪式举行。

主要参考书目

[1] 赞宁.宋高僧传[M].北京:中华书局,1997.

[2] 释道原.景德传灯录[M].成都:成都古籍书店,2000.

[3] 普济.五灯会元[M].北京:中华书局,1984.

[4] 葛寅亮.金陵梵刹志[M].南京:南京出版社,2011.

[5] 顾云.盋山志[M].南京:南京出版社,2009.

[6] 陈诒绂.石城山志[M].南京:南京出版社,2012.

[7] 潘宗鼎.扫叶楼集[M].南京:南京出版社,2011.

[8] 检斋居士.金陵乌龙潭放生池古迹考[M].南京:南京出版社,2011.

[9] 梁晓红.禅宗史话[M].南昌:江西人民出版社,1995.

[10] 吴立民.禅宗宗派源流[M].北京:中国社会科学出版社,1998.

[11] 杨曾文.唐五代禅宗史[M].北京:中国社会科学出版社,1999.

[12] 洪修平.禅宗思想的形成与发展[M].南京:江苏古籍出版社,2000.

[13] 邹劲风.南唐国史[M].南京:南京大学出版社,2000.

[14] 吴言生.禅宗的诗歌境界[M].北京:中华书局,2001.

[15] 毛荣生.禅宗文化纵横谈[M].上海:上海古籍出版社,2001.

[16] 朱偰.金陵古迹图考[M].北京:中华书局,2006.

[17] 杜继文,魏道儒.中国禅宗通史[M].南京:江苏人民出版社,2007.

[18] 薛冰.清凉山史话[M].南京:南京出版社,2009.

[19] 苏克勤.南京清凉山[M].南京:南京大学出版社,2010.

[20] 赖永海.中国佛教通史[M].南京:江苏人民出版社,2010.

[21] 张云江.法眼文益禅师[M].厦门:厦门大学出版社,2010.

[22] 薛政超.五代金陵史研究[M].北京:中央编译出版社,2011.

[23]黄诚.法眼宗研究[M].成都:巴蜀书社,2012.

[24]薛冰.南京城市史[M].南京:东南大学出版社,2015.

[25]徐文明.青原法派研究[M].北京:中国社会科学出版社,2016.

[26]杨曾文.法眼宗在龙岩的中兴[M].北京:中国社会科学出版社,2017.

[27]理海.佛教课诵要义辑[M].北京:宗教文化出版社,2017.

[28]葛长森.清凉茶语[M].南京:东南大学出版社,2018.

[29]董群.禅是什么[M].北京:宗教文化出版社,2019.

[30]封野.南京佛寺叙录[M].南京:凤凰出版社,2019.

后 记

我的小学、中学、大学都是在清凉山下度过的。

这里留下了我儿时、年轻时的许多记忆。

进龙蟠里方家大宅,"躲猫猫";登城墙,放风筝;跟着长辈进山,拜地藏菩萨、买一串山楂果挂在脖子上;路过熟悉的惜阴书院旧大门倍感亲切,想起上学时被安排到书库搬书、晒书、理书;学期末到清凉山,在树荫下复习功课;下课之余与同学登上清凉山顶,在亭子里赏山景、谈李煜、论历史……往昔种种,历历在目。

清凉山有石头城、驻马坡、清凉寺、还阳泉、乌龙潭、扫叶楼、崇正书院等古迹。年轻时,我在这样厚重的历史、文化环境中深受熏陶,自然而然对这里有了一种深厚的情感。

退休以后,偶访恢复不久的清凉古寺,也许是凤缘所逐,与现在的江苏省佛教协会秘书长、中国佛学院栖霞山分院副院长、清凉寺住持理海法师结缘。

理海法师与我的多次相谈中都论及时下必须要抢救、挖掘清凉古寺史料的重要性,并嘱我集中精力撰写清凉寺史。从理海法师殷殷的目光中,我看到了其急盼将清凉古寺优秀传统文化系统收集、整理出来的迫切心愿。

对中国传统文化有着浓厚兴趣,又与理海法师深结佛缘,那么,尽一份自己的心力,撰写清凉寺史,不就是应尽的本分嘛!

清凉寺位于清凉山中心,山因寺而得名。文益禅师在清凉寺创立法眼宗,清凉寺是法眼宗祖庭。我对佛教历史、佛学知识学有所欠,对佛理体悟不深。而梳理清凉寺历史,必然涉及对佛教禅宗及佛教中国化历程的了解。正因如此,我投入更多的时间和精力来学习佛教知识,研读佛教史书,拓展佛教文化视野,提升佛学思想素养。其间若有存疑,便会及时向理海法师请教,每次听到他睿智通达、深入浅出地剖析禅理,宛若潺潺清流,滋润心田。

在资料的搜集、整理中,我随时认真仔细做好笔记;还常到寺院,与寺僧交谈,觉察佛教对于生命的尊重,对于人世的关怀,以及寺僧的处世方法和生活态度,常引发深思。每有感悟,尝试着写一些与寺僧共享禅茶的短文,每周一则发表在清凉寺网站上,与大家分享。在理海法师鼓励下,文章汇集成《清凉茶语》由东南大学出版社出版发行,这更增强了我写作清凉寺史的信心。

几个自春及秋、寒来暑往的日子里,我埋头在相关的历史文献中,东搜西讨,爬罗剔抉,考证研究。对清凉寺相关史料中存在的诸多疑点、难点,根据文献的相关记载,反复推敲、琢磨,未敢松懈。每每在写作疲惫时,就走进寺院,注视寺院重建的点点滴滴;在竹韵山色和空灵梵音中寻找写作的灵感。经过不懈的努力,现在终于完稿。

回想整个撰写过程,尽管曾面对青灯黄卷的日子是艰辛的,但那份耕耘的宁静和收获的喜悦,是甜蜜的。能为清凉古寺留下有意义的一笔,了却不少清凉有缘人的一桩心愿,是欣慰的。

在撰写过程中,非常感恩理海法师既在佛法方面给予指教,也为我点燃了通向内心世界的明灯,让我有机会获得了更高的人生境界,这是受之不尽的财富。他还在百忙之中对书稿的结构、行文、标题等方面给予点拨,逐章逐句审阅,给了我很大的启发。

本书的完成还要感恩江苏省佛教协会副会长、建初寺住持大初法师多次提供珍贵的清凉寺史料以及给予的热情鼓励;感谢著名文化学者薛冰先生无私提供了有关清凉山文化的资料及最新研究成果。在写作中,本书还参考了国内一些专家学者的有关论著,从中获得了许多有益的启示,在此特表谢忱。

撰写期间,清凉寺的师父、众多居士在编写、整理、录入、校对等方面给予了帮助。对他(她)们的付出,致以诚挚的谢意。

本书阐述了清凉山、清凉寺和法眼宗的源与流,从史料来说,广泛搜集了迄今为止记录清凉寺历史的重要内容。但是,从严格意义上说,与清凉寺志的编

后 记

写体例尚存在较大差距。千年古刹清凉寺的史料还亟待有缘人继续搜集、挖掘、丰富。

《清凉源流》即将付梓，怀有几分欢喜、几分忐忑。因本人水平所限，笔力有所不逮，对书中存在的不严谨、不完善的地方，以抛砖引玉之诚，敬请读者和方家多多指正。

葛长森

二〇二二年十月

清凉源流

理海